PETER NYGAARD

FORMULE 1

PRÉFACE JEAN-LOUIS MONCET

NOTE DE L'ÉDITEUR

Cette nouvelle édition a été élaborée au cours de l'année 2021, en pleine période de la pandémie Covid-19. Le calendrier de la saison a été totalement bouleversé, seuls quelques Grands Prix ayant pu se dérouler au moment de l'achevé d'imprimer du présent ouvrage, en août 2021. L'auteur et l'éditeur sont fiers néanmoins d'avoir pu intégrer dans ce livre monumental des images, informations et résultats relatifs à la saison malgré le contexte particulièrement difficile de sa genèse.

Lindhardt og Ringhof
Vognmagergade 11 – 1148 København K
www.lindhardtogringhof.dk
Lindhardt og Ringhof est une marque de Egmont

Titre original « FORMEL 1 »

Édité par : Éditions Glénat
Couvent Sainte-Cécile
37, rue Servan
38000 Grenoble
www.glenat.com

Édition danoise :
Textes : Peter Nygaard
Photographies : Grand Prix Photo
Conception graphique : Anne Støvlbæk Kjær
Éditeur : Jeanette Holm, assistée de Lisbeth Andersen Skov

Édition française :
Direction éditoriale : David Kings
Traduction : Monique Laoudi (page 7), Tom Holta Heide (pages 10-215), Kristin Schwartz (pages 216-383 et 460-479) et Jacques Privat (pages 384-459).
Préface : Jean-Louis Moncet
Conseiller scientifique : Francis Dréer – Agence BigBlock
Relecture : Cécile Plet
Adaptation graphique : Daphné Belt, pour la présente édition, Marie Furst
Prépresse et fabrication : Glénat Production

Photographie de couverture : Giorgio Scarlatti (ITA) avec sa Maserati avant la course sur le circuit de Pescara 1957. Qualifié à la 10e place, il termine à la 6e position.

ISBN : 978-2-344-04498-8 / 003
Dépôt légal : novembre 2020
Achevé d'imprimer en Slovénie en octobre 2021 par VITAL DOO,
sur papier provenant de forêts gérées de manière durable.

PETER NYGAARD

FORMULE 1

PRÉFACE JEAN-LOUIS MONCET

Glénat

AVANT-PROPOS

Quand et comment ai-je commencé à m'intéresser à la Formule 1 ? Impossible de m'en souvenir...

En revanche, je me rappelle parfaitement du jour où j'ai décidé de travailler dans ce sport : c'était le 8 juin 1974, peu après mes douze ans. Depuis quelques années déjà, j'adorais tout ce qui touchait à la F1, je lisais tout sur le sujet et je suivais assidument les courses à la télévision. J'ai fini par convaincre mon père de m'emmener voir le Grand Prix de Suède 1974 à Anderstorp. C'est là que mon avenir s'est joué. La vitesse, les couleurs, les émanations d'huile moteur et de gomme brûlante... J'ai tout de suite voulu travailler dans ce milieu fascinant.

Mais j'allais devoir trouver ma voie. Pas vraiment question de devenir pilote (trop dangereux !) ou mécano (trop salissant), mais l'idée d'écrire sur la discipline me semblait judicieuse. Sauf qu'au lycée, le conseiller d'orientation n'a pas été emballé par le projet. Il faut dire que dans les années 1970, « journaliste de Formule 1 » n'était pas un métier au Danemark (selon certains, il ne l'est toujours pas !) et au lieu de cela, je me suis lancé dans des études de droit.

La seule chose qui m'intéressait vraiment à la faculté de droit de l'université de Copenhague, c'était la longue pause estivale ! Chaque année, je passais les trois mois de juin à août à suivre la grande caravane de la F1 à travers l'Europe. Je voyageais en train, équipé d'une petite tente et d'un vieil appareil photo russe. C'était pour moi des moments fabuleux. J'avais même convaincu quelques journaux et magazines de publier mes articles.

Mais c'était dur. Certes, les rédacteurs en chef appréciaient mes reportages mais, en général, ils voulaient aussi des photos. Une solution s'imposait : les prendre moi-même. J'ai donc appris tout seul à photographier les courses automobiles en m'inspirant du travail d'autres professionnels, et je me suis peu à peu forgé mon propre style. Toutefois, ce n'était encore qu'un loisir : j'étais toujours censé faire carrière dans le droit. Début 1987, le diplôme d'avocat en poche, je me suis accordé des vacances avant de rejoindre un cabinet. Ces quelques semaines devaient être un adieu à mon rêve d'enfance : travailler dans la Formule 1. J'ai donc séché la cérémonie de remise des diplômes à l'université de Copenhague pour assister au Grand Prix du Brésil, à Rio de Janeiro.

Trente-cinq ans après, les « vacances » durent toujours ! À mon retour de Rio, j'ai compris qu'il fallait choisir entre une existence confortable d'avocat et une vie à 300 à l'heure dans le journalisme F1. Honnêtement, la décision ne fut pas difficile à prendre, même s'il m'a fallu des années pour me tailler une place dans le microcosme de la presse spécialisée.

Pour illustrer mes articles, j'ai créé l'agence Grand Prix Photo qui n'a cessé de se développer depuis. Grâce à l'acquisition d'un prodigieux fonds iconographique auprès de photographes célèbres, elle recueille aujourd'hui l'une des plus grandes photothèques de l'histoire passée et présente de la Formule 1 : www.grandprixphoto.com.

À ce jour, j'ai couvert plus de 600 Grands Prix, interviewé tous les grands champions – de Juan Manuel Fangio à Michael Schumacher en passant par Jackie Stewart ou Ayrton Senna – et après tant de chemins parcourus, la Formule 1 me passionne et me comble toujours autant.

J'ai passé toute ma vie sur les circuits et je ne regrette nullement ce choix. Et comme aux premiers jours, j'attends le prochain Grand Prix avec impatience et excitation. Après tout, c'est mon rêve de gosse qui est devenu réalité.

PETER NYGAARD
Septembre 2020
Circuit de Monza, Italie

PRÉFACE

Je connais Peter Nygaard, un garçon remarquable pour ses photos tout autant que son comportement. Dans une salle de presse débordante de journalistes en pleine effervescence, où les Allemands parlent fort, où les Anglais croient toujours que la F1 leur appartient, où les paparazzi s'engueulent à propos de Ferrari, où les Français râlent en permanence, Nygaard se montre remarquablement silencieux, calme et concentré.

Au soir de chaque course, il s'attelle à son ordinateur, ses modems, ses écrans de contrôle, choisit les meilleurs moments de sa production du jour, puis s'éclipse tout aussi discrètement pour écrire ses notes. Je l'ai côtoyé, toujours silencieusement, durant quarante années de ma vie en F1, et près de six cents grands prix.

Nygaard a déjà produit un premier opus qui s'intitule Formule 1. Il y associe l'histoire de cette discipline, terrible par ses joies et ses drames, à des statistiques et des portraits, accompagnés d'une production picturale extrêmement recherchée. S'y côtoient d'anciens documents qui appartiennent à l'Histoire de la course, et des photos saisissantes de la F1 moderne.

Il remet aujourd'hui cet ouvrage, cette somme plutôt, au goût du jour car le monde des grands prix vient de vivre une période charnière de son existence. Tout d'abord, la pandémie y a laissé des traces indélébiles. De plus, la compagnie américaine qui détient les droits commerciaux de la discipline veut en changer la dimension planétaire à grands coups d'innovations. Mais c'est aussi cela, le monde de la F1 : un monde perpétuellement en mouvement. Passionnant !

JEAN-LOUIS MONCET
Juillet 2021
Paris

10

OUP
COMME
12

19
19

50
59

LES ANN

PREMIER CHAMPIONNAT DU MONDE DE FORMULE 1 (1950) / PREMIÈRE VICTOIRE DE FERRARI EN F1 SUR LE CIRCUIT ANGLAIS DE SILVERSTONE (1951) / NAISSANCE DE NELSON PIQUET (1952) / ACCIDENT LE PLUS MEURTRIER DE L'HISTOIRE DU SPORT AUTOMOBILE AUX 24 HEURES DU MANS : 84 MORTS ET 120 BLESSÉS (1955) / NAISSANCE D'ALAIN PROST (1955) / À PRESQUE 56 ANS, LOUIS CHIRON EST LE PLUS ÂGÉ DES PILOTES À PRENDRE UN DÉPART EN GRAND PRIX (1955) / AVEC 400 CH, LA FERRARI 410 SUPERAMERICA EST LA GT DE SÉRIE LA PLUS PUISSANTE AU MONDE (1956)

Pages 8-9 : Les voitures de Stirling Moss (n° 10) et Karl Kling (n° 12) de l'écurie Mercedes au Grand Prix des Pays-Bas 1955.

-ES 1950

LES COURSES AUTOMOBILES AVANT LES ANNÉES 1950

Le championnat du monde de Formule 1 voit le jour en 1950, mais les courses automobiles ont eu lieu bien avant. Cette activité, au départ loisir pour amateurs aisés, devient progressivement une discipline sportive hautement professionnelle et, dans le même temps, un business qui mobilise des milliards de dollars à l'échelle mondiale.

Les premières courses commencent peu de temps après l'invention de l'automobile. Carl Benz crée sa Patent-Motorwagen à Mannheim, en Allemagne, en 1885, et dès 1894, quelques marques pionnières comme De Dion-Bouton, Panhard & Levassor ou Peugeot tentent le trajet entre Paris et Rouen. Il s'agit surtout de prouver la fiabilité des engins. Un panel de juges désigne le vainqueur. La première course à proprement parler est organisée l'année suivante. Le vainqueur, Émile Levassor, fait l'aller-retour entre Paris et Bordeaux en 49 heures environ. Il arrive presque six heures avant le numéro deux, Louis Rigoulot, mais c'est un troisième pilote, Paul Koechlin (pourtant battu de 11 heures par Levassor) qui remporte le premier prix de 31 500 francs, car celui-ci est réservé aux véhicules à quatre sièges, alors que les deux voitures les plus rapides n'ont que deux places.

Progressivement, les courses gagnent en popularité au tournant du siècle. Elles se déroulent sur le réseau routier public, et malgré le trafic limité de l'époque les accidents sont nombreux. Deux ans seulement après avoir franchi la ligne d'arrivée de la première course automobile du monde, Émile Levassor se tue en tentant d'éviter un chien errant lors de l'épreuve Paris-Marseille-Paris.

L'année 1903 voit le lancement de la plus grande course organisée jusqu'alors, Paris-Madrid, avec 224 véhicules. Avant même que le peloton de tête n'arrive à Bordeaux, on dénombre plusieurs morts parmi les pilotes (dont Marcel Renault, frère de Louis Renault) et les spectateurs : les autorités françaises arrêtent immédiatement la course. Cet événement sonne le glas des courses sur route ; toutes sont transférées sur des circuits permanents nouvellement construits.

Entre 1925 et 1927, quatre à cinq courses, constituant une série d'épreuves pour le championnat du monde des manufacturiers, sont organisées en Europe et aux États-Unis à l'initiative des marques automobiles. La discipline fait l'objet d'un professionnalisme grandissant au cours des années 1930. Hitler et Mussolini soutiennent d'ailleurs leurs usines nationales respectives que sont Mercedes, Auto Union et Alfa Romeo. Mais les championnats européens naissants sont stoppés en 1939 avec de la Seconde Guerre mondiale. Trois semaines seulement après la capitulation du Japon, le 15 août 1945, le bois de Boulogne, à Paris, est néanmoins le théâtre d'une grande course suivie par 200 000 personnes. Les bénéfices sont versés aux victimes de la guerre.

Durant les années suivantes, le sport automobile prend un essor rapide, et lorsque la Fédération internationale de motocyclisme (FIM) organise une compétition mondiale en 1949, la Fédération internationale de l'automobile (FIA) propose un premier championnat du monde pour voitures de Formule 1. Au fil des décennies, ces épreuves, dont les débuts sont modestes, connaissent une révolution permanente, la compétition devenant une vitrine technologique et marketing pour les constructeurs.

1950 - DANS L'INDIFFÉRENCE GÉNÉRALE

Le premier championnat du monde de Formule 1, qui est essentiellement européen, comprend sept épreuves. Six des plus grandes courses de Grand Prix (Angleterre, Monaco, Suisse, Belgique, France et Italie) font partie de la nouvelle série d'épreuves du championnat, qui comprend également la course américaine la plus importante : l'Indy 500. Cette compétition sur 500 miles qui se déroule sur la piste ovale d'Indianapolis n'a cependant rien en commun avec les courses européennes de Formule 1. Elle est principalement intégrée à la série pour justifier le terme « championnat du monde ». Mais très peu de pilotes et d'écuries tentent de concourir des deux côtés de l'Atlantique pendant les onze années au cours desquelles l'Indy 500 fait partie du circuit mondial. La piste ovale d'Indianapolis perd son statut lorsque les États-Unis obtiennent, en 1961, un véritable Grand Prix sur une vraie piste de Formule 1 à Watkins Glen (dans l'État de New York).

Le championnat du monde démarre le 13 mai sur l'ancien aérodrome de la Royal Air Force, à Silverstone (Angleterre). D'après l'éditorial du programme officiel, *« les courses automobiles doivent être dangereuses. Et même si les pilotes qui concourent actuellement sont les meilleurs du monde, un accident est toujours possible. Cependant, quoi qu'il arrive pendant la compétition, celle-ci doit continuer. »*

Alfa Romeo est l'unique équipe constructeur sur la ligne de départ à Silverstone, car Ferrari choisit de renoncer à la course pour se concentrer sur la mise au point d'un nouveau moteur à l'usine de Maranello. Alfa Romeo est donc grand favori avec son modèle 158/50, la digne héritière des Alfetta d'avant-guerre. L'équipe, à la fois expérimentée (âge moyen : 45 ans) et rapide, est constituée des trois « F » : Giuseppe « Nino » Farina, Juan Manuel Fangio et Luigi Fagioli. Farina et Fagioli appartiennent déjà au cercle des grands pilotes d'avant-guerre, et l'Argentin Fangio a disputé de nombreuses courses en Amérique du Sud avant d'arriver en Europe en 1949. Cependant, ce nouveau championnat ne rencontre pas d'écho particulier chez les pilotes, pas plus que dans la presse ni auprès du public. Ce sont toujours les Grands Prix nationaux qui sont considérées comme importants. En ce début des années 1950, les médias couvrent autant les nombreuses compétitions européennes que les six épreuves du championnat du monde. Le programme officiel ne mentionne même pas que Silverstone est la première course du nouveau championnat, mais explique, de manière appuyée, qu'elle porte également le titre de *« Grand Prix européen »*. Ce titre flatteur est d'ailleurs attribué à différentes courses, à tour de rôle ; Silverstone est ainsi le premier exemple britannique. Ce manque d'intérêt signifie également que le plateau change d'une course à l'autre. Seule l'écurie Alfa Romeo est présente toute la saison, mais ses pilotes ne disputent que certaines courses. En général, la majeure partie du plateau est constituée de pilotes locaux, qui ne participent qu'à la course de Silverstone. Geoffrey Crossley, pilote britannique : *« Que Silverstone fasse partie du championnat du monde, ne m'intéressait pas, je pense même que je l'ignorais. [...] Et de toute manière, les Alfa Romeo étaient au-dessus du lot : elles nous ont battus, nous les Anglais, d'au moins huit secondes par tour, en nous doublant tous les 15 tours environ. »*

Alfa Romeo, avec ses modèles 158 surpuissants, domine en effet la saison 1950 Ferrari entre dans la compétition mondiale en participant au Grand Prix de Monaco, une semaine après Silverstone. Mais Farina et Fangio se partagent les victoires des Grands Prix de l'année (à l'exception de l'Indy 500). Lors des trois courses qu'il ne gagne pas, Fangio abandonne, et Farina devient ainsi le premier champion du monde de Formule 1.

1951 - FERRARI ENTRE DANS LA COURSE

En 1951, Ferrari, avec ses nouvelles voitures 4,5 litres, défie Alfa Romeo. Avec le Grand Prix d'Allemagne de Nürburgring, le championnat du monde comprend désormais huit épreuves, et Fangio (Alfa Romeo) et Alberto Ascari (Ferrari) se disputent le titre de vainqueur. Ascari, qui a remporté deux victoires (la troisième et l'avant-dernière course), n'est que deux points derrière Fangio avant la finale qui se déroule à Pedralbes en Espagne. Les deux écuries se livrent un duel intense. La victoire d'Ascari lors de l'avant-dernière course à Monza, en Italie, devant son coéquipier José Froilán González, et l'abandon des Alfa Romeo de Fangio et Farina, donnent lieu à des disputes violentes. Alfa Romeo affirme que les voitures de son équipe ont été sabotées en usine, ce qui entraîne le licenciement de plusieurs salariés. Mais au cours de la finale en Espagne, c'est Ferrari qui panique.

La consommation d'essence et le nombre d'arrêts aux stands sont devenus des facteurs déterminants dans la lutte entre les constructeurs. Les Alfa Romeo, suralimentées, avalent goulûment le carburant à base d'alcool, au point de consommer un litre en moins d'un kilomètre. Elles font au minimum deux arrêts aux stands par course. Ferrari est plus économe, car la marque équipe ses véhicules de réservoirs supplémentaires pour parcourir les 442 kilomètres du Grand Prix d'Espagne, et ne s'arrêtent qu'une seule fois. Elle choisit également de chausser ses voitures de roues 16 pouces (au lieu de 18 habituellement). Or l'effet combiné des réservoirs supplémentaires et des roues plus petites enlève toute chance de gagner à Ascari. L'usure rapide des pneus l'oblige à se rendre au stand au bout de seulement huit tours. Fangio gagne son premier titre de champion du monde malgré la soif inextinguible de son Alfa Romeo. Toutefois, les progrès de Ferrari incitent

Alfa Romeo à présenter un nouveau modèle pour la saison 1952. Quinze ans après ses débuts, « l'Alfetta », à savoir les modèles 158 et 159 (1951), termine au musée parmi les voitures les plus performantes de l'histoire automobile. Mais Alfa Romeo n'a pas un budget suffisant pour mettre au point un nouveau modèle. Elle se tourne alors vers l'État italien mais aucune subvention ne lui est accordée. Dépitée, la marque se retire du sport automobile.

1952 - FERRARI DOMINE (DÉJÀ) OU UN CHAMPIONNAT AU RABAIS

Cette situation fait les affaires de Ferrari qui se retrouve le seul participant sérieux lors du championnat du monde 1952, au risque de rendre la compétition peut attractive au bout de seulement deux ans. La Fédération internationale de l'automobile (FIA) a certes établi un nouveau règlement qui doit entrer en vigueur en 1954, mais la perspective d'offrir à Ferrari une tranquille promenade de deux saisons d'affilée rend incertaine la survie du championnat. Les organisateurs des différentes épreuves commencent à s'inquiéter de la suprématie de Ferrari et d'une possible désaffection du public. Au milieu du printemps 1952, la FIA est obligée de changer de cap : les championnats 1952 et 1953 s'alignent sur le règlement technique de la Formule 2 pour ouvrir la compétition. A priori, cette décision semble sage, car elle permet à plus d'écuries de concourir. Mais la domination des Ferrari, déjà redoutée en Formule 1, est au moins aussi forte en Formule 2. Son modèle 500 est prêt dès septembre 1951 et il écrase la concurrence. À la fin de la saison, Alberto Ascari remporte le championnat du monde grâce à une série de victoires pratiquement inégalée. L'Italien ne participe pas à la première course du championnat de Formule 2, à savoir le Grand Prix de Suisse à Berne. Il se prépare à défendre les couleurs de l'Europe face aux équipes américaines qui dominent l'Indy 500 à cette époque. Ascari ne se classera qu'à une modeste 31e place, mais remportera toutes les épreuves du reste de la saison 1952 pour devenir champion du monde des pilotes. Il récidive l'année suivante après avoir remporté cinq victoires au volant de la monoplace Ferrari 500.

En 1952, la route d'Alberto Ascari vers la victoire est d'autant plus facile que le champion en titre, Juan Manuel Fangio, n'est pas là. L'Argentin, qui court désormais pour Maserati et conduit la nouvelle A6GCM, a été grièvement blessé lors d'une course à Monza (hors championnat). La veille, Fangio avait disputé une course en Irlande, et lorsque son vol entre Paris et l'Italie est annulé en raison du mauvais temps, il décide de faire le trajet jusqu'à Monza en voiture… Il arrive peu de temps avant le départ et prend place dans la nouvelle Maserati. L'accident se produit dès la deuxième boucle. Fracture des vertèbres cervicales. Fangio se réveille dans un hôpital de Monza juste au moment où Farina, qui a gagné la course, lui rend visite. Fangio racontera, plus tard : *« Quand je l'ai vu, j'étais sur le point de lui dire : "Quoi, toi aussi, tu es mort ?" Mais j'ai compris qu'il était venu à l'hôpital pour m'honorer avec sa couronne de lauriers. »* L'accident de Monza empêche Fangio de poursuivre la saison, mais il revient en janvier l'année suivante.

Les nouvelles saisons apportent une nouveauté : les pilotes de Formule 1 doivent porter un « casque ». En 1950-1951, ils n'étaient coiffés que de serre-tête en tissus, qui servaient juste à les protéger un peu contre la vitesse du vent. Les casques en question sont en général identiques à ceux utilisés dans les compétitions de polo ou d'équitation.

1953 - LE DRAME DE BUENOS AIRES

La saison 1953 commence par une tragédie. L'Argentine est entrée dans le championnat en offrant le premier « vrai » Grand Prix en dehors de l'Europe, mais les organisateurs de Buenos Aires ne sont pas à la hauteur. Le président Juan Perón, sous pression après le récent décès de sa femme Evita, tente d'exploiter la course politiquement. Sur son ordre, les organisateurs admettent bien trop de spectateurs par rapport à l'espace, et les plus téméraires s'installent au bord de la piste. La situation échappe à tout contrôle, et les pilotes refusent de démarrer. Mais le public est impatient, et l'ambiance se tend de plus en plus. Pour éviter une véritable révolte, les pilotes s'installent à contrecœur derrière le volant, et la course peut être lancée. *« Les spectateurs se massaient de plus en plus près de la piste, nous bouchant totalement la vue dans les virages,* explique Mike Hawthorn de l'écurie Ferrari. *Je faisais des signes furieux pour qu'ils s'écartent, ce qui n'avait pour effet que d'aggraver la situation. Certains sont presque entrés sur la piste, en brandissant des chemises et des vestes devant les voitures, pour les retirer à la dernière minute, comme un toréador qui joue avec le taureau. »* Une série d'accidents coûtent la vie à neuf spectateurs, un chiffre officiel qui pourrait être bien en deçà du bilan réel.

Ascari gagne l'épreuve argentine, et poursuit les mois suivants son ascension vers son titre de champion du monde, remporté de haute main. Ferrari domine toujours, mais Maserati, avec un Fangio ressuscité, monte en puissance : l'Argentin conclut la deuxième et dernière saison des voitures de Formule 2 par la victoire du Grand Prix d'Italie, ce qui lui confère la 2e place au championnat du monde, derrière Ascari.

»

L'équipe d'Alfa Romeo a dominé le championnat du monde en 1950 et 1951 avec les modèles 158/159, dont la création remonte aux années 1930.

Page ci-contre : Au début des années 1950, la Formule 1 est une compétition entre gentlemen. Consalvo Sanesi (chapeau et écharpe en soie), pilote de remplacement pour Alfa Romeo, à bord de la voiture de Juan Manuel Fangio, avant l'entraînement pour le Grand Prix d'Allemagne de 1951.

En 1952 et 1953, le championnat du monde réunit des véhicules de Formule 2. Ici, les quatre voitures de l'écurie Maserati attendent dans le paddock avant le Grand Prix de Suisse de 1953. La voiture n° 30 est celle de Juan Manuel Fangio, vainqueur du championnat 1951, et qui remportera le titre cinq fois au total.

Page ci-contre : Ferrari domine les saisons 1952 et 1953 de Formule 1, et remporte 14 des 15 épreuves du championnat. Alberto Ascari, champion du monde des deux années, totalise 11 des 14 victoires de Ferrari. Giuseppe Farina (à gauche sur la photo) gagne le Grand Prix d'Allemagne 1953.

Avec 34 voitures au départ,
le Grand Prix d'Allemagne 1953 présente
le plus grand plateau de l'histoire de
la Formule 1. Alberto Ascari obtient
la pole position et le meilleur tour en course.
Ici, Luigi Villoresi (Ferrari) au stand.

2
ENERGOL

Dans les années 1950, les courses de Formule 1 n'envahissaient guère les écrans de télévision. Ici, Télé Monte-Carlo filme néanmoins Giuseppe Farina (Ferrari) lors du Grand Prix de Monaco 1955.

1954 - RETOUR DE LA FORMULE 1

À partir de 1954, le championnat doit de nouveau réunir des véhicules de Formule 1. Au départ, il est encore dominé par Ferrari et Maserati, auxquels s'ajoute l'écurie française Gordini, qui fait figure de petit poucet. Fangio (Maserati) remporte les deux premières épreuves de la saison, mais pour le Grand Prix de France à Reims début juillet, il quitte Maserati pour Mercedes qui fait son retour en F1. Dans les années 1930, subventionné par le régime nazi, le constructeur allemand était en position de tête. *« Les efforts déployés par Mercedes et la Fédération automobile allemande avaient des motivations politiques évidentes : il s'agissait d'une offensive énorme, technique, pour glorifier l'Allemagne et son régime national-socialiste. Le retour de Mercedes après la guerre était davantage motivé par la volonté de donner du prestige à l'industrie et à l'économie allemandes »*, déclarait Enzo Ferrari à propos de son nouveau concurrent. Fangio connaît bien la marque et le duo Mercedes-Fangio était prometteur : la Mercedes W196 engrange les victoires mais lors du Grand Prix d'Allemagne, l'Argentin est frappé par une tragédie personnelle.

Alors que le championnat du monde n'a pas fait de victimes parmi les pilotes depuis plus de trois saisons, le compatriote de Fangio, Onofre Marimón, perd la vie lors d'un entraînement à Nürburgring. Avant la Seconde Guerre mondiale, Fangio avait participé à de nombreuses courses chez lui, en Amérique du Sud, affrontant le père de Marimón, Domingo, et il était un ami proche de la famille. *« Quand il s'est installé en Europe, j'étais à la fois comme un frère et un père pour Onofre,* raconte Fangio. *Aucun autre accident ne m'a autant marqué que celui-ci. Quand je suis arrivé sur le lieu de l'accident, il était déjà mort, à cause de lourdes blessures au thorax. Il avait été retiré de la voiture par un groupe de spectateurs qui se tenaient, choqués, autour de son corps. Un prêtre avait fait son apparition et récitait une prière en latin. Je n'oublierai jamais son latin au fort accent allemand. L'effet était à mes oreilles étrange, car il s'agissait d'une prière que j'avais apprise quand j'étais enfant de chœur, dans ma ville natale, Balcarce. »*

Fangio acquiert son deuxième titre de champion du monde bien avant la finale en Espagne, lors de laquelle l'hégémonie de Mercedes est sérieusement mise à l'épreuve, car l'Italien Lancia est enfin prêt pour la Formule 1.

1955 - LANCIA BOUSCULE MERCEDES

Ce nouvel acteur pèse à peu près autant que Mercedes, et il parvient à engager le double champion du monde Alberto Ascari, jusqu'alors rattaché à Ferrari, comme premier pilote de son écurie de Formule 1. Mais la nouvelle Lancia n'est prête que pour la finale en Espagne 1954. Ascari confirme le grand potentiel de la marque en obtenant la pole position, avec une seconde d'avance sur la Mercedes de Fangio. 1955 a ainsi tout pour devenir la meilleure saison de Formule 1 jamais organisée. Mercedes et Lancia ont porté les compétitions à un nouveau niveau technique, mais Ferrari et Maserati ne sont pas loin derrière, et Gordini continue courageusement le combat.

La saison démarre par le Grand Prix d'Argentine, sous une chaleur torride. L'épreuve dure trois heures, par près de 40 °C : c'est la course la plus éprouvante de l'histoire de la Formule 1. De nombreux pilotes s'évanouissent, terrassés par la chaleur, mais puisqu'il est encore permis de changer de pilote, des hommes reposés peuvent prendre la relève. Les véhicules qui remportent les 2e, 3e et 4e places voient alterner trois pilotes. Fangio remporte la victoire en parcourant tout seul l'ensemble des 375 kilomètres. *« J'ai puisé dans mes dernières réserves. Pour ne pas m'effondrer, je me suis imaginé perdu au milieu d'une tempête de neige, obligé de continuer pour survivre »*, raconte Fangio, qui gardera toute sa vie des séquelles des brûlures aux jambes provoquées par la chaleur de l'habitacle, et aura besoin de plusieurs injections avant de pouvoir recevoir le trophée du vainqueur.

Lors du Grand Prix de Monaco, Ascari se surestime et sa Lancia atterrit dans le bassin du port. Il s'extrait du véhicule et s'en sort à la nage, mais se tue quelques jours plus tard, lors d'un essai sur voiture de sport à Monza. Peu de temps auparavant, Manny Ayulo avait perdu la vie aux États-Unis dans un entraînement pour la course de l'Indy 500. Et quelques jours après l'accident mortel d'Ascari, Bill Vukovich, qui a gagné l'Indy 500 en 1953 et 1954, est pris dans une violente collision. Son véhicule sort de la piste, sur le toit, et le pilote meurt d'une fracture du crâne. Quelques semaines plus tard, pratiquement tous les pilotes de Formule 1 sont rassemblés au Mans pour les 24 Heures, course destinée aux voitures de sport. Au début de la soirée, Fangio et Mike Hawthorn sont impliqués dans un accident au cours duquel la Mercedes en flammes de Pierre Levegh est projetée jusque dans la tribune principale. Levegh est tué, ainsi que 80 spectateurs, et le nombre de blessés graves est encore plus important. Les 21 heures restantes sont malgré tout parcourues, remportées par Mike Hawthorn, mais la tragédie pèse lourdement sur la suite de la saison 1955. Les Grands Prix de Formule 1 prévus en France, Allemagne, Espagne et Suisse sont annulés. La Suisse interdit totalement les courses sur piste, une disposition toujours en vigueur. Lancia, qui a déjà consacré à la Formule 1 une partie importante des ressources limitées de l'entreprise, se retire des compétitions peu de temps après le décès d'Ascari, en cédant tous ses équipements à Ferrari. Le reste de cette saison raccourcie se résume donc à une promenade pour Mercedes, qui remporte toutes les épreuves grâce à Fangio et son jeune coéquipier Stirling Moss. Celui-ci se souvient : « *On nous appelait "le train". Car nos courses tenaient du défilé : d'abord Fangio, puis moi-même juste derrière. On ne peut imaginer meilleure école : rester à seulement quelques mètres de Fangio, à mes yeux le meilleur pilote de tous les temps. Notre chef d'équipe Neubauer n'appréciait pas que je suive Fangio d'aussi près. "S'il fait une erreur, tu seras emporté", m'a-t-il dit. J'ai répondu, tout simplement : "Un Maestro ne se trompe jamais !"* » Fangio gagne une fois encore le titre de champion du monde, devant Moss à la 2e place : une saison triomphale pour Mercedes. Cependant, la marque est la cible de violentes critiques concernant sa gestion de la tragédie du Mans. À la fin de la saison, le constructeur met un terme à son activité en course automobile. Lors d'une cérémonie théâtrale à Stuttgart, les mécaniciens marchent solennellement jusqu'aux voitures, qu'ils couvrent de toiles noires, alors que Neubauer pleure devant la presse.

1956 - FANGIO/FERRARI : MARIAGE DE RAISON

En 1956, Ferrari fait son retour après quelques saisons médiocres. Les puissantes voitures Lancia se voient « ferrarisées », mais il manque un pilote expérimenté à la marque au Cheval Cabré. « *Lorsque Mercedes s'est retiré, j'ai senti qu'il était temps que je m'arrête, moi aussi,* raconte Fangio. *Mais j'ai reçu un appel d'Enzo Ferrari. "Fangio, je sais que tu es cher, m'a-t-il déclaré. Mais j'ai besoin de toi."* » La collaboration entre Fangio et Ferrari est un mariage de raison, bref et intense. L'Argentin ne se sentira jamais à l'aise dans cette équipe, où Enzo Ferrari manipule ses pilotes sans pitié. En règle générale, il y a plus de pilotes que de voitures, et la concurrence interne entre pilotes Ferrari est souvent plus féroce qu'avec ceux des autres écuries. À 45 ans, avec trois titres de champion du monde dans ses bagages, Fangio parvient à rester en dehors des pires controverses. Sa collaboration aboutit effectivement à la victoire escomptée. Même si Fangio subit la pression de son ancien élève Stirling Moss (qui court à présent pour Maserati) et celle du plus rapide des autres pilotes Ferrari, Peter Collins. Avant la finale, le Grand Prix d'Italie à Monza, tous les trois sont bien placés pour remporter le championnat. La voiture de Fangio a un ennui technique assez tôt dans la course, et l'Argentin s'arrête au stand. À cette époque, le règlement autorise encore à changer de pilote. L'agent de Fangio, Marcello Giambertone, va trouver le chef d'équipe de l'écurie Ferrari, l'ancien journaliste Eraldo Sculati, et lui demande d'arrêter l'une des autres voitures pour la céder à l'Argentin. « *Il s'est ensuivi une petite dispute, à laquelle Sculati a mis fin en se rendant subitement à la tribune de la presse,* raconte Giambertone. *Après son départ, j'ai pratiquement repris le rôle de chef. Lorsque Collins est venu faire changer ses pneus, je lui ai dit : "Peter, veux-tu passer ta voiture à Fangio ?" Il est sorti d'un bond de la voiture, sans réfléchir – même s'il avait encore une chance de gagner le championnat. Un beau geste de sa part* », commentera Giambertone plus tard. Après une pause de 18 tours, Fangio retourne sur la piste. Il parvient à faire remonter la Ferrari jusqu'à la 2e place, ce qui suffit pour acquérir un autre titre de champion du monde. C'est la dernière année de Fangio chez Ferrari. Enzo Ferrari a peut-être du mal à accepter que la superstar argentine vole la vedette à ses voitures, et Giambertone raconte qu'afin de marquer le succès de la saison 1956, il offre à tous ses pilotes une médaille en or, sauf au champion du monde en individuel, Fangio. « *J'ai envoyé plusieurs rappels à Ferrari concernant la médaille, mais on ne m'a jamais répondu* », explique Giambertone.

1957 - NOUVELLE GÉNÉRATION

En 1957, Fangio court pour Maserati. Un changement de génération est en train de s'opérer en Formule 1. La suprématie de l'Argentin, qui a maintenant 46 ans, est mise à mal par des pilotes plus jeunes : Stirling Moss, Tony Brooks (tous deux chez Vanwall), Luigi Musso, Mike Hawthorn et Peter Collins (Ferrari). Fangio résiste héroïquement à leurs assauts. Il remporte les trois premières compétitions de la saison, et lors du Grand Prix d'Allemagne, au milieu de l'été, il livre le plus bel exploit de sa carrière. Il acquiert vite une avance confortable, mais à cause d'un changement de pneus, à neuf tours de la ligne d'arrivée, il perd presque une minute par rapport à Hawthorn et Collins. Fangio se lance dès lors dans des tours qui resteront peut-être les plus spectaculaires de l'histoire de la Formule 1. En cherchant à rattraper les deux pilotes de Ferrari, il bat le record du tour de piste de 24,2 secondes. À l'avant-dernier tour, il dépasse Hawthorn et gagne la course, ce qui lui assure le titre de champion du monde. « *Si je n'avais pas cédé, le vieux diable m'aurait tout simplement écrasé* », explique Hawthorn, plein d'admiration pour la prestation incroyable de Fangio. « *Je n'avais jamais conduit aussi vite, et je ne l'ai jamais refait* », déclare Fangio. Cette victoire, la plus belle de sa carrière, sera aussi la dernière. Il se retire en 1958, après deux courses menées sans conviction.

»

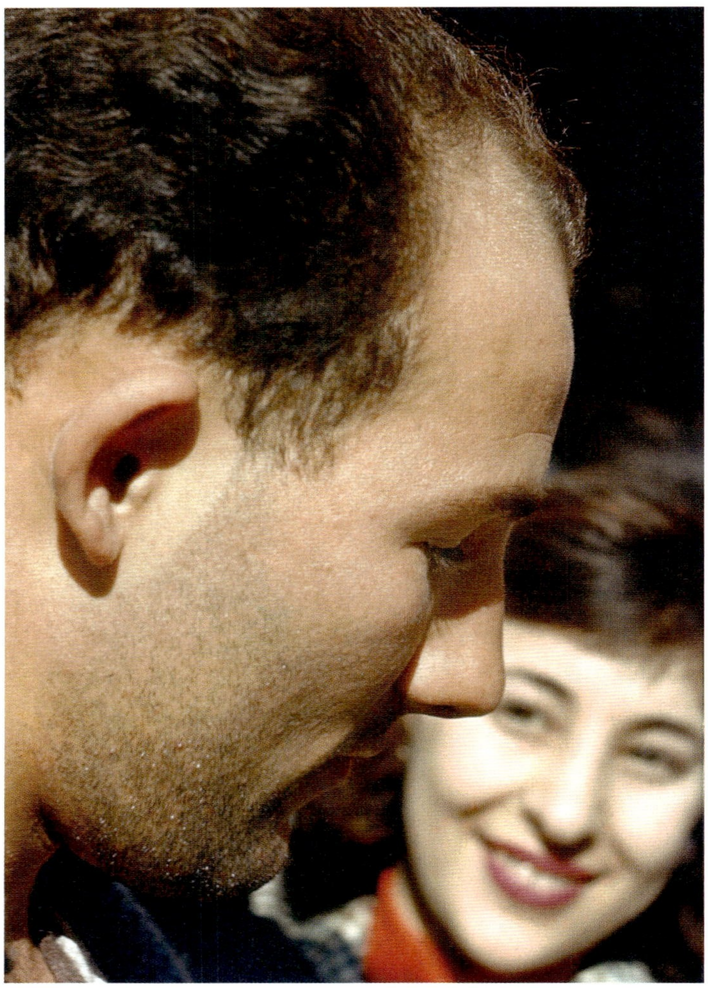

L'Anglais Stirling Moss, récemment disparu en avril 2020, ne sera jamais champion du monde, bien qu'il soit reconnu comme l'un des meilleurs pilotes des années 1950.

Le constructeur Mercedes domine totalement la course à partir du moment où il s'engage, au milieu de l'année 1954. Lors du Grand Prix d'Allemagne, à Nürburgring, 100 000 spectateurs assistent à la victoire de Juan Manuel Fangio (voiture n° 18). Son coéquipier Karl Kling (n° 19) remporte la 5e place.

FERRARI
FERRARI
PIRELLI
MERCEDES-BENZ
18
16
14
12
18
14
12

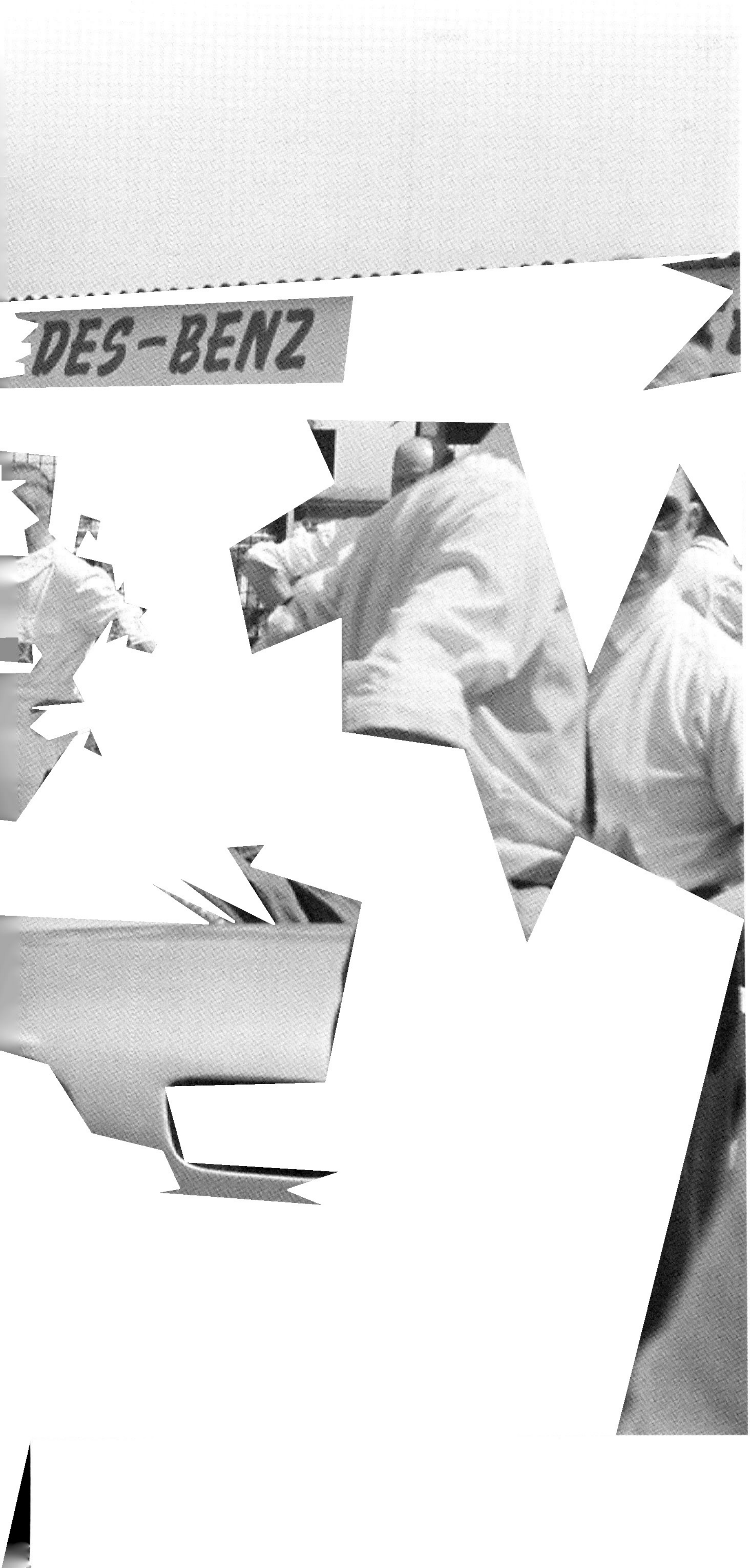

L'écurie Mercedes en attente du Grand Prix de Grande-Bretagne 1955, qui se déroule sur une piste nouvellement construite, autour du champ de course d'Aintree, à Liverpool. Les pilotes Mercedes Stirling Moss (voiture n° 12), Juan Manuel Fangio (n° 10), Karl Kling (n° 14) et Piero Taruffi (n° 50) conquièrent les quatre 1res places.

La Maserati 250F est l'un des plus grands succès des années 1950. Juan Manuel Fangio (casque marron) la conduit jusqu'à la victoire aux championnats du monde 1954 et 1957. Il discute ici avec son coéquipier Jean Behra (casque à damiers) avant le Grand Prix de France 1957.

Page ci-contre : À partir du milieu des années 1950, Vanwall est la première équipe britannique capable de contester sérieusement l'hégémonie italienne et allemande. Ici, Roy Salvadori, à bord de sa Vanwall, se tient prêt pour le démarrage du Grand Prix de France de 1957, à Rouen.

20

Les quatre voitures Ferrari, conduites par Peter Collins, Mike Hawthorn, Wolfgang von Trips et Phil Hill, doivent se lancer dans le Grand Prix d'Allemagne 1958, à Nürburgring.

Page ci-contre : Entre 1957 et 1959, Ferrari perd quatre pilotes dans des accidents tragiques. Eugenio Castellotti (photo) se tue lors d'un essai en mars 1957. En 1958, Luigi Musso et Peter Collins meurent, respectivement, lors des Grands Prix de France et d'Allemagne. Peu de temps après avoir remporté le championnat du monde 1958 pour Ferrari, Mike Hawthorn perd la vie dans un accident de voiture.

À la fin des années 1950, l'aérodynamique des véhicules commence à être au centre de l'attention. L'écurie britannique Vanwall prend la tête de cette nouvelle tendance. Sur la photo, son modèle 1957, en forme de goutte d'eau, attend au stand lors du Grand Prix d'Italie.

wall

1958 - CHANGEMENT DE RÈGLE OU L'ESSENCE DU SPORT

La FIA crée un nouveau titre de champion du monde en 1958. La compétition individuelle des pilotes est doublée d'un championnat des constructeurs. Le règlement technique est modifié en profondeur car les producteurs d'essence, qui sont les seuls « sponsors » (le mot n'a pas encore été inventé) de la discipline, se sont lassé du carburant à base d'alcool utilisé par les voitures depuis le début des championnats du monde en 1950. Ils voudraient que les Formule 1 utilisent des carburants semblables à ceux qu'ils vendent. À partir de 1958, elles utiliseront une essence dérivée d'un carburant pour les avions, l'Avgas. Malgré un indice d'octane élevé de 130, l'Avgas permet de parcourir bien plus de kilomètres que le carburant à base d'alcool mais génère un peu moins de puissance. Toutefois, son usage obligatoire met les écuries à pied d'égalité sur la ligne de départ. Finis les recettes miracles et les mélanges détonants fait maison ! Dans le même temps, les organisateurs réduisent les distances à parcourir de 500 km en trois heures à 300 km en deux heures. Les voitures pourront donc être équipées de réservoirs de capacité bien moindre.

La possibilité de disposer de véhicules beaucoup plus petits éclate au grand jour dès la première épreuve du championnat qui se déroule en Argentine. Les équipes anglaises se sont longtemps opposées au nouveau règlement. Lorsqu'elles finissent par comprendre que la FIA compte vraiment imposer l'Avgas, il est trop tard. Elles ne parviennent pas à adapter leurs moteurs au nouveau carburant avant la course de Buenos Aires, qui a lieu le 13 janvier. Les Britanniques restent donc chez eux, et le plateau qui se présente au Grand Prix d'Argentine ne compte que dix véhicules – le plus modeste de l'histoire de la F1. Ferrari présente trois modèles, Maserati six. La dixième voiture fait sourire : c'est une petite Cooper, plutôt conçue pour la Formule 2, dotée seulement des deux tiers des 300 chevaux dont disposent les concurrents italiens. Le moteur est placé à l'arrière et non devant le pilote, un concept qui semble pouvoir convenir aux formules inférieures, mais pas à la F1. Cette voiture a été inscrite à la compétition par l'équipe privée de Rob Walker, l'héritier de la fameuse marque de whisky, uniquement pour faire participer Stirling Moss. Moss est en train de reprendre le rôle de star qui revenait auparavant à Fangio, et lorsque son équipe, Vanwall, fait savoir qu'elle ne viendra pas en Argentine, les moteurs n'étant pas encore compatibles avec l'Avgas, les organisateurs sont pris de panique. Un plateau composé seulement de neuf véhicules et sans Moss réduira considérablement l'intérêt du public pour la compétition. Les Argentins persuadent Walker de leur envoyer un véhicule, à force de pesos et en offrant le transport aérien gratuit pour la Cooper et deux mécaniciens. Moss, qui court pour Walker en Formule 2 et participe à tout pourvu que le montant écrit sur le chèque compte assez de zéros, accepte. Le pilote et la voiture vont vite faire sensation dès les essais. *« Nous avions une excellente gestion du carburant, et un plan secret : parcourir tout le trajet sans arrêt »*, explique Moss. Il additionne donc les tours pendant que ses concurrents, l'un après l'autre, se rendent aux stands pour faire le plein et changer de pneus. *« Mon mécanicien faisait ostensiblement rouler dans le stand des pneus neufs pour faire croire aux autres que j'allais m'arrêter. Et lorsqu'ils ont fini par comprendre que je roulerais non-stop, il était trop tard »*, poursuit Moss, qui termine la course avec des pneus en lambeaux, mais 2,7 secondes devant Luigi Musso (Ferrari).

L'épreuve suivante du championnat, le Grand Prix de Monaco, qui a lieu quatre mois plus tard, voit également la victoire de la Cooper de Walker, conduite cette fois-ci par Maurice Trintignant. *« Maurice ne parlait pas anglais,* se souvient Rob Walker. *Du coup, l'un des autres pilotes, Harry Schell, l'a aidé avec quelques phrases. L'une d'elles était si importante qu'elle avait été notée dans le portefeuille de Maurice, et il la prononçait chaque fois qu'on lui présentait une femme de langue anglaise. "Ow doo you doo – weel yu slip wiz mee?" L'efficacité de ce sabir était plus grande que ce qu'on aurait pu imaginer ! ».* Après deux victoires d'affilée de la Cooper, il devient manifeste que les jours des véhicules avec moteur avant sont comptés. Au cours des années suivantes, ils sont progressivement remplacés par des modèles à moteur central arrière. La saison évolue en un combat incertain entre Vanwall (avec Moss et Tony Brooks) et Ferrari (Mike Hawthorn, Peter Collins et Musso). Alors que l'harmonie et la bonne organisation règnent dans l'équipe anglaise, l'écurie italienne est agitée de remous. Une fois encore, il y a trop de pilotes par rapport au nombre de voitures. Lors de la sixième, puis de la huitième épreuve du championnat, la surenchère fait perdre un pilote à l'écurie : Musso décède lors du Grand Prix de France, suivi de Peter Collins, quatre semaines plus tard (lors du Grand Prix d'Allemagne). Le championnat devient un duel direct entre les deux Anglais, Hawthorn et Moss. Moss gagne le Grand Prix du Portugal, tandis que Hawthorn, en 3e position, sort de la piste en tête-à-queue au dernier tour. Il arrive à redémarrer la Ferrari, mais se voit convoquer par les commissaires après la course ; ceux-ci font valoir qu'il a conduit à contresens en s'efforçant de relancer la voiture après le tête-à-queue. Il est donc menacé de disqualification, ce qui briserait ses rêves de titre. Le coup de pouce vient de là où on ne l'attendait pas. *« J'ai plaidé la cause de Mike vis-à-vis des commissaires,* explique Moss. *J'avais bien vu sa manœuvre, et j'ai expliqué qu'il était hors de la piste au moment de redémarrer : il n'était donc pas à contresens du trafic. Cette explication m'a certainement coûté mon titre de champion, mais je ne voulais pas le gagner de cette manière. »* Moss gagne la finale au Maroc, mais

Hawthorn, qui n'a à son actif qu'un seul Grand Prix, remporte le championnat en individuel grâce à sa 2e place.

La saison la plus longue et la plus ouverte de la série des championnats de Formule 1, qui a bientôt dix ans d'existence, se termine de manière tragique. Vers la fin de la course, au Maroc, Stuart Lewis-Evans perd le contrôle de son véhicule, qui heurte un arbre et prend feu. Le jeune Anglais parvient à s'extirper de la voiture, mais les combinaisons ignifuges sont encore loin d'avoir été inventées. Dans la confusion, il court, enfermé dans ses vêtements en flammes, à l'opposé des secouristes, et il est terriblement atteint lorsqu'un hélicoptère pourra enfin l'évacuer vers un hôpital. Le chef de l'écurie, Tony Vandervell, n'est pas satisfait de l'hôpital marocain. Lewis-Evan est transféré le lendemain, à bord d'un avion Vickers Viscount spécialement affrété, dans le meilleur service de grands brûlés de l'époque, à East Grinstead Hospital. Le personnel se bat héroïquement pendant cinq jours pour sauver le jeune Anglais, qui expire une semaine après l'accident. Cette tragédie aura des conséquences importantes. Il n'y aura jamais plus de courses de Formule 1 au Maroc, et Vandervell, qui se sent personnellement responsable de la mort de Lewis-Evans, ferme l'écurie Vanwall. Bernard Charles « Bernie » Ecclestone, ami proche et conseiller de Lewis-Evan, tourne aussi le dos à la discipline, et n'y retournera que dix ans plus tard.

1959 - LE MOTEUR DE LA RÉVOLUTION

L'année 1959 vient seulement de démarrer lorsque le champion du monde en titre, Mike Hawthorn, décède à son tour. Dans un élan d'euphorie, il s'est engagé dans une course avec Rob Walker, l'héritier de l'empire du whisky, sur une route de campagne, près de Guildford, dans le sud de l'Angleterre. Hawthorn, qui s'est retiré des courses après la saison de 1958, perd le contrôle de sa Jaguar et se tue dans un accident spectaculaire.

Au début de la saison 1959, Cooper lance une vraie version Formule 1 de son modèle avec moteur central arrière. Avec l'Australien Jack Brabham au volant, elle remporte la première compétition mondiale de l'année, à Monaco. La saison devient le théâtre de l'affrontement décisif entre les modèles classiques à moteur avant et les nouveaux, qui prennent de plus en plus le dessus. Le Grand Prix de France qui se déroule cette année sur un circuit routier rapide à Reims, est l'une des courses les plus dures de l'histoire. Les températures caniculaires font fondre le bitume, et de nombreuses voitures se retournent sur la chaussée glissante. Mais il y a pire : des débris de cailloux et de bitume sont arrachés à chaque passage des voitures et, certaines doivent abandonner à cause d'un radiateur percé. *« Comme j'étais sur le point de m'évanouir à cause de la chaleur, j'ai cassé le déflecteur avant du véhicule pour pouvoir respirer,* explique Jack Brabham. *Mais du coup, j'ai reçu encore plus de cailloux sur la tête. Et j'ai abordé les virages en laissant rouler pratiquement toute seule la voiture, faute de pouvoir freiner efficacement : mes pieds étaient tellement brûlés qu'effleurer la pédale de frein faisait mal. »* L'Australien, qui obtient la 3e place après les deux Ferrari, conduites par Tony Brooks et Phil Hill. Et cette rude journée n'est pas terminée lorsque le drapeau à damier salue l'arrivée des voitures à la fin de la course de Formule 1. Après une courte pause pour soigner les blessures des pilotes et leur verser un seau d'eau sur la tête, il faut repartir, cette fois-ci pour une course de Formule 2 d'une heure, avec la moitié du plateau de Formule 1 sur la ligne de départ.

Avant la finale, lors du premier « vrai » Grand Prix des États-Unis, qui se déroule sur la piste Sebring en Floride, trois pilotes sont en lice pour le titre de champion du monde, Moss (Cooper), Brooks (Ferrari) et Brabham (Cooper). Cependant, Moss abandonne assez vite en raison d'un problème de transmission, et Brooks est obligé de se rendre au stand pour faire vérifier sa voiture après une collision avec un autre pilote de l'écurie Ferrari, Wolfgang von Trips. Brabham est en tête jusqu'à la panne d'essence, au dernier tour. Il doit pousser la voiture lui-même dans une pente de 500 mètres, pour arriver finalement en 4e position. Il s'effondre au moment où la voiture franchit la ligne d'arrivée. *« Les officiels m'ont traîné jusqu'à une caravane, et j'ai mis un quart d'heure à redevenir moi-même. J'ai compris alors que j'étais champion du monde. Je n'en croyais pas mes oreilles… »* ■

Pages suivantes : Lors de l'année 1958, on assiste au tournant technique peut-être le plus important de l'histoire de la Formule 1. Les petites Cooper à moteur central arrière, particulièrement véloces et agiles, s'avèrent à maintes reprises plus rapides que les véhicules à moteur avant qui ont dominé la discipline depuis le début du championnat, en 1950. La Cooper de l'écurie Walker, prête à se lancer dans le Grand Prix d'Italie, à Monza.

R.R.C. WALKER
RACING TEAM.
DRIVERS
STIRLING MOSS
MAURICE TRINTIGNANT

COOPER
CARS
11
4

On trouve encore les Vanwall avec moteur avant dans la première rangée au départ du Grand Prix des Pays-Bas 1958, mais les rangées suivantes comptent plusieurs petites Cooper à moteur central arrière.

Pages suivantes : Conservatrice dans sa mentalité, l'équipe Ferrari met longtemps à se convertir au moteur central arrière. Ici, Tony Brooks lors du Grand Prix de France 1959, à bord d'une Ferrari 246 Dino avec moteur avant (ce modèle n'a rien à voir avec la 246 Dino de 1969).

DE VEILIGE
REMVOERING
AMSTEL
BIER

MOTOR OIL

GLEBERT
24

L'épreuve du Grand Prix d'Allemagne 1959, qui se déroule sur l'AVUS à Berlin, est divisée en deux manches. La piste est composée de deux tronçons d'autoroute, barrés à la circulation, un virage en épingle à cheveux et une courbe ultrarapide et raide. Dans ces conditions, le moteur avant de Ferrari est supérieur, et Tony Brooks (à droite) remporte l'épreuve devant ses coéquipiers Dan Gurney (au milieu) et Phil Hill (à gauche).

Page ci-contre : Jack Brabham, à bord de la petite Cooper à moteur central arrière (n° 3), gagne le Grand Prix de Grande-Bretagne 1959, à Aintree, Liverpool. Cette victoire a contribué à son titre de champion.

Une photo du Grand Prix de Grande-Bretagne qui illustre l'évolution des courses de F1 en 1959. Les petites Cooper à moteur central arrière, avec Maurice Trintignant et Bruce McLaren au volant, mènent la course devant Harry Schell, qui conduit une BRM avec moteur avant en voie de ringardisation.

ES
16
18

SEULES SAISONS OÙ LA MÊME ÉCURIE GAGNE TOUTES LES COMPÉTITIONS
Alfa Romeo en 1950, puis Ferrari en 1952 remportent toutes les courses de la saison (à part l'Indy 500)

COURSE LA PLUS LONGUE EN KM
Grand Prix de France 1951 · 601,832 km

QUATRE PILOTES DU MÊME NOM
Dennis, Henry, Mike et Trevor Taylor débutent tous au Grand Prix de Grande-Bretagne 1959 · Ne sont pas apparentés

COURSE LA PLUS LONGUE (SANS INTERRUPTION) EN TEMPS
Grand Prix d'Allemagne 1954 · 3 heures 46 minutes

PREMIÈRE ÉQUIPE DÉBUTANTE À REMPORTER UN GP
Grand Prix de France 1954 · Mercedes

RECORDS

UNIQUE TITRE DE CHAMPION DU MONDE GAGNÉ AVEC DEUX ÉCURIES DIFFÉRENTES
1954 · Juan Manuel Fangio · Commence la saison avec Maserati, puis rejoint Mercedes

RECORD DE VICTOIRES DE SUITE AUX GP
9 épreuves entre 1952 et 1953 · Alberto Ascari

PLUS PETIT PELOTON
Grand Prix d'Argentine 1958 · 10 véhicules

SAISON LA PLUS COURTE
1950 et 1955 · 6 courses (plus l'Indy 500)

PISTE LA PLUS COURTE
Monaco entre 1955 et 1972 · 3,145 km

PILOTE LE PLUS ÂGÉ
Louis Chiron · 55 ans, 9 mois et 19 jours · Grand Prix de Monaco 1955

UNIQUE GRAND PRIX PRÉVU EN DEUX MANCHES
Grand Prix d'Allemagne 1959 · 2 manches · Circuit AVUS à Berlin

PREMIÈRE VICTOIRE D'UN VÉHICULE À MOTEUR CENTRAL ARRIÈRE
Grand Prix d'Argentine 1958 · Stirling Moss (au volant d'une Cooper-Climax)

GAGNANT LE PLUS ÂGÉ
Luigi Fagioli · 53 ans et 22 jours · Grand Prix de France 1951 (en conduisant une Alfa Romeo qu'il partage avec Juan Manuel Fangio)

PISTE LA PLUS LONGUE
Pescara · Italie (championnat du monde de 1957) · 25,579 km

1950-1959

STATISTIQUES ET FAITS MARQUANTS

PREMIER ACCIDENT MORTEL AU COURS D'UN WEEK-END DE GP
Grand Prix d'Allemagne 1954 · Onofre Marimón

PLUS GROS PELOTON
Grand Prix d'Allemagne 1953 · 34 véhicules

GP LE PLUS LENT
Grand Prix de Monaco 1950 · Juan Manuel Fangio vainqueur avec une moyenne de 98,701 km/h

MEILLEURES STATISTIQUES EN TERMES DE POLE POSITIONS
Entre 1950 et 1957, Juan Manuel Fangio commence 57 % de ses courses de Grand Prix en pole position

DERNIER GRAND PRIX AVEC DEUX VAINQUEURS
Grand Prix d'Angleterre 1957 · Stirling Moss et Tony Brooks remportent la victoire à bord d'une Vanwall

Mike Hawthorn remporte le championnat du monde 1958 avec cette Ferrari. Peu après, il créé la surprise en annonçant mettre fin à sa carrière. C'est la dernière fois qu'une voiture à moteur avant remporte la victoire. Les Cooper écrasent leurs concurrents dès l'année suivante grâce à leur moteur central.

14

F1 TECHNOLOGIE 1950-1959

TECHNIQUES NOUVELLES

FREINS À DISQUES

INJECTION D'ESSENCE DIRECTE

AVGAS (essence aviation au lieu du carburant à base d'alcool)

CAP SUR L'AÉRODYNAMIQUE

VÉHICULES À MOTEUR CENTRAL ARRIÈRE

RÉGLEMENTATION

1950-1951
Moteur de 1,5 litre avec compresseur
ou 4,5 litres sans compresseur
Pas de limite de poids

PUISSANCE ET POIDS TYPES
425 ch/710 kg (Alfa Romeo 159 - 1951)

1952-1953
Moteur de 750 cm³ avec compresseur
ou de 2 litres sans compresseur
Pas de limite de poids

PUISSANCE ET POIDS TYPES
175 ch/560 kg (Ferrari 500 F2 - 1953)

1954-1960
Moteur de 750 cm³ avec compresseur
ou moteur de 2,5 litres sans compresseur
Pas de limite de poids

PUISSANCE ET POIDS TYPES
290 ch/730 kg (Mercedes W196 - 1955)
280 ch/630 kg (Maserati 250F - 1957)
240 ch/460 kg (Cooper-Climax T51 - 1959)

1958
Interdiction des carburants avec alcool

POINTS

8-6-4-3-2 points pour les cinq premiers à franchir la ligne d'arrivée, 1 point pour le tour le plus rapide de la course

COURSES PRISES EN COMPTE POUR LE CHAMPIONNAT DU MONDE
1950 : 4 sur 7
1951 : 4 sur 8
1952 : 4 sur 8
1953 : 4 sur 9
1954 : 5 sur 9
1955 : 5 sur 7
1956 : 5 sur 8
1957 : 5 sur 8
1958 : 6 sur 11
1959 : 5 sur 9

Alfa Romeo domine les deux premiers championnats en 1950 et 1951 grâce à son modèle 15 8/159 des années 1930, dont le moteur de 1,5 litre avec compresseur compte 8 cylindres. Mais on autorise parallèlement l'utilisation d'un moteur 4,5 litres sans compresseur, solution retenue par Ferrari pour un V12, qui s'avère de plus en plus compétitif au fil de l'année 1951. Le constructeur britannique BRM cherche pendant plusieurs années à créer un moteur V16 de 1,5 litre avec compresseur (BRM P15), d'une puissance exceptionnelle (près de 600 ch, d'après la rumeur), mais il ne connaît aucun succès en raison de son poids, de sa consommation de carburant et de sa complexité. Le championnat du monde en 1952 et 1953 met en scène des voitures de Formule 2 ; celles-ci sont dotées de moteurs 2 litres sans compresseur. Le passage de Formule 1 à Formule 2 signifie que l'on divise par deux la puissance des voitures, en passant d'environ 400 ch à moins de 200 ch. Cependant, les temps de passage de chaque tour n'augmentent que très peu, en raison de la diminution du poids des voitures.

En 1954, au moment du retour des Formule 1 au championnat du monde, Mercedes réussit un véritable come-back, les voitures allemandes étant absentes des circuits depuis la fin de la Seconde Guerre mondiale. Avec le modèle W196, les Allemands haussent la technique de la F1 à un niveau inégalé. Le moteur V8 alimenté par une injection d'essence directe, est incliné de 20 degrés dans le compartiment moteur pour réduire la résistance au vent, et abaisser le centre de gravité. Là où les concepteurs des véhicules de Formule 1 avaient jusqu'alors principalement misé sur la puissance à l'état brut, Mercedes, avec sa W196, soigne sa tenue de route et son aérodynamique. Dans le but de réduire le plus possible la résistance au vent, la Mercedes W196 est construite en deux versions. Une voiture de Formule 1 conventionnelle avec roues libres, et une version « streamliner » où les roues sont couvertes par la carrosserie. Cette dernière version est alignée au départ des circuits les plus rapides sur lesquels la résistance au vent est déterminante. Les pilotes, Juan Manuel Fangio en tête, ne sont pas entièrement satisfaits de la « streamliner », car il leur semble difficile d'orienter la voiture avec précision sans voir directement les roues avant. Lors du Grand Prix de Grande-Bretagne 1954, qui se déroule sur l'ancien aérodrome de Silverstone, la piste est délimitée à plusieurs endroits par des seaux de sable. Fangio les heurte à plusieurs reprises en cherchant la ligne optimale à travers les virages.

D'autres écuries testent également des modèles « streamliner » à partir du milieu des années 1950. Vanwall, qui emploie comme consultant Colin Chapman, le futur fondateur de Lotus, mise sur des formes arrondies et un design « en goutte d'eau » pour réduire la résistance de l'air.

Les freins à disques, plus légers et plus efficaces que les freins à tambours utilisés jusqu'alors, vont pour la première fois servir lors de la course de l'Indy 500 aux États-Unis, en 1951. Les constructeurs anglais reprennent vite cette idée, d'abord pour les courses de voitures de sport, puis en Formule 1. Comme souvent, Enzo Ferrari se montre très conservateur. Il ne fait monter des freins à disques sur ses voitures que lorsque son pilote anglais Mike Hawthorn l'exige, à la fin de la saison 1958.

Le changement peut-être le plus révolutionnaire dans l'histoire de la Formule 1 intervient vers la fin de la décennie. Jusqu'alors, les voitures de Grand Prix plaçaient toujours le moteur devant le pilote, mais dans les catégories Formule 2 et 3, les véhicules à moteur central arrière commencent à être majoritaires. La révolution s'étend rapidement aux véhicules de Formule 1, car le nouveau concept donne un meilleur équilibre, tout en réduisant la longueur de la transmission. Il permet également de limiter la résistance au vent, un paramètre important en Formule 1. Un véhicule à moteur central arrière remporte une épreuve de Grand Prix pour la première fois en 1958, et la dernière victoire d'une voiture à moteur avant a lieu seulement deux ans plus tard.

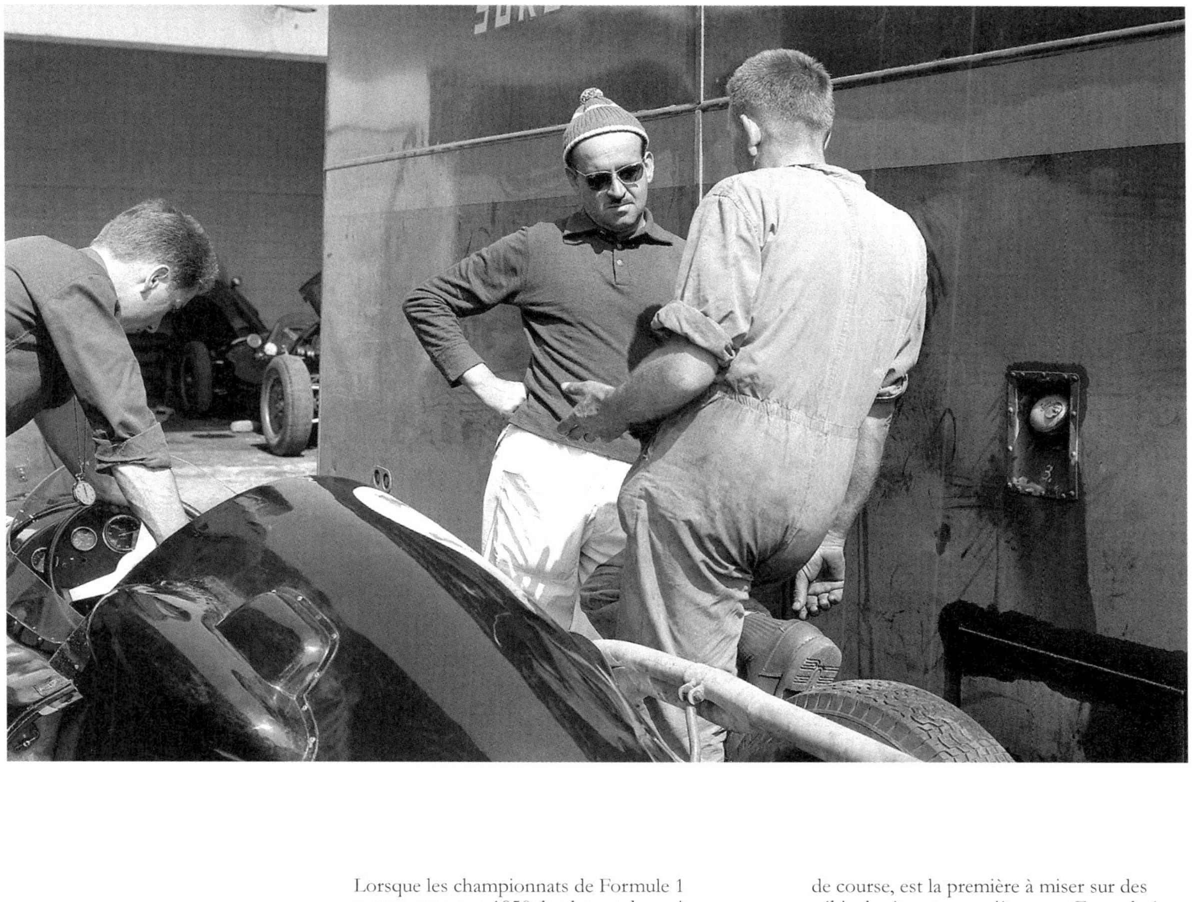

Lorsque les championnats de Formule 1 commencent en 1950, la plupart des voitures utilisées datent d'avant-guerre.
Les moteurs sont volumineux et lourds.
Ici, le moteur Talbot Lago de 4,5 litres, utilisé lors du Grand Prix d'Allemagne 1951 (en haut). L'usine Cooper, dédiée aux voitures de course, est la première à miser sur des véhicules à moteur arrière pour Formule 1. Ce concept révolutionne la discipline, et en 1958, Maurice Trintignant (qui porte un bonnet sur la photo) remporte le Grand Prix de Monaco avec une Cooper de l'écurie Walker (en bas).

CASTROL
CASTROL

En 1952 et 1953, le championnat du monde est ouvert aux véhicules de Formule 2. Leur cylindrée n'est que de 2 litres, et la puissance inférieure à 200 ch.
La photo montre le moteur 6 cylindres de Maserati, dont le modèle 1952 développe 170 ch environ.

Page ci-contre : Vers la fin des années 1950, l'aérodynamique – il s'agit là principalement de la résistance au vent – est au centre de l'attention. Grâce à l'aide de l'ingénieur anglais Colin Chapman, futur fondateur de l'équipe Lotus, qui remportera toute une série de titres de champion du monde dans les années 1960 et 1970, Vanwall mène d'intéressantes recherches en matière d'aérodynamique. Ici, la Vanwall de Stuart Lewis-Evans avant le Grand Prix d'Italie 1958 (en haut). Les pneus – étroits et avec une bande de roulement pleine – peinent souvent à transmettre efficacement toute la puissance au macadam (en bas).

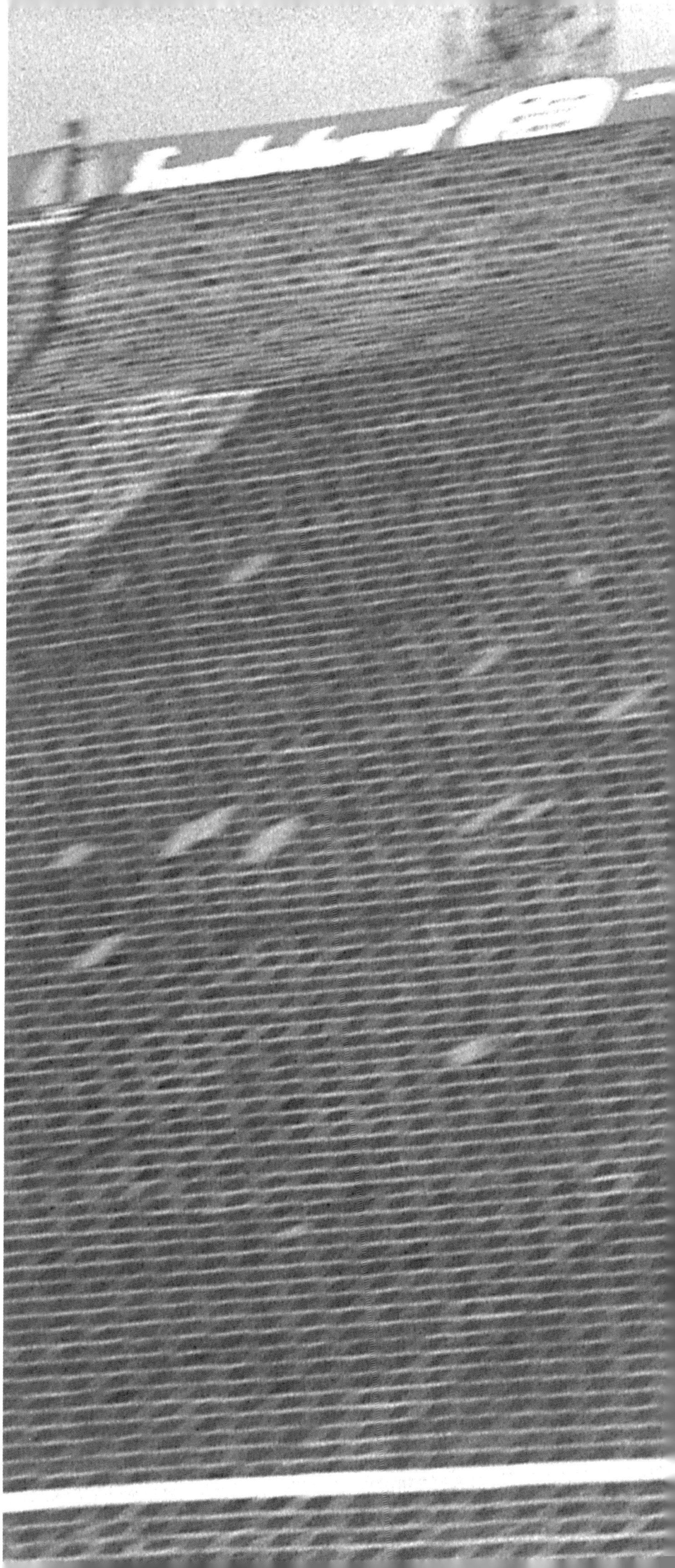

Lorsque Mercedes entre dans les compétitions de Formule 1 en 1954, elle construit sa W196 en deux versions : un modèle conventionnel avec roues libres, et un « streamliner » avec carrosserie pleine qui réduit au maximum la résistance au vent sur les circuits les plus rapides. La photo montre Karl Kling conduisant le « streamliner » sur le circuit à haute vitesse AVUS, à Berlin, en 1954 (cette épreuve ne fait pas partie du championnat).

19
19

60
69

LES ANN

NAISSANCE D'AYRTON SENNA (1960) / TOUS LES VAINQUEURS DE LA SAISON 1963 DE FORMULE 1 SONT BRITANNIQUES / LANCEMENT AUX ÉTATS-UNIS DE LA FORD MUSTANG (1964) / LA MORRIS MINI REMPORTE SON PREMIER RALLYE MONTE-CARLO (1964) / RENAULT PRÉSENTE LA RENAULT 8 GORDINI (1965) / LA FORD GT 40 DE BRUCE MCLAREN ET CHRIS AMON EST LA PREMIÈRE VOITURE AMÉRICAINE À REMPORTER LES 24 HEURES DU MANS (1966) / AVEC 280 KM/H, LA LAMBORGHINI MIURA EST LA PLUS RAPIDE DES VOITURES DE SÉRIE (1966) / NAISSANCE DE MICHAEL SCHUMACHER (1969)

ĒES 1960

1960 - DE TRAGÉDIE EN TRAGÉDIE

Le championnat de Formule 1 de 1960 commence avec du retard. Les pilotes et les mécaniciens des écuries Cooper et Lotus ne se présentent pas aux entraînements pour l'épreuve qui lance la saison, en Argentine, car leurs voitures se trouvent à bord du bateau qui les a transportées depuis l'Europe. En raison de problèmes machine, le navire doit finalement recourir à des remorqueurs pour arriver au port. Les postes et télégraphes argentins étant en grève, le chaos règne sur l'autodrome de Buenos Aires, faute d'informations. Le champion en titre, Jack Brabham, et son équipe Cooper (meilleur constructeur du monde), manquent le premier entraînement. Mais son rival le plus acharné, Stirling Moss de l'écurie privée Walker, vient à son secours : il lui passe sa Cooper personnelle pour exécuter une série de tours. À une seule condition : prendre bien soin de la voiture ! La compagnie aérienne argentine fait également grève. Le coéquipier de Brabham, Bruce McLaren, qui a conclu les années 1950 en étant le champion le plus jeune de l'histoire des Grands Prix (depuis sa victoire au Grand Prix des États-Unis, grâce à la panne d'essence de Brabham), arrive en Argentine après un voyage cauchemardesque. *« D'abord, j'ai mis deux jours entre la Nouvelle-Zélande et New York,* raconte-t-il, *pour apprendre que mon vol pour l'Argentine était annulé. Me faire rembourser mon billet m'a pris une demi-journée, et ensuite, j'ai dû faire le trajet jusqu'à Buenos Aires dans un DC3 : le trajet a duré 36 heures ! »*

Sans voiture, débutant sur l'autodrome, McLaren veut se familiariser à pied avec le circuit. Une fois revenu, après deux heures de marche dans la chaleur torride de l'été argentin, il découvre qu'il a emprunté la piste des motos, qui n'a en commun avec celle de la Formule 1 que la section longue de départ et d'arrivée. Malgré ce préambule difficile, le Néo-Zélandais remporte sa deuxième victoire d'affilée, et il s'avère rapidement que les voitures à moteur central arrière ont définitivement pris l'ascendant. Après la première place de Moss (désormais chez Lotus) à Monaco, Brabham vole d'une victoire à l'autre. Mais son triomphe au Grand Prix des Pays-Bas est éclipsé par un accident tragique. Les freins de la BRM conduite par Dan Gurney ne fonctionnent plus, sa voiture est propulsée en l'air, traverse un panneau publicitaire et atterrit dans le public. Un jeune garçon est mortellement touché. Gurney n'a qu'un bras cassé. Son commentaire est révélateur de l'état d'esprit de la discipline dans les années 1960 : *« Malheureusement, les courses automobiles sont parfois comme cela... »* Deux semaines après, Brabham remporte une autre épreuve au Grand Prix de Belgique à l'issue tragique. Au cours de l'entraînement, Stirling Moss perd une roue arrière et se crashe a plus de 200 km/h. Il est éjecté du véhicule. *« Je n'ai aucun souvenir, même pas celui d'avoir été éjecté,* expliquera-t-il par la suite. *Je me suis réveillé couché sur l'herbe à côté de la piste. Je pensais que j'allais mourir, car j'étais aveugle. Je ne pouvais pas respirer. »* Moss revient lentement à lui. La vue lui revient aussi, et il retrouve sa respiration. Mais il s'est fracturé le nez, plusieurs côtes et les deux jambes. L'ambulance met beaucoup de temps à arriver, et l'on demande à un autre pilote Lotus, Mike Taylor, qui s'est arrêté sur le lieu de l'accident, de retourner au stand pour chercher de l'aide. Alors qu'il n'a parcouru que quelques centaines de mètres, sa colonne de direction se rompt et c'est l'accident. Partiellement paralysé, sa carrière s'arrêtera là. Il parviendra à récupérer sa mobilité grâce à ses efforts de rééducation et intentera un procès à Lotus. Mike Taylor est l'un des rares pilotes à avoir obtenu qu'un constructeur lui verse des dommages et intérêts.

Mais cette course maudite n'est pas terminée... Le jeune Anglais Chris Bristow se tue au 19e tour, et 12 tours avant l'arrivée, le pilote Lotus Alan Stacey est heurté par un oiseau en plein visage. Il perd le contrôle de son véhicule, et se tue en sortant de la piste. *« Alan était quelqu'un de courageux,* raconte son coéquipier Jim Clark, *futur champion du monde. Peu de gens savaient qu'il n'avait qu'une jambe. On lui avait amputé le pied et le mollet quand il était enfant, à la suite d'un accident de moto. En fait, il n'aurait pas dû être autorisé à participer aux épreuves de Formule 1. Du coup, nous lui donnions un coup de main lors de l'examen médical obligatoire avant les compétitions. L'un des examens était la vérification classique des réflexes à l'aide d'un marteau frappé contre le genou. Alan montrait toujours d'abord sa jambe normale, et lorsque le docteur allait passer à la prothèse, l'un de nous attirait son attention en posant une question, l'air de rien. Entre-temps, Alan croisait discrètement les jambes, de façon à ce que le contrôle de la "deuxième jambe" soit bon. »*

Avec cinq victoires d'affilée remportées au milieu de la saison, Jack Brabham gagne son deuxième titre de champion du monde en deux ans. Son coéquipier Bruce McLaren occupant la 2e place, Cooper remporte le titre de meilleur constructeur.

1961 - AMBIANCE CHEZ FERRARI OU LA STRATÉGIE DU CONFLIT

Pour la saison 1961, le règlement de Formule 1 change radicalement. La cylindrée passe de 2,5 à seulement 1,5 litre. Les écuries anglaises n'ont pas le temps de modifier leur moteur, mais Ferrari est bien préparée et domine une saison lors de laquelle seul Stirling Moss (sur une Lotus de l'écurie Walker) parvient à faire face au Cheval Cabré. Moss gagne les épreuves des circuits les plus durs de la série, Monaco et Nürburgring, mais la lutte pour le titre de champion devient une affaire interne chez Ferrari. L'Allemand Wolfgang von Trips, connu sous le sobriquet de « von Crash » parmi ses collègues en raison de ses nombreux accidents, devient un pilote à la fois rapide et sûr, bien placé pour remporter le championnat, jusqu'à l'avant-dernière épreuve de la saison, à Monza, en Italie. Dans ses efforts pour obtenir le titre de champion, von Trips a pour unique rival son coéquipier américain Phil Hill. Celui-ci ne fait pas mystère des nombreuses luttes internes au sein de l'écurie Ferrari. *« Courir pour Ferrari était toujours lié à une pression énorme,* racontera-t-il plus tard. *Il n'y avait jamais moyen de se détendre. Une ou plusieurs personnes étaient constamment en train d'espérer que tu fasses l'erreur qui les mettrait en selle. Les pilotes se disputaient avec les ingénieurs, et le chef d'équipe s'en prenait aux pilotes. Les mécaniciens s'engueulaient entre eux et avec tous les autres... »* Les conflits sont liés à la pratique du propriétaire, Enzo Ferrari, qui embauche trop de pilotes pour le nombre de voitures. Ferrari préfère que les épreuves remportées soient réparties entre le plus grand nombre possible de pilotes, pour qu'il soit évident pour chacun que la victoire est principalement l'œuvre de l'écurie, et non celles les pilotes. En disposant à tout moment de nouveaux pilotes avides de succès, Ferrari sait qu'il peut toujours compter sur la motivation de ses troupes, prêtes à prendre les risques nécessaires pour que la marque au Cheval Cabré reste en tête. Au milieu de la saison, lorsque les pilotes « habituels » (mais rien n'est vraiment « habituel » chez Ferrari) von Trips, Hill et Richie Ginther se trouvent en difficulté lors du Grand Prix de France, la stratégie de Ferrari paie, de manière inattendue : le débutant Giancarlo Baghetti l'emporte.

Lors du Grand Prix d'Italie, un autre pilote Ferrari fait sensation : Ricardo Rodríguez, un Mexicain de 19 ans, se qualifie pour la première ligne lors de son premier Grand Prix, à côté du favori, von Trips, mais devant Phil Hill. Von Trips prend un mauvais départ, et ses efforts pour remonter finissent par mal se passer. Dès le deuxième tour, à la suite d'un accrochage avec la Lotus de Jim Clark, sa Ferrari est propulsée dans le public. Bilan : 14 morts et de nombreux blessés. Von Trips périt également dans le pire accident qu'ait connu l'Histoire de la Formule 1. Avec sa victoire, Phil Hill assure son titre de champion du monde. *« J'étais, bien évidemment, profondément ébranlé,* racontera Hill. *Plusieurs journaux ont écrit que je m'étais effondré en pleurant, mais ce n'est pas vrai : je n'ai pas versé de larmes. Quand on côtoie le danger et la mort d'aussi près, les défenses émotionnelles fonctionnent. »*

1962 - LUTTE BRITANNIQUE

L'année 1962 voit se profiler de gros changements dans le monde de la Formule 1. Le champion en titre, Jack Brabham, quitte Cooper et fonde sa propre équipe, créant ainsi les conditions pour que Stirling Moss puisse enfin gagner son titre de champion du monde, qu'il a plus ou moins mérité à chaque saison depuis 1958. L'Anglais est depuis de nombreuses années unanimement considéré comme le meilleur pilote du plateau, et ses résultats, son allure, son patriotisme et sa disponibilité dans pratiquement toutes les catégories de courses ont fait de lui l'incontestable superstar de la discipline. S'il n'a toujours pas obtenu le titre de champion du monde, c'est en raison de son choix inébranlable : courir dans les écuries anglaises, qui ne parviennent que rarement à suivre Ferrari. Mais pour la saison 1962, Moss et Enzo Ferrari ont conclu un compromis qui leur vaut une équipe de rêve : Ferrari accepte de vendre l'une de ses excellentes voitures de 1961 à l'équipe anglaise

Walker, en l'autorisant à remplacer la couleur bordeaux initiale par la « British Racing Green » chère à Moss. Cependant, quelques semaines seulement avant le premier Grand Prix de la saison, Moss est victime d'un grave accident en dehors de la série du championnat. Sa voiture est heurtée violemment sur le circuit de Goodwood (Grande-Bretagne). Le pilote est entre la vie et la mort pendant des semaines. Il survit, mais sa carrière est terminée. Un an environ après l'accident, il montera à bord d'une voiture de course pour effectuer un test top secret, mais réalisera presque immédiatement qu'un retour serait une mauvaise idée : *« Les temps de passage étaient à vrai dire corrects, mais il fallait les obtenir en forçant,* explique Moss. *Je ne me sentais plus dans mon élément naturel, et sans l'instinct du pilote, il était manifeste qu'il fallait que j'arrête. »*

Moss éliminé, le championnat 1962 se réduit à un duel entre Graham Hill (BRM) et Jim Clark (Lotus). Avant la finale en Afrique du Sud, les deux pilotes britanniques remportent chacun trois victoires. La lutte se termine par un KO technique : Clark sort, et Hill gagne.

1963 - CAUCHEMAR À NÜRBURGRING

Leur affrontement se poursuit durant la saison 1963. Hill remporte la première épreuve de la série, à Monaco, mais c'est Clark qui obtient le titre de champion en gagnant sept des neuf épreuves restantes. Le pilote écossais a repris le rôle de Moss : il devient celui qui impose le rythme au plateau, en grande partie aidé par la conception révolutionnaire monocoque de sa Lotus 25. En revanche, Clark doit s'incliner devant John Surtees (Ferrari) lors du Grand Prix d'Allemagne. Cette course, qui se déroule à Nürburgring dans les montagnes de l'Eifel, est entachée par une série d'accidents graves. Un pompier est tué par une roue qui se détache de la voiture du coéquipier de Surtees, le Belge Willy Mairesse qui sort de piste. Le pilote, brûlé surtout sur un de ses bras, ne pourra plus revenir en Formule 1 malgré plusieurs tentatives. Frustré par ce destin cruel et par la privation d'adrénaline, il se suicide six ans plus tard, en ingurgitant une surdose de somnifères. Bruce McLaren est lui aussi victime d'un accident à Nürburgring. *« Je suis resté mentalement absent pendant toute une heure,* explique le Néo-Zélandais. *J'avais un peu de mal à croire Stirling Moss quand il racontait son accident à Goodwood, en affirmant qu'il ne se souvenait de rien. Mais maintenant, je sais à quel point on peut être vidé après un grave accident. Quand je me suis réveillé à l'hôpital d'Adenau, j'ai réussi à me dire que quelque chose avait dû se produire à Nürburgring, car Adenau est la ville la plus proche du circuit. Mais je n'avais pas la moindre idée de ce qui avait pu se passer, ni de la façon dont j'étais arrivé à l'hôpital. C'est comme si la mémoire effaçait tout ce qui n'est pas agréable à penser. »*

1964 - DE DISCRETS JAPONAIS

La saison 1964 est l'une de celles où le suspense est à son comble. John Surtees réussit à maîtriser suffisamment l'organisation Ferrari pour que le Cheval Cabré puisse de nouveau disputer un titre de champion après avoir couru derrière les concurrents anglais pendant quelques années. Mais tant BRM, dont le premier pilote est Graham Hill, le champion 1962, que Lotus avec Jim Clark, tenant du titre, donnent du fil à retordre à Sturtees jusqu'à la ligne d'arrivée. Le Grand Prix d'Allemagne voit débarquer pour la première fois une équipe japonaise. Après de grands succès en course de motos, Honda construit une voiture de Formule 1, mais les Japonais font des débuts discrets : ils engagent comme pilote un Américain quasi inconnu, Ronnie Bucknum. La logique japonaise veut que l'équipe apprenne la Formule 1 avec un pilote également débutant : avec Bucknum derrière le volant, les tests se déroulent à l'abri de la curiosité des journalistes, et les attentes restent donc assez modestes. La participation de Bucknum ne durera que quelques années, mais l'engagement de Honda dans la Formule 1 annonce une longue carrière, marquée jusqu'à ce jour par des hauts et des bas.

L'Autriche organise au mois d'août son premier Grand Prix. Faute de piste convenable, la course a lieu sur le terrain de l'aéroport militaire de Zeltweg, où l'on a aménagé un circuit avec des bottes de paille. En raison de l'état des pistes d'atterrissage, très inégales, beaucoup de voitures sont tout simplement disloquées par les secousses. Le champion 1961, Phil Hill, percute si violemment un garde-fou que la voiture prend feu. Elle est totalement consumée par les flammes. Phil Hill s'en sort indemne. Lorenzo Bandini remporte l'épreuve pour Ferrari. Le soir même, la plupart des pilotes du plateau se réunissent dans une auberge locale. L'Écossais Innes Ireland fête sa 5e place en se présentant dans l'uniforme classique de son pays, précisant que les vrais Écossais ne portent rien sous leur kilt. L'ambiance atteint son apogée lorsque Graham Hill s'empare d'un gros cactus et le fourre sous le kilt du pauvre Écossais. Mike Hailwood racontera les suites de cet « accident » certes douloureux mais somme toute innocent : *« Le pauvre Innes et sa copine ont passé toute la semaine suivante à réparer les dégâts à la pincette et à la loupe. »*

Avant la finale au Mexique, Graham Hill mène avec 39 points, suivi de Surtees et Clark, à 34 et 30 points respectivement. Clark arrive rapidement à se détacher du lot avec une bonne avance qui semble lui assurer la victoire, alors que Lorenzo Bandini met Graham Hill hors jeu en le heurtant agressivement. Mais lors du dernier tour, le moteur Climax de la Lotus conduite par Clark prend feu, Ferrari impose rapidement un changement de pilote, et Surtees remporte la victoire.

»

Au début des années 1960, les compétitions de Formule 1 attirent encore un grand nombre d'écuries et de pilotes indépendants. L'Américain Peter Lovely se présente au Grand Prix des États-Unis 1960, avec cette Cooper, qu'il a dotée d'un moteur Ferrari.

145

Stirling Moss est le meilleur pilote du plateau au début des années 1960, mais sa carrière s'est arrêtée net après un accident grave au début de l'année 1962.

Page ci-contre :
Voici l'évolution des véhicules de Formule 1 au fil des années 1960. À partir de 1961, on utilise des voitures relativement petites et peu puissantes avec une cylindrée de 1,5 litre. La photo montre la Cooper Climax T55 (voiture n° 2 – Bruce McLaren), Ferrari Dino 156 (n° 3 – Wolfgang von Trips) et Porsche 718 (n° 8 – Joakim Bonnier). En 1966, on passe à des moteurs plus gros et plus solides avec une cylindrée de 3 litres – ici une Ferrari 312 (n° 10 – Mike Parkes).

Wolfgang von Trips (Ferrari), bien placé pour le titre de champion 1961, perd la vie dans un accident tragique survenu au cours de l'avant-dernière épreuve de la saison, le Grand Prix d'Italie à Monza. Cet accident entraîne la mort de 14 spectateurs.

GB
BP
XUA 136
28

La firme Vanwall gagne le championnat 1958 avec ses véhicules en forme de goutte d'eau, à moteur avant. Au début des années 1960, elle s'essaie sans succès au concept de moteur central arrière.

Le Grand Prix de Belgique 1961 à Spa-Francorchamps. Phil Hill (Ferrari, n° 4) est en tête, devant son coéquipier, le Belge Olivier Gendebien. La Ferrari de ce pilote est peinte en jaune, la couleur nationale des voitures de sport belges.

SPA

L'écurie anglaise BRM est parmi les toutes premières au début des années 1960. Sur la photo, les voitures de Tony Brooks (n° 5) et de Graham Hill (n° 4) attendent au stand avant de se lancer dans le Grand Prix des États-Unis 1961. Hill remporte le titre de champion du monde l'année suivante.

Jim Clark domine le championnat 1963 avec sa Lotus 25, la première Formule 1 dotée d'une structure « monocoque ».

Cette structure comporte une « baignoire » (ici, en aluminium) au lieu d'un châssis tubulaire classique, ce qui rend la voiture plus légère, plus solide et plus rigide.

1965 - JIM CLARK IMPÉRIAL

Jim Clark obtient sa revanche en 1965. Il domine la saison à bord de sa Lotus – il gagne dès le 1er janvier la première épreuve du championnat, en Afrique du Sud, mais ne se présente pas à la deuxième à Monaco. Il s'intéresse davantage à l'Indy 500, qui ne fait plus depuis longtemps partie du programme, mais qui commence à attirer l'attention des équipes européennes. Clark et Lotus écrasent les concurrents lors de cette compétition. Le pilote écossais est en tête pendant 190 des 200 tours. Clark se concentre dès lors sur la Formule 1, et avec une série de cinq victoires, il confirme son statut de meilleur pilote du monde – de loin. En plus du championnat de Formule 1 et l'Indy 500, l'Écossais gagne toute une série d'épreuves de Formule 2, ainsi que la Tasman Series, qui réunit des voitures similaires à celles de la Formule 1, en Australie et en Nouvelle-Zélande. Pendant que Clark se consacre à l'Indy 500, Graham Hill remporte sa troisième victoire à Monaco, bien qu'il soit obligé de sortir de sa BRM en cours d'épreuve. Il est en tête lorsqu'il est gêné par un concurrent plus lent qu'il doit dépasser d'un tour. *« J'ai bloqué les freins pour quitter la piste. Ensuite, j'ai dû sortir de la voiture, la remettre sur la piste en poussant, et redémarrer »,* raconte Hill, qui malgré cet incident bat son concurrent le plus proche, son adversaire féroce lors de la finale 1964, Lorenzo Bandini (Ferrari).

1966 - REDISTRIBUTION DES CARTES

Pour la saison 1966, le règlement est de nouveau modifié en profondeur. La cylindrée autorisée est augmentée de 1,5 à 3 litres pour les moteurs atmosphériques tandis que les moteurs à compresseurs d'une cylindrée maxi de 1,5 litre sont à nouveau réintroduits. Climax, qui a livré des moteurs à de nombreuses écuries britanniques, se désengage de la Formule 1, et Lotus, qui doit adopter une solution d'urgence, se contente d'un moteur Climax de 2 litres hâtivement développé. L'écurie anglaise, malgré l'aide de Clark, n'a pourtant plus la moindre chance. BRM, qui est sur le point de sortir un moteur H16 ultra-sophistiqué, traverse aussi la plupart des épreuves de la saison avec un moteur de 2 litres, et se retrouve ainsi loin derrière dans la compétition. Ferrari, en revanche, semble être encore une fois le plus à même pour s'adapter à un nouveau règlement. Mais l'équipe souffre de problèmes internes. Le premier pilote, John Surtees, est licencié au milieu de l'année. Jack Brabham a réuni entre-temps une équipe forte, et ce dernier – champion du monde en 1959 et 1960 – démontre qu'il a peut-être su lire le règlement mieux que les autres : il demande tout simplement au motoriste Repco de Melbourne de construire un moteur spécialement conçu pour une Formule 1 à partir du V8 des Oldsmobile américaines. Ses concurrents étant confrontés à des problèmes techniques ou internes aux écuries, Brabham et son nouveau pilote de remplacement ont la tâche relativement facile. Le moteur Repco est loin d'être le plus puissant du plateau, mais il est extrêmement solide, et en alignant quatre victoires au cours de l'été, Brabham est le premier pilote à remporter un titre de champion du monde dans un véhicule « fait maison ». Avant que Brabham n'entame sa série triomphale, le jeune Écossais Jackie Stewart gagne le Grand Prix de Monaco. Dans les rues de Monte-Carlo, la puissance du moteur est moins importante que sur d'autres pistes. Stewart mène sa BRM de 2 litres à une victoire sûre, devant Lorenzo Bandini (Ferrari).

Quelques semaines plus tard, Stewart est victime d'un dramatique accident lors de la première manche du Grand Prix de Belgique à Spa-Francorchamps. La course commence par un temps sec, mais la pluie se met à tomber au milieu de la première manche sur le circuit de 14 km. Les organisateurs préviennent les spectateurs, mais personne ne pense à avertir les pilotes, dont sept entrent en collision à cause de la chaussée glissante. Stewart reste prisonnier de sa BRM, les réservoirs encore pleins ont été percés, et il se trouve rapidement totalement aspergé d'essence. Son coéquipier Graham Hill, lui aussi sorti de la piste, tente d'aider Stewart. *« Je me suis dépêché de mettre hors fonction la pompe de carburant pour arrêter le flot d'essence,* racontera Hill plus tard. *Il fallait surtout éviter les étincelles, nous avions tellement peur que le véhicule prenne feu. Je n'arrivais pas à sortir Jackie, ses jambes étaient coincées sous le volant qui s'était plié. J'ai fini par trouver un commissaire qui avait une boîte à outils, et nous avons réussi à démonter le volant et à extraire Jackie du véhicule. Je lui ai immédiatement retiré sa combinaison et tous ses vêtements, car l'essence des voitures de course est une substance très sale, forte, et la réaction chimique brûle la peau. Une ambulance est enfin arrivée. Les "secouristes" étaient deux jeunes infirmières, plus préoccupées par leur pudeur que par les douleurs de Jackie, car la première chose qu'elles ont faite a été de l'envelopper de couvertures. » « Lorsque j'ai commencé à reprendre mes esprits, je croyais d'abord que les infirmières étaient des religieuses,* raconte Stewart. *J'étais couché dans le "centre médical" du circuit, qui n'était qu'une vieille grange, à quelque chose près. On m'avait mis sur la dalle en ciment – entre des mégots et d'autres détritus. Ils m'ont ensuite foutu dans une vieille ambulance pour m'emmener dans un hôpital de Liège, très loin du circuit. Au début, l'ambulance était escortée par des policiers, mais subitement, ils ont disparu. Et le chauffeur de l'ambulance a mis un temps fou à trouver l'hôpital… »*

Stewart survit, et retourne à la Formule 1 un mois seulement après l'accident. Mais les longues minutes angoissantes qu'il a passées dans le « bain d'essence » en Belgique l'incitent à mener une croisade pour la sécurité. *« À partir de ce jour, j'ai toujours eu une clé attachée au volant par un gros bout de Scotch, avec une note expliquant de quelle manière le volant se démontait »*, raconte Stewart à propos de ses propres initiatives de sécurisation des courses.

1967 - UN MOTEUR DE LÉGENDE

Le champion en titre, Jack Brabham, démarre la saison 1967 sans gloire, en se classant 6e en Afrique du Sud et en sortant de la piste à Monaco. En revanche, son ancien second, Denny Hulme, remporte sa première victoire au Grand Prix et se retrouve en lice pour le titre de champion. En finissant 2e et 3e dans plusieurs compétitions et en gagnant l'épreuve de Nürburgring en Allemagne, Hulme maintient son avance sur ses concurrents tout au long de la saison. Ainsi, l'écurie Brabham remporte-t-elle le titre de champion pour la deuxième fois d'affilée, avec Jack Brabham, propriétaire et premier pilote, à la 2e place.

Mais un accident tragique jette une ombre terrible sur l'épreuve de Monaco. Lorenzo Bandini, chez Ferrari, qui avait gagné sa première et unique victoire sur le circuit délimité par des bottes de paille en Autriche, tombe à son tour, victime du même dangereux dispositif. Vers la fin de l'épreuve, il met les bouchées doubles pour rattraper Hulme, mais perd le contrôle du véhicule à cause de la chicane posée devant le port, qu'il percute à grande vitesse. Le feu qui se déclare dans la Ferrari est alimenté par la paille, mais alors que les sapeurs-pompiers arrivent enfin à maîtriser les flammes, celles-ci sont subitement ravivées par le souffle d'un hélicoptère de l'équipe de télévision qui vole à basse altitude. Quand Bandini est enfin évacué de l'épave carbonisée, il est trop tard. Il décède quelques jours plus tard à l'hôpital de Monaco.

Pour le Grand Prix des Pays-Bas, Lotus dispose enfin de nouveau d'un moteur compétitif. Après avoir traversé la saison 1966 et le début de 1967 de manière assez lamentable, avec des moteurs Climax et BRM, désuets ou percés, Lotus s'approvisionne auprès de l'entreprise d'ingénierie Cosworth, dont les conceptions sont financées par Ford. Le moteur Ford Cosworth V8 fait immédiatement ses preuves, mais souffre de quelques « maladies de jeunesse ». Aussi Jim Clark et Lotus ne gagnent-ils que quatre épreuves de Grand Prix, ce qui n'est pas suffisant pour battre les pilotes de Brabham. En revanche, il s'avère vite que la supériorité du nouveau moteur risque réellement de remettre en question la Formule 1 : seuls ceux qui possèdent un moteur Ford Cosworth (ou construisent leurs propres moteurs tels que Ferrari, Honda et BRM) peuvent réellement concourir pour les premières places. Pour Ferrari, Honda et BRM, la saison 1967 a été assez mauvaise, et l'on s'attend à ce que 1968 se résume à une balade d'agrément pour Lotus avec ses moteurs Ford Cosworth, ôtant ainsi tout intérêt pour la discipline. Conscients de leurs responsabilités, le chef de l'écurie Lotus, Colin Chapman, et la direction de Ford acceptent finalement de rendre le moteur accessible aux autres équipes. Ainsi naît le moteur le plus titré de l'histoire de la Formule 1. Jusqu'aux années 1980, le Ford Cosworth V8 équipe la plupart des écuries du plateau. Entre 1968 et 1982, 12 des 15 titres de champion seront remportés par des pilotes ayant piloté une monoplace à moteur Cosworth.

1968 - « SI CLARK PEUT MOURIR... » OU LA MALÉDICTION DU 7

La saison 1968 commence par la victoire de Jim Clark en Afrique du Sud et il y a tout lieu de croire que le pilote écossais est en route pour remporter le championnat. L'association entre la voiture la plus rapide du plateau (Lotus), le moteur le plus puissant et le meilleur pilote semble invincible. Mais avant le deuxième Grand Prix de l'année, celui d'Espagne, Clark perd la vie dans un accident de Formule 2 en Allemagne. Lors de l'épreuve – assez insignifiante – de Hockenheim, la Lotus de Clark est propulsée entre les arbres de la forêt qui entoure le circuit. Personne n'a eu l'idée de mettre en place des glissières de sécurité, pas même en alignant des bottes de paille ! Celui qui est sans conteste le meilleur pilote du moment meurt sur le coup. *« La mort de Jimmy ne nous a peut-être pas incités à conduire plus lentement,* raconte Chris Amon, pilote Ferrari. *Mais le fait qu'il ait pu, lui, subir pareil sort a semé le trouble chez tout le monde. Car si lui pouvait mourir de cette manière, nous étions tous logés à la même enseigne… »* Le chef de l'écurie Lotus, Colin Chapman, est effondré. Clark avait passé toute sa carrière de Formule 1 chez Lotus, et la coopération entre le taciturne Écossais et l'ingénieur de génie avait évolué vers une relation personnelle assez étroite. *« Pour moi, Jimmy sera toujours le meilleur pilote que le monde ait jamais connu »*, déclare Chapman après la tragédie d'Hockenheim. Il y a des doutes sur la volonté de Chapman et Lotus de poursuivre l'aventure, mais le coéquipier de Clark, le champion 1962, Graham Hill, grandit avec la responsabilité de premier pilote, et insuffle une nouvelle énergie à l'équipe en remportant le Grand Prix d'Espagne, quelques semaines après le décès de Jim Clark.

»

Entre 1956 et 1960, John Surtees remporte sept championnats du monde à moto (épreuves sur route). En 1964, il devient champion du monde en Formule 1, et donc le premier – et jusqu'ici le seul – à avoir gagné le championnat tant sur deux roues que sur quatre.

Vers la fin de l'année 1964, Enzo Ferrari se brouille avec la Fédération automobile italienne. Pour les dernières épreuves de Grand Prix de la saison, il peint ses voitures en bleu et blanc (les couleurs américaines) au lieu du rouge italien traditionnel. Sur la photo, Lorenzo Bandini et le chef technique Mauro Forghieri se préparent au Grand Prix des États-Unis.

200

JWA
DIVISION
30
YUV
745

Au fil des années 1960, les courses de Formule 1 sont de plus en plus professionnelles, mais quelques pilotes indépendants continuent à y participer. Paul Hawkins (au milieu) transportait sa Lotus d'une course à l'autre sur une camionnette Volkswagen.

En 1965, Paul Hawkins (avec sa propre Lotus) sort indemne d'une chute dans le port lors du Grand Prix de Monaco. Dix ans plus tôt, lors du championnat de 1955, la Lancia de l'italien Alberto Ascari avait également terminé sa course dans le port de Monaco.

Cette épreuve marque également une nouvelle ère en Formule 1, mais sur un autre plan. Après avoir été peintes en vert (« British Racing Green ») avec une épaisse bande frontale jaune, les Lotus s'habillent subitement de rouge et or. Le constructeur a tout simplement conclu le premier contrat de sponsoring en Formule 1. Jusqu'ici, les contributions financières provenaient uniquement des fournisseurs naturels de la discipline (principalement, des compagnies pétrolières et des fabricants de pneus). La Lotus rouge et or qui court en Espagne (l'écurie ne compte qu'une seule voiture après le mort de Clark) fait partie d'un accord avec le cigarettier Gold Leaf, et l'apport d'argent frais du sponsor permet à Lotus de faire de Hill un champion du monde 1968 bien méritant.

Mais avant la consécration du pilote anglais, la discipline traverse un bien pénible été. Un mois exactement après la mort de Clark, le pilote Mike Spence se tue à Indianapolis. Spence, qui était le coéquipier de Clark chez Lotus en Formule 1 en 1964-1965, est à présent chez BRM. Suite au décès de Clark, Lotus cherche un autre pilote pour l'Indy 500, et Chapman invite Spence à opérer un retour dans l'équipe. Cependant, lors d'un entraînement, l'Anglais percute un mur en béton. Il est mortellement blessé à la tête par la roue avant, et décède après quelques heures à l'hôpital d'Indianapolis. Clark est mort le 7 avril, Spence le 7 mai, et les écuries de Formule 1 doivent s'affronter le week-end du 7 au 9 juin pour le Grand Prix de Belgique. Au cours d'un entraînement en Belgique, un message tragique arrive d'Allemagne : Ludovico Scarfiotti (vainqueur du Grand Prix d'Italie 1966 pour Ferrari, et qui court à présent en Formule 1 pour Cooper) s'est tué en se préparant au championnat européen de course de côte. Une malédiction semble peser sur la F1. Ce sentiment est renforcé par le Grand Prix de France sur le circuit de Rouen-les-Essarts en Seine-Maritime qui se déroule le 7 juillet – le 7, une fois encore ! Au tout début de l'épreuve, Jo Schlesser perd le contrôle de sa Honda, qui s'écrase et prend feu. Il s'agit d'un prototype de l'écurie japonaise. La structure du véhicule renferme du magnésium. Les sapeurs-pompiers de Rouen ne parviennent pas à éteindre les flammes, et Schlesser périt dans l'incendie. La course continue. *« À cette époque, un pilote qui courait en Formule 1 pendant cinq ans avait deux tiers de risque de mourir,* d'après le calcul du futur champion Jackie Stewart. *Nous perdions régulièrement des collègues. Je ne pense pas que les pilotes actuels puissent imaginer la situation qui était la nôtre. Et j'espère qu'ils ne la comprendront jamais… »*

Le 7 août 1968 est un mercredi, mais le week-end précédent se déroule le Grand Prix d'Allemagne, sur le circuit le plus dangereux du championnat : Nürburgring. La course démarre sous une pluie battante et dans le brouillard. Stewart, le pilote le plus conscient en matière de sécurité, domine l'épreuve. Lorsque le plateau revient après la première manche, le public laisse échapper un soupir de soulagement : le pilote écossais s'est taillé une avance de 15 secondes. Il termine la course, peut-être la meilleure de sa carrière, plus de cinq minutes avant Graham Hill. *« Mais cette épreuve n'aurait jamais dû avoir lieu »*, déclarera Stewart plus tard, à propos de son après-midi périlleux sur la piste trempée de Nürburgring. En tant que délégué des pilotes pour les questions de sécurité, Stewart est sans cesse en conflit avec les organisateurs pour qu'ils améliorent le dispositif, en érigeant notamment davantage de glissières. Mais, étant donné le coût de ces opérations, les organisateurs, une partie de la presse et du public, et même certains collègues, accusent plus ou moins le pilote écossais d'être un poltron. Les pilotes de Formule 1 sont payés pour vivre (et mourir !) avec ce risque. L'une des plaisanteries les plus fréquentes qui circulent à l'époque au sujet de Stewart concerne la façon dont on doit procéder pour trouver sa maison en Suisse : *« C'est facile, il suffit de suivre les glissières de sécurité. » « Moi, j'estimais qu'on me payait pour que j'exerce mes capacités de pilote, et non pas pour que je risque ma vie »*, raconte Stewart, qui dévoile le pourquoi de sa fantastique course sous la pluie en Allemagne. La performance fait taire tous les propos négatifs à son égard : *« Ma large victoire à Nürburgring m'a donné plus de crédibilité pour exiger le renforcement de la sécurité des circuits. »*

1969 - FRAGILITÉ CHEZ LOTUS

Ses paroles gagnent encore plus de poids lorsqu'il remporte haut la main le championnat du monde 1969. Il court pour l'équipe anglaise Tyrrell, qui a conclu un partenariat réussi avec le constructeur français Matra. Les Français engagent aussi leur propre écurie, avec des moteurs « maison », mais les Matra façon « anglaise » de Tyrrell, avec un moteur Ford Cosworth, sont plus rapides et plus stables. Avec cinq victoires lors des six premières courses de la saison, Stewart est bien placé pour un titre de champion. Le chef de l'écurie Ken Tyrrell, peut commencer à travailler en coulisses pour l'avenir. Matra veut de son côté devenir une écurie totalement française à partir de 1970 : le champion en titre et son équipe doivent trouver un autre partenaire.

Le Belge Jacky Ickx, qui conduit une Brabham Ford, remporte deux épreuves de Grand Prix, tout en gagnant la première des six victoires qui feront de lui le meilleur pilote des 24 Heures du Mans, jusqu'à ce que le Danois Tom Kristensen lui vole le record en gravissant le podium pour la septième fois en 2005.

Au bout de plusieurs années de tentatives acharnées, l'Autrichien Jochen Rindt (Lotus Ford) arrache sa première victoire de Grand Prix lors de l'avant-dernière épreuve, qui se déroule à Watkins Glen aux États-Unis. Rindt compte depuis longtemps parmi les meilleurs pilotes du plateau, et sa première place aux États-Unis est le résultat d'un choix assumé. En 1968, Rindt fait partie de l'écurie Brabham, et ne souhaite pas vraiment la quitter. Lotus, qui dispose de voitures plus rapides, mais aussi plus fragiles, lui fait cependant une offre qu'il est difficile de refuser. Rindt demande l'avis de son agent et ami personnel Bernie Ecclestone, revenu à la discipline après avoir perdu son ami Stuart Lewis-Evans lors d'un accident au Maroc. *« C'est très simple,* dit Ecclestone à Rindt, avec son réalisme habituel. *Tu peux rester chez Brabham : tu ne gagneras pas, et tu ne risqueras pas d'être tué. Ou alors tu passes chez Lotus : tu pourras gagner des compétitions, mais tu risqueras ta vie. »* La victoire américaine semble indiquer que le choix de Rindt en faveur de Lotus était le bon – en tout cas au début. Mais avant cette épreuve, lui-même et son coéquipier Graham Hill sont victimes d'un accident grave au Grand Prix d'Espagne. Les ailerons ajoutés dans la seconde moitié des années 1960, qui assurent une meilleure adhérence en utilisant la force du vent pour plaquer les roues contre le bitume, sont de plus en plus gros. Pour le Grand Prix d'Espagne, Lotus a monté d'énormes ailerons arrière, si minces (pour diminuer leur poids) qu'ils cassent assez vite au cours de l'épreuve sur les deux voitures pilotées aussi bien par Hill que par Rindt. Privés de l'adhérence supplémentaire, c'est l'accident pour les deux pilotes. L'Autrichien se casse le nez et la mâchoire. L'affaire des ailerons met en évidence la réputation du chef de l'écurie Lotus, Colin Chapman, comme un concepteur doué, mais qui cherche à dépasser les limites et qui construit des véhicules légers et trop peu résistants. Quelques jours après l'accident, Rindt écrit une lettre à Chapman : *« Colin, je cours en Formule 1 depuis cinq ans, et j'ai commis en tout et pour tout une seule faute. J'ai aussi réussi à éviter les accidents, sauf celui provoqué par une boîte de vitesses défectueuse. Les choses ont changé quand j'ai commencé à courir dans ton écurie : j'ai eu trois accidents, et tous les trois provoqués par une défaillance grave sur la voiture. Honnêtement : tes voitures sont tellement rapides que nous serions de toute façon compétitifs, même en sacrifiant quelques kilos pour renforcer les parties les plus faibles. »* Rindt conclut ainsi sa lettre : *« Je ne peux conduire qu'un véhicule qui m'inspire confiance. Et je suis arrivé à un point où j'ai perdu cette confiance. »*

Pages suivantes : BRM et Ferrari se préparent au Grand Prix d'Allemagne 1965 à Nürburgring. À l'issue de cette course, Jim Clark devient le champion du monde de la saison et Lotus, le meilleur constructeur.

Englebert
REIFEN
EIL SIE SO ZUVERLÄSSIG SIND
Castrol
MOTOR OIL
Photograph
mit
Hazet
PENTOSIN SUPER-FLUID
Die Bremsflüssigkeit
für hohe Geschwindigkeiten
13
12
11
10
9
8

ARAL
immer eine gute Wa
ere
GEDORE
QUALITÄTS
WERKZEUG
... trink
Sinalco
so erfrischend
Sinalco
Alles für die Verkehrserz
Kfz.-Modelle · Lehrbücher ·
Testgeräte ·
Magnetische
Verkehrs-Verlag, Rem
Fachverlag für Auto und V
GASOLIN
MEIN BENZIN GASOLIN
GASOLIN
DEA
DEA-

La position de Ferrari (ici, Lorenzo Bandini avec le n° 2) est contestée par Honda (à droite), qui arrive pour la première fois en Formule 1 en 1965.

Page ci-contre : Jim Clark gagne les championnats 1963 et 1965, en étroite collaboration avec Colin Chapman (portant une casquette), chef de l'écurie Lotus. Clark, tué au printemps 1968, a uniquement conduit des voitures Lotus.

En 1965, c'est toujours le directeur de la course qui lance l'épreuve en baissant le drapeau. Ici, un directeur courageux lance le Grand Prix des États-Unis 1965. En première ligne, Jim Clark (Lotus) et Graham Hill (BRM).

Pages suivantes : Pedro Rodríguez (Ferrari), Jackie Stewart (BRM) et Lorenzo Bandini (Ferrari) vus de dos au Grand Prix du Mexique 1965.

Pedro Rodríguez attend pendant le remplissage du réservoir de sa BRM durant les essais pour le Grand Prix d'Afrique du Sud 1968 à Kyalami.

OWEN RACING ORGANISATION

20

McLAREN
Autolite

Vic Elford (McLaren, en indépendant) prépare le Grand Prix d'Allemagne 1969, en tirant sur une cigarette et en sirotant un peu d'eau minérale.

Page ci-contre : Jack Brabham (Brabham) fait le plein d'essence, en 1969 (en haut, à gauche). McLaren est l'une des écuries qui tentent sans succès l'expérience des quatre roues motrices en 1969 (en haut, à droite). On sangle Jackie Stewart (Matra) dans sa voiture avant le départ pour le Grand Prix du Canada 1969.

DERNIER GP AVEC QUATRE VÉHICULES DE FRONT AU DÉPART
Grand Prix d'Allemagne 1967

DERNIÈRE FOIS QU'UNE VOITURE PLONGE DANS LE PORT AU GP DE MONACO
1965 · Paul Hawkins

LANCEMENT INTERVENU LE PLUS TÔT DANS L'ANNÉE
Grand Prix d'Afrique du Sud · Se déroule le 1er janvier, en 1965 et 1968

QUE GP SANS SORTIES DE TE NI ARRÊTS AUX STANDS
nd Prix des Pays-Bas 1961 · Tous les icipants ont couru sans s'arrêter

PLUS GROSSE MARGE DE VICTOIRE
Grand Prix d'Espagne 1969 · Jackie Stewart précède de deux tours le 2e de la course (Bruce McLaren)

RECORDS

COURSE AVEC LE PLUS DE TOURS
Grand Prix des États-Unis 1963, 1964 et 1965 · Circuit Watkins Glen · 110 tours

DERNIER GP AVEC UNE VOITURE À MOTEUR AVANT
Grand Prix de Grande-Bretagne 1961

UNIQUE FOIS OÙ UN PILOTE GAGNE LORS DE SA PREMIÈRE PARTICIPATION AU GRAND PRIX
Grand Prix de France 1961 · Giancarlo Baghetti

DERNIER CHAMPION DE L'ANNÉE
Grand Prix d'Afrique du Sud 1962 · Graham Hill · 29 décembre

UNIQUE FOIS OÙ UN PILOTE CONDUIT DEUX VOITURES DE MARQUES DIFFÉRENTES LORS D'UN MÊME GP
Grand Prix de Grande-Bretagne 1961 · Stirling Moss se lance dans une Lotus de l'écurie Walker. Lorsqu'elle sort de la course, il reprend la Ferguson 4WD de Jack Fairman

1960-1969

STATISTIQUES ET FAITS MARQUANTS

UNIQUE PILOTE AYANT REMPORTÉ LE DERNIER GP AUQUEL IL PARTICIPAIT
Jim Clark · Grand Prix d'Afrique du Sud 1968

SAISON LA PLUS LONGUE
1968 · 10 mois et 2 jours

PILOTE LE PLUS PERFORMANT
Jackie Stewart est en tête de toutes les épreuves du championnat 1969

DERNIÈRE FOIS OÙ DEUX PILOTES PARTAGENT LE MÊME VÉHICULE
Grand Prix des États-Unis 1965 · Le chef de l'écurie Lotus, Colin Chapman, appelle Mike Spence au stand pour qu'il laisse sa voiture au premier pilote, Jim Clark

PILOTE AYANT COURU POUR LE PLUS GRAND NOMBRE D'ÉCURIES
Chris Amon · 13 écuries entre 1963 et 1976

PREMIÈRE FOIS OÙ UN PILOTE DÉMARRE SON PREMIER GP EN POLE POSITION
Mario Andretti · Grand Prix des États-Unis 1968

Le Grand Prix d'Allemagne 1967 est la dernière course de l'histoire de la Formule 1 où quatre voitures se lancent de front : Jim Clark (Lotus, n° 3), Denny Hulme (Brabham, n° 2), Jackie Stewart (BRM, n° 11) et Dan Gurney (Eagle, n° 9).

Continental Reifen
Continental
Continental
Continental
Continental Reifen
Continental
Continental
CLARK
SURTEES
HONDA

F1 TECHNOLOGIE 1960-1969

TECHNIQUES NOUVELLES

BOÎTE À SIX VITESSES

CHÂSSIS MONOCOQUE

HARNAIS DE SÉCURITÉ

AILERONS

4 ROUES MOTRICES

RÉGLEMENTATION

1960
Moteur de 2,5 litres sans compresseur
Pas de limite de poids pour la voiture

PUISSANCE ET POIDS TYPES
240 ch/435 kg
(Cooper-Climax T53 - 1960)

1961-1965
Moteur de 1,5 litre sans compresseur qui est désormais interdit
Port du casque et d'une combinaison obligatoire
Poids minimum de la voiture : 450 kg (hors pilote)

PUISSANCE ET POIDS TYPES
190 ch/460 kg (Ferrari 156 - 1961)
215 ch/450 kg (Ferrari 33 - 1965)

1966-1969
Moteur de 3,0 litres sans compresseur
Moteur de 1,5 litre avec compresseur
Marche arrière obligatoire
Extincteur automatique et arceau pilote obligatoires
Poids minimum de la voiture : 500 kg (hors pilote)

PUISSANCE ET POIDS TYPES
360 ch/515 kg (Maserati BT20 - 1967)
425 ch/540 kg (Maserati MS80 - 1969)

POINTS

1960
8-6-4-3-2-1 points pour les six premiers

1961-1969
9-6-4-3-2-1 points pour les six premiers

COURSES PRISES EN COMPTE AU CHAMPIONNAT DU MONDE
1960 : 6 sur 10
1961 : 5 sur 8
1962 : 5 sur 9
1963 : 6 sur 10
1964 : 6 sur 10
1965 : 6 sur 10
1966 : 5 sur 9
1967 : 9 sur 11
1968 : 10 sur 12
1969 : 9 sur 11

En 1958, la Fédération internationale automobile (FIA) annonce un nouveau règlement de Formule 1, applicable à partir de la saison 1961. La cylindrée est réduite de 2,5 à 1,5 litre, et le nouveau moteur de F1 ressemble à s'y méprendre à celui des compétitions de Formule 2 de la fin des années 1950. Pensant que les nouvelles voitures plus petites et plus lentes ôteraient à la discipline son côté spectaculaire, les équipes britanniques œuvrent longtemps pour obtenir le prolongement du règlement en vigueur. Elles menacent même de créer un championnat concurrent, et la FIA recule en partie : elle autorise l'organisation d'une « Formule intercontinentale » pour véhicules aux moteurs de 2 à 3 litres. Cependant, après cinq ou six compétitions, toutes courues en Angleterre, il est assez manifeste que cette catégorie de voitures n'a qu'un intérêt limité, et que l'attention du public est accaparée par les moteurs de 1 à 1,5 litre. Tandis que les équipes anglaises prennent du retard en raison de la polémique, Ferrari se prépare efficacement à la nouvelle formule. Le moteur V6 des Italiens domine dans les épreuves, et bien qu'au départ la puissance soit réduite d'environ 25 % par le passage de 2,5 à 1,5 litre, les vitesses n'augmentent pas en proportion : la différence des temps en pole position lors des Grands Prix de Monaco de 1960 et 1961 n'est que de 2,8 secondes. Les moteurs de taille plus réduite posent de nouvelles exigences au niveau du couple, et les nouvelles boîtes à 6 vitesses apparaissent en 1961.

En 1962, Lotus présente son premier châssis monocoque dans le cadre d'un championnat de Formule 1. Auparavant, les voitures étaient pourvues d'un châssis tubulaire. En lançant la Lotus 25 au Grand Prix des Pays-Bas 1962, le constructeur impose un concept appliqué jusqu'à nos jours. Dans la structure monocoque, le châssis tubulaire est remplacé par une « baignoire » en aluminium (plus tard, en fibres de carbone), sur laquelle on monte le moteur et la suspension. Le nouveau concept apporte plusieurs avantages par rapport à l'ancien châssis tubulaire : il rend le véhicule plus léger, plus solide et plus rigide, et donne une meilleure tenue de route. Il renforce aussi la sécurité du pilote.

Après cinq saisons avec des petits moteurs de 1,5 litre, le règlement de Formule 1 change en 1966 en imposant une cylindrée de 3 litres. La puissance fait donc un bond. Alors que les véhicules de 1,5 litre de 1965 disposaient d'environ 215 ch, la cylindrée de 3 litres fournit 320 ch dès 1966 – et la puissance ira croissant ! Le nouveau règlement, stipulant l'obligation des 3,0 litres, suscite la mise en place de plusieurs solutions intéressantes. BRM, qui avait gagné le championnat 1962 avec un moteur V8 de 1,5 litre, mise dorénavant sur un puissant H16. Il s'agit en réalité de deux moteurs à plat 8 cylindres (développés sur la base du V8) assemblés entre eux. Le H16 (son nom est BRM P75 chez le constructeur) est puissant (plus de 400 ch), mais n'obtient pas le succès escompté en raison de son poids et de son manque de fiabilité. On attribue à Jackie Stewart, le futur champion du monde, qui court pour BRM durant cette période, la déclaration suivante, à propos du H16 : *« Il vaut mieux l'utiliser comme ancre de bateau que comme moteur de Formule 1 ! »* En 1967, Ford finance, auprès de la firme d'ingénierie Cosworth, le développement du moteur qui régnera sur la Formule 1 au long des quinze années suivantes. Chaque cylindre du moteur Ford Cosworth V8 est muni de quatre soupapes. Avec ses 430 ch, celui-ci dépasse en puissance le V12 des Ferrari, Honda et BRM, mais il pose de nouveaux défis aux constructeurs qui doivent transmettre une puissance de 400 ch au bitume. Dans un premier temps, plusieurs équipes ont tenté de résoudre le problème en la répartissant sur les quatre roues. Dès 1960, le fabricant de tracteurs Ferguson, construit une voiture à quatre roues motrices pour la Formule 1. Mais le modèle s'avère trop lourd et sophistiqué par rapport aux concurrents de l'époque, petits et légers.

Vers la fin des années 1960, la grosse puissance du moteur Cosworth déclenche le retour des quatre roues motrices en Formule 1, chez Lotus, Matra et McLaren. L'entreprise Cosworth elle-même fabrique une voiture selon ce concept, mais outre les problèmes liés au poids et à la complexité du véhicule, les pilotes ont du mal à l'accepter : « *C'est comme si j'essayais de signer un autographe pendant qu'on me tire sans cesse par le coude* », juge Bruce McLaren à propos de la tenue de route du modèle M9A de son équipe. À peu près au moment de l'abandon des quatre roues motrices, une autre solution plus efficace est trouvée pour dompter la puissance du moteur Cosworth. Il s'agit au départ de petits ailerons qui, sous l'effet du vent généré par les voitures, plaquent les pneus contre le bitume afin d'augmenter l'adhérence. Mais ces petits ailerons deviennent rapidement de grosses ailes, montées directement sur la suspension avant et arrière. La tenue de route est donc considérablement améliorée, et avec elle, la vitesse dans les virages, mais plusieurs accidents graves sont provoqués par des ailerons qui se brisent sous la pression du vent. La Fédération intervient, et pendant les essais préalables au Grand Prix de Monaco 1969, elle impose subitement des règles strictes, applicables à la taille et à l'emplacement des ailerons.

Vers la fin des années 1960, des pilotes plus nombreux commencent à utiliser des ceintures puis des harnais de sécurité. Jusqu'alors, ils estimaient que la possibilité d'être éjectés de la voiture augmentait leurs chances de survie. L'alternative, rester prisonnier d'un véhicule qui risquait de s'écraser sur le pilote, était tout simplement plus grave encore. Mais grâce aux nouvelles constructions monocoques, plus solides, un nombre croissant de pilotes préfèrent rester à bord en cas d'accident. Les véritables harnais de sécurité ne sont imposés en F1 qu'à partir de 1972.

Le châssis tubulaire classique (ici sur une Ferrari 156 de 1961) est, en 1962, remplacé par la structure monocoque toujours d'actualité dans la discipline.

Au début de l'année 1969, les véhicules se voient pousser des ailes. La photo montre John Surtees dans une BRM dotée d'ailerons hauts à l'avant et à l'arrière, lors des essais pour le Grand Prix de Monaco 1969. La FIA est intervenue en bannissant ces ailes avant l'épreuve.

À la fin des années 1960, plusieurs équipes – ici, Lotus au Grand Prix de Grande-Bretagne 1969 – font des essais avec des voitures à quatre roues motrices. Il s'avère cependant qu'elles sont trop lourdes et trop compliquées pour la Formule 1.

Page ci-contre : En 1968, Honda tente sa chance avec un moteur refroidi à l'air. Un échec (en haut).

Alors que les voitures Lotus tournent avec des moteurs Climax, les équipes indépendantes cherchent à s'approvisionner auprès d'autres fabricants. La photo montre la BRP-Lotus avec son pilote, Masten Gregory, attendant dans le paddock avant le départ du Grand Prix d'Italie 1962 (en bas).

HONDA
HONDA

38

1919

70
79

LES ANN

PREMIER RECORD DE VITESSE AU-DESSUS DES 1 000 KM/H AVEC LA BLUE FLAME (1970) / LA PORSCHE 917 EST LA PREMIÈRE PORSCHE À REMPORTER LES 24 HEURES DU MANS (1970) / MATRA REMPORTE 3 FOIS LES 24 HEURES DU MANS (1972, 1973 ET 1974) / PRÉSENTATION DE LA PREMIÈRE GOLF GTI (1974) / L'ALPINE A110 EST CHAMPIONNE DU MONDE DES RALLYES (1973) / MICHELIN ÉQUIPE POUR LA PREMIÈRE FOIS LES F1 (1977) ET REMPORTE LE TITRE AVEC FERRARI L'ANNÉE SUIVANTE

ÉES 1970

1970 - TITRE POSTHUME

En 1970, Jochen Rindt court pour Lotus une saison pleine de suspense mais également pleine de tragédies. La première épreuve se déroule en Afrique du Sud, où une marque totalement nouvelle occupe deux des trois premières places sur la ligne de départ. March a été fondée par quatre jeunes Anglais. Son nom est formé par les premières lettres de leurs patronymes. Le « M » désigne le juriste Max Mosley, 29 ans, qui s'est hissé jusqu'à la Formule 2 à la force des poignets, mais qui finit par comprendre que son talent se situe plutôt dans les stands que sur la piste. March construit des châssis propulsés par l'inévitable Ford Cosworth, moteur utilisé par plusieurs écuries, dont Matra International (ex-Tyrrell), avec le champion en titre Jackie Stewart. La coopération fructueuse avec Matra prenant fin après la victoire au championnat de 1969, le chef d'équipe Ken Tyrrell se jette dans le bras de March, plus par nécessité que par envie. *« Une fois épuisées toutes les autres possibilités, nous nous sommes tournés vers une coopération avec March, un tout nouveau nom dans le domaine de la course automobile »*, explique Stewart. Ce partenariat décolle de manière prometteuse lorsque Stewart prend la pole position en Afrique du Sud avec un autre pilote March, Chris Amon, qui finit 2e avant Jack Brabham (Brabham-Ford). C'est Brabham qui franchit le premier la ligne d'arrivée, mais dès la deuxième étape du championnat, Stewart offre une première victoire à March.

Le printemps 1970 sera l'apogée de l'écurie March en Formule 1... Elle obtiendra encore quelques victoires en GP au milieu des années 1970, mais déclinera après un début impressionnant. Elle est rachetée plusieurs fois, avant de faire définitivement faillite après la saison 1992. À ce moment, Max Mosley a depuis longtemps vendu les actions qu'il détenait chez March pour entamer une carrière de président de la Fédération internationale automobile, un poste qui s'avère aussi animé que celui qu'il occupait en Formule 1.

Colin Chapman, lui, sort une Lotus révolutionnaire de sa manche. La Lotus 72 est victime de problèmes au début de la saison, et Rindt utilise le vieux modèle 49 pour gagner le Grand Prix de Monaco. Mais une fois testé intégralement, le nouveau véhicule s'avère imbattable, et avec ses quatre victoires au cours de l'été, Rindt est tout près du titre de champion du monde. Pourtant, une ombre tragique plane sur la marche triomphale de l'Autrichien.

Quelques jours avant le Grand Prix de Belgique, Bruce McLaren teste l'une de ses voitures CanAm sur le circuit de Goodwood, en Angleterre. McLaren, qui est demeuré jusque-là le plus jeune pilote à avoir remporté un Grand Prix de Formule 1 (en 1959), a fondé sa propre écurie en 1966. En 1968, il est le 2e pilote (après Jack Brabham) à avoir gagné un Grand Prix avec une voiture qui porte son nom. L'écurie McLaren se développe rapidement, et participe non seulement aux compétitions de Formule 1, mais aussi aux épreuves américaines d'IndyCar et de CanAm. La marque sort également une nouvelle voiture de sport homologuée route. Bruce McLaren envisage d'arrêter sa carrière de pilote et de se consacrer à son équipe qui ne cesse de s'étoffer. Cependant, lors de l'essai sur le circuit de Goodwood, sa voiture se disloque et s'écrase. Il meurt sur le coup. Sa veuve, Pat, et les principaux collaborateurs de l'équipe choisissent de poursuivre son œuvre. Quelques semaines après la tragédie de Goodwood, l'un des pilotes les plus prometteurs du plateau, Piers Courage, héritier de brasseries anglaises, se tue lors du Grand Prix des Pays-Bas. Courage était l'un des amis proches de Rindt, et l'accident incite ce dernier à réfléchir sérieusement à sa propre sécurité. Il songe d'ailleurs à mettre rapidement fin à sa carrière, mais il faut d'abord remporter le titre, dont l'épreuve du Grand Prix d'Italie, à Monza, constitue une étape importante.

Sur cette piste ultrarapide près de Milan, la Lotus a moins d'avance qu'ailleurs, et grâce à leurs moteurs V12, les pilotes des écuries Ferrari et BRM mettent la pression sur Rindt et Lotus. Le chef de Lotus, Colin Chapman, réagit en demandant aux mécaniciens d'ôter les ailes de la voiture pour réduire au maximum la résistance au vent. En conséquence, la voiture manque d'adhérence dans les virages, mais Rindt n'en estime pas moins que cette solution est la bonne. *« C'est incroyable, le fait de conduire sans ailes fait gagner au moteur 800 tr/mn dans les lignes droites »*, déclare-t-il avant de se lancer dans la qualification. Pendant le freinage dans la courbe de Parabolica, les pires craintes de Rindt au sujet de la faiblesse des véhicules Lotus se vérifient. Les freins lâchent, et le pilote autrichien s'écrase contre la glissière de sécurité. Mortellement blessé, il expire peu après. Son agent, Bernie Ecclestone, apprend la nouvelle du crash alors qu'il se trouve au stand et se précipite sur le lieu de l'accident, mais son intervention se limitera à ramasser le casque et l'une des bottes de Rindt. Les deux hypothèses d'Ecclestone se sont avérées : en courant pour Lotus, Rindt avait à la fois la meilleure chance de remporter le titre de champion et le plus gros risque de succomber. Lors des épreuves suivantes, aucun des autres pilotes n'obtient assez de points pour dépasser Rindt, et lorsque la Fédération doit désigner le champion du monde 1970, c'est sa veuve, Nina, qui reçoit le trophée.

1971 - ECCLESTONE : DÉBUT DE RÈGNE

En 1971, l'équipe Tyrrell est prête avec sa propre voiture, conduite par Jackie Stewart. La coopération de 1970 entre Tyrrell et March n'a pas donné grand-chose, à part la victoire en Espagne, et Tyrrell commence en secret à concevoir son propre véhicule. Celui-ci est prêt pour la dernière course de l'année 1970. Même s'il ne s'agit pas d'une révolution technique, il domine le plateau. Stewart commence la saison 1971 par une 2e place en Afrique du Sud, puis gagne cinq des six épreuves suivantes, de sorte qu'il est sacré champion dès le milieu de l'été. Sa victoire est facilitée par une certaine faiblesse au niveau de la concurrence. Le Suédois Ronnie Peterson se classe 2e (avec une March-Ford !) malgré l'absence de victoires en Grand Prix, et François Cevert, le coéquipier et apprenti de Stewart, occupe la 3e place. L'écurie BRM, qui a traversé quelques années de vaches maigres après tant de victoires au cours de la première moitié des années 1960, aurait peut-être pu menacer Tyrrell et Stewart. Son premier pilote, le Mexicain Pedro Rodríguez, a repris sa carrière après une longue pause liée au destin tragique de son cadet, Ricardo. Celui-ci avait débuté à 19 ans, en 1961, pour Ferrari, mais s'était tué la même année lors des essais avant le Grand Prix de son pays natal. Pedro se classe 2e au Grand Prix des Pays-Bas, et participe à la bataille pour la 2e place après Jackie Stewart au championnat de 1971. Lors d'un week-end sans programme de F1, il participe à une course de voitures de sport sur le circuit de Norisring à Nuremberg. Tôt dans l'épreuve, sa Ferrari s'écrase contre un obstacle et prend feu. Même si les secouristes parviennent à extraire Rodríguez au plus vite de la voiture en flammes, sa vie ne peut être sauvée. Il sera enterré à côté de son jeune frère dans la tombe familiale, à Mexico. Cette tragédie a pour conséquence de hisser le Suisse Jo Siffert au rôle de premier pilote chez BRM. Comme souvent dans l'histoire de la Formule 1, le nouveau premier pilote grandit avec la tâche.

Peu de temps après le décès de Rodríguez, Siffert gagne le Grand Prix d'Autriche pour BRM, et lors du GP suivant, en Italie, un autre pilote BRM monte sur la première marche du podium. L'épreuve de Monza bat peut-être tous les records de suspense. Au sortir du dernier virage de la piste, cinq pilotes sont roues dans roues au moment d'accélérer vers la ligne d'arrivée. *« Je me suis mis sur la voie intérieure, et crois me souvenir que deux de mes roues mordaient sur l'herbe,* raconte le pilote BRM Peter Gethin. *J'ai roulé presque en travers, mais j'ai remonté les vitesses pied au plancher. Il était impossible de voir qui était le premier, et j'ai donc voulu un peu aider les commissaires en levant la main. »* Mais Gethin n'a pas besoin de recourir à une telle astuce. Il est vraiment le premier sur la ligne d'arrivée, un centième de seconde avant Peterson, à la 2e place. Cevert arrive 3e, huit centièmes plus tard, suivi de Mike Hailwood (Surtees-Ford), neuf centièmes après celui-ci. Une deuxième BRM obtient la 5e place avec Howden Ganley, une demi-seconde après le vainqueur.

Après la saison, on fête le titre de champion du monde de Stewart par une « course de la victoire » en dehors du championnat. Sur la piste de Brands Hatch en Angleterre, la plupart des pilotes se sont réunis pour honorer Stewart, qu'on appelle « l'apôtre de la sécurité » en raison de sa lutte infatigable pour améliorer les chances de survie des pilotes. Jo Siffert est en pole position, mais la course est arrêtée seulement au bout de 15 tours, quand sa voiture prend feu. Siffert meurt asphyxié.

L'homme d'affaires anglais, Bernie Ecclestone, qui a travaillé comme agent pour Stuart Lewis-Evans et Jochen Rindt (les deux sont morts dans des accidents, respectivement en 1958 et 1970), reprend l'écurie Brabham en 1971. Quand il rencontre pour la première fois ses collègues au sein de l'association des constructeurs de Formule 1, la Formula One Constructors' Association (FOCA), il découvre le cadre optimal pour exploiter son talent d'organisateur et réaliser son rêve de richesse. Au début des années 1970, les organisateurs nationaux des Grands Prix détiennent le pouvoir réel en Formule 1, car ce sont eux qui négocient les contrats avec les constructeurs, qu'ils peuvent mettre en opposition. L'écurie Ferrari, la plus reconnue de la discipline, est celle qui se voit offrir le plus d'argent pour participer aux courses, les autres écuries en obtiennent moins, et pour certaines équipes, les sommes versées sont modestes, voire inexistantes. Les organisateurs peuvent exercer une pression sur chaque équipe, et en l'absence d'accord, il arrive parfois que même Ferrari reste à la maison, à Maranello. Ecclestone chamboule toute cette organisation. Il explique aux autres équipes qu'il est prêt à négocier avec les organisateurs, moyennant une commission, et il garantit aux constructeurs que les nouveaux droits de participation seront tout aussi importants, voire plus, que par le passé. Les autres chefs d'écurie sont soulagés d'échapper à cette corvée. Ecclestone parvient ainsi à modifier, d'un coup, l'équilibre des pouvoirs en Formule 1 : les organisateurs doivent désormais se plier aux exigences d'Ecclestone, et la FOCA s'engage dans la compétition avec un plateau complet, à un tarif fixe. À défaut, personne n'y participe. C'est donc désormais la FOCA et, par là même, Ecclestone, qui donne le *la*. Et une fois les organisateurs soumis au nouveau système, il serre un peu plus la vis.

Au début des années 1970, les droits de retransmission télévisée ne sont pas considérés comme particulièrement intéressants, car ils appartiennent à chaque organisateur qui ne peut présenter le plateau qu'une fois terminées les négociations avec les différents constructeurs. Cependant, Ecclestone les force à lui céder la totalité des droits télévisuels, ce qui lui permet de proposer à l'ensemble des chaînes mondiales une offre complète pour toute une saison, avec un plateau fixe. La vente des droits de retransmission télévisée fait d'Ecclestone l'un des hommes les plus riches de la Grande-Bretagne, et ses collègues de la FOCA obtiennent aussi une part du gâteau. Les droits de participation augmentent énormément, et la couverture télévisuelle, plus importante, attire les sponsors.

1972 - « PAPA, C'EST VRAIMENT TON TOUR LA PROCHAINE FOIS ? »

En 1972, Lotus a surmonté la disparition de Jochen Rindt, et avec Emerson Fittipaldi, un pilote brésilien, l'écurie dispose d'une des nouvelles stars de la discipline. Du haut de ses 25 ans, il s'impose dans toutes les épreuves, et après cinq victoires en Grands Prix, il est désigné champion du monde dès septembre, à Monza. C'est alors le plus jeune de l'histoire de la Formule 1.

Pourtant, dès le départ de la saison 1972, tout porte à croire que Jackie Stewart remportera un nouveau titre. Le pilote écossais gagne la première épreuve en Argentine, mais il est ensuite rattrapé par des soucis de santé. Remarquable pour sa lutte incessante pour améliorer la sécurité des pilotes, il est aussi le premier pilote à gagner beaucoup d'argent. Avec sa coiffure à la Beatles, son éloquence et son professionnalisme, Stewart se voit confier de nombreuses tâches dans le domaine des relations publiques, en dehors des courses automobiles, et fait la promotion des jeans Wrangler et des montres Rolex. Cependant, la surcharge de travail a un prix. Il commence à souffrir d'un ulcère en 1972. *« Et puis, il y avait tous ces accidents mortels »*, explique-t-il. 1972 est la première saison de Formule 1 depuis longtemps sans décès parmi les pilotes. Mais Joakim Bonnier perd la vie aux 24 Heures du Mans. Ce pilote suédois, issue d'une richissime famille propriétaire d'une maison d'édition, avait débuté en 1956 en tant que premier pilote scandinave de la Formule 1, et il avait rejoint Stewart dans son combat pour la sécurité. Après la saison 1971, Bonnier avait arrêté la Formule 1, mais continué les courses de voitures de sport, en théorie plus lentes et donc plus sûres. *«Jo (Joakim), c'était un mort de plus à encaisser, explique Stewart. Ses deux fils étaient à l'école avec mes enfants. Nous avions beaucoup travaillé ensemble pour renforcer la sécurité des pilotes, et voilà qu'il s'est tué. Quelques semaines plus tard, alors que les enfants étaient assis l'un à côté de l'autre dans le car scolaire, le jeune Kim Bonnier a subitement dit à mon fils Paul : "La prochaine fois, c'est ton papa." En rentrant de l'école, Paul a rapporté ses propos à la maison, en demandant, calmement et en toute innocence : "C'est vraiment ton tour la prochaine fois ?" »*

Cette question résonne lourdement dans la tête de Stewart, et la saison 1973 a à peine commencé lorsqu'il décide qu'elle sera la dernière.

»

Le départ du Grand Prix de Belgique 1970. Jochen Rindt (voiture n° 20) est toujours au volant de sa vieille Lotus 49. À ses côtés, dans la première ligne : Chris Amon (March). Derrière eux : Jack Brabham (Brabham).

Shell
BP
Gulf
18
Firestone

Jochen Rindt gagne le championnat 1970 avec sa Lotus 72, une voiture révolutionnaire. On le voit ici attendre, avec ses concurrents les plus proches — Jack Brabham (Brabham) et Jacky Ickx (Ferrari, au dernier plan) —, le départ du Grand Prix de Grande-Bretagne à Brands Hatch.

Shell
3
5
GOLD LEAF
TEAM LOTUS
GIRLING

Bernie Ecclestone (à droite), ami et conseiller de Jochen Rindt au cours des années 1970, devint, quelques années plus tard, l'homme le plus influent de Formule 1.

GOODYEAR
MATRA
TRIPLE R OIL FILTER
22
R R R
GOODYEAR
MATRA
Autolite

Au début des années 1970, les concepteurs des voitures de course font beaucoup de recherche sur l'aérodynamique et la résistance au vent. Voici deux solutions très différentes adoptées en 1971 : Gijs van Lennep, dans une March 711 (n° 22), et Jean-Pierre Beltoise, dans une Matra MS120 (n° 21) au Grand Prix des Pays-Bas.

Pages suivantes : Au fil des années 1970, le règlement se fait de plus en plus détaillé. Ici, le chef d'écurie Teddy Mayer mesure les ailes arrière de la McLaren conduite par Denny Hulme avant le Grand Prix d'Espagne 1970.

McLAREN
CARS
Shell
5
McLAREN CARS

14
12
11
10
TEAM SURTEES
8
2
20
GOODYEAR
Gulf
5
GOODYEAR
Gulf

1973 - TRIOMPHE ET TRAGÉDIES

Pour le pilote écossais, cette dernière saison est un mélange de triomphe et de tragédie. Il continue à se battre avec les organisateurs pour améliorer la sécurité, tout en essayant de gagner un troisième titre de champion. Cependant, ce sont bien trop souvent les pilotes eux-mêmes qui doivent intervenir en cas d'accident. Lors de la troisième course de la saison, en Afrique du Sud, un carambolage implique plusieurs véhicules, et une fois la poussière retombée, il apparaît que le pilote suisse Clay Regazzoni gît inconscient dans sa BRM en flammes. Mike Hailwood, qui était également pris dans la collision, court jusqu'à la voiture en feu et essaie de sauver son collègue. *« Il y avait de l'essence partout, et ma combinaison s'est enflammée,* racontera-t-il plus tard. *J'ai traversé la piste en courant, jusqu'à un endroit où il y avait de l'herbe et du gravier, où je me suis roulé par terre. »* Pendant ce temps, les équipes de sécurité du circuit parviennent à éteindre le feu, mais il reprend violemment avant qu'ils ne parviennent à retirer Regazzoni de la voiture. *« En entrant dans le brasier, je l'ai saisi par les aisselles, et avec quelques secouristes, nous avons réussi à le sortir. Il était toujours inconscient, mais sans blessures graves »*, raconte Hailwood, qui se verra par la suite décerner la Médaille de George, la plus haute distinction britannique pour actes héroïques en temps de paix.

La saison tourne à la lutte acharnée entre Stewart et les pilotes Lotus, Emerson Fittipaldi et Ronnie Peterson. Fittipaldi, longtemps en tête, se blesse légèrement lors d'un accident pendant les essais du Grand Prix des Pays-Bas. Dans le même temps, les pilotes Lotus commencent à se voler mutuellement des points. Grâce à l'une des meilleures courses de sa carrière, Jackie Stewart est couronné champion du monde au Grand Prix d'Italie, à Monza. Mais auparavant, son jeune compatriote et héritier potentiel, Roger Williamson, se tue lors du Grand Prix des Pays-Bas, à Zandvoort. Lors de cette course, un pilote de Formule 1 reçoit pour la deuxième fois en six mois la Médaille de George pour sa bravoure, mais les circonstances sont cette fois plus tragiques. Williamson perd le contrôle de son véhicule dans l'un des tronçons les plus rapides du circuit, et il heurte la glissière de sécurité qui n'est pas suffisamment bien fixée. Au lieu d'arrêter la voiture, la glissière ploie, faisant l'effet d'une rampe de lancement. La voiture se retourne. L'essence coule à flots du réservoir endommagé. Le pilote britannique David Purley se précipite pour tenter de sauver Williamson, qui est conscient. Mais l'essence transforme le lieu de l'accident en un terrible brasier. Tandis que les secouristes le regardent, paralysés, et que le reste du plateau continue la course sans relâcher l'accélérateur, Purley tente seul de retourner la voiture de Williamson. *« Mais je n'y suis pas arrivé,* racontera Purley, qui recevra plus tard la fameuse Médaille. *Et pendant que j'essayais, j'ai bien vu que Roger était conscient, j'ai entendu ses cris. Mais il était impossible de retourner la voiture… »* Purley s'épuise jusqu'à faire éclater les vaisseaux de ses bras. De plus en plus désespéré face au manque total d'initiative des secouristes, il manque d'en venir aux mains avec un commissaire. Il est beaucoup trop tard lorsque les sauveteurs se mettent enfin à la tâche couvrant l'épave fumante de gravillons et le corps de Williamson d'une bâche. La course continue jusqu'à la fin. La direction de la compétition tente de se dédouaner de cette scandaleuse intervention des « secours », en déclarant que Williamson a été tué sur le coup, lorsque son véhicule a heurté la glissière de sécurité. Mais la vraie cause du décès est dévoilée peu de temps après, à l'occasion de l'autopsie : Williamson est mort par manque d'oxygène, au milieu des flammes. Si d'autres pilotes s'étaient arrêtés, ils auraient pu retourner ensemble son véhicule, mais tous ont poursuivi leur route. Stewart souligne que durant toute cette période, les épreuves de Formule 1 oscillent entre triomphe et tragédie…

Stewart remporte la course, son coéquipier François Cevert se plaçant en 2e position. Mais la carrière de Jackie Stewart, triple champion du monde, détenteur du record du nombre de victoires en Grands Prix et premier multimillionnaire de la discipline, se terminera sur une autre note tragique. Depuis quelques années, il a préparé Cevert au rôle de premier pilote de l'écurie Tyrrell, et le jeune Français est désormais prêt à suivre les traces de son mentor. *« Il est déjà plus rapide que moi. Aujourd'hui, il aurait pu me dépasser s'il l'avait voulu »*, expliquera Stewart après le GP d'Allemagne où ils occupent les deux premières places. Mais lors des essais préalables à la dernière épreuve de la saison, sur le circuit Watkins Glen aux États-Unis, Cevert sort de piste, passe sous une glissière de sécurité qui, une fois encore, n'est pas correctement fixée. Il est littéralement décapité. Cette tragédie a pour conséquence le retrait de l'écurie Tyrrell du Grand Prix des États-Unis, et Stewart ne pilotera pas sa dernière course.

1974 - MORTELLES GLISSIÈRES

En 1974, un vent nouveau souffle sur Formule 1. Jackie Stewart étant passé de l'autre côté de la barrière, une nouvelle génération peut se mettre sérieusement en scène. Emerson Fittipaldi quitte Lotus pour McLaren, et l'Autrichien Niki Lauda avec Clay Regazzoni s'escriment à faire remonter Ferrari aux sommets de la Formule 1. De son côté, Tyrrell présente un nouveau duo, talentueux mais inexpérimenté : Jody Scheckter, d'origine sud-africaine, et le Français Patrick Depailler.

Après ses trois ans à la tête de Brabham, Bernie Ecclestone a créé une voiture de vainqueur pour Carlos Reutemann.

Lotus continue à miser sur Ronnie Peterson, qui se voit attribuer Jacky Ickx comme nouveau coéquipier.

La nouvelle équipe américaine de Shadow réussit à engager Peter Revson comme premier pilote. Mais le pilote américain perd la vie dès le mois de mars, lors d'un essai en Afrique du Sud. Une fois encore, une glissière de sécurité mal placée et incorrectement installée en est partiellement la cause.

La lutte pour le trône vacant de Jackie Stewart est longue et incertaine, car pas moins de sept pilotes gagnent des épreuves avant la finale au Grand Prix des États-Unis. L'insuffisance des mesures de sécurité est encore brutalement illustrée par la mort du jeune autrichien Helmuth Koinigg, deuxième pilote de Formule 1 à être décapité par une glissière de sécurité mal montée.

Avant le Grand Prix des États-Unis, Clay Reggazoni et Emerson Fittipaldi sont ex aequo en nombre de points, 52 chacun, et Jody Scheckter, avec ses 45 points, fait figure d'outsider. Cette finale, qui aurait dû être pleine de suspense, tombe à plat. Scheckter quitte la course en raison de problèmes de carburant, et Regazzoni doit ralentir à cause d'une défaillance de sa suspension avant. Avec une 4ᵉ place assez médiocre, Fittipaldi remporte donc son deuxième titre de champion du monde en seulement trois ans.

1975 - LA RÉVOLTE DES PILOTES

Lorsque le pilote autrichien Niki Lauda conclut un contrat avec Ferrari en 1973, il est manifeste que la Scuderia possède les ressources d'une équipe sérieuse en toute première catégorie. Néanmoins, il est tout aussi manifeste que les luttes intestines coûtent cher et se traduisent par de mauvais résultats. Mais avec Lauda comme leader, la marque reprend la tête du plateau. Cependant, ce n'est qu'au bout de quatre épreuves que Lauda entame sérieusement l'offensive qui lui vaudra le titre de champion du monde dès septembre, lors du Grand Prix d'Italie. La quatrième course de la saison se déroule en Espagne, plus précisément sur le circuit de Montjuïc à Barcelone. Le garage se trouve dans un grand stade de foot, une situation qui s'avère stratégique dans les hostilités qui éclatent au début du week-end entre les équipes, les pilotes et les organisateurs.

À leur arrivée, la veille du premier essai, les pilotes ont tôt fait de découvrir que de nombreuses glissières de sécurité ne sont pas correctement attachées, ou fixées sur des poutres en bois vaguement enfoncées dans le sable. Les pilotes, qui ne se souviennent que trop bien du rôle des glissières mal installées dans la mort de Roger Williamson, François Cevert, Peter Revson et Helmuth Koinigg, menacent de boycotter l'épreuve, à l'instigation de Lauda et du champion du monde en titre, Emerson Fittipaldi. Les organisateurs ripostent en menaçant de verrouiller le stade où se trouve le garage, et donc d'isoler les voitures et tous les équipements connexes pendant des jours, voire des semaines. Tentant un compromis, ils dépêchent sur place des mécaniciens munis de simples clés, qui s'efforcent de mieux fixer les glissières. Toujours mécontent, Fittipaldi court deux manches à vitesse délibérément réduite, trop faible pour être qualifié. La première collision, qui intervient dès le départ, met notamment Lauda hors jeu. À la fin de la première manche, le frère de Fittipaldi, Wilson Fittipaldi, et Arturo Merzario se retirent, en guise de protestation contre le manque de sécurité, et plusieurs accidents se produisent par la suite. Mais la catastrophe intervient au 25ᵉ tour. L'aile arrière du véhicule de Rolf Stommelen, qui menait la course, se détache, le pilote allemand perd le contrôle de sa voiture et celle-ci passe par-dessus la glissière. Stommelen survit, mais cinq spectateurs sont tués, et la course est annulée. Après ce chaos espagnol, Lauda remporte quatre victoires et une 2ᵉ place dans les cinq épreuves suivantes. Il gagne notamment à Anderstorp, en Suède, où le pilote le plus âgé du plateau, l'Italien Vittorio Brambilla, 38 ans, fait sensation en plaçant sa March-Ford en pole position. L'explication du temps incroyable réalisé par Brambilla lors de l'essai, sera connue bien des années après : *« Les organisateurs mesuraient les temps de passage à l'aide d'un rayon de lumière à la ligne d'arrivée,* explique Robin Herd, directeur technique chez March. *Quand j'ai vu cela, j'ai fait en sorte que nos stands soient placés tout près de la ligne d'arrivée. Et je me suis attribué la tâche stratégique qui consiste à montrer le tableau des stands aux pilotes lorsqu'ils passaient. Il fallait tout simplement brandir le tableau dans le rayon de lumière même si la voiture était encore à 50 mètres de l'arrivée…. »* Le directeur de l'équipe March s'appelle Max Mosley, futur président de la Fédération internationale automobile. En cette qualité, il prononcera, des années plus tard, des sanctions qu'il qualifiera lui-même de « draconiennes » à l'encontre de toute tricherie. L'écurie McLaren-Mercedes sera entre autres condamnée en 2007 à une amende de 100 millions de dollars US pour avoir espionné Ferrari.

Brambilla parvient à garder la tête de la course pendant l'épreuve de Suède, jusqu'à ce que ses pneus soient surchargés, ce qui l'oblige à réduire sa vitesse. Quelques mois plus tard, le vétéran italien refait sensation lorsque de violentes averses sèment le chaos lors du Grand Prix d'Autriche. Brambilla, qu'on affuble volontiers du sobriquet « gorille de Monza », censé qualifier tant son apparence que son style de conduite, a la réputation de sortir de piste sans cesse. Mais ce jour-là, sous une pluie torrentielle à Österreichring, il est l'un des rares pilotes à rester dans les clous. Jusqu'au moment où il veut faire signe aux spectateurs et passe la ligne d'arrivée de travers : quelques mètres après avoir remporté sa première et unique victoire en Grand Prix, « le gorille » prouve une fois de plus qu'il est le roi des sorties de piste, en se fracassant contre la barrière…

Au milieu de l'année, Graham Hill, deux fois champion du monde, annonce son départ de la discipline en tant que pilote. Avec une carrière qui s'étend sur 18 saisons et 176 épreuves de Grand Prix, Hill est mûr pour la retraite, mais ne jette l'éponge qu'une fois trouvé son successeur. Tony Brise, un Anglais de 24 ans et l'un des pilotes les plus prometteurs de la saison, conduit une voiture Hill-Ford – une fabrication « maison » pour l'équipe de Graham Hill.

Tout le monde a les yeux rivés sur Brise et l'écurie Hill, qui commencent dès le mois de novembre les essais du circuit Paul-Ricard dans le Midi. Hill, qui a investi une partie des revenus de sa longue carrière dans un jet privé, assure lui-même le transport vers la France, et se trouve également aux commandes lors du retour en Angleterre après les essais. Outre Hill et Brise, le directeur technique de l'écurie, le manager et deux mécaniciens participent à ce voyage. Hill a la réputation d'être un des pilotes les plus sûrs de Formule 1, ne prenant jamais de risques inutiles. Mais aux commandes d'un avion, il se comporte à l'opposé. Un brouillard épais couvre l'Angleterre, et lorsque l'appareil de l'équipe Hill approche l'aéroport local, à Elstree, les aiguilleurs conseillent à Hill d'aller sur la piste d'atterrissage de Luton, plus grande. Mais les voitures de l'équipe étant garées à Elstree, Hill ignore cet avertissement, et l'avion s'écrase dans le brouillard. Toutes les personnes à bord périssent. Il s'avérera par la suite que les documents et les assurances de l'avion n'étaient pas en règle. Les familles des autres victimes se voient obligées d'intenter un procès à la veuve de Hill. La famille est ainsi soudain confrontée à des problèmes financiers. Le fils de Hill, Damon, âgé de 15 ans au moment de l'accident, doit commencer à travailler comme coursier à moto.

1976 - « IL A SAUVÉ UN MEC QU'IL DÉTESTAIT » OU LE MIRACULÉ

La saison 1976 démarre au Brésil, avec un plateau modifié en profondeur. Emerson Fittipaldi quitte McLaren pour créer sa propre équipe brésilienne, avec son frère Wilson. Malgré un début prometteur, l'écurie Fittipaldi ne connaîtra jamais le succès : sa meilleure performance au cours des cinq années suivantes est une modeste 10e place, alors que son fondateur, au cours de ses cinq premières années en Formule 1, avait gagné deux titres de champion du monde et par deux fois, une 2e place. *« Rétrospectivement, il est manifeste que j'ai commis l'une des plus graves erreurs de ma vie en quittant McLaren »*, déclare aujourd'hui Fittipaldi.

Il est remplacé par James Hunt. Le pilote anglais est le plus grand séducteur du plateau. Quand la saison démarre, la presse parle davantage du départ de sa femme, Suzy, avec l'acteur hollywoodien Richard Burton, que de ses résultats sur la piste. Niki Lauda, le détenteur du titre entame la saison en grande forme. Il gagne quatre des six premières épreuves, et se classe 2e aux deux autres, malgré un accident survenu avec son tracteur de jardin, qui lui vaut de conduire avec des côtes cassées au Grand Prix d'Espagne.

Depuis le début de la croisade de Jackie Stewart pour la sécurité des pilotes, l'arène traditionnelle du Grand Prix d'Allemagne à Nürburgring, fait figure de provocation. Les fossés, les arbres, les collines, les virages aveugles et une longueur de presque 23 km font de ce circuit le plus dangereux de tout le championnat. Avec Lauda en première ligne, les pilotes envisagent de tourner le dos à ce circuit pour le Grand Prix 1976, mais un compromis est trouvé : Nürburgring, après un dernier Grand Prix, sera remplacé par Hockenheim à partir de 1977.

Mais dès le deuxième tour, la catastrophe se produit. Lauda perd le contrôle de sa Ferrari sur l'une des sections les plus rapides. La voiture prend feu, et le pilote autrichien n'est extrait des flammes que grâce à l'intervention de plusieurs collègues. L'un d'eux est le pilote italien Arturo Merzario, qui a perdu sa place au sein de l'écurie Ferrari au moment où Lauda a signé avec elle. *« Le geste le plus admirable a été celui d'Arturo Merzario,* racontera Lauda par la suite. *Il est entré tout droit dans les flammes pour ouvrir mes ceintures de sécurité. Mais son attitude à mon égard n'a pas changé. Il ne pouvait pas me supporter avant l'accident, et c'était la même chose après. Il a sauvé un mec qu'il détestait. »* Avant que Merzario n'arrive à sortir Lauda des flammes, celui-ci a déjà inhalé beaucoup de fumée et de gaz toxiques, et ses poumons sont sérieusement endommagés. Il est transporté dans un état extrêmement grave en hélicoptère jusqu'à un hôpital de Mannheim. *« J'étais épuisé et ne voulais que dormir,* explique Lauda à propos de ses premières heures à l'hôpital. *Mais je luttais pour rester réveillé. J'entendais des voix autour de moi, et je m'y suis accroché : tant que je pouvais les entendre, je savais que j'étais en vie. »* La situation est tellement critique qu'on fait venir un prêtre pour l'extrême-onction. *« Je suis ficelé de la tête aux pieds, et je ne peux ni voir ni parler. Un homme arrive, et je comprends qu'il s'agit d'un prêtre. Il commence par réciter quelque chose en latin : ça m'a l'air d'être une condamnation à mort. Puis vient l'extrême-onction : on peut mourir de ce genre de trucs ! Comme on peut mourir de choc. Le prêtre ne me dit rien de positif, même pas que je pourrais survivre. Cela me met tellement en colère que j'ai envie de crier : "Arrête ça. Tu es en train de faire la pire bourde de ta vie." Je n'avais pas l'intention de mourir »*, conclut-il.

James Hunt remporte le Grand Prix d'Allemagne qui repart une fois Lauda évacué. Le pilote anglais est sur le point d'intensifier son offensive. Avec une 4e place en Autriche, une victoire aux Pays-Bas et Lauda hors jeu, Hunt a soudain toutes ses chances. Mais lors du Grand Prix d'Italie, Niki Lauda procède au retour

»

Cevert est à la fois un pilote très sérieux et un amateur de jolies femmes. Brigitte Bardot fait partie de ses « amies proches ».

Le début des années 1970 était l'une des périodes les plus dangereuses de l'histoire de la Formule 1.
Voici les restes de la Tyrell de François Cevert, après son accident mortel lors des qualifications du Grand Prix des États-Unis 1973.

ESSO
ESSO
GOODYEAR
19

Deux autres exemples de la créativité des concepteurs de véhicules au début des années 1970. Emerson Fittipaldi installé dans une Lotus 72 (n° 2), à l'apparence assez classique, et Graham Hill dans une Brabham BT34 (n° 19), surnommée la « pince de homard » à cause de sa partie frontale.

Pages suivantes : Les pilotes Ferrari Clay Regazzoni (dans la voiture) et Jacky Ickx (assis sur le capot) avant l'entraînement pour le Grand Prix des Pays-Bas 1971, à Zandvoort.

Shell
Shell

Firestone
3
Shell
EMANUEL

En 1971, Lotus tente sa chance avec cette voiture quatre roues motrices dotée d'un moteur de turbine à gaz. Le modèle, trop lourd et sophistiqué, est vite abandonné.

STP

Le Grand Prix d'Italie 1971 se termine par le sprint le plus serré dans l'histoire de la Formule 1. Un centième de seconde sépare le vainqueur Peter Gethin et le numéro deux, Ronnie Peterson.

le plus spectaculaire de l'histoire de la Formule 1. Dès les premiers jours après son accident, il programme la suite. Ferrari l'a déjà écarté en embauchant l'Argentin Carlos Reutemann pour les autres épreuves 1976 et les saisons suivantes. Mais Lauda exige que son contrat soit maintenu. À Monza, Ferrari présente trois voitures, une pour l'habituel deuxième pilote Clay Regazzoni, une pour Reutemann et une pour Lauda. Celui-ci est terriblement marqué par ses brûlures. Sous son casque, il porte des bandages spéciaux qui se remplissent de sang et de pus et doivent être changés après chaque essai. *« J'étais presque transi de peur,* raconte Lauda. *J'avais la trouille, la diarrhée, des palpitations, et je vomissais. »* Il franchit pourtant la ligne d'arrivée en 4e position, avant les autres pilotes Ferrari. Il défend sa place en tête du championnat jusqu'à la finale au Japon, où il démarre avec 3 points d'avance sur Hunt. Mais la Fuji Motor Speedway est inondée par les pluies de la mousson. Le départ est reporté plusieurs fois, avant le lancement de la course. Après deux tours, Lauda se rend au stand pour annoncer à la direction de Ferrari que la situation est bien trop dangereuse : *« C'était de la folie, nous n'avions aucune visibilité. Et il y avait tellement d'eau sur la piste que la voiture aurait pu être emportée à tout moment. »* Hunt semble en bonne voie pour remporter le titre. Mais vers la fin de l'épreuve, la pluie s'arrête, et la chaussée commence à sécher. Les pneus spéciaux antipluie utilisés par Hunt deviennent subitement fragiles, et il se fait dépasser. Douze tours avant l'arrivée, l'un de ses pneus crève et il doit se rendre au stand. Une fois revenu sur la piste, il commence à chasser les concurrents, mais à la fin de l'épreuve, il est persuadé d'avoir perdu. Une fois de retour au stand, il vitupère contre le chef de l'écurie qu'il accuse de l'avoir privé de la victoire en omettant de l'appeler au stand assez tôt. Le chef n'arrive pas à placer un mot, et doit finalement recourir au langage des signes devant le pilote en colère. En montrant trois doigts à Hunt, il lui signifie qu'il s'est classé 3e, ce qui lui donne un point d'avance sur Lauda !

1977 - SÉRIE NOIRE À KYALAMI

L'échec de 1976 a rendu Lauda impopulaire chez Ferrari, mais l'écurie italienne est obligé de le garder. *« C'était comme si j'étais marié avec une femme méchante… »* C'est ainsi que Lauda décrit sa relation avec Ferrari en 1977. La saison commence par du sensationnel lorsque Jody Scheckter (Afrique du Sud) gagne le Grand Prix d'Argentine pour la nouvelle équipe Wolf Ford. Le millionnaire pétrolier Walter Wolf a créé une écurie de Formule 1 avec des personnes recrutées dans d'autres équipes, triées sur le volet. Avec Scheckter au volant, Wolf est d'emblée en lice pour le titre de champion du monde. Sur ses six premières courses, le pilote sud-africain remporte deux victoires, se classe 2e une fois, et trois fois en 3e position.

Lauda gagne la troisième épreuve de la saison dans le pays de Scheckter, à Kyalami, près de Johannesbourg. Cette victoire est sa première depuis l'accident de Nürburgring et prouve que Lauda est de retour en force. Cependant, l'épreuve de Kyalami est endeuillée par une tragédie lorsque la Shadow-Ford de l'Italien Renzo Zorzi s'immobilise devant les stands. Le moteur dégage de la fumée, et deux jeunes pompiers volontaires décident d'agir. Ils sautent par-dessus le mur des stands et traversent la piste. Le premier arrive au but, mais le second est happé par le coéquipier de Zorzi, Tom Pryce, et meurt sur le coup. Le jeune gallois, l'un des pilotes les plus talentueux du plateau, n'a pas non plus la moindre chance de s'en tirer. Frappé à la tête par l'extincteur dont s'était équipé le malheureux pompier, il décède immédiatement. Cependant, son pied reste solidement appuyé sur l'accélérateur, et le véhicule continue à rouler des centaines de mètres sur la section droite. Il heurte Jacques Laffite (Ligier-Matra) lorsque celui-ci commence à freiner. Les deux voitures sortent de la piste. Heureusement, Laffite s'en sort indemne. Jody Scheckter est obligé d'abandonner quatre épreuves de suite en pleine saison, et Lauda reprend la tête du championnat.

Une fois gagné le titre, à trois courses de la fin, sa relation avec Ferrari explose définitivement, et la saison s'achève par un règlement de comptes violent entre Lauda et son écurie. *« Après avoir remporté le titre de champion, Lauda n'est plus motivé »*, dit-on dans un communiqué de presse, qui annonce que l'Autrichien ne participera pas aux deux dernières épreuves de la saison. *« J'en ai marre de cet éternel jeu politique. J'ai gagné le championnat du monde malgré Ferrari. Et certainement pas grâce à eux »*, déclare Lauda, qui signe avec l'équipe Brabham-Alfa Romeo, placée sous les ordres de Bernie Ecclestone. Chez Ferrari, Lauda est remplacé par le jeune canadien Gilles Villeneuve, qui, lors de la finale au Japon, entre en collision avec le Suédois Ronnie Peterson. La Ferrari est éjectée de la piste, tue deux spectateurs et en blesse sept autres.

1978 - TITRE AMER

Après une série de saisons médiocres, Lotus développe en 1977 la technologie dite « effet de sol » : le véhicule est littéralement aspiré par la chaussée grâce à des « jupes » rigides coulissantes. Ce concept est affiné pour la saison 1978, qui est dominée par les deux pilotes Lotus, Mario Andretti et Ronnie Peterson. Andretti, qui est Américain, a participé à toutes les phases de mise au point de la nouvelle technologie, alors que le pilote suédois n'est retourné dans l'équipe qu'en 1978. Pour cette raison et sachant aussi que Lotus vend beaucoup plus de véhicules aux États-Unis qu'en Suède, il est normal qu'Andretti se voie attribuer la priorité au championnat. Même si Peterson, à plusieurs occasions, conduit aussi vite ou dépasse même Andretti, il reste loyalement derrière pour que celui-ci gagne son titre de champion du monde au Grand Prix d'Italie. Suite à quelques sorties de piste lors des essais, Peterson se voit relégué à la troisième ligne au départ de Monza. Peu de temps après le départ, il est impliqué dans un carambolage. On fait partir le plateau sans que les derniers véhicules aient eu le temps de s'arrêter après le tour de chauffe, ce qui crée un goulot d'étranglement à l'endroit où la piste se rétrécit, avant le premier virage. Quand la poussière se dissipe, toute une série de voitures s'avèrent totalement hors d'usage, et celle de Peterson, au milieu de la piste, est en feu. James Hunt, le champion 1976, entre dans la fournaise et extrait son collègue des flammes. À part ses jambes, sérieusement fracturées, le Suédois semble s'en être tiré. On le conduit à l'hôpital de Milan où les médecins, à la recherche d'un succès médiatique rapide, entreprennent presque immédiatement une opération des jambes. Cependant, des complications interviennent au cours de la nuit, et le meilleur pilote scandinave de Formule 1 meurt le lendemain matin. La responsabilité de la mort de Peterson n'a jamais été établie. Le parquet de Milan a d'abord accusé Riccardo Patrese d'homicide involontaire. Le jeune italien, qui conduisait une Arrows-Ford, avait roulé très près de Peterson au départ. Avec l'aide d'un James Hunt particulièrement remonté, il était facile d'attribuer la faute à Patrese. Mais après des examens approfondis, le tribunal innocente Patrese. Les témoignages et les photos semblent plutôt indiquer que c'est Hunt qui a provoqué l'accident. Quoi qu'il en soit, il s'agit d'un enchaînement de circonstances malheureuses, et Hunt ne sera jamais officiellement accusé. Il se retirera des courses au milieu de la saison 1979 et commencera une nouvelle carrière en tant que commentateur de Formule 1 à la télévision. Au cours des années suivantes et bien au-delà, il ne manquera jamais une occasion de critiquer Patrese.

Lorsque l'épreuve de Monza reprend à la suite de l'accident de Peterson, Andretti est classé 6e et obtient donc le titre de champion du monde. Le lendemain matin, de bonne heure, il s'apprête à rendre visite à son ami et collègue, quand Emerson Fittipaldi, qu'il rencontre sur le parking de l'hôpital, l'informe de la mort du Suédois. Le nouveau champion tourne les talons et s'en va immédiatement. Son seul commentaire à tous les journalistes réunis : *« Cela fait partie de la discipline. »*

1979 - « J'EN AVAIS MARRE DE TOURNER EN ROND »

Les autres équipes appliquent rapidement les théories de Lotus sur l'effet de sol. Mais certaines sont plus rapides que d'autres. Par un fait étonnant, c'est l'écurie française Ligier-Ford qui obtient les meilleurs effets de sol lors des deux épreuves sud-américaines qui introduisent la saison. Les pilotes Ligier, Jacques Laffite et Patrick Depailler, dominent les courses en Argentine et au Brésil. Alors que Lotus construit un modèle 1979 trop avancé pour porter cette technologie plus loin, Ferrari reprend le sommet de la Formule 1 à l'aide d'un véhicule plus terre à terre. Gilles Villeneuve gagne les deux courses suivantes, puis, Ligier reprend la première place, en Espagne cette fois, avec Depailler au volant, avant de dégringoler dans la liste des résultats. Le succès éclatant lié à son modèle 1979 relevait peut-être davantage d'un coup de chance que du génie... Et toutes les tentatives déployées au cours du printemps pour améliorer le modèle ne le rendront que plus lent. L'équipe n'est pas des mieux organisées. L'ambiance ne s'arrange pas lorsque Depailler profite d'un week-end libre pour s'essayer au deltaplane, se casse les jambes et manque le reste de la saison. À partir du Grand Prix de France, il est remplacé par Jacky Ickx, pilote expérimenté, mais à ce stade, la réussite et le départ en fanfare de Ligier en début de saison appartiennent déjà à l'histoire.

Une nouvelle équipe arrive sur le devant de la scène au cours de l'été. L'Anglais Frank Williams, habile pilote du milieu des années 1960, s'est vite découvert un talent pour les transactions commerciales ultrarapides qui font, depuis toujours, partie de la discipline. Il se lance dans l'achat et la vente de voitures de course et des pièces de rechange, et fonde sa propre écurie en 1969. Mais l'équipe manque constamment d'argent, et Frank – surnommé « fuckin' Frank » par ceux qui l'ont pris en grippe à l'occasion de transactions – gère ses pilotes à partir d'une cabine téléphonique proche du siège de l'entreprise, la compagnie téléphonique ayant depuis longtemps coupé la ligne suite à des factures impayées.

Si Villeneuve est généralement le pilote le plus rapide de l'écurie Ferrari de 1979, son nouveau coéquipier, Jody Scheckter, passe pour le plus stable. Alors que le rapport de force entre les différentes écuries varie au cours de la saison, Scheckter accumule les points, et gagne le titre de champion du monde grâce à sa victoire au Grand Prix d'Italie, où Villeneuve s'en tient loyalement à la 2e place.

Lors des essais préalables au Grand Prix suivant, au Canada, Niki Lauda, au volant de sa Brabham-Alfa Romeo, s'arrête au stand à la surprise générale. Lors des deux saisons qui se sont écoulées depuis son départ de chez Ferrari, il n'a remporté que quelques victoires faciles en GP. Il en a subitement assez. *« Je me suis arrêté au stand, voilà tout »*, racontera Lauda, après avoir brièvement informé de sa décision le directeur de l'équipe, Bernie Ecclestone. Celui-ci comprend immédiatement qu'il ne réussira pas à faire changer le pilote d'avis, et dépêche un pilote de réserve qui continue l'entraînement, tandis que Lauda quitte rapidement le circuit. Sa déclaration d'adieu à une discipline grâce à laquelle il était devenu multimillionnaire et qui a failli lui coûter la vie est lapidaire : *« J'en avais tout simplement marre de tourner en rond. »* ■

Autoli
SPARK
ACK
TARIO MOTOR
QUESTOR

Détente façon 1971 : Graham Hill (couché, à gauche), Tim Schenken (avec des lunettes de soleil), Henri Pescarolo (avec des lunettes de soleil, en combinaison grise), Ronnie Peterson et Howden Ganley (debout) avant le Grand Prix West en Californie, qui a lieu en dehors des épreuves du championnat.

Pages suivantes : La Lotus 72, construite pour la saison 1970, s'avère l'une des voitures de Formule 1 les plus durables. Elle permet à Emerson Fittipaldi (ici avec le chef de l'écurie Lotus Colin Chapman) de gagner le championnat 1972, et de remporter des victoires en GP en 1973 et 1974.

CAFÉ
DO
BRASIL
Emerson
Fittipaldi
John

E
Player Special

En 1972, les voitures de Formule 1 peuvent être très différentes : Niki Lauda (page ci-contre) et sa March 711, Howden Ganley et une BRM 180, et François Cevert et une Tyrrell 005.

Pages suivantes : Après plusieurs années de crise, Ferrari (ici Clay Regazzoni en lutte acharnée avec Ronnie Peterson) retrouve les sommets en 1974.

LUCAS
GOODYEAR
HEUER
Agip
Agip
GOODYEAR

DUNLO
John Player Special
John Player
John Player Special
John Player
JPS
1
DUCKHAMS
DUCKHAMS

Au milieu des années 1970, James Hunt est le concurrent le plus féroce de Niki Lauda. La photo montre le pilote anglais dans sa Hesketh au Grand Prix de Suède 1974.

Ci-contre : Le retour de Ferrari est surtout l'œuvre de Niki Lauda. Il gagne les championnats du monde de 1975 (photo) et 1977 pour l'écurie italienne.

NIKI
agv
Niki Lauda
GOODYEAR

MICHELIN
Agip
11

MICHELIN
Agip

THEODORE RACING
22
ENSIGN
GOODYEAR
LUCKY

Même soumises à un règlement plus détaillé en termes de conception, les Formule 1 restent assez différentes. Voici quatre exemples pour l'année 1979 : Ferrari entame la saison avec le modèle 312 T (n° 11, en haut, à gauche), vite remplacée par la nouvelle 312 T4 (n° 12, au milieu). Arrows tente sans grand succès l'A2, modèle futuriste (n° 29, page de droite), et Ensign n'obtient pas non plus de résultats avec sa N179 (en bas, à gauche).

VOITURE À LA DURÉE DE VIE LA PLUS LONGUE EN FORMULE 1
M23 de McLaren · Sur la ligne de départ dans 80 épreuves entre 1973 en Afrique du Sud et 1978 en Italie

PREMIER GP INTERROMPU
Grand Prix du Canada 1971 · Interrompu après 64 des 80 tours prévus, pour cause de brouillard

RECORD DE NATIONALITÉS REPRÉSENTÉES
1974 · 19 pays

DERNIER GP AVEC TROIS VOITURES EN PREMIÈRE LIGNE
Grand Prix des Pays-Bas 1973

PREMIER GP INTERROMPU ET RELANCÉ AVEC ANNULATION DE L'ÉPREUVE
Grand Prix de Grande-Bretagne 1973 · Arrêté à la suite d'un carambolage provoqué par Jody Scheckter

RECORDS

PREMIER GP INTERROMPU ET RELANCÉ AVEC PRISE EN COMPTE DES DEUX MANCHES
Grand Prix d'Autriche 1978 · Pour cause de pluie

PREMIÈRE (ET POUR L'HEURE UNIQUE) FEMME À AVOIR OBTENU DES POINTS
Grand Prix d'Espagne 1975 · Lella Lombardi arrive 6^{e}

ÉCART LE PLUS FAIBLE ENTRE LE N°1 ET LE N°2
Grand Prix d'Italie 1971 · Un centième de seconde entre Peter Gethin et Ronnie Peterson

SAISON QUI COMPTE LE PLUS DE NOUVELLES ÉCURIES GAGNANTES
1977 · Wolf, Ligier et Shadow gagnent leur premier Grand Prix

COURSE AU NOMBRE DE TOURS LE PLUS RÉDUIT
Grand Prix d'Allemagne 1971 · 12 tours

PREMIÈRE ET SEULE VOITURE À SIX ROUES À AVOIR COURU DANS UN GP
Le modèle P34 de Tyrrell · Grand Prix de Suède 1976 et 1977 · Victoire en 1976

PLUS GRAND NOMBRE DE PILOTES PASSÉS SUCCESSIVEMENT EN TÊTE LORS D'UNE MÊME ÉPREUVE
Grand Prix d'Italie 1971 · Huit pilotes mènent les uns après les autres

PREMIÈRE COURSE OÙ NE SONT ATTRIBUÉS QUE DES DEMI-POINTS
Grand Prix d'Espagne 1975 · Arrêté à la suite d'un accident après 29 tours

DERNIÈRE PARTICIPATION D'UNE QUATRE ROUES MOTRICES À UN GP
Grand Prix d'Italie 1971 · Emerson Fittipaldi · Modèle Lotus 56B

PREMIER VÉHICULE PORTANT LE N°0 AU DÉPART
Grand Prix de France et des États-Unis 1973 · Jody Scheckter

1970-1979

STATISTIQUES ET FAITS MARQUANTS

LA PREMIÈRE VOITURE AVEC MOTEUR TURBO
Grand Prix de Grande-Bretagne 1977 · Introduite par Renault avec Jean-Pierre Jabouille au volant

PLUS GRAND NOMBRE D'ÉCURIES SUCCESSIVEMENT EN TÊTE LORS D'UNE MÊME ÉPREUVE
Grand Prix d'Italie 1971 · Six écuries portent un pilote en tête les unes après les autres

PREMIÈRE DISQUALIFICATION
Grand Prix de Grande-Bretagne 1976 · James Hunt se rend sans autorisation au stand, lorsque la course est interrompue après une collision dans le premier virage. Il se présente au redémarrage, mais sera disqualifié par la suite

DERNIER GP ORGANISÉ UN JOUR DE LA SEMAINE
Grand Prix d'Espagne 1972 · Se déroule le lundi 1er mai

ATS
Hotel ARAW
Shell
GOODYEAR

Après le retrait de Mercedes et de Porsche, respectivement en 1955 et 1964, l'Allemagne n'a plus de vraie équipe en Formule 1. Vers la fin des années 1970, le producteur de jantes ATS fonde une équipe qui attribue ce modèle D2 au pilote Hans-Joachim Stuck, en 1979.

F1 TECHNOLOGIE 1970-1979

TECHNIQUES NOUVELLES

PNEUS SLICK

VOITURES À SIX ROUES

MOTEURS TURBOCOMPRESSÉS

PNEUS RADIAUX

EFFET DE SOL

RÉGLEMENTATION

1970
Moteur de 3 litres sans compresseurs/
Moteur de 500 cm³ avec compresseur
Poids minimum de 530 kg (hors pilote)

PUISSANCE ET POIDS TYPES
450 ch/540 kg (Tyrrell 001 - 1970)

1972
Moteur de 3 litres sans compresseurs/
Moteur de 1 500 cm³ avec compresseur
Poids minimum de la voiture : 550 kg (hors pilote)
Harnais 6 points obligatoire ainsi que d'autres dispositifs de sécurité

PUISSANCE ET POIDS TYPES
450 ch/560 kg (Lotus 72 - 1972)

1973
Poids minimum de la voiture : 575 kg (hors pilote)
Rails de sécurité obligatoires sur le circuit
Examen médical obligatoire pour les pilotes

1974
Réservoir auto-obturants obligatoires

PUISSANCE ET POIDS TYPES
500 ch/580 kg (Ferrari 312T - 1975)
500 ch/610 kg (Renault RS01 Turbo - 1977)
510 ch/585 kg (Ferrari 312T4 - 1979)

POINTS

1970-1979
9-6-4-3-2-1 points pour les six premiers à l'arrivée

COURSES PRISES EN COMPTE AU CHAMPIONNAT DU MONDE
1970 : 11 sur 13
1971 : 9 sur 11
1972 : 10 sur 12
1973 : 13 sur 15
1974 : 13 sur 15
1975 : 12 sur 14
1976 : 14 sur 16
1977 : 15 sur 17
1978 : 14 sur 16
1979 : 8 sur 15*

* Les cinq meilleurs résultats de chaque moitié de saison

Grâce à un règlement finalement assez peu strict et à l'injection massive d'argent avec le sponsoring, la décennie 1970 reste une des plus inventives de l'histoire de la Formule 1. Au printemps 1970, Lotus est en mesure de présenter son modèle 72, qui se distingue par des caractéristiques novatrices. L'aérodynamique est optimisée par la forme conique du véhicule, et les freins *inboard* permettent d'utiliser des pneus plus lisses avec une meilleure adhérence. En installant les freins avant et arrière loin des roues, le chef de l'équipe, Colin Chapman, fait en sorte que la chaleur dégagée par la décélération soit sans conséquence pour les pneus. Auparavant, les pneus dits de « qualification » ne servaient que pendant quelques tours au cours du chronométrage. Désormais ils tiennent toute la durée de la course.

Colin Chapman et ses ingénieurs poursuivent également l'expérience des quatre roues motrices. Aux États-Unis, les moteurs à turbine à gaz font une timide percée lors de l'Indy 500, et en 1968, Lotus présente son modèle 56. Doté de cette technique, il frôle la victoire. Peu de temps après, cette voiture se voit interdire l'accès aux courses américaines, mais Chapman mise toujours sur le potentiel du moteur à turbine à gaz Pratt & Whitney qui délivre une puissance supérieure à 500 ch. Pour exploiter cette puissance de manière optimale, la voiture « Indy » est équipée de quatre roues motrices, et le concept, qui avait été abandonné pour la Formule 1 à la fin des années 1960, est rapidement remis en selle en 1971. Lotus lance sans succès une version F1 du modèle de turbine à gaz d'Indianapolis qui porte le nom officiel de Lotus 56B. « Trop lourd et trop fragile », telle est encore une fois la conclusion. Alors que la plus classique Lotus 72 à traction arrière et moteur Ford Cosworth V8 aligne les victoires, la 56B n'engrange aucun point.

Sur circuit, la tenue de route est améliorée en 1971 lorsque Goodyear commence à commercialiser les pneus dits « slick », sans sculpture apparente. Toute la surface de la bande de roulement étant entièrement composée de caoutchouc, l'adhérence est améliorée, mais par temps sec uniquement ! À la moindre averse, ces gommes n'évacuent pas l'eau et entraînent d'inévitables glissades. Il faut alors s'arrêter au stand et opter pour des pneus « pluie ». Le deuxième fabricant de pneus impliqués en Formule 1 durant cette période, Firestone, développe lui aussi très rapidement des pneus slick, tout en menant, parallèlement, des expériences sur des pneus à basse section, mais il s'avère que ceux-ci génèrent des vibrations.

En 1975, Ferrari s'impose grâce à ses moteurs V12 à 180° (ou 12 cylindres à plat). Tyrrell réplique en 1976 avec une Formule 1 étonnante. Si cette P34 conserve un moteur Ford Cosworth V8, elle se distingue par ses six roues ! Les quatre petites roues à l'avant offrent la même surface d'adhérence que deux grandes roues habituelles mais leur résistance à l'avancement est moindre car elles sont partiellement abritées derrière l'aileron avant. L'idée s'avère bonne : « la six-roues » assure à Jody Scheckter un Grand Prix – et il est en route pour la 3e place au championnat du monde. Mais pour la société Goodyear, les petits pneus sont le fruit d'un programme de développement et de production spécifique qu'elle n'a plus les moyens de poursuivre et le manufacturier décide d'abandonner la production. Par ailleurs, Michelin a introduit des pneus radiaux en Formule 1. Pour contrer cette offensive, Goodyear doit relever le défi. Cette « guerre des pneus » laisse Tyrrell sans gommes avant pour ses P34 et l'écurie doit renoncer à la six-roues au bout de deux saisons seulement.

De son côté, March tente une expérience sans lendemain analogue avec une voiture à quatre roues à l'arrière du véhicule.

En 1977, Lotus révolutionne à nouveau la Formule 1. Colin Chapman et ses ingénieurs commencent à exploiter le flux d'air en circulation sous les véhicules pour créer une dépression qui les plaque à la chaussée par aspiration. Cet « effet de sol » s'obtient, entre autres, en modelant le fond de la voiture en forme d'aile d'avion inversée. Ces flux d'air sont également enfermés à l'aide de jupes latérales en caoutchouc qui renforcent la sous-pression, et donc la tenue de route.

En raison de la taille de leur moteur boxer Alfa Romeo, les voitures de l'écurie Brabham, propriété de Bernie Ecclestone, ne parviennent pas à créer un effet de sol aussi efficace que les concurrents, qui utilisent le V8 Ford Cosworth, plus petit. Pour le Grand Prix de Suède 1978, ils remplacent donc le nouveau dispositif par un énorme ventilateur monté à l'arrière de la voiture, qui aspire l'air du dessous, toujours dans le but de créer une dépression et une meilleure adhérence. « Les outils d'aide mobiles, aérodynamiques » ont été interdits dès les années 1960, lorsque plusieurs équipes ont mené des expériences à partir d'ailes réglables, mais l'équipe Brabham prétend que son ventilateur ne vise qu'à refroidir le moteur et n'est donc pas concerné par l'interdiction Le fait que la voiture soit littéralement collée au sol (au point que la suspension casse lors des premiers tests) ne serait, à en croire Brabham, qu'un effet collatéral bienvenu. À son bord, Niki Lauda écrase ses concurrents au Grand Prix de Suède avec ce qu'on appelle désormais « la voiture aspirateur », mais la Brabham est finalement interdite car jugée trop dangereuse.

Le règlement relatif aux moteurs, en vigueur depuis 1966, autorise tant les moteurs à compresseur de 1,5 litre que ceux de type atmosphérique, de 3 litres. Jusque-là, personne n'avait pris au sérieux l'option du compresseur, jusqu'à ce que Renault développe en 1977 un moteur turbocompressé de 1,5 litre au sein de l'équipe Renault-Elf au Grand Prix de Grande-Bretagne. Pendant les premiers mois, ce moteur Renault connaît des problèmes à répétition, mais il s'avère rapidement que son potentiel de puissance est supérieur à celui des anciens moteurs atmosphériques de 3 litres. Et il est évident qu'en cette fin de décennie, chez tous les constructeurs, le concept de « turbo » est dans toutes les têtes.

Le 12 cylindres à plat de Ferrari dépasse, en termes de puissance et d'agrément, le V8 Ford Cosworth, qui était depuis près de dix ans le moteur le plus puissant de la Formule 1 (en haut).

Au milieu de l'année 1978, Brabham présente une deuxième version de son modèle BT46. Cette voiture est équipée d'un très grand ventilateur qui aspire l'air sous le châssis, créant ainsi un vide qui améliore considérablement la tenue de route. Ce concept est interdit à l'issue d'une seule épreuve, remportée aisément par Niki Lauda à bord de sa « voiture aspirateur » (en bas).

Espionnage industriel au plus haut niveau ? En 1977, le chef de l'écurie Lotus, Colin Chapman, lance la technologie à effet de sol avec les fameuses « jupes » qui, par canalisation de l'air, plaquent le fond de la voiture à la chaussée par aspiration. Il vérifie ici, par le biais d'un test sur le circuit Paul-Ricard, si l'équipe Tyrrell a trouvé une meilleure solution.

Avec sa forme conique et ses nombreuses fonctions sophistiquées, la Lotus 72 de 1970 constitue une étape dans l'histoire de la Formule 1.

Pages suivantes : En 1977, Renault introduit le premier moteur turbocompressé en Formule 1. Au demeurant extrêmement fragile, ce nouveau moteur finit par s'imposer à l'ensemble du plateau en quelques années.

LLE
RENAULT

RDINI

Avec son moteur à turbine à gaz et ses quatre roues motrices, la Lotus 56B de 1970-1971 est l'une des voitures les plus avant-gardistes de l'époque. Mais trop lourde et trop gourmande en carburant, elle ne connaîtra jamais le succès.

Page ci-contre : La Tyrrell P34, avec ses quatre petites roues avant, relevait d'un trait de génie : l'adhérence du train avant était identique à une Formule 1 avec des roues simples mais la taille réduite des pneus limitait la résistance à l'avancement.

BMW MOTORSPORTS GmbH
elf
GOODYEAR

19
19

80
89

LES ANN

VICTOIRE FRANÇAISE AUX 24 HEURES DU MANS AVEC LA VICTOIRE DE JEAN RONDEAU ET JEAN-PIERRE JAUSSAUD (1980) / DÉCÈS DU PILOTE DE F1 PATRICK DEPAILLER (1980) / ALAIN PROST FAIT SES DÉBUT CHEZ RENAULT-ELF (1981) / NAISSANCE DE FERNANDO ALONSO (1981) / DÉCÈS DU PILOTE DE F1 GILLES VILLENEUVE (1982) / PRÉSENTATION DE LA PEUGEOT 205 GTI (1984) / ALAIN PROST EST LE PREMIER FRANÇAIS À REMPORTER LE CHAMPIONNAT DU MONDE DE F1 (1985) / MORT DU PILOTE DE F1 ELIO DE ANGELIS (1986) / NAISSANCE DE SEBASTIAN VETTEL (1987) / DÉCÈS DU PILOTE DE F1 DIDIER PIRONI (1987) / PREMIER TITRE DE CHAMPION DU MONDE POUR AYRTON SENNA (1988) / DISPARITION D'ENZO FERRARI (1988)

ÉES 1980

1980 - GUERRE AU SOMMET

Alan Jones propulse l'écurie Williams sur le devant de la scène. L'Australien prend la tête du championnat en remportant la première course en Argentine même s'il est tour à tour menacé par les nouvelles Renault, qui gèrent de mieux en mieux leurs moteurs turbocompressés, et par Nelson Piquet, qui succède à Niki Lauda comme premier pilote chez Brabham-Ford.

Son coéquipier de la saison 1979, le vétéran suisse Clay Regazzoni, est mis sur la touche lorsque Williams signe pour 1980 un contrat avec Carlos Reutemann. Regazzoni rejoint alors la petite écurie Ensign. Cependant, lors du Grand Prix West à Long Beach, aux États-Unis, ses freins lâchent. Il heurte d'abord une voiture à l'arrêt, puis la barrière. À la suite de cet accident, ses membres inférieurs sont paralysés, le condamnant à être en fauteuil roulant. *« Je suis resté très longtemps à l'hôpital, à me lamenter sur mon sort,* racontera Regazzoni. *Un événement de ce genre vous propulse dans un autre monde dont on ignorait l'existence. »*

À l'occasion du Grand Prix d'Espagne, le conflit entre la Fédération internationale automobile (FIA) et l'association des écuries de Formule 1, la FOCA, éclate au grand jour. Cette dernière est toujours aux mains de Bernie Ecclestone, propriétaire de Brabham, qui bénéficie du soutien de la quasi-totalité des équipes. Seuls les grands constructeurs Ferrari, Renault et Alfa Romeo soutiennent la FIA dans cette « guerre civile ». Le différend porte sur plusieurs points. Pour Ecclestone, l'essentiel est de garder le pouvoir financier, notamment par le biais des recettes télévisuelles. La FIA, quant à elle, ne veut à aucun prix céder le pouvoir formel qu'elle a toujours détenu. Mais le combat est inégal : la direction de la FIA est surtout composée de bénévoles masculins un peu âgés, pour qui l'essentiel est de pouvoir se pavaner avant les épreuves dans les stands, en blazer, avec autour du cou le précieux laissez-passer de la FIA. Ce cénacle, conduit par le Français Jean-Marie Balestre, est à long terme une proie facile pour Ecclestone, à la fois agressif et habile, et qui se fait seconder par le juriste Max Mosley, l'ancien chef de l'écurie March.

Le conflit qui éclate au Grand Prix d'Espagne est lié à un désaccord concernant le futur règlement. Il s'inscrit dans une série de batailles qui feront rage plusieurs années d'affilée. Après divers retards et boycotts lors des essais, la FIA annule l'épreuve en la qualifiant « d'illégale ». Mais Ecclestone met tout simplement les dignitaires de la FIA à la porte et organise la course, sans la participation des écuries Ferrari, Renault et Alfa Romeo, restées fidèles à la Fédération. Bien entendu, celle-ci enlève à l'épreuve sa qualité d'étape du championnat du monde, ce qui met en fureur le vainqueur et champion en titre, Alan Jones. *« Quoi que dise ce connard de Balestre : nous avons couru un Grand Prix, et c'est moi qui ai gagné ! »*

Une partie des désaccords porte sur les « jupes » placées sous les véhicules. Leur rôle est de créer une dépression qui plaque la voiture à la chaussée dans les virages. Mais la vitesse à laquelle les bolides abordent les courbes est jugée si dangereuse que la FIA veut les interdire. En attendant, Alfa Romeo, qui tente son grand retour en Formule 1, organise des essais le 1er août, à Hockenheim (Allemagne) avec une voiture équipée des fameuses jupes. Il ne reste qu'une semaine avant le Grand Prix, et l'on est en train de préparer l'Ostkurve, le virage ultrarapide du circuit. Les clôtures, qui doivent être montées devant les glissières, n'ont pas encore été déroulées. À 280 km/h, l'Alfa Romeo du Français Patrick Depailler s'écrase violemment contre la barrière, peut-être victime d'un blocage d'une des jupes. Le pilote meurt sur le coup. »

Trois des meilleurs pilotes en discussion avant le Grand Prix d'Afrique du Sud 1980, à Kyalami : Gilles Villeneuve (Ferrari, à gauche), Jacques Laffite (Ligier) et Jody Scheckter (Ferrari, à droite).

BROOKLYN
CHEWING GUM

ARVOR
SCAINI
22
Agip
Agip
GOODYEAR
GOODYEAR
Marlboro
Agip
Agip

Au cours des années 1970, Williams est l'écurie la plus petite et la plus pauvre du plateau. Des sponsors saoudiens changent la donne. Alan Jones remporte le premier titre de l'écurie en 1980 (en haut). Shadow est l'une des rares équipes américaines à s'essayer à la Formule 1. Après sept ans et une seule victoire au Grand Prix, cette écurie quitte la discipline en 1980. Tête-à-queue de David Kennedy pendant l'entraînement précédant le Grand Prix West à Long Beach, en 1980 (en bas).

Page ci-contre : Il était prévu que Patrick Depailler redonne à Alfa Romeo sa gloire d'antan, mais il se crashe lors d'un essai du Grand Prix d'Allemagne 1980.

1981 - LES ACCORDS CONCORDE

Au début de la saison 1981, on se retrouve finalement avec deux championnats de Formule 1. Ecclestone et la FOCA sont tellement las de la FIA qu'ils créent leur propre fédération, la World Federation of Motor Sport (WFMS), qui s'attelle à l'organisation d'un championnat composé de 18 épreuves, notamment à New York, Anderstorp en Suède (où aucune course n'a eu lieu depuis 1978) et Monaco. Huit des dix premières équipes du championnat de 1980 participent à cette nouvelle série (y compris les trois écuries de tête, Williams, Ligier et Brabham), et la FIA doit se contenter d'un plateau modeste comptant les constructeurs qui lui restent acquis : Ferrari, Renault et Alfa Romeo. La WFMS entame la saison au début du mois d'avril avec le Grand Prix d'Afrique du Sud gagné par Carlos Reutemann chez Williams. Mais à ce stade, Ecclestone et Mosley ont réalisé qu'ils ne pouvaient se passer ni de la FIA ni de Ferrari. De son côté, la FIA ne se sent pas capable d'orchestrer seule un championnat de F1 si chargé d'histoire, avec trois ou quatre écuries sur la ligne de départ. Les deux parties se mettent d'accord pour un cessez-le-feu, qui finira par durer. Aux termes de leur accord (pompeusement baptisés les accords Concorde), les droits télévisuels reviennent à Ecclestone et à la FOCA : l'Anglais est donc, à long terme et de loin, le vainqueur financier de la guerre. Il obtiendra par la suite les droits commerciaux de Formule 1 jusqu'en 2110 !

La victoire d'Ecclestone est aussi politique, ce que prouve l'élection de Max Mosley comme président de la FIA en 1993 (Ecclestone y siégera pendant des années en tant que vice-président). Son écurie Brabham est aussi celle qui rafle la mise sur la piste. Après une lutte acharnée contre Reutemann et Jones chez Williams, (les deux hommes entretenaient de surcroît une relation pour le moins tendue), Nelson Piquet et Brabham remportent la victoire au championnat. Le conflit entre les deux pilotes Williams était un secret de polichinelle. Il a commencé dès le Grand Prix du Brésil, qu'ils dominent pourtant. Champion du monde en titre, Jones est le premier pilote de l'écurie, mais c'est Reutemann qui mène. On lui ordonne de se laisser dépasser par Jones. Ignorant l'injonction, il remporte l'épreuve. *« Maintenant, j'ai compris les règles du jeu,* déclare Jones, contrarié, après la course. *Je traiterai désormais Carlos comme n'importe quel autre pilote et lui toucherai les roues quand je devrai le dépasser. Je n'attends plus de lui qu'il se comporte en gentleman. Maintenant je sais que je ne peux pas avoir confiance en lui. » « Je comprends parfaitement qu'il soit contrarié,* commentera, plus tard, Reutemann. *Et quand il dit qu'il ne peut plus avoir confiance en moi, il a raison »*, poursuit l'Argentin, qui deviendra une personnalité politique de premier plan, plusieurs fois candidat à la présidence de son pays. Longtemps après, Reutemann propose à Jones qu'ils enterrent la hache de guerre. *« D'accord, pourquoi pas ?,* répond Jones, glacial. *Mais il faudra abord qu'on te l'ait enfoncée dans la nuque, Carlos ! »*

1982 - PILOTES EN GRÈVE !

La FIA a adopté de nouvelles règles sur la « superlicence » nécessaire pour courir en Formule 1. Les pilotes, estimant cela injuste, se rencontrent quelques jours avant le premier Grand Prix de la saison, en Afrique du Sud. Niki Lauda, qui a consacré les dernières années à bâtir la compagnie aérienne Lauda Air, est à la tête de la contestation. L'idée de tourner en rond sur la piste ne lui est soudain plus aussi désagréable. L'Autrichien opère un retour au sein de l'écurie McLaren. Les problèmes financiers qu'il a rencontrés dans le secteur de l'aviation ont certainement contribué à lui redonner goût à la Formule 1, et les trois années passées dans un monde de l'entreprise sans merci ont fait de lui un négociateur hors pair. Il sait que les chefs des écuries ont les moyens d'intimider les pilotes en les prenant un à un. C'est pourquoi il loue un bus qui ramène l'ensemble du plateau vers un hôtel de Johannesbourg, ce qui a pour conséquence l'annulation de la première journée d'entraînement. Une fois à l'hôtel, il ne saurait être question de chambres individuelles, car cela donnerait aux pilotes les moins solidaires la possibilité de se dérober. Lauda fait donc apporter un tas de matelas que l'on place dans l'une des salles de conférence de l'hôtel. Pendant que Lauda et Didier Pironi, qui court pour Ferrari, négocient avec la FIA, tous leurs collègues passent la nuit dans le dortoir improvisé. *« Il y avait un piano dans la salle, et Elio De Angelis (Lotus) nous a interprétés quelque chose de classique – du Mozart, je pense. Gilles Villeneuve (Ferrari) nous a joué du Scott Joplin,* racontera Keke Rosberg, pilote chez Williams. *Pour une fois, tous les pilotes étaient d'accord. À une exception près : Teo Fabi (Toleman) était un dégonflé. Il s'est barré. Il a dit qu'il allait aux toilettes, mais il n'est jamais revenu. Après ce numéro, aucun d'entre nous n'a plus jamais eu de respect pour lui. Plus que de s'être désolidarisé de notre action, il nous avait trahis. Il est directement allé voir Ecclestone et Balestre pour leur raconter ce qu'on avait l'intention de faire. »* Le lendemain, un compromis est trouvé.

Après un entraînement réduit à sa plus juste expression, la saison 1982 commence par la victoire d'Alain Prost (Renault), qui remporte la course suivante au Brésil. En gagnant la troisième épreuve de l'année, Lauda prouve qu'il n'espère pas un faux retour. Lors de la quatrième course, le Grand Prix de Saint-Marin, sur le circuit Imola, la guerre entre la FIA et la FOCA reprend de plus belle. C'est encore l'interprétation des règles qui pose problème, et les pilotes ressortent l'arme de la grève. Presque toutes les équipes de la FOCA boycottent l'événement, auquel ne participent que sept écuries.

Les pilotes Gilles Villeneuve et Didier Pironi prennent rapidement la tête, loin devant leurs concurrents. Pour divertir les spectateurs, les deux pilotes se mettent à s'entre-dépasser. Selon la règle qui a cours chez Ferrari, le pilote qui mène au moment où commence le « show » doit être le premier à l'arrivée. Cette fois, la victoire doit donc revenir à Villeneuve, mais celui-ci est d'abord surpris, puis furieux de voir Pironi accélérer au dernier tour et lui voler la vedette. *« J'ai été assez stupide de croire qu'il allait se comporter de manière honnête,* déclarera Villeneuve, plus tard, à propos de son coéquipier. *Depuis, je ne lui ai pas adressé la parole, et je ne le ferai plus jamais. C'est la guerre ouverte. Lorsque nous nous reverrons à la prochaine course, en Belgique, je l'affronterai comme s'il était à bord d'une Williams ou d'une Brabham. »*

Lors de la qualification pour le Grand Prix de Belgique, quinze jours plus tard, Pironi est de nouveau le meilleur pilote de Ferrari. Villeneuve retourne sur la piste pour améliorer son temps, mais se surestime dans l'un des passages les plus rapides du circuit. Il percute la March-Ford du pilote allemand Jochen Mass, et la Ferrari sort violemment de la piste, en faisant une série de tonneaux. Villeneuve, le pilote de loin le plus populaire du plateau en raison de son style de conduite, meurt le soir même des suites de ses blessures. Son ancien coéquipier chez Ferrari de 1979 à 1980, Jody Scheckter, dira après le décès son ami : *« Pour Gilles, les courses avaient un aspect presque romantique. Pour moi, il s'agissait de sortir vivant de l'épreuve, mais pour Gilles, l'essentiel était d'être le plus rapide dans chacune des courses et à chaque tour. Et je suis certain que le monde n'a jamais vu de pilote automobile plus rapide que lui. S'il pouvait revivre sa vie, il ferait tout pareil – avec le même amour pour notre discipline. C'est bien le mot qui décrit le mieux la relation de Gilles au sport automobile : amour. Je n'ai connu personne d'aussi passionné. »*

Après le décès de Villeneuve, il revient à Pironi de défendre seul l'honneur de Ferrari au championnat, ce qui marche à merveille au cours de l'été. Mais il est impliqué dans une nouvelle tragédie lorsque sa Ferrari cale sur la grille de départ. Le débutant italien, Riccardo Paletti (Osella-Ford), découvre trop tard le véhicule à l'arrêt, et le percute à pleine vitesse. Pironi sort totalement indemne de sa voiture, mais l'Osella de Paletti prend feu, et le pilote meurt dans les flammes. Malgré cette accumulation d'événements tragiques, Pironi poursuit sa marche triomphante vers le titre. La catastrophe survient pendant les essais précédant le Grand Prix d'Allemagne, qui se déroule sous une pluie battante. Il entre violemment en collision avec Alain Prost (Renault), et ses blessures aux jambes sont telles qu'il doit supplier les médecins de ne pas l'amputer. Sa carrière de Formule 1 est terminée, mais son goût pour l'adrénaline perdure. Une fois ses jambes à peu près guéries, Pironi se lance dans les courses nautiques offshore. En 1987, son bateau s'envole sur une vague et retombe en se retournant. Pironi et son équipage sont tués sur le coup.

Les deux pilotes Ferrari étant décédés et l'équipe Renault disposant de voitures rapides mais trop peu fiables, le pilote finlandais Keke Rosberg gagne par surprise le championnat avec une Williams-Ford. Rosberg était alors en fâcheuse posture. Il a 33 ans et la Fittipaldi sur laquelle il courait en 1981 était trop peu concurrentielle. Williams, ayant perdu Alan Jones qui vient de prendre sa retraite, demande à Rosberg de rejoindre son écurie. Celui-ci saute sur l'occasion. Sa Williams est équipée de la dernière version du moteur Ford Cosworth (dont les origines en F1 remonte à 1967). Celui-ci, s'il est largement distancé par la puissance des moteurs turbocompressés de Ferrari et Renault, se distingue par sa fiabilité. Rosberg ne gagne qu'un seul Grand Prix au cours de la saison, mais il a suffisamment de points pour devenir le premier champion du monde nordique de Formule 1. Lors de la remise officielle des trophées au siège de la FIA à Paris, Rosberg s'irrite du fait que tous les échanges se déroulent en français. *« Partout ailleurs dans la discipline, on parle anglais. C'était donc une question de simple justice : si eux pouvaient parler leur propre langue, eh bien, moi aussi ! »* Rosberg prononce donc son discours de remerciement… en finnois.

1983 - PIQUET DÉCOLLE

L'année 1983 est celle de la suprématie des voitures turbo en Formule 1. Seuls les circuits urbains, plus lents, où le comportement routier est plus important que la puissance à l'état pur, sont favorables aux véhicules munis du moteur atmosphérique V8 Ford Cosworth, vieux de vingt-cinq ans. Lors du deuxième Grand Prix de la saison, dans les rues de Long Beach, en Californie, John Watson et Niki Lauda, dans leurs McLaren-Ford, se qualifient seulement aux 22e et 23e places, mais remontent jusqu'à la 1re et à la 2e place au cours de l'épreuve ! *« Je n'arrive pas à l'expliquer,* déclara Watson, surpris, après la victoire. *Je suis évidemment content, mais aussi étonné. Et croyez-moi : la prochaine fois, je préférerais démarrer en pole position ! »* Au Grand Prix de Saint-Marin à Imola, circuit qui avait été le théâtre, l'année précédente, de toute une série d'événements aboutissant à la mort de Gilles Villeneuve, c'est son remplaçant chez Ferrari, Patrick Tambay, qui l'emporte. Le Français était un ami personnel de Villeneuve, et le week-end d'Imola est pour lui une véritable épreuve émotionnelle. *« L'année dernière, Gilles s'était qualifié pour la troisième place, et quelques spectateurs avaient peint un drapeau canadien pour honorer sa mémoire. Un peu par hasard, j'ai obtenu moi aussi la troisième position au départ, et quand je m'y suis mis, voyant le drapeau de Gilles, je me suis effondré, en pleurant comme un petit garçon »*, racontera Tambay, qui gagne l'épreuve devant Alain Prost (Renault). Au cours de l'été, Prost parvient à distancer son concurrent le plus proche, Nelson Piquet (Brabham-BMW). *« Après ma victoire en Autriche, j'avais une avance de 14 points, et les chefs de l'écurie Renault me considéraient comme un fou quand je disais que nous allions perdre le championnat. Mais le moteur BMW de Piquet s'est soudain révélé bien plus puissant que le nôtre, et l'organisation de Renault était trop lourde pour réagir rapidement face à cette nouvelle menace »*, expliquera Prost. La Brabham BT50 de Piquet est en effet pour la première fois propulsée, en 1982, par un tout nouveau moteur d'origine allemande, un BMW M12/13 de 1 500 cm³ turbocompressé particulièrement au point. Prost abandonne lors de la finale en Afrique du Sud, et Piquet, qui finit 3ᵉ, devient champion du monde. La raison de la puissance supplémentaire qui a permis à Nelson Piquet de gagner le titre avec la Brabham-BMW en 1983 sera révélée plus tard. Il s'avère que le chef du département des courses automobiles de chez BMW, Paul Rosche, est en relation avec un employé du géant de l'industrie chimique BASF, lequel détient la formule d'un mélange de carburant initialement mis au point pour les avions de la Luftwaffe lors de la Seconde Guerre mondiale. Alimentée par ce carburant ultrapuissant, la voiture de Piquet s'envole littéralement, laissant Prost et Renault dans un nuage de gaz d'échappement à l'odeur toxique. Pour la société Renault, l'échec a un goût amer.

1984 - PROST VS LAUDA : DUEL MAISON

Après avoir lancé les moteurs turbocompressés en Formule 1 dès 1977, l'écurie française se fait ravir la victoire par BMW qui porte ce concept au sommet pour la première fois. Il lui faut un bouc émissaire, et Alain Prost est le coupable idéal. Il se dépêche de changer d'écurie, optant pour McLaren, qui utilise, à partir de la saison 1984, un nouveau moteur turbocompressé TAG, développé par Porsche. En 1984, la FIA interdit aux pilotes de s'arrêter pour faire le plein pendant une course, tout en fixant la contenance maximale du réservoir à 220 litres. Pour certaines écuries, se plier à cette nouvelle exigence, la course à l'économie, est une tâche très difficile : à titre d'exemple, Alfa Romeo consomme 300 litres pour parcourir une piste de Grand Prix en 1983. Cependant, avec ses moteurs TAG de chez Porsche, McLaren a trouvé la solution parfaite : un moteur qui délivre une puissance élevée tout en consommant moins. Avec cette monture qui domine le plateau, McLaren transforme le championnat du monde en duel entre ses deux pilotes, Alain Prost et Niki Lauda. Les deux remportent au total 12 des 16 épreuves de la saison. La lutte entre Prost, 29 ans, et Lauda, 35 ans, est aussi un combat entre deux générations. Voici ce que déclarait Prost au sujet de son coéquipier : *« Niki était déjà mon idole quand je pratiquais le karting. Je rêvais d'obtenir le même succès que lui. Courir dans la même écurie que lui, avec les mêmes possibilités, est un défi hors pair. »*

Lauda doit puiser dans toute sa longue expérience et exploiter au maximum son sens stratégique pour suivre Prost. *« Il est incroyablement rapide,* déclare-t-il au sujet de son rival et coéquipier. *Il faut que j'aille de plus en plus vite, avec de plus en plus d'adresse. C'est… stimulant. Et il n'y a pas moyen de le semer… »*

Le Grand Prix de Monaco, qui se déroule sous une pluie battante, annonce l'imminent changement de génération. Prost gagne, mais uniquement parce que la course est arrêtée à cause des précipitations. Deux jeunes débutants, Ayrton Senna (Toleman-Hart) et Stefan Bellof (Tyrrell-Ford) grimpent dans le classement : lorsque le drapeau à damier signale la fin de la partie, leurs temps de passage s'avèrent bien meilleurs que ceux de Prost, malgré la pluie, le manque d'expérience et la qualité inférieure de leurs véhicules. Plus tard, au cours de l'été, Bellof se voit retirer sa 3ᵉ place à Monaco en raison de la disqualification de l'équipe Tyrrell pour le reste de la saison. L'écurie anglaise est l'unique du plateau à ne pas utiliser les moteurs turbocompressés puissants mais lourds. Elle s'efforce de ruser pour compenser. Grâce au faible poids du moteur atmosphérique Ford Cosworth, Tyrrell peut aisément concevoir une voiture très légère. Pour satisfaire au règlement, on y ajoute un réservoir d'eau de 12 litres. Officiellement, cette eau est censée asperger le moteur pour le refroidir, mais le réservoir restera vide pendant la majeure partie de la course. Peu de temps avant l'arrivée, le « hasard » veut que les voitures Tyrrell se trouvent à cours d'eau de refroidissement. L'eau dont on remplit leurs réservoirs au stand est mélangée avec des plombs : le poids supplémentaire ainsi obtenu permet aux véhicules d'afficher le poids minimal lors du pesage officiel après la course. Il s'agit là d'une interprétation subtile du règlement, car le procédé ne rompt aucune consigne. L'écurie Tyrrell est néanmoins disqualifiée du championnat 1984 : le règlement est en train de changer en faveur des voitures turbo pour la saison 1985, mais cette modification requiert l'unanimité des équipes participantes. Tyrrell, l'unique équipe sans moteur turbocompressé, y est naturellement opposée. Sa disqualification permet d'obtenir la concorde nécessaire. Point de miracle, juste de la politique de Formule 1 à son niveau le plus bas…

La saison se termine par une finale pleine de suspense au Portugal. Prost gagne l'épreuve, mais Lauda remporte le titre de champion avec seulement 0,5 point de plus que Prost.

»

Pour la saison 1981, Lotus construit la 88, un modèle sophistiqué avec double châssis pour contourner l'interdiction des jupes à effet de sol, mais la voiture fait l'objet d'une interdiction et ne participera jamais à un Grand Prix.

Nelson Piquet remporte le championnat 1981 pour l'équipe Brabham, qui appartient à Bernie Ecclestone.

parmalat
parmalat
parmalat
PEMEX
PEMEX
PEMEX
PEMEX
PEMEX
PEMEX

LONGINES
LONGINES
CARELLO
FIAT
Agip

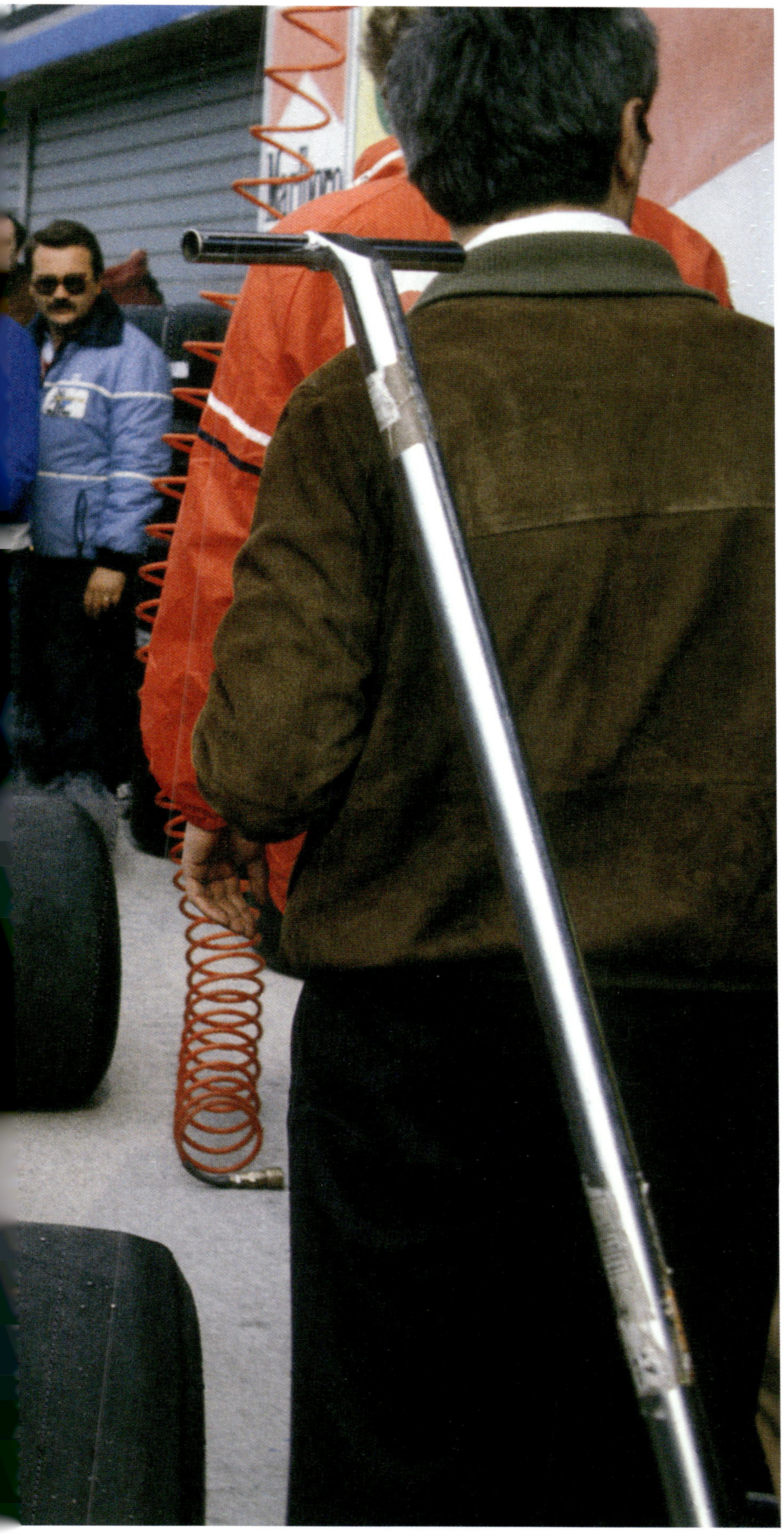

Avec son style spectaculaire, Gilles Villeneuve est l'un des pilotes les plus appréciés du public au début des années 1980. Ici, sa conduite intense a surchauffé les freins des roues avant de sa Ferrari pendant les préparations au Grand Prix de Saint-Marin 1982, sur le circuit Imola.

agv
Akai's Okay OK.

1985 - LE « PROF » TRIOMPHE

L'année 1985 commence par un petit scandale lorsque Ferrari congédie son pilote René Arnoux après une seule épreuve. Il s'agit officiellement de problèmes de santé. Il manque soudain un pilote chez Ferrari. *« Le chef de l'écurie, Marco Piccinini, m'a appelé en me demandant de venir tout de suite à Maranello. J'ai fait ma valise en dix minutes,* racontera plus tard le Suédois Stefan Johansson. *Le lendemain, j'ai rencontré Enzo Ferrari. J'étais très nerveux. C'était comme si j'allais voir la famille royale. Quand je lui ai serré la main, je me suis dit : "Bon, même si je n'obtiens pas le contrat, j'aurai au moins réalisé l'un de mes rêves." »* Johansson obtient le contrat, et seconde efficacement son coéquipier Michele Alboreto dans le duel avec Alain Prost lors du championnat. Cependant, Alboreto n'acquiert aucun point dans les cinq dernières épreuves de la saison, et Prost remporte tranquillement son premier titre de champion. Celui-ci garde apparemment quelques séquelles de son licenciement par Renault quelques années auparavant, car le premier champion français déclare à la presse : *« Maintenant que j'ai gagné le championnat avec une voiture anglaise qui a un moteur allemand, des pneus et des sponsors américains, les journalistes français passent leur temps à clamer à quel point la France se félicite de cette victoire. Je leur ai dit : "Aujourd'hui c'est ma victoire qu'on fête. On parlera de la France la semaine prochaine." »* Après une première saison impressionnante au service de Toleman-Hart, le jeune Ayrton Senna passe chez Lotus-Renault, et remporte son deuxième titre au Grand Prix du Portugal, sous une pluie torrentielle. Stefan Bellof, le deuxième des jeunes pilotes à avoir forcé l'admiration sur la piste détrempée du Grand Prix de Monaco l'année précédente, perd la vie au milieu de l'été.

Outre la Formule 1, dont les véhicules et les circuits offrent enfin une certaine sécurité aux pilotes, Bellof participe aussi au championnat des voitures de sport. Son accident sur le circuit Spa-Francorchamps en Belgique lui est fatal. Il intervient seulement quelques semaines après le décès d'un autre pilote allemand de Formule 1, Manfred Winkelhock, lors de l'épreuve canadienne du même championnat, à Mosport Park. Gerhard Berger, un autre pilote prometteur de la saison 1985, dira à propos de Bellof : *« Il était l'un des meilleurs – l'un des tout premiers. C'était un futur champion du monde. Il aurait sans doute ramassé de nombreux titres. Il était vraiment dans une classe à part. Il aurait été le grand rival de Senna. »*

Ci-contre : Patrick Head, directeur technique chez Williams (ici, avec Alan Jones), est l'un des ingénieurs les plus connus de la Formule 1 des années 1980.

1986 - TOTAL TURBO

La saison 1986 est la seule courue uniquement avec des moteurs turbocompressés. Le règlement interdit désormais les moteurs atmosphériques. La FIA tente de maîtriser les moteurs turbo en réduisant davantage la taille des réservoirs, limités à 195 litres. On s'attend à une lutte acharnée entre McLaren-TAG/Porsche (Alain Prost, Keke Rosberg), Williams-Honda (Nelson Piquet, Nigel Mansell) et Lotus-Renault (Ayrton Senna, Johnny Dumfries). Dumfries, le pilote écossais, n'est pas le choix le plus naturel pour seconder Senna, mais celui-ci a protesté lorsque la direction de Lotus a voulu engager Derek Warwick, un pilote anglais bien plus performant. Senna veut être seul au centre de l'attention ; sa place au soleil n'est nullement menacée par un coéquipier comme Dumfries. Pour préparer la saison, l'équipe Williams effectue des essais sur le circuit Paul-Ricard, dans le Midi de la France. Frank Williams lui-même, ancien pilote, est victime d'un accident avec sa voiture de location. Son état reste critique pendant plusieurs semaines. Il survit, mais gardera de graves séquelles : la moitié de son corps est paralysée. Au milieu de l'été, il revient à la Formule 1, mais en chaise roulante. Son écurie est toujours la plus forte. Quatre pilotes se distinguent rapidement dans la lutte pour le titre : Prost, Mansell, Piquet et Senna. Prost s'astreint à une attitude neutre, mais les trois autres prétendants au titre se haïssent cordialement. Mansell et Piquet se disputent la place de premier pilote chez Williams, Piquet et Senna celle du meilleur Brésilien. Mansell et Senna ont un accrochage dès la première épreuve au Brésil. *« C'était évidemment ma faute,* déclarera ironiquement Mansell après coup. *J'avais oublié que l'autre véhicule était conduit par Dieu en personne. »*

Après le Grand Prix de Monaco, plusieurs écuries font des essais sur le circuit Paul-Ricard, préalablement au Grand Prix de France, qui aura lieu plus tard dans l'été. Il s'avère, à cette occasion, que la sécurité des épreuves de GP a certes été améliorée, mais qu'elle demeure très insuffisante lors des essais qui se déroulent entre les courses. Elio De Angelis percute violemment les barrières de sécurité, et s'immobilise après plusieurs tonneaux. Le champion de 1980, Alan Jones, qui le suivait de près, s'arrête sur le lieu de l'accident. *« Au début, il n'y avait pas de flammes, uniquement de la fumée noire,* racontera le pilote australien. *Le plus grave, c'était de ne pas arriver à retourner la voiture. Lorsqu'elle a pris feu, avec De Angelis coincé à l'intérieur, nous avons été pris en panique. Deux commissaires étaient présents, en short. Les petits extincteurs qu'ils avaient entre les mains n'ont servi absolument à rien. Lorsque les sapeurs-pompiers sont enfin arrivés, ils se sont garés beaucoup trop loin, et n'ont pas réussi à redémarrer. Et quand ils ont commencé à asperger la voiture, ils ont dirigé le jet vers le cockpit au lieu du moteur. La poudre n'a certainement pas amélioré l'état d'Elio. »* De Angelis est la première victime de la Formule 1 depuis quatre ans.

»

R.PALETTI
PIONEER

S.A.I.M.A.
INTERNATIONAL - FREIGHT - FORWARDERS
32
32

FILA FILA
FILA FILA FILA
parmalat
RENAULT elf
RENAULT
elf
MAGNETI MARELLI
LONGINES
MICHELIN
Agip

Pages précédentes : Le jeune Riccardo Paletti (Osella, voiture n° 32) perd la vie au départ lors de sa deuxième course de Formule 1, le Grand Prix du Canada 1982, à Montréal.

Le plateau attend le contrôle technique après le Grand Prix d'Autriche 1983. En premier, la Renault du vainqueur Alain Prost, puis la Ferrari de René Arnoux, la Renault d'Eddie Cheever et la Brabham de Nelson Piquet.

En 1983, tous les véhicules en tête sont munis de moteurs turbocompressés. Ici, Alain Prost (Renault), René Arnoux (Ferrari) et au premier plan, Elio De Angelis (Lotus).

Page ci-contre : Nelson Piquet (Brabham-BMW) est, en 1983, le premier champion du monde dans une voiture avec moteur turbo.

Goodrich
DUNLOP
parmalat
parmalat
FILA
Santál
Santál
Castrol
MICHELIN

Niki Lauda se retire à la fin de l'année 1979, avant d'opérer un retour chez McLaren en 1982. Il remportera avec cette écurie son troisième et dernier titre de champion du monde en 1984.

parmalat
Marlboro

Marlboro
Segafredo
Marlboro
MOËT
BOSS
MEN'S FASHION
MOËT
AIMA

Avant la finale en Australie, Mansell mène devant Prost et Piquet. Les pilotes Williams, qui disposent de la meilleure voiture de la saison, ont tous deux gagné plus de courses que Prost, et la finale ressemble dès le départ à un duel entre eux, avec Prost dans le rôle de l'outsider. Mansell reste longtemps en tête avec une bonne avance, mais au bout de 17 tours, son pneu arrière éclate alors qu'il roule à 300 km/h. *« J'ai mis presque 15 secondes à reprendre le contrôle du véhicule »*, racontera Mansell après cette expérience. Sa voiture est ballottée entre les glissières de sécurité de la piste d'Adélaïde, comme une bille dans un jeu de flipper. La direction de Williams rappelle immédiatement Piquet au stand pour éviter que l'incident ne se répète, et Prost se voit offrir sur un plateau la victoire d'Adélaïde et le titre de champion. *« S'arrêter au stand était la bonne décision,* commentera Piquet après coup. *Je savais bien que cela me coûterait mon titre de champion. Mais j'ai sauvé ma peau. »*

1987 - LA F1 BRIDÉE

En 1987, l'efficacité des moteurs turbo est limitée par l'installation d'une bride d'admission, qui maintient la pression d'alimentation maximale à 4 bars. Dans le même temps, le règlement autorise à nouveau les moteurs atmosphériques, mais en raison de leur puissance inférieure, ils concourront à part, pour le Trophée Jim Clark, qui porte le nom du pilote écossais décédé en 1968. Alain Prost (McLaren-TAG/Porsche) commence à défendre son titre en remportant l'épreuve du Brésil, mais il s'avère rapidement que l'écurie Williams-Honda (encore représentée par Nelson Piquet et Nigel Mansell) dispose du meilleur véhicule de la saison. Alors que Mansell remporte la deuxième épreuve sur le circuit d'Imola, Piquet n'a pas pu prendre le départ. Victime d'un grave accident pendant l'entraînement, il s'est vu interdire de participer par le médecin attitré des pilotes de Formule 1, le professeur Sid Watkins : *« Il a tout tenté pour avoir le droit d'y aller : il a pleuré, insisté lourdement, m'a menacé. J'ai fini par lui dire : "Je t'interdis de faire cette course : ton cerveau est abîmé." "Comment tu peux savoir ça ?", a-t-il demandé. Je lui ai dit qu'il ne portait qu'une chaussure et qu'il avait visiblement oublié la deuxième. "Je ne l'ai pas oubliée. Je ne l'ai pas mise parce que mon pied est enflé et me fait mal." Cet aveu concluait l'affaire : "Que ce soit ton cerveau ou ton pied qui souffre, cela m'est égal : il est exclu que tu prennes le départ." »* Même si Piquet revient au Grand Prix suivant, en Belgique, il met du temps à guérir après l'accident d'Imola. Il sort de la piste en Belgique, comme d'ailleurs son coéquipier, Nigel Mansell, après un accrochage avec Ayrton Senna (Lotus-Honda). *« Après la course, il est venu dans notre stand, et j'ai bien vu qu'il n'avait pas l'air de vouloir présenter d'excuses,* expliquera Senna par la suite. *On ne demande pas pardon en saisissant le concurrent par la gorge… »*

Cependant, au milieu de la saison, Piquet a suffisamment récupéré pour commencer à regagner des épreuves. Au moment de l'avant-dernière course au Japon, seuls Piquet et Mansell sont en lice pour le titre. Ce duel interne à Williams se dénoue dès les essais. Mansell, accidenté, est légèrement blessé et ne peut terminer la saison. Même si Piquet ne gagne pas de points dans les deux épreuves qui restent, celle du Japon et la finale en Australie, il a une avance suffisante pour gagner son troisième titre de champion.

La compétition pour voitures avec moteur atmosphérique, couronnée par le Trophée Jim Clark, ne rencontrera jamais un franc un succès. En 1987, elle est remportée par Jonathan Palmer, chez Tyrrell-Ford, qui termine la saison de Formule 1 à la 11e place. 1988 est la dernière saison avec des moteurs turbocompressés, que le règlement limite encore plus en fixant la pression d'alimentation maximale à 2,5 bars et la taille du réservoir à 150 litres. Ayrton Senna passe chez McLaren (dont les voitures sont désormais dotées de moteurs Honda), et a pour coéquipier Alain Prost.

1988 - « POUSSE TOI ! »

Il s'avère rapidement que McLaren-Honda a créé une équipe de rêve : la meilleure voiture, les moteurs les plus puissants, et les pilotes les plus rapides. Seul ombre au tableau : Prost et Senna se fâchent rapidement. Placer deux champions du monde potentiels dans une même écurie est apparemment une mauvaise idée. Senna, catholique fervent, laisse l'amour du prochain de côté une fois sur la piste : il est connu et craint pour son agressivité lors des courses. Son message à l'intention des autres pilotes est sans équivoque : *« Pousse-toi ou il va y avoir un accident. »* Prost commente : *« Ayrton a un problème. Comme il croit en Dieu, il se sent invulnérable. Cette attitude est un danger pour nous, les autres. »* Le style sans compromis de Senna contribue peut-être à gâcher une saison qui aurait pu être parfaite pour McLaren-Honda. L'écurie a gagné jusqu'ici toutes les épreuves. Il n'en reste plus que cinq. Au Grand Prix d'Italie, Senna est trop pressé au moment de dépasser un concurrent en retard sur lui d'un tour entier. Les deux voitures s'accrochent. Étant donné que Prost a dû abandonner en raison d'un problème technique rare, le Grand Prix d'Italie devient la seule épreuve de 1988 non remportée par McLaren-Honda. C'est finalement Gerhard Berger dans sa Ferrari qui gagne la course, devant son coéquipier Michele Alboreto. Cette victoire inattendue de Ferrari rend fous les supporteurs italiens. Le vieil Enzo Ferrari est mort quelques semaines seulement avant la course. *« C'était un grand personnage et un homme exceptionnel,* dira Berger à son sujet. *Je suis heureux d'avoir couru pour lui. Mais j'aurais tant voulu revenir à Maranello au lendemain de la course de Monza pour voir sa tête après notre double victoire. »*

Le règlement a longtemps stipulé que seul un certain nombre de courses prédéfini devait être comptabilisé dans le résultat global des pilotes. Cette règle n'avait guère de retombées pratiques, sachant que pratiquement aucun d'entre eux n'obtenait de points dans un nombre de courses supérieur à celui admis dans le classement final. En 1988, 11 des 16 résultats peuvent être pris en compte, et cette règle revêt soudain une grande importance. Sachant que Prost et Senna écrasent leurs concurrents, notamment grâce à la stabilité de leurs McLaren-Honda, le nombre de points à comptabiliser devient déterminant. Prost termine la saison avec 105 points, dont seuls 87 peuvent être pris en compte. Senna obtient en tout 94 points, mais il a 90 points ouvrant droit à la comptabilisation, et gagne donc son premier titre de champion du monde.

1989 - ZÉRO TURBO

Les moteurs turbocompressés sont interdits en 1989. Les moteurs atmosphériques, plus aisément accessibles aux écuries, augmentent l'intérêt pour la Formule 1. Pas moins de 20 écuries sont en lice. En conséquence, une préqualification doit être organisée à la première heure le vendredi matin, précédant chaque épreuve de Grand Prix, afin de pouvoir éliminer des pilotes. Le Suédois Stefan Johansson, qui a couru pour Ferrari et McLaren, est désormais rattaché à la nouvelle écurie Onyx et fait partie du dispositif de préqualification. *« C'est le truc le plus dur que j'aie jamais fait,* racontera-t-il plus tard. *Tout le week-end dépendait de la vitesse qu'on avait été capables d'atteindre le vendredi matin. Un pilote trop lent à ce moment-là devait tout simplement remballer ses affaires et rentrer à la maison : on n'avait même pas le droit de rester. Faire venir des invités et des sponsors potentiels quand on risque de quitter le paddock avant le vendredi midi, ce n'est pas facile. »*

Avant le début de la saison, toutes les écuries font des essais à Rio de Janeiro. À cette occasion, la voiture AGS de Philippe Streiff est sérieusement accidentée. Les secouristes parviennent à extraire le pilote de la voiture et font venir un hélicoptère pour l'emmener à l'hôpital, mais ils n'ont pas réalisé l'ampleur de ses blessures au dos et à la nuque. Quelques heures après l'accident, le pilote français commence à perdre la sensation des bras et des jambes. Il passera le reste de sa vie en fauteuil roulant.

Honda a mis au point un puissant moteur V10 pour McLaren, qui domine la saison avec pratiquement la même aisance qu'en 1988. Nigel Mansell, passé chez Ferrari, Thierry Boutsen, de la nouvelle écurie Williams-Renault, remportent quelques victoires, et Alessandro Nannini est premier au Japon, mais toutes les autres victoires sont partagées entre les deux pilotes de McLaren, Alain Prost et Ayrton Senna. Le championnat du monde devient un classique échange de coups entre les deux stars. Lors de l'avant-dernière course de la saison, au Japon, Prost prend la tête dès le départ. Alors qu'il reste sept tours, Senna le rattrape et se place juste derrière lui. Après les nombreuses controverses qui les ont vus s'opposer au cours de la saison, Prost a juré qu'il ne reculerait pas devant un combat direct avec son coéquipier. Il tient parole lorsque Senna tente de le dépasser. Les deux pilotes McLaren entrent en collision et sortent de la piste. Senna réussit à redémarrer, mais se fera disqualifier par la suite. L'accrochage a pour conséquence la consécration de Prost.

Pages précédentes : Les pilotes Niki Lauda (premier plan) et Alain Prost (second plan). Prost remporte le championnat de 1985.

Pages suivantes : Alain Prost (McLaren) obtient en 1985 le premier de ses quatre titres de champion du monde. Il est ici au stand, lors de l'entraînement précédant le Grand Prix des Pays-Bas, à Zandvoort.

Marlboro
SAIMA
2

Marlboro
EAGLE
Shell
Marlboro
Marlboro
Marlboro
EAGLE

McLaren domine la saison 1984 grâce à un moteur TAG développé par Porsche. Alain Prost (photo) est 2e au championnat, 0,5 point seulement derrière son coéquipier Niki Lauda.

HERCULES
7
UNIPART
MP4

Stefan Bellof, l'un des pilote les plus prometteurs au milieu des années 1980, perd la vie dans une course de voitures de sport à Spa-Francorchamps en 1985.

Pages suivantes : En 1988, l'équipe Williams, habituée aux victoires, doit se contenter des moteurs Judd, moins performants. Tentant de compenser ce manque de puissance, Nigel Mansell a percuté la barrière de sécurité lors des essais préalables au Grand Prix de Monaco.

yrrell

GOODYEAR
Agip
27
FIAT
27
GOODYEAR
GOODYEAR
SOFINAL

ICI
Tactel
GOODYEAR
Mobil 1
BARCLAY
canon
BARCLAY
5
EAGLE
GOODYEAR

Marlboro
Marlboro
Marlboro
1
SHOWA
COURSE
29
OFFICIAL
BOSS

Le championnat 1989 voit une lutte acharnée entre Ayrton Senna et Alain Prost, tous deux chez McLaren. C'est Prost (à droite) qui remporte la victoire, grâce à un accrochage à l'avant-dernière épreuve de la saison, au Grand Prix du Japon, à Suzuka.

VICTOIRE DE GP REMPORTÉE À PARTIR DE LA POSITION LA PLUS DÉFAVORABLE AU DÉMARRAGE
Grand Prix West 1983 · John Watson · 22e position

RECORD DE GP ORGANISÉS DANS UN MÊME PAYS AU COURS D'UNE SAISON
1982 · Trois Grands Prix aux États-Unis · Long Beach, Detroit et Las Vegas

CHAMPION DU MONDE REMPORTANT LE MOINS D'ÉPREUVES AU COURS DE LA SAISON
Keke Rosberg · 1982 · Gagne une seule des 16 épreuves et remporte le titre

SEUL PILOTE À ÊTRE SORTI DE PISTE DANS TOUTES LES ÉPREUVES
1987 · Andrea de Cesaris ne passe aucune ligne d'arrivée

PLUS PETITE MARGE ENTRE LES DEUX PREMIÈRES PLACES DANS UN CHAMPIONNAT
1984 · 0,5 point · Niki Lauda et Alain Prost

RECORDS

VÉHICULE AYANT REMPORTÉ LE PLUS DE VICTOIRES EN GP
MP4/2 de McLaren · Premier dans 22 épreuves entre 1984 et 1986

RECORD DE POLE POSITIONS D'AFFILÉE
Ayrton Senna · 8 entre le Grand Prix d'Espagne 1988 et le Grand Prix des États-Unis 1989

PREMIÈRE FOIS OÙ UN CHAMPION EN TITRE NE PARVIENT PAS À SE QUALIFIER POUR UNE COURSE
Jody Scheckter · Grand Prix du Canada 1980

PREMIÈRE FOIS OÙ UN PILOTE SE VOIT INTERDIRE LA LIGNE DE DÉPART
Nigel Mansell · Grand Prix d'Espagne 1989 · Après avoir ignoré le drapeau noir lors du Grand Prix de Portugal

DERNIÈRE FOIS OÙ UNE ÉCURIE FAIT COURIR TROIS VOITURES À LA FOIS
Grand Prix d'Allemagne 1985 · Renault · Patrick Tambay, Derek Warwick et François Hesnault

RECORD D'ABANDONS SUCCESSIFS
Andrea de Cesaris · 22 courses d'affilée, entre le Grand Prix d'Australie 1986 et le Grand Prix du Canada 1988

PREMIÈRE FOIS OÙ UNE ÉQUIPE NE PARVIENT PAS À SE QUALIFIER DE LA SAISON
EuroBrun · Présentée aux 16 courses de l'année 1989, sans se qualifier une fois

DERNIÈRE FOIS OÙ UN PILOTE COURT POUR UNE ÉCURIE DONT IL EST PROPRIÉTAIRE
1980 · Emerson Fittipaldi court pour l'écurie Skol Fittipaldi Team, dont il est propriétaire avec son frère

ÉQUIPE DOMINANTE
McLaren gagne 15 des 16 épreuves de l'année 1988

RECORD D'ÉCURIES DIFFÉRENTES CLASSÉES
Grand Prix de Grande-Bretagne 1981 · 11 équipes

1980-1989

STATISTIQUES ET FAITS MARQUANTS

ÉQUIPE LA MOINS PERFORMANTE
RAM · Entre 1976 et 1985 · 65 épreuves sans obtenir un seul point

MOTEURS LES PLUS PUISSANTS
Quand la pression d'alimentation des moteurs turbocompressés est libérée, lors de l'unique tour de qualification, au milieu des années 1980, ceux-ci dégagent une puissance supérieure à 1500 ch

RECORD DE VAINQUEURS SUCCESSIFS
Les 9 épreuves organisées entre le Grand Prix de Monaco et le Grand Prix de Suisse, en 1982, sont gagnées par neuf pilotes différents

SAISON QUI VOIT DÉFILER LE PLUS DE PILOTES SUR LE PODIUM
1982 · 18

RECORD DE POLE POSITIONS D'AFFILÉE DANS UNE SAISON
Ayrton Senna · 8 · Du Grand Prix d'Espagne 1988 au Grand Prix des États-Unis 1989

SAIMA
UNIPART
CHASSIS BUILT BY
HERCULES

Au début des années 1980, McLaren est la première écurie dont les voitures sont fabriquées en fibres de carbone. Ici, le châssis de la McLaren conduite par Niki Lauda, avant le Grand Prix d'Europe 1984, à Nürburgring.

F1 TECHNOLOGIE 1980-1989

TECHNIQUES NOUVELLES

MONOCOQUE EN FIBRES DE CARBONE

CELLULE DE SURVIE

SOUPAPES PNEUMATIQUES

SUSPENSION ACTIVE

BOÎTE DE VITESSES SEMI-AUTOMATIQUE

BOÎTE À SEPT VITESSES

RÉGLEMENTATION

1980-1985
Moteur de 3 litres sans compresseur
Moteur de 1,5 litre avec compresseur
Consommation d'essence maximale 220 litres

POIDS MINIMUM (hors pilote)
1980 : 575 kg
1981 : 585 kg
1982 : 580 kg
1983-1985 : 540 kg

PUISSANCE/POIDS TYPE
480 ch/588 kg (Williams FW07B - 1980)
640 ch/540 kg (Brabham BT53 Turbo - 1983)
750 ch/540 kg (McLaren MP4/2B - 1985)

1986
Moteur de 1,5 litre avec compresseur (consommation d'essence maximale 195 litres)

POIDS MINIMUM (hors pilote)
540 kg

PUISSANCE/POIDS TYPE
1400 ch/540 kg (Williams FW11 Turbo - 1986)

1987
Moteur de 3,5 litres sans compresseur
Moteur de 1,5 litre avec compresseur
Pression d'alimentation maximale 4 bars
Consommation d'essence maximale 195 litres

POIDS MINIMUM (hors pilote)
540 kg (véhicules avec moteurs sans compresseur: 500 kg)

PUISSANCE/POIDS TYPE
850 ch/540 kg (Williams FW11B Turbo - 1987)
590 ch/500 kg (Tyrrell 016 - 1987)

1988
Moteur de 3,5 litres sans compresseur.
Moteur de 1,5 litre avec compresseur
Pression d'alimentation maximale 2,5 bars
Consommation d'essence maximale 150 litres

POIDS MINIMUM (hors pilote)
540 kg (véhicules avec moteurs sans compresseur : 500 kg)

PUISSANCE/POIDS TYPE
675 ch/540 kg (McLaren MP4/4 - 1988)

1989-1994
Moteur de 3,5 litres sans compresseur

POIDS MINIMUM (hors pilote)
1989-1993 : 500 kg

PUISSANCE/POIDS TYPE
685 ch/500 kg (McLaren MP4/5 - 1989)

POINTS

1980-1989
9-6-4-3-2-1 points pour les six premiers

COURSES PRISES EN COMPTE AU CHAMPIONNAT DU MONDE
1980 : 10 sur 14*
1981 : 11 sur 15
1982 : 11 sur 16
1983 : 11 sur 15
1984 : 11 sur 16
1985 11 sur 16
1986 : 11 sur 16
1987 : 11 sur 16
1988 : 11 sur 16
1989 : 11 sur 16

* Les cinq meilleurs résultats de chaque moitié de saison

Les années 1980 sont marquées par une lutte acharnée entre la Fédération internationale de l'automobile (FIA) et les concepteurs de Formule 1. La FIA cherche à réduire l'augmentation constante de la vitesse, mais malgré un règlement de plus en plus sévère, les constructeurs parviennent à faire tourner les voitures de plus en plus vite. En 1981, elle veut sanctionner l'effet de sol créé par les jupes latérales qui aspirent la voiture vers le sol. Les pilotes, pouvant aborder à très haute vitesse les courbes, subissent en effet d'importantes forces g, dangereuses pour la santé quand elles sont répétées. Le règlement exige désormais une garde au sol de six centimètres entre le fond du véhicule et la chaussée. Le respect de cette nouvelle règle est scrupuleusement vérifié aux stands. Mais il est impossible d'effectuer ce contrôle pendant la course. Par ailleurs, les ingénieurs mettent au point des dispositifs de réglages hydrauliques de la garde au sol. Le système est actionné par le pilote depuis l'habitacle. Il permet de rehausser la voiture lors du contrôle et de l'abaisser quand elle est en action sur la piste. La FIA ne vient vraiment à bout de ce dispositif qu'en imposant un fond plat.

En 1981, McLaren introduit une nouveauté qui sauvera bien des vies en Formule 1 dans les années à venir. Au lieu de l'aluminium, on utilise désormais des fibres de carbone pour habiller la structure monocoque. Ce matériau est non seulement très léger mais bien plus résistant que les métaux. En 1982, le règlement impose la présence d'une structure monocoque servant de « cellule de survie », et par la suite, les fibres de carbone remplacent progressivement l'aluminium.

En 1982, Keke Rosberg, à bord de sa Williams-Ford, remporte le dernier titre de champion du monde obtenu sans recours au moteur turbo. Après plus de quinze ans de bons et loyaux services, le V8 Ford Cosworth, arrivé à bout de son potentiel, ne peut plus fournir davantage de puissance. Le développement de la suralimentation par turbocompresseur des moteurs de 1,5 litre est, lui, promis à un bel avenir. Les moteurs turbocompressés fournissent 600 à 700 ch en 1983, mais cette puissance a son prix. La consommation d'essence est telle qu'il faut équiper les véhicules d'énormes réservoirs qui augmentent le poids et sont autant de freins aérodynamiques. Pour la première fois depuis des années, les écuries prévoient donc, dès 1982, des arrêts aux stands pour faire le plein (et changer les pneus). Côté transmission, la dernière tentative d'utilisation du concept des quatre roues motrices survient en 1982, sous une forme légèrement différente. Williams construit une voiture dotée de quatre roues motrices à l'arrière, mais malgré des essais prometteurs, elle ne franchit jamais la ligne de départ d'un Grand Prix, peu de temps après la FIA interdit les quatre roues motrices.

Les vitesses de plus en plus élevées imposent des améliorations du freinage et les premiers disques en fibres de carbone voient le jour en 1984. Ils dissipent mieux à la chaleur que ceux en acier utilisés jusqu'ici. Les freinages longs, appuyés et répétés sont désormais plus faciles à maîtriser. La puissance des moteurs turbo augmente sans cesse. Les équipes les plus importantes peuvent s'offrir, pour la qualification, des moteurs spécifiques, dont le rôle se limite à tourner, le temps de quelques tours effrénés lors du chronométrage. La pression d'alimentation monte tant que la puissance, dans des cas extrêmes, atteint 1500 ch. Pour supporter cette augmentation, Renault met au point en 1986 une nouvelle culasse dans laquelle les soupapes sont activées par un système pneumatique au lieu des ressorts classiques. Cette solution est ensuite copiée par tous les autres fournisseurs de moteurs.

Pour la saison 1986, l'équipe Brabham, qui utilise désormais les moteurs turbo de BMW, sort l'une des voitures les plus prometteuses de la décennie, la BT55. Son moteur ultra-bas est incliné pour réduire au maximum la hauteur de la voiture, mais il ne connaîtra jamais de développement optimal. La FIA essaie de plusieurs manières de juguler la puissance montante des moteurs turbo. En 1984, il est désormais interdit de faire le plein pendant la course tandis que la consommation maximale de carburant est progressivement abaissée. En 1987, les moteurs turbocompressés sont pourvus d'une bride d'admission, qui maintient la pression d'alimentation maximale à 4 bars. En 1988, la pression d'alimentation maximale diminue encore, passant à 2,5 bars, et en 1989, la FIA adopte un nouveau règlement interdisant des moteurs turbo, avec une formule unique, qui impose des moteurs atmosphériques de 3,5 litres.

En raison de l'aérodynamique toujours plus raffinée, la garde au sol des véhicules est d'une importance capitale. L'aérodynamique représente une part croissante de la force qui pousse le véhicule vers la chaussée. Or elle ne fonctionne de façon optimale que pour une garde au sol bien précise, à quelques millimètres (ou dixièmes de millimètre) près, dans la mesure où le véhicule est mis au point dans des tunnels aérodynamiques. Mais pendant les courses, la garde au sol optimale est sans cesse détériorée par les dénivellations de la chaussée et les mouvements dynamiques du véhicule (la partie avant plonge au freinage, se cabre à l'accélération et la voiture penche dans les virages). Plusieurs équipes, Lotus et Williams en tête, développent donc des « suspensions actives » qui règlent les amortisseurs de la voiture pour maintenir la garde au sol à son niveau optimal, via des capteurs montés sur le véhicule et au moyen d'un ordinateur de bord.

En 1989, la Ferrari présente l'un des véhicules les plus sophistiqués de l'histoire de la Formule 1. La transmission fait en particulier sensation : la boîte de vitesses a sept rapports, activés à l'aide de petites manettes à l'arrière du volant. Cette transmission semi-automatique signifie que l'utilisation de la pédale d'embrayage, qui faisait perdre un temps précieux, est remplacée par un système électronique, lequel réduit au minimum le temps d'ouverture de l'embrayage. Sans pédale d'embrayage ni levier de changement de vitesse, il devient possible de réduire la taille de la partie avant, ce qui permet de gagner en aérodynamique. En outre, grâce aux manettes placées à l'arrière du volant, les pilotes peuvent changer de vitesse au moment optimal. Jusqu'à présent, ils devaient avancer ou attendre un changement de rapport avec ou après un virage critique, puisqu'il était nécessaire de garder les deux mains sur le volant. Désormais, ils peuvent changer de vitesse exactement au bon moment.

La garde au sol, qui influe sur l'effet de sol du véhicule, est contrôlée sur la Ferrari de Gilles Villeneuve.
Mais cette vérification ne peut se faire qu'aux stands : sur la piste, les pilotes abaissent le véhicule à l'aide d'un dispositif hydraulique, jusqu'à obtenir une garde au sol inférieure, interdite par le règlement.

Page ci-contre : Ferrari conserve le moteur V12 classique, plus puissant que les V8 et V10 utilisés par les concurrents. En revanche, ce modèle est plus lourd et consomme davantage (en haut).

Pour tenter de contrôler la puissance sans cesse grandissante des moteurs turbo, il devient interdit, à partir de 1984, de faire le plein pendant les épreuves (en bas).

SKF

Agip
LONGINES
GOODYEAR

KEKE
Mobil
saudia
d'Avant Garde
GOOD YEAR
CHAMPION

Williams essaie en 1982 un véhicule équipé de quatre roues arrière. Celles-ci, relativement petites, réduisent la résistance au vent tout en améliorant la tenue de route et la traction, mais avant même la première participation potentielle à une course, la FIA décide que les voitures de Formule 1 doivent comporter quatre roues, et pas une de plus.

La Brabham BT55 de 1986, ultra-basse, réduit au minimum la résistance au vent par sa conception, mais ce modèle moderne, avec son moteur incliné sur le côté, ne rencontrera jamais le succès escompté.

19
19

90

99

LES ANN

LANCEMENT DE LA LAMBORGHINI DIABLO (1990) / PREMIÈRE VICTOIRE D'UNE MARQUE JAPONAISE AUX 24 HEURES DU MANS AVEC MAZDA (1991) / PEUGEOT REMPORTE LES 24 HEURES DU MANS (1992) / DIDIER AURIOL EST SACRÉ CHAMPION DU MONDE DES RALLYES (1994) / PREMIER SACRE DE MICHAEL SCHUMACHER (1994) / L'ÉCURIE LOTUS ABANDONNE LA FORMULE 1 (1995) / DÉCÈS DE JUAN MANUEL FANGIO (1995) / PREMIÈRE VICTOIRE DE TOM KRISTENSEN AUX 24 HEURES DU MANS (1997)

ÉES 1990

1990- RÈGLEMENT DE COMPTE À SUZUKA

L'année 1990 est à nouveau marquée par la rivalité entre Alain Prost et Ayrton Senna. Mais cette fois, ils ne sont plus coéquipiers. Le Français a rejoint Ferrari en compagnie de Nigel Mansell. La relation entre Prost et Mansell est harmonieuse au début. Mais dans le courant de l'été, l'Anglais est de plus en plus frustré de constater que le Français affiche presque la totalité des bons résultats et bénéficie du soutien de Ferrari. Suite à son abandon à cause de problèmes techniques, chez lui, à Silverstone (et à la victoire de Prost), Mansell convoque une conférence de presse annonçant sa retraite sportive à la fin de la saison. *« Je me réjouis de donner à ma famille la place principale dans ma vie pour la première fois »*, affirme-t-il.

Pendant les essais du Grand Prix d'Espagne, un crash impressionnant rappelle que si la sécurité a nettement progressé en Formule 1, conduire à plus de 300 km/h représente toujours un risque. La Lotus du Britannique Martin Donelly se brise en deux et le pilote, éjecté du véhicule, finit sa course comme un pantin désarticulé sur la piste, devant ses concurrents profondément choqués. Martin Donelly survivra mais ne pourra plus jamais participer à une course de Formule 1. Il poursuivra sa carrière dans le sport automobile en qualité de chef d'équipe.

Quelques semaines plus tard, une autre carrière prometteuse en Formule 1 s'interrompt. Alessandro Nannini, vainqueur du Grand Prix du Japon 1989, vient de signer chez Ferrari lorsqu'il s'écrase avec son hélicoptère près de sa ville natale Sienne. Il perd son avant-bras droit, et si les médecins réussissent à le soigner – il participera même plus tard avec succès au Deutsche Tourenwagen Masters (DTM)– l'Italien en a fini avec la Formule 1.

Il y a neuf points entre Prost et Senna lors de l'avant-dernière course de la saison, le Grand Prix du Japon. Le Brésilien souhaite en finir le plus rapidement possible et creuser son avantage. L'année précédente, le Français a en effet attendu la fin de la course sur le circuit de Suzuka pour affronter Senna et décrocher le titre. Les deux rivaux du championnat du monde sont au coude-à-coude sur la grille de départ, mais Senna s'abstient de freiner avant le premier virage. Par miracle, le plus gros carambolage de l'histoire de la Formule 1 est évité, mais Senna et Prost abandonnent. Senna remporte ainsi le titre de champion de monde à la place de Prost, furieux : *« Ce n'était pas seulement antisportif, c'était odieux*, dira le Français. *Et je n'ai pas l'intention de me battre contre des pilotes irresponsables qui n'ont apparemment pas peur de mourir. »*

Jackie Stewart, triple champion du monde et retraité de longue date, se montre aussi clairement critique à l'égard du style de conduite agressif de Senna : *« En observant les plus grands pilotes de l'histoire de la Formule 1, on constate que Senna a eu, à lui seul, plus d'accrochages que l'ensemble des titulaires du titre de champion du monde ces quinze à vingt dernières années. »*

1991 - UN CERTAIN SCHUMACHER

L'année 1991 débute avec le retour de Nigel Mansell qui avait visiblement annoncé un retrait prématuré. Il signe pour 1991 avec Williams en annonçant : *« J'en ai parlé avec ma femme Roseanne, et comme toujours elle me soutient à 100 %. »* Senna débute l'année en remportant quatre victoires de suite, tandis que Mansell abandonne lors des trois premières courses de la saison. L'équilibre des forces commence à pencher du côté de Mansell et Williams au milieu de l'année, mais l'Anglais lance sa conquête du championnat du monde trop tardivement. Lorsqu'il est disqualifié à cause d'une roue qui se détache au stand au Grand Prix du Portugal, Senna peut décrocher son deuxième titre de champion du monde d'affilée.

Alain Prost, secondé désormais par un autre Français, Jean Alesi, fera une saison calamiteuse. Sa Ferrari, inférieure aux McLaren et aux Williams, ne prendra jamais part à la lutte pour le titre mondial. Et la marque au Cheval Cabré, victime comme d'habitude de tensions internes, n'apprécie guère les déclarations de Prost qui dira, après sa quatrième place à l'avant-dernière course au Japon, que la Ferrari *« a roulé comme un camion »*. Il est presque immédiatement licencié. *« J'ai pourtant évoqué les défauts de la Ferrari depuis le début de l'année, sans qu'on ne m'écoute »*, se défend Prost, avant de prendre une année sabbatique.

Lors du Grand Prix de Belgique, à Spa-Francorchamps, un jeune Allemand fait ses débuts en Formule 1. Bertrand Gachot, pilote titulaire de l'écurie Jordan-Ford, a été mis sous les verrous après avoir attaqué un chauffeur de taxi à Londres. La place étant libre, plusieurs jeunes pilotes avides d'un volant en F1 se pressent chez Jordan. Parmi eux, Michael Schumacher, pilote dans la catégorie junior pour l'écurie Sauber-Mercedes en Formule 3, accepte de rejoindre Jordan après de nombreuses tractations financières.

« Le directeur d'écurie, Eddie Jordan, s'inquiétait de laisser Michael courir, se rappelle le manager de l'Allemand, Willy Weber. *Et il se demandait même s'il connaissait le circuit de Spa-Francorchamps. Nous l'avons assuré que Michael avait été sur le circuit de nombreuses fois. Mais nous avons oublié de dire que c'était en tant que spectateur, et une seule fois sur le bitume, à vélo. Et à notre arrivée, on n'a pas trouvé de chambre d'hôtel, du coup on a partagé une chambre dans une auberge de jeunesse. »* Malgré sa méconnaissance du circuit, le jeune Schumacher impressionne. Il se qualifie à une 7e place sensationnelle. Et même s'il grille l'embrayage dès le départ de la course et abandonne au bout d'une centaine de mètres, cela suffit pour impressionner toute une série de directeurs d'équipe. Flavio Briatore, patron de l'écurie Benetton, charge ses avocats d'étudier le contrat de Schumacher avec Jordan, et ils parviennent à trouver une brèche : dix jours après le Grand Prix de Belgique, Jordan doit relâcher sa poule aux œufs d'or, et au Grand Prix d'Italie, Schumacher est au volant d'une Benetton-Ford. L'Allemand célèbre son nouveau contrat en remportant la 5e place, et marque ainsi ses premiers points.

La saison se termine par le Grand Prix d'Australie, à Adélaïde, sous une pluie torrentielle. *« On savait que c'était insensé de courir, mais d'un autre côté on ne voulait pas décevoir les téléspectateurs du monde entier. C'était très très dangereux »*, raconte Mansell.

La course est arrêtée après seulement 14 tours, et Ayrton Senna est sacré vainqueur de la course la plus courte de toute l'histoire de la Formule 1.

1992 - RETOUR D'UNE FEMME EN F1

L'année 1992 démarre avec sensation. Pour la première fois depuis plus de dix ans, une femme se retrouve dans le peloton de la Formule 1. L'Italienne Giovanna Amati signe avec l'écurie Brabham, revendue par Bernie Ecclestone quelques années auparavant. Brabham est au plus mal et les sponsors ont fini par jeter l'éponge. Une femme pilote, et l'intérêt des médias qu'elle suscite, lui permet de reprendre espoir. Hélas, Giovanna Amati ne fait pas le poids et elle est rapidement remplacée par Damon Hill ; le fils du champion du monde en 1962 et 1968, Graham Hill. Amati va néanmoins rester dans le monde de la Formule 1, puisque peu de temps après, elle devient la fiancée du triple champion du monde, Niki Lauda. *« Il m'a offert une bague de fiançailles en déclarant : "Voilà, maintenant tu peux arrêter de piloter". J'ai accepté de faire une année de pause pour voir. C'était terrible ! J'ai vite compris qu'un homme ne pouvait pas me donner les mêmes sensations qu'une voiture de course »*, expliquera Amati plus tard.

Sur circuit, la saison s'annonce particulièrement radieuse pour Williams-Renault et les pilotes Nigel Mansell et Riccardo Patrese. L'Anglais débute la saison en remportant cinq victoires d'affilée et son avance est telle qu'elle lui assure le titre mondial dès le mois d'août. Patrese joue fidèlement les seconds rôles et seul Ayrton Senna (McLaren-Honda) vient de temps en temps jouer les trouble-fête. En Belgique, exactement un an après ses débuts en Formule 1, Michael Schumacher (Benetton-Ford) gagne son premier Grand Prix dans une course où les changements de météo fréquents bouleversent les rapports de force habituels.

Les victoires en série de Mansell suscitent un regain d'intérêt pour la Formule 1 en Angleterre. Son passé d'ouvrier et sa personnalité attirent de nouveaux « fans » décrits par les passionnés de sport automobile plus conservateurs comme des « hooligans de foot en vacances d'été ». Les nouveaux fans envahissent littéralement le Grand Prix d'Angleterre sur le circuit de Silverstone et, même après la course, les « motorgans » empêchent les pilotes de retourner à leurs stands.

1993- LA REMONTÉE FANTASTIQUE

En 1993, Alain Prost et Williams-Renault sont aussi bons que Nigel Mansell et Williams-Renault l'année précédente. Cependant, la concurrence est plutôt faible : Mansell est parti aux États-Unis, Schumacher a encore des progrès à faire, Ferrari est en crise, et Senna en manque de puissance. Honda a quitté la Formule 1 à la fin de la saison 1992 en laissant McLaren sans moteur. En 1993, après quatre victoires d'affilée avec Honda Power (de 1988 à 1991), McLaren va s'équiper chez Ford, en partenariat officiel avec l'écurie Benetton. Mais le moteur Ford est moins puissant que le Renault et, dans un premier temps, Senna refuse de signer chez McLaren pour 1993. Il débute la saison sur un accord « race-by-race », mais fait néanmoins l'une de ses meilleures courses.

Particulièrement impressionnant dans le Grand Prix d'Europe à Donington, en Angleterre, sous une pluie battante, le Brésilien démarre en 4e position, mais retombe à la 5e position dans la confusion du premier virage. Il entame alors une des plus belles remontées de l'histoire de la F1. Le Brésilien dépasse les concurrents un à un, double Prost dans l'avant-dernier virage et prend la tête. Puis, les concurrents n'ont d'yeux que pour Senna, lorsqu'il prend (encore) un tour d'avance. Dans des conditions apocalyptiques, il prouve à tous que, plus que la puissance, c'est le pilote derrière son volant qui fait la différence. Cette wse sous la pluie d'Angleterre reste peut-être sa plus grande victoire.

Senna avec sa McLaren-Ford sous-motorisée ne représente cependant pas une menace pour Alain Prost et Williams-Renault. Damon Hill, soutenant dignement le Français, est autorisé à gagner trois fois de suite dans la deuxième moitié de la saison, le titre mondial n'étant qu'une formalité pour Prost. Michael Schumacher aussi a de bons résultats même s'il ne s'agit que de sa deuxième saison complète. Il remporte le Grand Prix du Portugal et rassemble assez de points pour se classer 4e après Prost, Senna et Hill. Plus loin dans le tableau du championnat débute l'équipe Sauber, le partenaire attitré de Mercedes depuis plusieurs années en course d'endurance automobile. Mais la prestigieuse marque allemande hésite à véritablement se relancer dans la Formule 1 et Sauber se jette à l'eau seule. Comme il s'avère que les performances de l'équipe dépassent les prévisions, Mercedes les suit de près et s'implique de plus en plus. Finalement, l'écurie prend le nom officiel de Sauber-Mercedes à partir de 1994.

Eddie Irvine fait ses débuts en Formule 1 dans l'équipe Jordan au Grand Prix du Japon. Le Nord-Irlandais connaît mieux que personne le circuit de Suzuka après avoir piloté au Japon plusieurs années de suite, et il met à profit, sur la piste détrempée, ses connaissances du terrain pour dépasser Ayrton Senna. Le Brésilien, après avoir gagné la course, s'en va alors trouver Irvine sur le stand Jordan : *« Tu as conduit comme un fucking idiot. Tu n'es pas un pilote, tu es un fucking idiot »*, lance Senna, en lui assenant un coup sur la tête, faisant tomber Irvine de la table où il était assis.

Alain Prost choisit d'arrêter après la saison 1993. Même si le dernier accident mortel remonte à sept ans, le risque est réel pour le champion du monde en titre : *« J'ai quatre titres mondiaux et aucun accident grave. Je ne suis plus prêt à prendre les risques nécessaires. Donc il n'y aura pas de retour »*, explique Prost en se retirant.

1994 - LA MALÉDICTION D'IMOLA

La FIA interdit jusqu'à la saison 1994 une série de dispositifs dans les voitures, tels que la suspension active, l'antipatinage et le système antiblocage des roues. Pour la FIA, ce sont les pilotes qui doivent faire le résultat, et non la technique. Paradoxalement, Ayrton Senna est critique à cet égard : *« Je ne pense pas que les épreuves soient plus attractives avec ces nouvelles règles, mais certainement plus dangereuses »*, déclare-t-il en début de saison.

Le Brésilien remplace Alain Prost chez Williams-Renault. Depuis plusieurs années, Williams construit la meilleure voiture du peloton et Senna a remporté de nombreux GP même dans des voitures moins compétitives. Confiants, l'écurie et son pilote au firmament partent donc grands favoris.

Juste avant l'ouverture de la saison, le Finlandais JJ Lehto est victime d'un accident dans sa Benetton-Ford lors d'un essai sur le circuit de Silverstone, en Angleterre. Il ne peut courir les deux premiers Grands Prix. Comme prévu, c'est Senna qui occupe la pole position en début de saison sur son circuit brésilien d'Interlagos, à São Paulo. Mais il part en tête-à-queue à cause de la rude pression exercée par Michael Schumacher (Benetton-Ford), et l'Allemand gagne.

Jean Alesi se blesse lors d'un essai sur circuit privé et manque les deux épreuves suivantes.

Il ne fait déjà pas de doute que Schumacher brigue le trône de Senna, et la relation entre les deux meilleurs pilotes du peloton est glaciale. La situation ne s'améliore guère lors du deuxième Grand Prix, à Aïda au Japon : Senna, malgré sa pole position, est poussé en dehors de la piste dès le début tandis que Schumacher est de nouveau sacré.

La troisième épreuve de l'année est le Grand Prix de Saint-Marin sur le circuit d'Imola. Schumacher mène le championnat du monde avec 20 points, Senna n'en a marqué aucun, ce qui le met sous pression. Il remporte sa troisième pole position de suite de la saison. Mais le week-end à Imola commence mal pour le Brésilien : son jeune compatriote, Rubens Barrichello (Jordan-Hart), fait une violente sortie de route durant les essais du vendredi. Il s'en sort avec un nez cassé et une entorse au poignet, mais Senna est tout de même profondément bouleversé par l'accident. Il se rend immédiatement au centre médical du circuit pour voir Barrichello. *« La première chose que j'ai vue à mon réveil après l'accident, c'était le visage d'Ayrton. Les larmes aux yeux, il me dit : "T'inquiète, ça ira…" C'est comme s'il avait le pressentiment que quelque chose d'horrible allait arriver. »*

Ses pires craintes se réalisent pendant les qualifications, quand le novice autrichien, Roland Ratzenberger, de la nouvelle équipe Simtek-Ford, sort de la piste et touche le mur. Il ne le remarque pas, mais un léger choc a endommagé la pointe avant de sa voiture. Dans le virage, le plus rapide du circuit, l'élément aérodynamique à l'avant de sa monoplace se détache. La voiture devient incontrôlable et Ratzenberger s'écrase de plein fouet contre un mur en béton. L'équipe médicale essaie désespérément de sauver la vie de l'Autrichien. Ratzenberger est le premier pilote à mourir lors d'un week-end de Grand Prix depuis la mort de Riccardo Paletti au Grand Prix du Canada 1982.

Senna est de nouveau profondément bouleversé. Il donne pratiquement l'ordre à l'un des officiels du circuit de le conduire jusqu'au lieu de l'accident pour qu'il puisse constater de ses propres yeux ce qui est arrivé. La direction de course lui adresse même une réprimande formelle pour cela. Avant l'épreuve, il demande à l'un de ses assistants de lui procurer un petit drapeau autrichien, qu'il place dans le cockpit du bolide Williams. S'il gagne, Senna agitera le drapeau en l'honneur de Ratzenberger lors du tour d'honneur. Après la retraite de Prost, la relation entre lui et Senna s'est améliorée. Pourtant, beaucoup sont surpris d'entendre Senna déclarer à tous les écrans télé du monde, alors qu'il est en route vers le départ, et en direct grâce à la caméra de bord et la communication radio : *« Je salue particulièrement mon ami Alain. Tu nous manques à tous, Alain. »*

Le départ à Imola est chaotique, lorsque Pedro Lamy (Lotus-Mugen) s'accroche avec JJ Lehto (Benetton-Ford). La voiture de sécurité arrive immédiatement sur la piste en attendant qu'elle soit nettoyée. Lorsque l'épreuve reprend, Senna prend la tête puis perd le contrôle de sa monoplace qui percute à plus de 300 km/h le mur du virage de Tamburello. La course est arrêtée, et même si la Williams semble relativement intacte, les secouristes et les médecins constatent rapidement que Senna est mortellement blessé. Un élément de la suspension avant est allé traverser le casque en causant des lésions irréversibles au cerveau. Les téléspectateurs du monde entier regardent les médecins tentant désespérément de maintenir le triple champion du monde en vie. Un hélicoptère de secours atterrit à même la piste avant d'héliporter Senna à l'hôpital Maggiore à Bologne. Son cœur s'arrête à plusieurs reprises pendant le transport, mais les médecins réussissent à le réanimer. Arrivé à l'hôpital, il est cependant évident qu'il n'y a plus d'espoir. Ayrton Senna est déclaré mort en début de soirée.

Le Brésil décrète le deuil national. Lors des funérailles, à São Paulo, le cercueil de Senna est porté par Alain Prost, parmi d'autres.

À la reprise de la course d'Imola, Michael Schumacher gagne démontrant ainsi que le changement de trône dans la Formule 1 s'accomplit de façon tragique. Schumacher remporte aussi l'épreuve suivante à Monaco, où a lieu un nouvel accident grave.

Au printemps 1994, après la période la plus longue sans accidents mortels, c'est comme si nous avions remonté le temps jusqu'aux années 1960. Karl Wendlinger, chez Sauber-Mercedes, heurte les barrières pendant les essais du Grand Prix de Monaco, se blessant à la tête et reste plongé dans le coma pendant de nombreux jours. Il survit et revient brièvement en Formule 1 sans jamais redevenir le pilote rapide et prometteur qu'il était avant l'accident. Pedro Lamy teste la Lotus sur le circuit de Silverstone en Angleterre avant le prochain Grand Prix d'Espagne. La voiture se brise à plus de 300 km/h, le bolide Lotus fait une série de tonneaux contre le mur de protection, sur les gradins et dans un tunnel sous le circuit. Puisqu'il s'agit d'un essai privé, il n'y a heureusement aucun spectateur, et Lamy s'en sort avec les deux jambes cassées, des entorses aux genoux et une fracture au bras.

Andrea Montermini, le remplaçant de Ratzenberger dans l'équipe Simtek, est victime d'un accident lors des essais en Espagne, se fracturant le pied et le talon. L'accident sur le circuit de Catalunya marque la fin de l'une des périodes les plus sanglantes dans l'histoire de la Formule 1, mais ce n'est pas la fin des drames dans le championnat 1994.

Les sponsors de Williams cherchent désespérément un pilote pour remplacer Ayrton Senna, et Williams doit avaler la pilule et faire revenir Nigel Mansell des États-Unis. Le quadragénaire ne roule pas plus vite malgré ses deux années américaines, mais remporte malgré tout la finale à Adélaïde en Australie.

Le combat pour le titre mondial sera disputé par Michael Schumacher et Damon Hill, ce dernier ayant remplacé Senna à la place de pilote titulaire chez Williams-Renault. Il ne fait aucun doute que Schumacher est le plus rapide des deux, mais son style de conduite agressif et l'interprétation encore plus agressive de l'équipe Benetton du règlement technique lui coûtent l'exclusion de quatre courses. Ainsi, avant la course à Adélaïde, Schumacher ne devance Hill que d'un point, et le premier qui franchit la ligne d'arrivée est champion du monde.

Schumacher est en tête jusqu'au 37ᵉ tour, quand il commet une erreur et heurte le mur en béton. Sa Benetton-Ford endommagée revient dans la course, et au moment où Hill veut doubler, les deux voitures s'accrochent. Les deux pilotes abandonnent, et Schumacher remporte son premier championnat du monde sans éclat.

»

Page ci-contre : Andrea de Cesaris, l'un des pires pilotes durant les années 1980, fait une bonne saison 1991 au sein de la nouvelle équipe Jordan. Ici, il abandonne à Monaco.

E
UP
Ireland
osama
SHOEI

UNISYS
VIEL
30
EAGLE
TDK
ESPO
Communications

MAGNET
MARELL
GOODYEAR
EAGLE
TOW

OPEL OPEL
OPEL OPEL
Agip
Agip
Marlboro
GOODYEAR
ALESI
Marlboro
Agip
28

L'équipe Ferrari, avec Jean Alesi (n°28) et Alain Prost, attend le début des essais lors du Grand Prix du Mexique 1991 à Mexico City.

Pages précédentes : La Formule 1 s'envole dans les années 1990, quand ce sport n'est dépassé en termes d'audiences télé mondiales que par les Jeux olympiques et la Coupe du monde de football. On voit ici Aguri Suzuki (Larrousse) lors des essais pour le Grand Prix d'Italie 1990, à Monza.

À son époque, Ayrton Senna a remporté trois titres mondiaux avec l'écurie McLaren.

HONDA
BOSS

Pedro Chaves n'a qu'une envie après avoir détruit sa Coloni lors des préqualifications pour le Grand Prix des États-Unis 1991 à Phoenix, c'est de rentrer chez lui. Un commissaire de piste tente d'empêcher le Portugais de traverser la piste.

1995 - SCHUMI PREND DU POIDS

Michael Schumacher est encore titré en 1995, mais cette fois-ci, il s'agit plus d'un KO technique. Son équipe Benetton remplace le moteur V8 Ford Cosworth avec un V10 Renault plus puissant, le même que Williams, ce qui rend Schumacher intouchable car il court avec la même puissance que ses rivaux et ses talents de pilote font le reste. Damon Hill (Williams-Renault) tente bien de défier l'Allemand, mais Schumacher est couronné champion du monde avec un palmarès impressionnant de 9 victoires.

Schumacher sait toujours tirer profit des règles. Lorsque le poids minimum des voitures passe à 595 kg, pilote compris (au lieu de 515 kg sans le pilote), l'Allemand se présente à la pesée de contrôle avant la saison en ayant pris sept kilos. Plus le pilote est lourd, selon le nouveau règlement, plus le moteur sera léger. La prise de poids de l'Allemand en surprend plus d'un. « *Je ne sais pas s'il avait bu beaucoup d'eau ou juste évité d'aller aux toilettes pendant un long moment. Mais j'étais frappé par sa prise de poids en si peu de temps* », déclare le président de la Fédération internationale de l'automobile, Max Mosley.

Au début de la saison, l'Allemand retrouve sa ligne et, grâce à sa petite ruse, il donne un avantage considérable à sa voiture.

Nigel Mansell, en revanche, passé chez McLaren-Mercedes, est vraiment en surpoids. Au bout de ses deux ans aux États-Unis, il n'entre plus dans la McLaren 1995. Malgré le modèle « king size » construit pour lui en un temps record, et pour un prix exorbitant, il n'est pas compétitif, et fait de nouveau ses adieux à la Formule 1 après quelques courses.

Même si les performances de Schumacher sont meilleures que celles de Hill durant la saison, les deux rivaux s'affrontent souvent dans chacune des épreuves. Ils s'accrochent à plusieurs reprises, et sont officiellement rappelés à l'ordre à cause de leur conduite. Hill est ainsi sermonné après un choc arrière avec Schumacher lors du Grand Prix d'Italie, et l'Allemand saisit l'occasion pour insulter l'Anglais : « *J'aurais cru qu'un pilote en quête du titre mondial saurait mieux contrôler sa voiture,* dit-il après la course. *Il semble qu'il perd le contrôle dès qu'il se trouve dans une situation qui le gêne. Par exemple derrière moi.* »

La fin de saison à Adélaïde en Australie est éclipsée par un grave accident pendant les essais. Suite à une crevaison, Mika Häkkinen (McLaren-Mercedes) fonce sur un muret, et c'est uniquement grâce à l'action rapide d'un médecin qui lui fait une incision dans la trachée que la vie du Finlandais est sauvée. Häkkinen est hospitalisé pendant des mois, mais est de nouveau prêt au début de la saison 1996.

1996 - TELS PÈRES, TELS FILS

En 1996, Michael Schumacher rejoint Ferrari. L'équipe italienne n'a pas vraiment participé au combat pour le championnat depuis le début des années 1980. Le pilote allemand semble être la solution de tous les problèmes de la Scuderia. Cependant, des efforts considérables restent à accomplir dans les écuries à Maranello avant que le Cheval Cabré ne soit à nouveau prêt à disputer le titre mondial. Malgré les petits miracles de Schumacher chez le vulnérable Ferrari en 1996, il ne parvient pas vraiment à suivre l'équipe Williams-Renault.

Damon Hill y est toujours le pilote titulaire, et Jacques Villeneuve est son nouveau coéquipier. Le Canadien est le fils de la légende Ferrari, Gilles Villeneuve, tué lors des essais du Grand Prix de Belgique 1982. « *Les courses ne sont pas un gène héréditaire,* dit-il. *Mais lorsqu'on vient d'une famille impliquée dans ce sport depuis toujours, il est clair qu'on s'habitue à la vitesse dès le plus jeune âge. Et je suis fier de mon père : peu importe ce que je réussis dans ma carrière, je ne pourrai jamais éclipser ses résultats. Ni sa gloire posthume auprès de ses fans.* »

Il s'avère immédiatement au moins aussi rapide que Hill, et Villeneuve démarre son premier Grand Prix d'Australie en pole position en restant longtemps en tête, jusqu'à ce que des problèmes techniques le renvoient en deuxième position derrière son coéquipier.

Après quelques victoires supplémentaires de Hill, Villeneuve remporte son premier Grand Prix dans la quatrième course de la saison, à Nürburgring. Le résultat le plus surprenant a lieu à Monaco, où une pluie torrentielle et un bon choix de pneumatiques assurent à Olivier Panis (Ligier-Mugen) sa première et unique victoire en Grand Prix. Schumacher gagne, peu de temps après, sa première course pour Ferrari, mais la voiture italienne n'est sérieusement compétitive que sur piste détrempée, quand le courage et le talent de l'Allemand peuvent compenser les défauts techniques.

Le fait que Villeneuve puisse mettre Hill en péril dès sa première saison rappelle que c'est davantage la Williams-Renault que l'Anglais qui compte dans la course vers le titre mondial. Telle est en tout cas la conclusion de Frank Williams, et au milieu de l'été, l'Anglais est invité à chercher un nouvel employeur pour 1997. Sa place chez Williams est prise par l'Allemand Heinz-Harald Frentzen. La motivation de Hill reste intacte malgré la lettre de licenciement, et il décroche le titre mondial en remportant une magnifique victoire au Japon. À l'époque, il a déjà signé pour 1997 chez TWR-Arrows, une écurie courant avec des moteurs Yamaha.

»

BENETTON POWERED BY
Ford
VIVI

Lindo
3
elf

Pages précédentes : Michael Schumacher débute dans la Formule 1 lors du Grand Prix de Belgique 1991 dans l'équipe Jordan. Il passe, quelques semaines plus tard, à l'équipe Benetton et est immédiatement performant.

Au feu ! Les mécaniciens de Tyrrell tentent d'éteindre un incendie moteur de la voiture d'Olivier Grouillard pendant les essais du Grand Prix du Mexique 1992.

1997 - TOBACCO GATE

Pratiquement toutes les équipes de Formule 1 sont à l'époque sponsorisées par une marque de cigarettes. Durant les années 1990, les publicités sur le tabac sont de plus en plus interdites dans l'Union européenne, mais la Formule 1 bénéfice de dérogations assurant les finances d'équipes telles que Rothmans-Williams, Marlboro-Ferrari, West-McLaren, Mild Seven-Benetton, Benson & Hedges-Jordan et Gauloises-Prost. Ces dérogations sont le résultat de la pression du gouvernement travailliste de Tony Blair (Royaume-Uni), qui a pourtant plaidé en faveur d'une interdiction générale de ces publicités. Lorsqu'il est révélé que ce changement d'attitude du parti travailliste par rapport aux publicités de tabac dans la Formule 1 est – probablement – lié au financement de la campagne de Blair par Bernie Ecclestone pour un montant d'un million de livres sterling, les médias s'en mêlent. Cette affaire déclenche la première crise sévère du gouvernement de Tony Blair, qui est obligé de rembourser la somme à Ecclestone. La F1 continue cependant de travailler avec l'industrie du tabac et le comportement d'Ecclestone, qui n'encaisse pas ce chèque pendant des mois, montre à quel point la Formule 1 est devenue une activité lucrative. Après tout, cela ne représente que quelques semaines de salaire…

En 1997, deux anciens champions du monde présentent leurs nouvelles écuries. Alain Prost rachète Ligier en la rebaptisant Prost Grand Prix, tandis que Jackie Stewart, avec son fils Paul, crée Stewart Grand Prix en collaboration avec Ford.

Les deux nouvelles équipes sont prometteuses, mais le combat pour le titre mondial se joue entre Williams-Renault (Jacques Villeneuve et Heinz-Harald Frentzen) et Ferrari (Michael Schumacher et Eddie Irvine).

La conquête du titre par Villeneuve s'engage mal dès le départ, lorsque Irvine le sort de la piste dans le premier virage lors du GP en Australie. Villeneuve déclare au sujet de l'accrochage *« que c'était une manœuvre de kamikaze stupide. Il a freiné beaucoup trop tard, au détriment de moi et Johnny Herbert. »*

« Je peux comprendre qu'il ait fait la gueule, réplique Irvine. *Tout ce qu'il faut pour gagner quand on a une voiture aussi excellente que la sienne et qu'on démarre en pole position, c'est un bon départ, et ensuite on est sûr de la victoire. Mais il ne l'a pas eue… »*

Pour Olivier Panis, qui a obtenu un volant au sein de la nouvelle écurie Prost, la saison avait bien commencé. Malheureusement, lors du Grand Prix du Canada il est victime d'un grave accident et se fracture les jambes. Alors que les autres collègues de Panis font pratiquement la queue pour lui souhaiter un bon rétablissement, Jacques Villeneuve (dont le nom de son défunt père a été attribué au circuit canadien) lance : *« Calmez-vous les gars, il s'est juste brisé les jambes. Ça arrive à plein de gens tous les jours. »* Lorsque le même Villeneuve, qui perd a son père quand il avait 11 ans, est invité à s'exprimer sur le risque en Formule 1, il déclare : *« En tant que pilote, on sait que ce qu'on fait est dangereux. Si on ne peut l'accepter, il faut peut-être chercher un autre job, n'est-ce pas ? Le risque dans la Formule 1 est divisé par dix par rapport à il y a dix ans, et nous, les pilotes, gagnons dix fois plus. Donc franchement, on ne peut pas se plaindre »*, dit Villeneuve, avant d'ajouter que *« la mort c'est quelque chose de naturel. Mon père est mort sur la piste, et je sais de quoi je parle. Nous ne sommes pas immortels, et nous ne devons pas faire des choses suicidaires. Mais lorsqu'on vit avec le risque, on doit également accepter qu'à un certain moment, on est confronté au risque d'être victime d'un grave accident. C'est comme ça. »*

La bagarre pour le titre entre Villeneuve et Schumacher continue jusqu'en finale sur le circuit de Jerez en Espagne, où le premier qui franchit la ligne d'arrivée sera sacré champion du monde. La qualification s'achève sur un résultat incroyable : Schumacher, Villeneuve et Frentzen réalisent le même chrono au millième près ! Schumacher reste longtemps en tête de course, mais il est rattrapé par Villeneuve. Vingt et un tours avant l'arrivée, il se retrouve côte à côte avec la Ferrari de Schumacher, l'Allemand donne un coup de volant et heurte la monoplace du Canadien. Mais le plan de Schumacher échoue : c'est la Ferrari qui est la plus endommagée, et pendant qu'il sort de sa voiture, Villeneuve poursuit sa route vers le titre.

La FIA, la Fédération internationale de l'automobile, disqualifiera Michael Schumacher du Championnat 1997 à cause de sa conduite lors de la finale. L'Allemand ne veut pas en entendre parler pendant longtemps, mais déclarera plus tard : *« On commet tous des erreurs, et cette fois-là, à Jerez, c'était l'une de mes plus grosses erreurs. »*

La finale 1997 à Jerez est remportée par Mika Häkkinen dans une équipe McLaren-Mercedes en énorme progrès.

1998 - « TU AS L'INTENTION DE ME TUER ? »

Häkkinen débute la saison en remportant le Grand Prix d'Australie, qui a déménagé d'Adélaïde à Melbourne. Le pilote ne cache pas ses larmes sur le podium : *« Ma victoire dans un pays où j'ai failli perdre la vie me fait oublier l'accident de 1995. Mais après ce que j'ai vécu, lorsqu'on se trouve sur le haut du podium en écoutant son hymne national, on est submergé par les émotions. Je m'y habituerai, et je vais éviter de pleurer à nouveau. »*

Schumacher reçoit 10 secondes de pénalité pour avoir fait sortir son compatriote Frentzen de la piste. Ses relations avec Frentzen, l'ex-petit copain de sa femme Corinna, ne préoccupent pas le pilote Ferrari après la course : il en veut surtout à son vieux camarade, Damon Hill, avec qui il s'est encore « frotté ». *« On ne se met pas à zigzaguer à 300 km/h. Si on s'étaient accrochés à cette vitesse, l'une des voitures aurait pu atterrir sur les gradins. Je ne sais pas pourquoi Damon et moi avons toujours autant d'accrochages, mais j'ai quelques idées. Je pense qu'il ne serait pas judicieux d'en parler publiquement… »*

Le Grand Prix de Belgique démarre avec le plus grand carambolage de la Formule 1. La moitié du peloton s'accroche juste après le départ, et lorsque la course reprend, Häkkinen fait une sortie de piste. Schumacher est en route vers la victoire lorsqu'il s'apprête à prendre un tour à David Coulthard, le coéquipier de Häkkinen chez McLaren-Mercedes. L'Allemand agressif s'accroche avec l'Écossais et se rend ensuite sur le stand McLaren, où il a failli se battre avec Coulthard en criant : *« Tu as l'intention de me tuer ? »* Damon Hill, commente l'épisode : *« Quand Michael commet une erreur, il rejette rapidement la faute sur les autres. Accuser David d'avoir provoqué l'accrochage de la voiture de Michael est simplement ridicule .»* Désormais, les favoris étant sortis du Grand Prix de Belgique, Damon Hill, à présent chez Jordan-Mugen/Honda, remporte sa dernière victoire, et le premier Grand Prix devant son coéquipier, Ralf, le petit frère de Michael Schumacher.

Le duel à égalité entre Häkkinen et Schumacher pour le titre culmine lors de l'avant-dernière course de la saison, le Grand Prix du Luxembourg à Nürburgring. Häkkinen devançant simplement Schumacher, le Finlandais arrive en finale au Japon avec une petite avance. Les deux rivaux sont sur la première ligne de la grille de départ du circuit de Suzuka, mais la Ferrari de Schumacher tombe d'abord en panne, puis il abandonne à cause d'une crevaison. Grâce à cette victoire supplémentaire, Häkkinen décroche le titre mondial 1998.

1999 - ANNÉE FINLANDAISE

La bagarre pour le titre entre Häkkinen et Schumacher enchaîne les revirements jusqu'au Grand Prix de Grande-Bretagne à Silverstone, où Schumacher se crashe peu de temps après le départ, lui provoquant une double fracture à la jambe.

Avec l'éloignement de l'Allemand pendant trois mois, le championnat du monde est un jeu d'enfants pour Häkkinen. Cependant, l'ancien coéquipier de Schumacher, Eddie Irvine, doit maintenant s'affirmer. *« Soudainement, il ne suffisait plus de gagner des points pour l'équipe »*, raconte Irvine au sujet de sa promotion comme candidat au titre chez Ferrari. *« Normalement mon but était de battre le coéquipier de McLaren-Mercedes, David Coulthard. Et tout à coup, je devais combattre Häkkinen. Ce n'était pas un job idéal que de se battre contre un pilote aussi fort avec une voiture moins bien que la sienne. »* Irvine assume la tâche avec brio. Il est fortement soutenu par le Finlandais Mika Salo, le remplaçant de Schumacher. Alors qu'il reste quatre courses, Irvine est en tête du championnat à deux points devant Häkkinen, et les chances du pilote Ferrari de rapporter le titre mondial sont encore augmentées au Grand Prix d'Italie à Monza. Häkkinen, largement en tête, commet une erreur de pilotage le sortant de la piste. La pression et la déception sont énormes, et en descendant de la McLaren-Mercedes, le Finlandais normalement si froid, s'effondre : il ne cache pas ses larmes aux téléspectateurs du monde entier, assis au milieu du circuit de Monza.

Alors qu'il reste deux courses à disputer, Michael Schumacher fait son retour en jouant le rôle d'appui loyal d'Irvine à la perfection, et en aidant son coéquipier à remporter une victoire solide lors de l'avant-dernière épreuve en Malaisie. Dès que la question controversée sur l'aérodynamique de la Ferrari est réglée, une finale digne d'un thriller se prépare pour le Grand Prix du Japon : Irvine a alors quatre points d'avance sur Häkkinen.

Michael Schumacher en pole position rappelle qui est l'homme le plus rapide de l'équipe Ferrari. Häkkinen est en deuxième ligne sur la grille de départ, tandis que Irvine n'est qu'en cinquième position.

Häkkinen domine et lorsque Irvine n'arrive plus à maintenir la vitesse excessive, Schumacher fait sa propre course en décrochant la 2e place. Häkkinen remporte avec cette victoire son deuxième titre mondial d'affilée, tandis qu'Eddie Irvine à la 3e place, semble content de se classer 2e après son occasion imprévue lors du championnat. *« Je dois dire que Mika a fait un job fantastique. Il mérite le titre et il a gagné magnifiquement. En remportant le titre de constructeur, Ferrari obtient au moins un prix de consolation : c'est mon cadeau d'adieu »*, déclare le Nord-Irlandais, ayant tiré profit de son statut de titré potentiel pour signer un contrat lucratif avec la nouvelle équipe Jaguar pour 2000. ■

SEMPRE
CAMEL
Ford

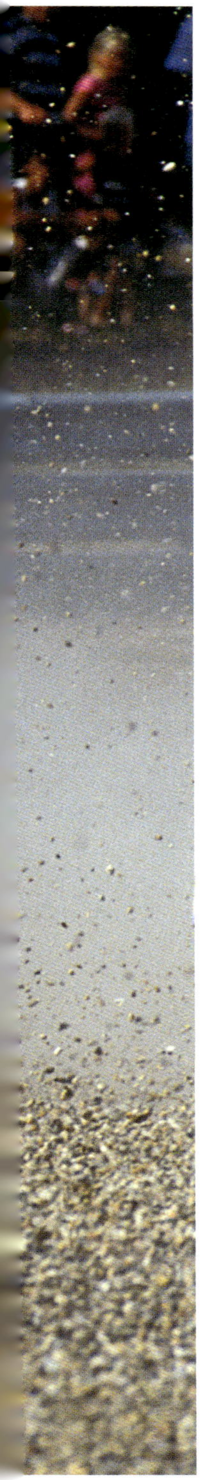

Michael Schumacher est pressé de trouver sa place dans la Formule 1 au début des années 1990. Parfois même trop pressé : il enchaîne les sorties de piste au Grand Prix de Hongrie (à gauche) et au Grand Prix du Mexique 1992 (à droite).

L'équipe Tyrrell, après avoir remporté des titres mondiaux au début des années 1970, chute progressivement dans le peloton durant les années 1990.
Ci-contre : Ukyo Katayama lors des essais au Grand Prix d'Allemagne 1994 à Hockenheim.

TYRRELL
Calbee YAMAHA
CONCEPT by FONDMETAL
GOODYEAR
Apan777 by ZENT
3
CLUB ANGLE

Marlboro
KENWOOD
8
Shell
GOODYEAR

En absence de concurrents chez McLaren en 1993, Ayrton Senna fait un certain nombre de ses meilleures courses pour l'équipe.

30829
IMOLA
PIT LANE
MILD SEVEN
MILD SEVEN
MILD SEVEN

Le Grand Prix de Saint-Marin 1994 à Imola est l'une des courses les plus tragiques de l'histoire de la Formule 1. Roland Ratzenberger, le novice autrichien, meurt lors des essais, et la superstar brésilienne Ayrton Senna se tue pendant l'épreuve. On voit un commissaire de piste arrêter le futur vainqueur du Grand Prix, Michael Schumacher, avec le drapeau rouge après l'accident de Senna.

Pages suivantes : Ralf, le petit frère de Michael Schumacher finit sa course dans les graviers lors du Grand Prix du Luxembourg 1997 à Nürburgring. Ralf Schumacher est pilote de Formule 1 de 1997 à 2007. Il remporte une poignée de courses mais il est loin du niveau de son grand frère.

HEWLETT PACKARD
TOTAL
EXCALIBUR
MV

HEDGES
MasterCard
B&H
s.Oliver

En 1998, Jan Magnussen est le premier Danois à marquer des points dans le championnat du monde de Formule 1, mais rapidement, l'équipe Stewart Grand Prix, malgré une 6e place au GP du Canada, le congédie.

Page ci-contre : Arrêt ravitaillement pour Ralf Schumacher au Grand Prix de Grande-Bretagne 1998 à Silverstone.

Pages suivantes : McLaren gagne avec un moteur Mercedes et c'est Mika Häkkinen qui, à son volant, remporte les deux championnats du monde de 1998 et 1999. Le coéquipier du Finlandais, David Coulthard (ici lors d'une sortie de piste pendant les essais du Grand Prix de France 1998), remporte, lui aussi, plusieurs GP.

BUZZIN HORNETS
BUZZIN
MasterCard
NatWest
IN GEAR
SHOWA
REPSOL
GOODYEAR
HORNETS

LOCTITE
CAMOZZI
BRIDGESTONE
BRIDGESTONE
BRIDGESTONE

Coulthard
BOSS
1
E

RECORDS

VEC LE MOINS DE
ONALITÉS REPRÉSENTÉES
10

5 VICTOIRES DE SUITE
SUR UN MÊME GRAND PRIX
Ayrton Senna · Grand Prix de Monaco · De 1989 à 1993

UNE ÉQUIPE PORTE LE MÊME NOM
QUE LA COURSE
Pacific Grand Prix 1994 · Écurie de Pacific Grand Prix (Bertrand Gachot et Paul Belmondo) · Aucun des pilotes ne se qualifie

PLUS LONGUE PAUSE POUR UN PILOTE
Jan Lammers · 10 ans et 114 jours · Entre le Grand Prix des Pays-Bas 1982 et le Grand Prix du Japon 1992

MEILLEURE PREMIÈRE SAISON D'UN PILOTE
Jacques Villeneuve · 4 courses sur 17 · 1997

CARRIÈRE LA PLUS COURTE
Marco Apicella · N'atteint que le premier virage au Grand Prix d'Italie 1993, sa première et seule course en Formule 1

PREMIER DÉPART DERRIÈRE UNE VOITURE DE SÉCURITÉ
Grand Prix de Belgique 1997 · Pour cause de pluie

RECORD DE POLE POSITIONS D'AFFILÉE LORS D'UN MÊME GRAND PRIX
Grand Prix de Saint-Marin · Ayrton Senna · 1985 à 1991

RECORD DE SAISONS POUR LA MÊME ÉCURIE
Michael Schumacher chez Ferrari · 11 saisons de 1996 à 2006

PIRE RÉSULTAT POUR UN PILOTE
Claudio Langes · Ne se qualifie pour aucune course en 1990

1990-1999

STATISTIQUES ET FAITS MARQUANTS

500E GRAND PRIX DEPUIS LA PREMIÈRE SAISON DE FORMULE 1
Grand Prix de Belgique 1991

PREMIÈRE FIN DE GP DERRIÈRE UNE VOITURE DE SÉCURITÉ
Grand Prix du Canada 1999 · À cause de l'accident de Heinz-Harald Frentzen · Victoire de Mika Häkkinen (McLaren)

LE PLUS DE POLE POSITIONS D'AFFILÉE D'UNE MÊME ÉCURIE
24 pole positions · Williams · Du Grand Prix de France 1992 au Grand Prix du Japon 1993

RECORD DE TITRES EN DÉBUT DE SAISON
Nigel Mansell · Cinq premières courses remportées · 1992

PÉRIODE LA PLUS LONGUE ENTRE DEUX TITRES DE GRAND PRIX
6 ans et 210 jours · Riccardo Patrese · Entre le Grand Prix d'Afrique du Sud 1983 et le Grand Prix de Saint-Marin 1990

CAMPARI
CAMPARI
5
parmalat

Les ravitaillements sont de nouveau permis à partir de 1994, ce qui crée une série d'épisodes dramatiques lorsque l'arrêt ne se passe pas de façon optimale. La Ligier de Pedro Diniz prend feu suite à un arrêt au Grand Prix d'Argentine 1996.

F1 TECHNOLOGIE 1990-1999

TECHNIQUES NOUVELLES

AILERON AVANT SURÉLEVÉ

ANTIPATINAGE

BOÎTE DE VITESSES AUTOMATIQUE/ ROBOTISÉE

SYSTÈME ANTIBLOCAGE DES ROUES

AILERONS MINI ET X

PNEUS RAINURÉS POUR TEMPS SEC

RÉGLEMENTATION

DE 1990 À 1994
Moteur 3,5 litres sans compresseur
Les ravitaillements en course sont autorisés à partir de 1994

POIDS MINIMUM (Hors pilote)
De 1990 à 94 : 500 kg
1994 : 505 kg (ensuite 520 kg)

PUISSANCE ET POIDS TYPES
750 ch/500 kg (Williams FW14B - 1992)

DE 1995 À 2003
Moteur 3 litres sans compresseur

POIDS MINIMUM (Pilote compris)
De 1995 à 1996 : 595 kg
De 1997 à 2007 : 600 kg

PUISSANCE ET POIDS TYPES
700 ch/595 kg (Benetton B195 - 1995)
800 ch/600 kg (McLaren MP4/14 - 1999)

POINTS

1990
9-6-4-3-2-1 points aux six premiers

DE 1991 À 2002
10-6-4-3-2-1 points aux six premiers

COURSES PRISES EN COMPTE POUR LE CHAMPIONNAT
1990 : 11 sur 16
DE 1991 À 2009 : Toutes les courses sont prises en compte

En dehors de l'ère turbo, les moteurs V8 et V12 dominent la Formule 1 depuis l'adoption de la réglementation des 3 litres (et celle des 3,5 litres) de 1966. Le V8 a, avec sa cylindrée relativement faible, un potentiel de puissance limité, mais il est en revanche léger et compact. Inversement, avec des cylindres supplémentaires, on obtient plus de chevaux à l'image du V12, mais ce type de moteur est moins compact et plus lourd.

Personne n'envisage vraiment la solution intermédiaire, le V10. À l'instar de la révolution turbo des années 1970, c'est Renault qui s'attaque à un concept de moteur jusqu'à présent négligé, le premier moteur Renault V10 voyant le jour en 1989. Les moteurs français, représentant le compromis optimal entre le poids, la forme et la puissance, dominent jusqu'en 1998, quand Renault prend l'une de ces pauses régulières de la Formule 1.

En 1990, l'équipe Tyrrell présente une voiture avec un nouveau museau, créant une mode pour de nombreuses années à venir : le modèle 1990 est doté d'un museau relevé permettant de canaliser le flux d'air sous la monoplace, créant ainsi un effet de sol supplémentaire.

À cette époque, la réglementation liée au carburant n'est pas particulièrement stricte, et certains des fabricants d'essence en profitent pour faire des mélanges hautement puissants. En 1991, le carburant spécial F1 peut fournir jusqu'à 50 ch supplémentaires, mais sa fabrication coûte plus de 96 euros le litre. Les réservoirs des monoplaces contiennent environ 220 litres, signifiant qu'un plein coûte environ 25 000 euros. Cependant, les ingénieurs de la Formule 1 ne sont pas uniquement à la recherche d'une puissance phénoménale, le poids jouant également un rôle primordial. Un carburant de faible densité peut réduire le poids d'une monoplace d'environ 20 kg lorsque les pleins sont faits. Cet avantage peut jouer un rôle important lors du freinage et de l'accélération dans les premiers tours où le peloton est serré. À partir de 1992, la FIA adopte des règles beaucoup plus strictes en matière de carburant dans la F1 avec l'arrivée de l'essence sans plomb.

L'écurie Williams (dotée de moteurs Renault) est l'équipe leader au début des années 1990, avec les monoplaces les plus avancées de l'histoire de la Formule 1. La suspension active, l'antipatinage, le système antiblocage des roues et des boîtes de vitesses automatiques ou robotisées permettent d'assurer à la fois des titres mondiaux de pilote et de constructeur en 1992 et 1993. Cependant, les voitures de haute technologie de Williams réduisent le rôle du pilote. À l'époque, leurs monoplaces contrôlées par ordinateur, sans pilote dans les cockpits, pouvaient réaliser des temps au tour compétitifs, ce qui fait réagir la FIA en 1994. Réalisant que même des voitures de tourisme relativement modestes sont, dans de nombreux domaines, plus avancées techniquement que les monoplaces de la Formule 1, elle interdit alors la moitié des systèmes embarqués de haute technologie. À partir de 1994, le championnat du monde de F1 redeviendra une épreuve de pilotes plutôt qu'une guerre d'informaticiens. Par ailleurs, le ravitaillement pendant la course est à nouveau autorisé.

Au milieu du printemps, lors du week-end du Grand Prix de Saint-Marin, le débutant Roland Ratzenberger et le favori au titre mondial Ayrton Senna, se tuent. Après huit ans sans accidents mortels, les tragédies du circuit d'Imola ébranlent fortement la F1, et la FIA intervient immédiatement en modifiant les règles de façon marquante : quelques semaines après, le poids minimum des voitures est augmenté, et des orifices pratiqués dans les boîtes à air d'admission des moteurs réduisent la puissance. À partir de 1995, les cylindrées des moteurs sont réduites de 3,5 à 3 litres, et toutes les voitures neuves sont soumises à des crash-tests plus stricts avant de recevoir l'autorisation de départ. Il est également décidé que le poids des voitures sera désormais vérifié avec le pilote à bord, et le poids minimum est ajusté en conséquence.

Il s'avère rapidement qu'il est difficile d'appliquer l'interdiction d'antipatinage. En revanche, il est assez facile de cacher un logiciel dans l'ordinateur de bord de la monoplace, et ce logiciel est si ingénieux qu'il s'efface lui-même à l'arrivée. Il y a des rumeurs durant toute la saison 1994 selon lesquelles spécialement l'équipe Benetton continue à rouler avec l'antipatinage malgré l'interdiction. Lorsque les contrôleurs de la FIA confisquent l'ordinateur de bord de la Benetton de Michael Schumacher, ils trouvent en effet un système d'antipatinage bien caché dans le disque dur. La direction de Benetton maintient qu'il s'agit d'un oubli de la saison précédente. Il est, dans tous les cas, impossible de prouver que le logiciel avait effectivement été utilisé. Beaucoup croient cependant, encore à ce jour, que dans une certaine mesure, le premier titre mondial de Michael Schumacher pour Benetton est fondé sur un système d'antipatinage non-autorisé.

Malgré l'interdiction de 1994 concernant l'électronique embarquée et le bridage des moteurs, les records de vitesse au tour continuent de chuter vers la fin des années 1990. Années après années, les moteurs fournissent davantage de puissance tandis que l'aérodynamique des voitures fait l'objet d'intenses recherches. En 1998, la FIA intervient encore. Les pneus slick utilisés par temps sec sont désormais rainurés, ce qui réduit la surface d'appui, la tenue de route et la vitesse dans les virages. La largeur des monoplaces est également diminuée pour réduire la vitesse dans les virages. Mais toutes ces mesures sont, comme souvent, contournées par les ingénieurs qui exploitent chaque faille des règles. Très rapidement, il est de nouveau question de réduire les temps au tour.

Les huit ans d'existence de l'écurie Larrousse en Formule 1 sont marqués par de nombreux copropriétaires plus ou moins suspects. Mais sur les circuits, les voitures Larrousse étaient spectaculaires – Ici, Yannick Dalmas au Grand Prix d'Italie 1994.

Déjà dans les années 1980, Renault misait sur le moteur V10, et le moteur français domine jusqu'à tard dans les années 1990.

Telle était la simplicité du volant de la Williams de Nigel Mansell pour remporter le titre mondial en 1992.

En 1997 et 1998, le concepteur de Formule 1 traque l'effet de sol (tenue de route) en mettant des ailerons partout où ils sont autorisés. Ci-contre : Jos Verstappen dans une Tyrrell dotée d'ailerons surélevés à côté du cockpit lors du Grand Prix d'Argentine 1997. Cette solution est interdite au printemps 1998.

ICL
Ford
ICL
PIAA
PIAA
NRG
MORSE
18

2020

09
09

LES ANN

LA MARQUE AUDI REMPORTE POUR LA PREMIÈRE FOIS LES 24 HEURES DU MANS (2000) / JUTTA KLEINSCHMIDT EST LA PREMIÈRE FEMME À REMPORTER LE PARIS-DAKAR (2001) / DÉCÈS DE KEN TYRRELL, FONDATEUR DE L'ÉCURIE DU MÊME NOM (2001) / MORT DU PILOTE DE FORMULE 1 MICHELE ALBORETO (2001) / PREMIÈRE VICTOIRE DE FERNANDO ALONSO (2003) / SÉBASTIEN LOEB REMPORTE SON PREMIER TITRE DE CHAMPION DU MONDE DES RALLYES (2004) / PREMIÈRE ÉDITION DU CIRCUIT INTERNATIONAL DE SHANGHAI (2004) / CRÉATION DU GRAND PRIX DE TURQUIE (2005) / PREMIÈRE VICTOIRE D'UNE VOITURE DIESEL AUDI AUX 24 HEURES DU MANS (2006) / DISPARITION DE JEAN RÉDÉLÉ, FONDATEUR DE LA MARQUE ALPINE (2007) / MORT ACCIDENTELLE DU CHAMPION DU MONDE DES RALLYES COLIN MCRAE (2007)

ÉES 2000

2000 - ÉTATS-UNIS : LE RETOUR

La saison 2000 débute avec un Michael Schumacher au mieux de sa forme et une écurie Ferrari en progrès constant. L'Allemand remporte les trois premières courses d'affilée, mais les pilotes de McLaren-Mercedes, Mika Häkkinen et David Coulthard, lui mettent de la pression, Coulthard se montrant particulièrement impressionnant. Il remporte le Grand Prix de Grande-Bretagne, et quinze jours plus tard il est 2e derrière Häkkinen en Espagne. Entre les deux courses, il s'écrase au sol dans un avion privé. Les deux pilotes perdent la vie, mais l'Écossais survit avec sa fiancée et son coach personnel. *« L'avion s'est brisé en deux, et lorsque nous sommes sortis, je suis retourné dans le cockpit pour voir si je pouvais aider les pilotes. Mais il n'y avait rien à faire »*, relate Coulthard, qui après le crash participe au Grand Prix d'Espagne malgré de fortes douleurs dues à quelques côtes cassées.

Schumacher ne termine que 5e en Espagne où il a un différend avec son petit frère Ralf (Williams-BMW). *« Ce qu'a fait Michael, est totalement insensé »*, déclare ce dernier après la course, sur quoi le grand frère lui rétorque : *« Ce n'est pas mon problème si Ralf est renfrogné. Les courses restent des courses, et cela concerne aussi mon frère. S'il ne peut pas le comprendre, c'est énervant. »*

Coulthard gagne aussi à Monaco et en France. Il lutte dur à Magny-Cours contre Schumacher, qui n'est certainement pas disposé à laisser le pilote de McLaren-Mercedes le dépasser. À la fin de la course, Coulthard, connu pour être l'un des rares gentlemen de cette discipline, est tellement frustré qu'il fait un doigt d'honneur à l'Allemand en le dépassant. *« Je veux bien m'excuser pour ce geste,* dit l'Écossais après la course. *Cela n'a pas sa place dans le sport. Mais j'étais contrarié, et très très en colère. »*

Le Grand Prix d'Italie à Monza est arrêté dès le premier tour suite à un carambolage. Tous les pilotes en sortent indemnes, mais un pompier est tué par une roue qui se détache de la Jordan-Mugen de Heinz-Harald Frentzen. Michael Schumacher remporte la course et marque ainsi sa 41e victoire – exactement le même nombre que son défunt rival, Ayrton Senna. Il s'agit clairement d'un jalon important pour l'Allemand. Lui, qui ne montre habituellement pas ses émotions, s'écroule en larmes à la conférence de presse après la course, consolé par Mika Häkkinen, 2e, et Ralf Schumacher, 3e.

Les États-Unis font leur retour en septembre sur le calendrier de la Formule 1 après dix années de pause. Si le reste du monde est conquis par la Formule 1, les championnats nationaux restent les plus populaires Outre-Atlantique : NASCAR, CART et IndyCar Series. Mais désormais, la Formule 1 jouera un rôle à part entière sur la scène américaine : le circuit le plus grand et le plus connu du continent, l'Indianapolis Motor Speedway, est rénové et devient une piste adaptée pour la F1. Quarante ans plus tôt, de 1950 à 1960, ce même circuit avait un temps intégré le championnat du monde. L'épreuve des 500 Miles d'Indianapolis était néanmoins très différente : les pilotes courraient sur un circuit ovale avec des voitures ayant peu de choses en commun avec les F1 actuelles.

Lors de l'avant-dernière épreuve de la saison, le Grand Prix du Japon à Suzuka, Schumacher remporte le titre mondial. L'Allemand devient le premier pilote Ferrari champion du monde depuis Jody Scheckter en 1979. *« Il est difficile de décrire mes sentiments, c'est comme à Monza. Mais ne vous attendez pas à ce que je fonde en larmes ! Ce championnat du monde est plus particulier que mes deux titres précédents, simplement parce que je le remporte avec Ferrari. »*

2001 - LA RELÈVE

2001 n'est qu'un jeu d'enfant pour Michael Schumacher et Ferrari. Les trois affrontements précédents semblent avoir épuisé Mika Häkkinen. C'est au tour de son coéquipier chez McLaren-Mercedes, David Coulthard, de défier l'Allemand. Mais la lutte tourne court. C'est une fois de plus le meilleur pilote du peloton dans la meilleure monoplace du peloton qui est sacré. Avec sa victoire au Grand Prix de Hongrie, Schumacher est, dès la mi-août, couronné champion du monde 2001. Le Grand Prix d'Italie à Monza a lieu juste après les attentats terroristes du 11 septembre aux États-Unis. Pour exprimer leur sympathie avec les victimes, beaucoup des monoplaces arborent le drapeau américain, et Ferrari aligne des monoplaces dépourvues de toute publicité avec des museaux en deuil, peints en noir.

Cependant, trois jeunes pilotes talentueux et ambitieux débutent dans la Formule 1 en 2001. Le Finlandais Kimi Räikkönen, 22 ans, ex-volant de la catégorie junior de Formule Renault, obtient de la FIA une licence de pilote provisoire pour l'ouverture de la saison en Australie. Lorsqu'il termine à une belle 6e place dans une Sauber-Petronas, les critiques sur son manque d'expérience se taisent. Plus tard, lorsque Häkkinen annonce qu'il ne court pas en 2002, McLaren-Mercedes jette son dévolu sur Kimi Räikkönen. Et Häkkinen de commenter : *« If you want to win – get a Finn. »*

Renault demande à Fernando Alonso, 20 ans, s'il accepte un volant chez Minardi dans le cadre d'un contrat d'apprentissage. L'Espagnol obtient de si bons résultats dans sa monoplace pourtant peu compétitive, que l'écurie française lui propose d'être pilote d'essai dès 2002.

Juan Pablo Montoya, 26 ans, débute en Formule 1 chez Williams-BMW, le Colombien ayant préalablement fait de brillantes saisons en formule CART. Il est le premier du nouveau trio de jeunes super-talents à gagner un Grand Prix, en remportant, en 2001, l'épreuve de Monza devant Rubens Barrichello sur Ferrari.

2002 - UN CHAMPIONNAT SANS SUSPENSE

Mais personne ne peut menacer Michael Schumacher en 2002. L'Allemand excelle plus que jamais et termine toutes les épreuves de la saison sur le podium. Onze victoires, cinq 2es places et une seule 3e place sur 17 épreuves. Il décroche le titre mondial dès le Grand Prix de France à la mi-juillet, alors qu'il reste six courses. *« Si Michael fait un mauvais week-end, il sera 2e. Le scénario catastrophe pour lui, c'est une 3e place »*, déclare un Juan Pablo Montoya résigné face à l'insolente réussite de Schumacher.

Celle-ci commence pourtant de façon dramatique en Australie. Ralf Schumacher (Williams-BMW) s'accroche avec la Ferrari de Rubens Barrichello dans le premier virage et sort de la piste. Michael Schumacher se trouve à quelques mètres du choc et voit son petit frère s'envoler, mais il n'est pas davantage choqué. Il gagne la course, largement en tête, devant Montoya.

La sixième épreuve de la saison a lieu en Autriche, et Ferrari excelle comme d'habitude. Mais c'est l'un des mauvais week-ends de Schumacher. À la fin de l'épreuve, il n'occupe que la 2e place derrière son coéquipier Barrichello. Juste avant l'arrivée, Jean Todt, le directeur de course chez Ferrari, demande au Brésilien par radio de réduire sa vitesse pour que Schumacher puisse le dépasser et gagner. Barrichello obéit, mais tellement à contrecœur qu'il s'arrête presque avant la ligne d'arrivée.

Cette demande de Todt est très mal accueillie par le public, et lors de la remise des coupes sur le podium, on peut entendre des cris et des sifflets. La FIA s'en mêle et inflige une amende d'un million d'euros à Ferrari pour avoir discrédité la discipline.

Mais Schumacher conserve son titre, et lorsque, plus tard dans l'année – longtemps après avoir remporté le titre mondial – il tente de payer sa dette envers Barrichello, cela s'avère contre-productif. Schumacher, dominant au Grand Prix des États-Unis, ralentit juste avant l'arrivée. Barrichello franchit le premier la ligne, et pour la deuxième fois en quelques mois, cette victoire est accueillie par des sifflets et des huées : les spectateurs américains ne sont absolument pas impressionnés par ce qu'ils considèrent comme étant une tentative de truquage.

Lors du Grand Prix de France, les pilotes de l'écurie Arrows, Heinz-Harald Frentzen et Enrique Bernoldi, truquent également le résultat : lors de la qualification, ils roulent si lentement qu'ils ne se qualifient pas. L'écurie est dans le rouge et il leur faut tout faire pour ne pas user prématurément les moteurs. Les monoplaces Arrows participent au Grand Prix suivant, en Allemagne, mais elles n'iront pas plus loin. La quatrième plus ancienne écurie (après Ferrari, McLaren et Williams) fait faillite et disparaît de la compétition automobile.

»

Luciano Burti (Prost) sort indemne de ce saut périlleux au début du Grand Prix d'Allemagne 2001 à Hockenheim.

De 2000 à 2004, Michael Schumacher et Ferrari remportent le championnat cinq fois de suite. Les tifosi, enthousiastes, célébrant la victoire à domicile de Schumacher à Monza en 2000.

Pages suivantes : Ferrari, sous la direction de Jean Todt, devient une machine à gagner bien huilée. Dans les stands, le ravitaillement et le changement des pneumatiques sont désormais affaire de précision et de calme comme le prouve cet arrêt de Rubens Barrichello lors du Grand Prix d'Autriche 2001.

CAMPARI
CAMPARI
CAMPARI
CAMPARI
CAMPARI
CAMPARI
CAMPARI

Marlboro
Marlboro
FedEx

Marlboro

Compétition serrée lors du Grand Prix d'Autriche 2002 entre Olivier Panis (BAR), Jenson Button (Renault) et Heinz-Harald Frentzen (Arrows).

2003 - UNE SAISON (ENFIN) PALPITANTE

La FIA introduit de nouvelles règles en 2003 pour que l'avance technique de Ferrari impacte moins les résultats. La saison est finalement l'une des plus palpitantes et divertissantes depuis plusieurs années. Au total, huit pilotes remportent des épreuves, et ce n'est que lors de la finale au Japon que le résultat du championnat est déterminé.

David Coulthard (McLaren-Mercedes) débute la saison en remportant le GP d'Australie. La course suivante, en Malaisie, la jeune génération impressionne : Fernando Alonso (Renault) devient le plus jeune poleman de l'histoire, tandis que Kimi Räikkönen (McLaren-Mercedes) gagne son premier Grand Prix.

La troisième épreuve de la saison a lieu lors du Grand Prix du Brésil, sous une pluie torrentielle qui transforme le circuit d'Interlagos en chaos général. Michael Schumacher (Ferrari) et Juan Pablo Montoya (Williams-BMW), font des sorties de piste, et l'épreuve est interrompue après une sortie d'Alonso. Dans la confusion, Räikkönen est déclaré vainqueur, et tandis que le Finlandais est acclamé, la Jordan-Ford de Giancarlo Fisichella prend feu. Lorsque les résultats et le tableau des tours sont examinés en détail, il s'avère que la voiture qui a remporté la course est la Jordan-Ford carbonisée ! Quelques semaines plus tard, lors d'une petite cérémonie avant le Grand Prix de Saint-Marin à Imola, Räikkönen, sans rancune, remet sa coupe à Fisichella.

Michael Schumacher remporte en Italie son premier titre de la saison. Coup dur pour l'Allemand, il doit rentrer chez lui en avion après la qualification du samedi, pour se rendre au chevet de sa mère, mourante. Il lui fait ses adieux, avec son frère Ralf, et retourne à Imola le dimanche matin. Les frères Schumacher se livrent alors une lutte intense dans la phase initiale de la course pour s'emparer de la tête.

Lors de l'épreuve suivante, en Espagne, l'écurie Ferrari présente son nouveau modèle, ce qui intrigue les tifosi car cela n'est pas dans les habitudes de présenter un nouveau châssis en plein championnat. La toute nouvelle F2003-GA est prometteuse. Toutefois, Räikkönen termine bien souvent à la 2e place et Schumacher n'arrive pas vraiment à créer l'avance pour le titre.

Rubens Barrichello, le coéquipier de Schumacher, gagne une course chaotique en Angleterre. Le prêtre irlandais Neil Horan envahit la piste lors d'une action de protestation suicidaire, en portant des pancartes incitant à la lecture de la Bible. *« Je pensais que c'était la fin »*, déclare Mark Webber, pilote Jaguar, secoué après la course. L'Australien est le premier à croiser le prêtre, qui, miraculeusement, n'est pas percuté. *« Mais il courait directement vers moi, et on a vraiment failli se faire tuer tous les deux. Nous, les pilotes de Formule 1, sommes préparés à beaucoup de choses, mais pas à ça... »*, continue Webber. Neil Horan récidivera lors des Jeux olympiques d'Athènes (2004) en forçant les barrières et en heurtant le pilote brésilien en tête du marathon.

Après la victoire de Barrichello en Angleterre, Ferrari rencontre des problèmes avec les pneus Bridgestone qui n'ont pas la même efficacité que les Michelin des concurrents. Räikkönen continue d'accumuler les points grâce à sa régularité, et le Finlandais permet au championnat de ne pas sombrer dans la monotonie. Mais c'était sans compter sur Ferrari et Bridgestone qui, après d'intenses recherches, ripostent soudainement. Schumacher est victorieux en Italie et aux États-Unis, et une 8e place au Japon lui suffit pour décrocher le titre mondial en devançant Räikkönen de deux points. *« C'était une saison difficile,* dira Schumacher. *Mais la victoire était particulièrement savoureuse, car nous avions dû surmonter beaucoup de crises. »*

En remportant son sixième titre mondial, un de plus que la superstar des années 1950 Juan Manuel Fangio, Schumacher est désormais le pilote le plus titré de la F1. *« Beaucoup parlent de mon record, mais franchement il est plus important pour moi que Ferrari ait gagné cinq titres de constructeur d'affilée. Je suis très fier de faire partie de l'écurie Ferrari : ce sont eux les légendes, pas moi. Ce sont eux qui ont redonné vie au mythe Ferrari. »*

2004 - À LA RECHERCHE DU DIAMANT PERDU...

Michael Schumacher et Ferrari poursuivent leur extraordinaire marche triomphale dès les premiers jours de 2004. Les problèmes de la saison précédente étant résolus, le titre sera peut-être le plus éminent de Schumacher. Il décroche, en remportant 12 des 13 premières courses et une 2e place au Grand Prix de Belgique fin août, son 7e titre mondial (et le 5e d'affilée). L'Allemand se détend par la suite, et son coéquipier Rubens Barrichello gagne quelques épreuves lui assurant la 2e place au championnat.

Bernie Ecclestone est toujours aux commandes de la Formule 1. Il crée toute une série de sociétés administrant la F1 économiquement. Il continue bien au-delà de ses 70 ans à faire des affaires sur les droits de retransmission de la télévision, à chercher de nouveaux organisateurs de Grand Prix, à vendre des panneaux publicitaires. Il a son mot à dire dans ce sport dès qu'il y a de l'argent à gagner. Il vend et rachète régulièrement ses sociétés, s'enrichissant à chaque fois. Et peu importe qui détient la majorité des actions, c'est le petit Anglais qui décide : tout le monde sait que c'est Bernie Ecclestone qui gère la « société » Formule 1.

Le record des cinq titres mondiaux d'affilée de Michael Schumacher en 2000 à 2004 sera-t-il un jour battu ?

AMD
odafone

Combat rapproché entre David Coulthard (McLaren) et Cristiano da Matta (Toyota) lors du Grand Prix du Canada 2003 à Montréal.

Photo ci-contre : Juan Pablo Montoya (Williams) est l'un des rares pilotes pouvant défier Michael Schumacher (Ferrari) en 2003.

Budweiser
KING OF BEERS
Montoya
FedEx
invent
PETROBRAS
NiQuitin CQ
Bud
KING OF BEERS

Cependant, au milieu de la première décennie du nouveau millénaire, les jeux de pouvoir au sein du sport le plus cher au monde sont petit à petit en sa défaveur. Avec la faillite du roi de la télévision allemande, Leo Kirsch, détenant la majorité des actions au sein de l'empire Formule 1 d'Ecclestone, la Deutsche Bank acquiert les actions. Lorsque l'Anglais, âgé de 75 ans, réalise que si la Deutsche Bank vend les actions à des tiers sans compétences cela peut lui coûter son pouvoir, il se met en contact avec le banquier en charge de la vente. On n'a jamais su exactement comment ces tractations se sont déroulées, mais les actions ont en tout cas été vendues au fonds d'investissement privé CVC, et c'était Ecclestone l'interlocuteur. Il se peut que la transaction ne soit pas tout à fait nette, car environ dix ans plus tard, le banquier a écopé d'une peine de prison de huit ans pour corruption : il aurait reçu 33 millions d'euros afin de garantir que CVC rachète les actions, permettant ainsi à Ecclestone de se maintenir au pouvoir.

Ecclestone s'assure que de nouvelles épreuves intègrent le championnat du monde de Formule 1 en 2004. Le Bahreïn, petit État désertique, et la puissante Chine, ayant tous deux construit de nouveaux circuits, acceptent de payer des montants très élevés pour pouvoir être des pays organisateurs de GP. Car en comparant toutes les recettes (celles qui sont purement économiques grâce aux spectateurs, et celles provenant des publicités), l'organisation d'un Grand Prix de Formule 1 est très rentable. Là-bas, ce sont les deniers publics qui sont mis à contribution et les épreuves organisées avec l'aide de cet argent gagnent du terrain et mettent les organisateurs de Grands Prix classiques européens sous pression. Car l'organisation des courses s'y fait toujours en se basant sur le modèle « initial » : les recettes de la billetterie représentant la seule source de revenus. Malgré des tarifs d'entrée en constante augmentation, ce plan financier ne suffit pas pour faire face aux Grands Prix subventionnés par les États, et l'équilibre du championnat, ayant débuté au niveau européen, penche de plus en plus vers les économies fortes de l'Orient.

Le Grand Prix de Monaco est la seule épreuve européenne qui n'a jamais été déficitaire. Même s'il est pratiquement impossible de dépasser sur la piste des rues étroites de la petite principauté, cette épreuve reste toujours la plus célèbre et la plus prestigieuse du calendrier. En 2004, la légende de Monaco est étoffée lorsque le diamantaire Steinmetz réalise un coup publicitaire en incrustant un diamant d'une valeur estimée à 300 000 euros dans le museau de la Jaguar de Christian Klien. Après l'épreuve, Klien percute frontalement les barrières de protection lors du premier tour, et lorsque la voiture est emmenée au stand, le diamant a disparu. La perte de Steinmetz est bénéfique pour l'Automobile Club de Monaco : il n'y a jamais eu autant de bénévoles pour nettoyer les rues après un GP.

2005 - NOUVELLE RÉGLEMENTATION : UNE ANNÉE PNEUMATIQUE

La réglementation de la Formule 1 est à nouveau modifiée. Désormais, les pilotes feront la course équipés des mêmes pneumatiques que lors des qualifications. Cette nouvelle règle modifie l'équilibre des pouvoirs.

Ferrari est la seule écurie au sommet qui roule avec des Bridgestone, et les Japonais ont du mal à mettre au point un pneu qui est à la fois plus rapide pendant un seul tour de qualification et pendant toute l'épreuve. Les problèmes de pneumatiques de Ferrari ouvrent la porte à la bagarre pour le titre entre les pilotes équipés de Michelin : Fernando Alonso (Renault) et Kimi Räikkönen (McLaren-Mercedes). L'Espagnol réalise le meilleur début de saison et n'est jamais vraiment mis sous pression. Il est déclaré champion du monde le plus jeune de la discipline à l'issue de l'avant-dernière épreuve de la saison, le GP du Brésil. À 24 ans, sa conduite est déjà mature et tactique. Lorsque la Renault est performante, il gagne. Dans les autres courses il se contente des 2es places, qui naturellement lui ramènent des points.

Michael Schumacher, derrière ses rivaux très performants roulant sur des pneus Michelin, fait certaines de ces meilleures courses dans sa Ferrari, désormais moins compétitive. L'Allemand décroche sa seule victoire de 2005 dans une course qui ne présente aucune difficulté pour lui. Au Grand Prix des États-Unis, Ferrari s'aligne au départ pratiquement sans concurrents : sur le circuit d'Indianapolis ce sont les écuries équipées de Michelin qui sont les victimes de la guerre des pneus. Le manufacturier français a pris trop de risques : les pneus envoyés aux États-Unis sont plus rapides que les Bridgestone, mais également plus fragiles. Ils ne peuvent pas supporter les charges dans les virages relevés et rapides du circuit d'Indianapolis. Pendant les essais, lorsque l'un des pneus de sa Toyota éclate, Ralf Schumacher sort de piste. Après le tour de chauffe, les quatorze monoplaces équipées par Michelin n'ont pas d'autres choix que de renoncer à la course pour ne pas risquer la vie de leurs pilotes. La piste est donc laissée entièrement à Ferrari, Jordan-Toyota et Minardi-Cosworth, équipées par Bridgestone.

Les pilotes Ferrari, Michael Schumacher et Rubens Barrichello, en route vers une victoire attendue, arrivent respectivement 1er et 2e, et les spectateurs se sentent lésés, à juste titre.

La Formule 1 reviendra à Indianapolis en 2006 et 2007, mais le fiasco de 2005 marque le début de la fin : le Grand Prix des États-Unis ne figurera plus sur le calendrier 2008.

2006 - ALONSO COMPTE LES POINTS

Nouveau changement de réglementation : les moteurs V10 de 3 litres, introduits en 1995, développent une telle puissance que la FIA prescrit désormais des V8 de 2,4 litres. À compter de l'hiver 2005-2006, trois des écuries les plus anciennes du peloton changent de nom et de propriétaire. Minardi, la petite écurie italienne, est cédée au géant des boissons énergisantes, Red Bull, ayant également racheté l'écurie Jaguar à Ford l'année précédente.

Tandis que l'ancienne équipe Jaguar se dénomme à présent Red Bull, Minardi est rebaptisée Toro Rosso.

Quant à l'écurie Sauber, conçue et financée par Mercedes au début des années 1990, elle sera rebaptisée... BMW. Mercedes a en effet abandonné Sauber dès le milieu des années 1990 pour se jeter dans les bras de McLaren, et lorsqu'en 2005, BMW se lasse de Williams, leur partenaire de F1, l'écurie portant le nom de Sauber-Mercedes dans les années 1990 devient la BMW-Sauber.

L'écurie Jordan, qui se battait encore en 1999 pour le titre mondial, a de graves problèmes financiers et est vendue à Midland Group, partiellement russe. Les années suivantes, l'écurie sera revendue plusieurs fois et deviendra la propriété de la société hollandaise Spyker de 2006 à 2007, avant de devenir Force India en 2008, propriété du multimillionnaire Vijay Mallya.

Enfin, British American Racing (BAR), qui avait racheté la glorieuse écurie Tyrrell en 1997-1998, change également de nom suite à la cession de tous les droits de propriété à Honda, le précédent copropriétaire.

Au début de la saison, Michael Schumacher et Ferrari ont soif de revanche, aidés par l'autorisation de changer les pneus pendant les courses. Cependant, c'est Fernando Alonso et Renault, qui dominent durant la première moitié de l'année, l'Espagnol remportant six victoires et trois 3e places dans les neuf premières courses.

Lors des essais du Grand Prix de Monaco, une affaire de tricherie incluant Schumacher fait grand bruit : il ne reste que quelques minutes quand l'Allemand réalise le meilleur tour et s'empare de la pole position, si déterminante sur cette piste routière étroite. Alors que ses concurrents roulent pour les qualifications, Schumacher simule une sortie de piste. Sa ruse empêche Alonso et le reste des pilotes de réaliser un meilleur temps que lui. Mais cela n'a pas échappé à la direction de course qui conclut qu'il a agi volontairement. L'Allemand est rétrogradé sur la dernière ligne de la grille de départ, Alonso est alors en pole position et remporte le Grand Prix.

Au début de l'été, l'équilibre bascule à l'avantage de Schumacher. La Ferrari de l'Allemand est souveraine, et Alonso ne peut rien faire depuis que sa Renault a été revue pour répondre à la nouvelle réglementation technique. Curieusement, lors des essais du Grand Prix d'Italie, Alonso se voit infliger une pénalité mystérieuse pour avoir gêné le coéquipier de Schumacher, Felipe Massa, même si l'Espagnol se trouvait loin devant la Ferrari.

Schumacher remporte le Grand Prix d'Italie en annonçant, par la même occasion, qu'il prend sa retraite de la Formule 1 à la fin de l'année. Cela ne l'empêche toutefois pas de réduire l'avance de points d'Alonso, et en s'emparant de la tête de course lors de l'avant-dernière épreuve de l'année, le Grand Prix de Suzuka, l'Allemand est sur le point de dépasser Alonso.

Mais le moteur Ferrari tombe en panne, Alonso remporte l'épreuve, et la mission de Schumacher s'avère presque impossible. En effet, pour remporter le titre mondial il doit gagner au Brésil, et Alonso ne doit pas terminer parmi les huit meilleurs. Malgré ses sept titres mondiaux, Michael Schumacher ne peut s'acquitter de cette mission, mais il arrive tout de même à la 4e place et réalise au passage le meilleur tour. Alonso est 2e et s'empare ainsi de son 2e titre mondial d'affilée. *« Je suis ravi d'avoir affronté Schumacher, et je suis fier d'avoir remporté deux titres, avant qu'il ne prenne sa retraite, cela augmente leurs valeurs »*, affirme l'Espagnol après la course.

2007 - ESPIONNAGE INDUSTRIEL

Début 2007, beaucoup craignent que l'intérêt du public pour la Formule 1 ne tombe suite au départ de Michael Schumacher. Mais la crainte semble rapidement infondée, car la saison est l'une des plus excitantes et dramatiques de l'histoire de la Formule 1. Kimi Räikkönen prend la place de Schumacher chez Ferrari, devenant ainsi le coéquipier de Felipe Massa. McLaren-Mercedes s'aligne avec le champion du monde en titre, Fernando Alonso, et le débutant Lewis Hamilton. Depuis ses courses de karting, le jeune Anglais fait son apprentissage chez McLaren, et devient en seulement quelques mois la nouvelle superstar de la Formule 1.

Räikkönen gagne sa première course pour Ferrari en Australie devant Alonso et Hamilton, devenant ainsi l'un des très rares pilotes de F1 à monter sur le haut du podium après leur première course pour une écurie. Lors des épreuves suivantes, Alonso et Massa se partagent les victoires, mais Hamilton remporte le Grand Prix du Canada : sa sixième course en Formule 1. Sept jours plus tard, il sera de nouveau victorieux aux États-Unis.

Mais le Grand Prix du Canada est aussi le théâtre de l'accident le plus impressionnant depuis plusieurs années. Le Polonais Robert Kubica perd le contrôle de sa BMW, et s'écrase contre la barrière de protection. Les pneus, le museau et l'arrière de la monoplace sont arrachés lors d'une série de tonneaux effrayants, mais la cellule de survie est digne de ce nom : Kubica est vivant lorsqu'il est évacué de sa voiture.

»

Jaguar fait une tentative en 2000 à 2004 en Formule 1 sans succès notable. Ici, Mark Webber et Christian Klien lors du dernier Grand Prix du Brésil de Jaguar en 2004. Peu de temps après, l'écurie est reprise par Red Bull.

Pages suivantes : Chaos au premier virage du Grand Prix du Canada 2004 avec Timo Glock (Jordan) et Christian Klien (Jaguar) sur la bonne voie, et David Coulthard (McLaren) à contresens.

HSBC

MICHELIN
HANGAR-7

Takuma Satō (Honda) poussant Ralf Schumacher (Williams) lors du Grand Prix de Bahreïn 2004.

Pages suivantes : Fernando Alonso mène l'écurie Renault au sommet et remporte le championnat en 2005 et 2006.

BR
LUCKY STRIKE
LUCKY STRIKE
10

TEAM SPIRIT
elf
HANJIN
FERNANDO
MICHELIN

FERNANDO ALONS
MICHELIN
elf
mode

Buckler
TEAM SPIRIT
MICHELIN
TEAM SPIRIT
RENAULT

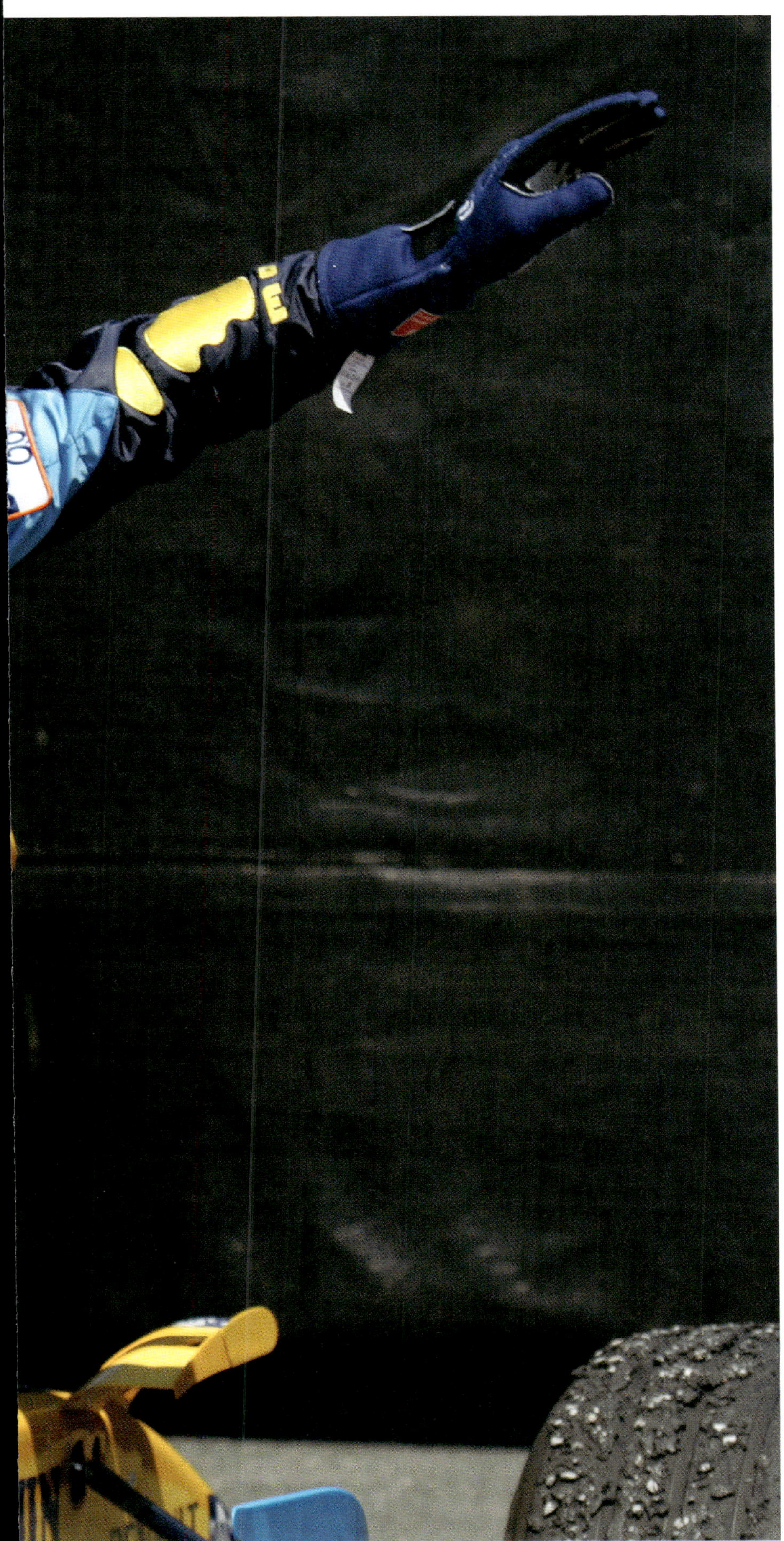

Alonso, pendant longtemps l'un des meilleurs pilotes du peloton, choisit cependant souvent les mauvaises écuries au mauvais moment. Ses exploits de 2005 et 2006, le sacrant double champion du monde, ne seront jamais réitérés.

Il sort de l'hôpital le lendemain, et insiste pour rouler lui-même jusqu'à l'hôtel. Alonso, champion du monde en titre, a du mal à gérer le succès de Lewis Hamilton. Au début de saison, l'Espagnol vit une année de rêve : un contrat lucratif avec McLaren-Mercedes, le fabricant de la meilleure monoplace de la saison, et de surcroît un coéquipier novice. Dans un premier temps, Alonso est serein. Mais Hamilton met très vite l'Espagnol sous pression. Ce dernier est tellement frustré qu'il décide de coincer son coéquipier lors des qualifications du Grand Prix de Hongrie.

Parallèlement au conflit interne des pilotes, McLaren-Mercedes s'accroche aussi avec Ferrari et la FIA. Se sentant mis à l'écart, un mécanicien-chef chez Ferrari tente de se venger de son employeur en transmettant plus de 700 pages de dossiers classés à un ancien collègue, designer en chef chez McLaren-Mercedes. Le principal rival de Ferrari a ainsi accès aux secrets techniques des Italiens, et même si la direction chez McLaren répète inlassablement que c'est uniquement le designer en chef qui a vu les dossiers Ferrari, c'est Alonso qui fait éclater le scandale.

Lorsque, suite à son blocage de Hamilton en Hongrie, il est convoqué à une réunion avec le directeur de l'écurie, Ron Dennis, l'Espagnol enfonce le clou. *« Soit je suis le pilote titulaire absolu, soit je révèle dans quelle mesure nous avons exploité les dossiers Ferrari »*, déclare-t-il à Dennis. Ce dernier n'a pas d'autre choix que de téléphoner à la FIA et de leur avouer l'ampleur véritable de cette affaire d'espionnage industriel. McLaren doit payer une amende d'environ 50 millions d'euros et est disqualifié du championnat du monde des constructeurs 2007.

Les pilotes de l'écurie, eux, sont autorisés à garder leurs points dans la lutte pour le titre individuel, et une finale digne d'un thriller se prépare pour le Grand Prix du Brésil. Hamilton a 107 points, Alonso en a 103, et Räikkönen chez Ferrari, avec ses 100 points, a toujours une chance de l'emporter.

Hamilton se qualifie sur la première ligne de la grille de départ mais il commet une erreur lors du premier tour et se retrouve loin derrière. Ferrari prend la tête de la course avec Massa et Räikkönen et Massa laisse de façon élégante le Finlandais le dépasser. Une démonstration de travail d'équipe efficace : grâce à sa victoire au Brésil devant Massa et Alonso (et Hamilton à la 7e place) Räikkönen remporte un titre mondial sensationnel, avec un point de plus qu'Hamilton et Alonso. L'Espagnol, qui malgré son contrat de trois ans avec McLaren-Mercedes, est en train de retourner chez Renault, reçoit les derniers reproches au sujet de la non-coopération avec Hamilton : *« Il est fort possible que Lewis et moi ayons eu les mêmes chances. Mais nous avons tous deux perdu le titre à cause d'un point. Si l'écurie avait misé davantage sur l'un de nous, la situation aurait été différente. »*

2008 - SUR LE FIL !

La lutte entre Ferrari et McLaren-Mercedes se poursuit en 2008. Mais là où il y avait une bagarre entre les quatre pilotes l'année précédente, il y a à présent un duel direct entre Felipe Massa (Ferrari) et Lewis Hamilton (McLaren-Mercedes).

Après son titre l'année précédente, Kimi Räikkönen semble las et rarement capable de suivre son coéquipier Massa. Quant à Heikki Kovalainen, qui a remplacé Fernando Alonso chez McLaren-Mercedes, il n'a pas le niveau de Hamilton. 2008 offre également deux nouvelles épreuves routières à Valence (Espagne) et Singapour. Pour tenir compte des téléspectateurs européens, l'épreuve de Singapour a lieu le soir (heure locale), où des milliers de grands projecteurs illuminent la piste dans la nuit tropicale. L'énorme consommation d'énergie cadre mal avec la nouvelle peinture de Honda : lorsque l'écurie, en difficulté, n'arrive pas à trouver de sponsors pour la saison 2008, elle mise sur une image de marque verte, écologique, en décorant la monoplace avec une photo satellite du globe terrestre et en effectuant l'épreuve avec le slogan « Earth Dreams » !

Au circuit de Monza, en Italie, la Formule 1 titre son plus jeune vainqueur de Grand Prix. À seulement 21 ans, l'Allemand Sebastian Vettel compense efficacement le déficit technique de sa Ferrari en remportant l'une des victoires les plus inattendues – mais largement méritées – de l'histoire de la Formule 1.

La rivalité entre Hamilton et Massa enchaîne les revirements durant toute l'année, en passant par plusieurs épisodes controversés, entre autres lors du Grand Prix de Belgique à Spa-Francorchamps, où Räikkönen est performant. Il domine la course jusqu'à ce qu'une pluie fine se mette à tomber. Il est alors rattrapé par Hamilton, mais l'Anglais prend des risques en le dépassant. Il vire en tête en traversant une chicane, mais relâche immédiatement l'accélérateur pour laisser Räikkönen revenir à la 1re place, ainsi qu'il est prévu dans le règlement. Cependant, Hamilton le double à nouveau, si rapidement qu'il reçoit une pénalité de temps. La sortie de piste de Räikkönen peu de temps après signifie que Massa est sacré vainqueur, tandis que Hamilton, ayant réellement franchi la ligne d'arrivée le premier, retombe à la 3e place.

Le Grand Prix de Singapour, la première épreuve nocturne de Formule 1, est un succès sauf pour le chef de l'écurie Renault, Flavio Briatore et son coéquipier, Nelson Piquet Jr. Renault envisage, à cause de la crise financière grandissante, de fermer son département Formule 1 : celui-ci n'a rien gagné depuis les jours heureux du championnat avec Alonso en 2006. Malgré le retour d'Alonso dans l'équipe, l'année 2008 n'offre que peu de points à l'écurie et, dans une tentative désespérée pour renverser la situation,

Briatore conçoit un plan habile pour la piste étroite de Singapour : Alonso rejoint le stand hâtivement pour de nouveaux pneus, et peu après, Piquet Jr percute le mur. L'épreuve est arrêtée derrière la voiture de sécurité. Alonso peut ainsi prendre de l'avance, lui assurant une victoire surprenante. Lorsqu'il est révélé que la sortie de Piquet Jr a eu lieu sur l'ordre de Briatore, le chef de l'équipe Renault, ayant autrefois remporté des GP en qualité de directeur des écuries Ligier et Benetton, est licencié et exclu de la Formule 1.

Hamilton est en tête du championnat avant la finale au Brésil, avec sept points d'avance sur Massa. Le Finlandais Kimi Räikkönen avait exactement la même avance avant la finale 2007, et il semble encore une fois que Hamilton va rater la victoire. Le départ est reporté à cause d'une averse, et l'épreuve a lieu sur une piste détrempée. Massa domine à domicile, et lorsqu'il franchit la ligne d'arrivée en tant que vainqueur, Hamilton retombe à la 6e place – ce qui suffit précisément pour qu'il ne soit pas champion du monde. Cependant, pendant que les cris d'allégresse éclatent dans le cockpit et sur le stand Ferrari, Hamilton remporte péniblement la 5e place en dépassant Timo Glock (Toyota) dans le tout dernier virage. Le cinquième point supplémentaire ainsi obtenu suffit pour qu'il soit titré. Massa, déçu mais calme, doit se contenter de la 2e place au championnat. *« C'est ça la course. Et je suis toujours fier de ma prestation »*, déclare-t-il après l'épreuve. Hamilton est devenu le champion du monde le plus jeune de l'histoire de la Formule 1, et Massa le perdant le plus digne et le plus populaire.

2009 - SURMONTER LA CRISE

Durant 2008, la Formule 1 est sérieusement rattrapée par la crise financière. Déjà, au début du printemps, la petite écurie soutenue par Honda, la Super Aguri F1 Team, se déclare en faillite. Après la saison arrive le grand choc : l'écurie Honda se retire de la Formule 1 avec effet immédiat.

La décision prise à Tokyo est amère pour les salariés du quartier général de l'équipe Honda à Brackley en Angleterre. Déjà, en début de saison, ils avaient laissé tomber la monoplace 2008 pour se concentrer sur le modèle 2009, qui maintenant semble devoir chercher une place au musée Honda à Suzuka sans avoir jamais pu faire ses preuves sur piste. Cependant, le chef de l'écurie, Ross Brawn, continue à se battre pour son équipe et ses salariés, et Honda accepte, pour ne pas avoir à payer des centaines de millions afin de fermer l'écurie et de rompre toute une série de contrats, de céder à Brawn tout le département F1 pour une livre sterling symbolique. Brawn conclut rapidement un contrat de moteur avec Mercedes, et lorsque le peloton se réunit pour le premier GP 2009 en Australie, il reste toujours vingt monoplaces.

Des modifications importantes de la réglementation sont adoptées pour la saison 2009, comprenant entre autres de nouvelles dimensions d'ailerons et la réintroduction des pneus slick. Normalement, les nouvelles règles sont avantageuses pour les grandes écuries, car elles ont plus de moyens pour s'adapter. Mais cette fois, la FIA a opéré de telles refontes que l'année 2009 débute par un coup d'éclat : grâce au fonds de Honda et à Ross Brawn, la nouvelle écurie Brawn crée une monoplace qui, en tirant parti des incertitudes réglementaires, se trouve dans une classe à part.

Jenson Button domine la première moitié de la saison dans sa monoplace Brawn et acquiert une confortable avance dans le championnat grâce à ses six victoires lors des sept premières courses. Il ne remporte aucune victoire après les vacances d'été, mais, en maintenant son avance grâce aux 2es places, il devient l'un des titrés les plus inattendus de l'histoire de la Formule 1.

À mesure que les autres écuries s'adaptent aux nouvelles règles, la compétition en tête se resserre. De manière surprenante, durant l'été, c'est Red Bull-Renault, avec Sebastian Vettel et Mark Webber, qui se bagarre contre Brawn.

McLaren-Mercedes commence la saison timidement, mais prend de l'avance sur le peloton tout au long de l'année, tandis que Ferrari perd Felipe Massa lorsque le Brésilien se blesse grièvement lors des essais du Grand Prix de Hongrie. Le Brésilien engage immédiatement une dure bataille pour son retour et, Massa se trouvant désormais sur la liste des blessés, Michael Schumacher, à présent quadragénaire, tente de faire son retour en qualité de remplaçant. Cependant, ses projets tombent à l'eau : l'Allemand souffre encore des suites d'un accident de moto. Il reste toutefois le pilote le plus médiatisé de la Formule 1 pendant quelques semaines.

Les éternels hauts et bas de la F1 sont mis en exergue lorsque BMW déclare, au milieu de l'été, que l'équipe se retire de la Formule 1 après la saison 2009. L'écurie est revendue à son fondateur, Peter Sauber, qui continue sous son propre nom. L'écurie de Toyota est rattrapée par la crise financière en novembre, et se retire sans avoir remporté de succès malgré des budgets faramineux.

Mais au bout de soixante saisons, ce genre de nouvelles ne peut plus sérieusement secouer le monde de la Formule 1 : de nouvelles équipes sont prêtes.

Pages suivantes : Toyota participe à la Formule 1 de 2002 à 2009, mais ne remportera jamais de titre malgré des budgets importants. Ici, la sortie de piste de Jarno Trulli lors des essais du Grand Prix d'Australie 2006.

EMC²
DENS
intel
Esso
TOYOTA
TOYOTA

asonic
EMC
One Aim

Red Bull rachète l'écurie Jaguar en 2005, mais il faut plusieurs années avant que l'équipe puisse vraiment faire partie de la compétition. Ci-contre, la sortie de piste de David Coulthard à Monza.

Pages suivantes : L'accident du polonais Robert Kubica (BMW) lors du GP du Canada en 2007 reste l'un des plus spectaculaire. L'avant est complétement brisé et la voiture termine sa folle course couchée sur le côté contre la barrière de sécurité.

ITA1639
COURSE
FIRE MARSHAL
BRIDGESTONE
RBS
LUBRAX
airasia

CREDIT SUISSE
intel

airasia.com
RBS
17
PHILIPS

Sortie de route pour Alexander Wurz au volant de sa Williams FW29 lors du GP du Japon en 2007 qui marque la fin de sa carrière en Formule 1.

Pages suivantes : En 2007, les pilotes McLaren, Fernando Alonso (à droite) et Lewis Hamilton se livrent une rude bataille, faisant remporter le titre mondial à Kimi Räikkönen (à gauche).

PIAGGIO
AERO

BRIDGESTONE
BRIDGESTONE
BRIDGESTONE
Mobil 1
vodafone
PUMA

BRAWN GP
HENRI LLOYD
BRAWN GP
POTENZA

L'écurie Brawn, créée sur la base de l'équipe Honda, participe uniquement à la saison 2008. Jenson Button y remporte largement le titre mondial.

Pages suivantes : En 2009, Giancarlo Fisichella a l'occasion de remplacer Felipe Massa, blessé, dans l'écurie Ferrari. L'Italien lors d'un arrêt au stand au Grand Prix de Singapour 2009.

3
Alice
FIAT
MUBADALA
ABU DHABI
V-Power
BRIDGESTONE

Allianz
V-Power
BRIDGESTONE
AMD

PLUS JEUNE POLEMAN
Sebastian Vettel · 21 ans et 72 jours · Grand Prix d'Italie 2008

SEUL PILOTE TITRÉ CINQ FOIS DE SUITE
Michael Schumacher · 2000 à 2004

RECORD DE VICTOIRES EN UNE SAISON
13 des 18 courses · 2004 · Michael Schumacher

PLUS LONG DUO DE PILOTES
Michael Schumacher et Rubens Barrichello · Ferrari · 102 courses · 2000 à 2005

PLUS LONGUE PÉRIODE DE VICTOIRES ANNUELLES
1992 à 2006 · Michael Schumacher remporte des GP durant toutes ces saisons

RECORDS

PLUS LONGUE SÉRIE DE TITRES POUR LA MÊME ÉCURIE
72 GP · 1996 à 2006 · Michael Schumacher (Ferrari)

SEULE SAISON OÙ UN PILOTE MONTE SUR LE PODIUM À CHAQUE COURSE
2002 · Michael Schumacher · 17 courses

PÉRIODE LA PLUS LONGUE ENTRE LA PREMIÈRE ET LA DERNIÈRE VICTOIRE D'UN PILOTE
14 ans et 32 jours · Michael Shumacher · Grand Prix de Belgique 1992 et Grand Prix de Chine 2006

PLUS LONGUE PÉRIODE OÙ UN PILOTE MONTE À CHAQUE FOIS SUR LE PODIUM
2001 à 2002 · Michael Schumacher · 19 courses de suite

PÉRIODE LA PLUS COURTE ENTRE DEUX VICTOIRES EN GP
7 jours · Lewis Hamilton · Grand Prix du Canada et Grand Prix des États-Unis 2007

RECORD DE VICTOIRES OÙ UNE ÉCURIE A SES DEUX PILOTES EN TÊTE
2000 à 2005 · Michael Schumacher et Rubens Barrichello (Ferrari) · 1re et 2e place lors de 24 courses

COURSE LA PLUS RAPIDE
Grand Prix d'Italie 2003 · Michael Schumacher · Vitesse moyenne : 247,585 km/h

PILOTE LE PLUS VITE TITRÉ
2002 · Le 21 juillet, Michael Schumacher est déjà champion du monde

PÉRIODE LA PLUS LONGUE DE CHAMPION DU MONDE EN TITRE
Michael Schumacher · 4 ans et 352 jours (2000-2004)

PREMIÈRE ÉPREUVE NOCTURNE
Grand Prix de Singapour 2008

2000-2009
STATISTIQUES ET FAITS MARQUANTS

ÉCURIE LA PLUS PERFORMANTE
Brawn · 2009 · 47 % des courses remportées (8 sur 17)

ÉCURIE LA MOINS PERFORMANTE
Arrows · 382 GP (1978-2002) sans gagner.

AMENDE LA PLUS ÉLEVÉE
100 millions de dollars · McLaren · 2007 · Pour espionnage

ÉCURIE AVEC LE RECORD DE POLE POSITIONS SANS GAGNER
Toyota · 3 pole positions sans remporter aucune épreuve · 2002 à 2009

ING
vodafone
22
SAP
Mobil

Lewis Hamilton s'envolant de la piste lors des essais du Grand Prix d'Australie 2008.

F1 TECHNOLOGIE 2000-2009

TECHNIQUES NOUVELLES

AILERONS FLEXIBLES

SYSTÈME D'ANTIPATINAGE ET DE LAUNCH CONTROL

MOTEURS 2,4 LITRES

DOUBLE DIFFUSEUR

SREC

AILERONS AVANT

RÉGLEMENTATION

2004
Le même moteur est utilisé tout le week-end du Grand Prix

À COMPTER DE 2005
Le même moteur est utilisé durant deux week-ends de Grand Prix

À COMPTER DE 2009
Chaque pilote peut utiliser huit moteurs par saison

2000 À 2005
Moteur V10 3,0 litres sans compresseur

POIDS MINIMUM (pilote compris)
600 kg

PUISSANCE ET POIDS TYPES
850 ch/600 kg (pilote compris) (Ferrari F2001 - 2001)
915 ch/600 kg (Renault RS25 - 2005)

2006
Moteur V8 2,4 litres sans compresseur

POIDS MINIMUM (pilote compris)
600 kg

PUISSANCE ET POIDS TYPES
700 ch/600 kg (pilote compris) (Renault RS26 - 2006)

2007 À 2008 :
Moteur V8 2,4 litres sans compresseur ; max. 19 000 tr/mn

POIDS MINIMUM (pilote compris)
2007 : 600 kg
2008 : 605 kg

2009
Moteur V8 2,4 litres sans compresseur ; max. 18 000 tr/mn

POIDS MINIMUM (pilote compris)
605 kg

PUISSANCE ET POIDS TYPES
730 ch/605 kg (pilote compris) (Brawn BGP 001 - 2009)

POINTS

2000 À 2002
10-6-4-3-2-1 points aux six premiers
2003 À 2009
10-8-6-5-4-3-2-1 points aux huit premiers

COURSES PRISES EN COMPTE AUX CHAMPIONNATS DU MONDE 2000 À 2009
Toutes les courses sont prises en compte

La première décennie du nouveau millénaire comporte plus que jamais d'importantes modifications de la réglementation. Des câbles en polymères rattachant les roues au châssis dans le cas d'une suspension cassée sont introduits après des accidents mortels d'officiels en 2000 et 2001 suite à des roues folles éjectées par des monoplaces accidentées. Les câbles sont renforcés durant la décennie, et même si les roues continuent parfois à se détacher, ces câbles améliorent la sécurité à la fois des pilotes et des spectateurs.

Le système d'antipatinage (et de launch control) est de nouveau autorisé. La technologie informatique évoluant désormais très rapidement, les contrôleurs de la FIA n'ont aucune chance réelle de démasquer d'éventuels tricheurs. C'est la raison pour laquelle l'antipatinage est de nouveau autorisé au Grand Prix d'Espagne 2001. Cette réintroduction officielle n'a pas affecté les temps au tour, ce qui donne à penser qu'il n'avait jamais vraiment disparu de la F1.

Toutes les écuries possédant désormais leur propre soufflerie (certaines en ont même deux), l'aérodynamique s'affine de plus en plus. Cependant, si l'effet de sol des voitures augmente grâce à divers mini-ailerons et autres accessoires aérodynamiques, l'évolution signifie qu'il est de plus en plus difficile de dépasser. Tous les ailerons créent désormais tellement de turbulences pour les pilotes de part et d'autre, qu'ils perdent l'effet de sol (et en fin de compte la tenue de route), sur laquelle se base tout dépassement.

Les courses sont moins spectaculaires sans les dépassements, et la FIA essaie, tout au long de la décennie, de réduire l'effet de sol aérodynamique en créant de nouvelles règles détaillées au sujet de l'emplacement et des dimensions des ailerons.

En 2002, plusieurs écuries testent, plus ou moins ouvertement, les ailerons flexibles ; c'est-à-dire des ailerons arrière s'inclinant sur les côtés sous la pression du vent. Lorsque la vitesse (et donc la résistance du vent) est suffisante, l'aileron s'abaisse de quelques centimètres de sorte que la résistance diminue. Lorsque le pilote freine, l'aileron se remet dans sa position initiale, créant ainsi l'effet de force optimale pour le freinage, le virage et l'accélération qui s'ensuit. Mais ces appendices devant fléchir, ils sont relativement fragiles et certains se brisent à plusieurs occasions, provoquant des sorties de piste extrêmement dangereuses. La FIA intervient au sujet des ailerons flexibles en introduisant de nouvelles exigences plus sévères en matière de solidité des structures de base. Mais à partir de 2009, elle autorise l'adaptation de l'inclinaison des ailerons avant, à partir du cockpit.

Tout au long des années 2000, la FIA se bat de plus en plus pour diminuer à la fois les temps au tour et les budgets au sein d'un sport où les meilleures écuries dépensent jusqu'à 400 millions d'euros par an. À compter de 2004, il faut utiliser le même moteur pendant tout le week-end du Grand Prix, et l'année suivante, l'exigence passe à deux week-ends de suite. À compter de 2008, des exigences minimales sont fixées par rapport à la durée de vie des boîtes de vitesses.

En 2006, la cylindrée diminue. Aux moteurs V10 de 3 litres sont préférés les V8 de 2,4 litres. En 2007, le régime maximal est fixé à 19 000 tr/mn et en 2009 il diminue à 18 000 tr/mn. On retrouve plus ou moins les niveaux de puissances de fin 2006. Pour cette raison, les temps au tour ne baissent pas et les records de piste de 2004 à 2005 ne sont pas menacés pendant plusieurs années. C'est un changement considérable, la Formule 1 étant jusque-là sans cesse marquée par un accroissement des puissances et des vitesses.

À compter de 2008, toutes les monoplaces doivent être équipées d'ECUs identiques (Unité de commande électronique). Grâce aux ECUs scellées, la FIA a soudainement la possibilité de contrôler l'interdiction de l'antipatinage, réintroduit à compter de 2008.

Le changement de pneus est interdit en 2005, mais autorisé à nouveau en 2006. À compter de 2007, il n'y a qu'un seul manufacturier de pneumatiques en Formule 1. Michelin se retire de la F1 au bout de quelques années de guerre intensive contre Bridgestone. Ce dernier devient fournisseur exclusif. Cela permet aussi à la FIA de mieux gérer cette offre unique.

En 2009, la réglementation est encore modifiée de manière radicale. Il s'agit à nouveau de diminuer l'effet de sol aérodynamique, en interdisant les mini-ailerons ou assimilés, tandis que l'aileron arrière est réduit de manière significative. Puisque l'effet de sol de l'aileron arrière est diminué, le diffuseur, contrôlant les masses d'air sous la monoplace, sera encore plus important. Il permet de créer une dépression, aspirant le véhicule vers la piste. Trois écuries, menées par la nouvelle équipe Brawn-Mercedes, poussent l'interprétation plus loin que le reste du peloton. Brawn entame la saison avec un double diffuseur lui garantissant une avance technique, jusqu'à ce que d'autres écuries puissent développer des solutions semblables. En 2009, il était possible d'équiper les véhicules du SREC (Système de récupération de l'énergie cinétique) : un système sophistiqué récupérant l'énergie cinétique lors des freinages. Cette énergie est stockée dans de grandes batteries et ensuite libérée – sous forme d'environ 80 ch supplémentaires – en appuyant sur un bouton dans le cockpit. Environ 10 millions d'euros sont dépensés durant l'hiver 2008-2009 pour le développement des systèmes SREC, et Ferrari, McLaren-Mercedes, Renault et BMW en bénéficient en début d'année. Renault et BMW abandonnent le système au cours de la saison lorsqu'il s'avère que les inconvénients – poids et complexité accrus – ne peuvent souvent pas compenser la puissance supplémentaire, tandis que McLaren-Mercedes et Ferrari remportent des épreuves avec des moteurs SREC plus tard dans l'année.

En quête d'effet de sol, les concepteurs de Formule 1 développent des solutions de plus en plus originales. En haut, un aileron avant Honda de 2008.

Le titre mondial de l'écurie Brawn en 2008 est, entre autres, dû à un double diffuseur performant, contribuant à « l'aspiration » de la monoplace contre la piste (en bas).

En 2009, au bout de dix années de pneus rainurés y compris par temps sec, on revient aux pneus slick traditionnels sans rainures (en bas). En 2006, la réglementation des moteurs est modifiée de V10 de 3 litres à des V8 de 2,4 litres (en haut).

BMW Sauber F1 Team

POTENZA

Pour éviter que les roues ne se détachent, les voitures sont équipées de cordes en polymère.

Page ci-contre: En 2009, toutes les voitures équipées du système SREC doivent apposer le panneau jaune « haute tension ».

2020

10

21

LES ANN

RETOUR DE MICHAEL SCHUMACHER EN FORMULE 1 APRÈS TROIS ANS D'ABSENCE (2010) / SEBASTIAN VETTEL EST LE PLUS JEUNE CHAMPION DU MONDE DE L'HISTOIRE DE LA FORMULE 1 (2000) / TOM KRISTENSEN TITRÉ AUX 24 HEURES DU MANS POUR LA NEUVIÈME FOIS (2013) / DÉCÈS ACCIDENTEL DU PILOTE DE FORMULE 1 JULES BIANCHI (2015) / PUBLICATION D'UN PROJET DE GRAND PRIX DE F1 À COPENHAGUE (2017) / DÉCÈS D'ANTHOINE HUBERT, PILOTE DE FORMULE 2 (2019) / L'ÉPIDÉMIE COVID-19 AFFECTE LE SPORT AUTOMOBILE (2020) / RACHAT DE L'ÉCURIE WILLIAMS (2020) / DÉCÈS DE L'ANCIEN PILOTE DE F1 STIRLING MOSS (2020)

2010

ÉES 2021

2010 - REDISTRIBUTION DES CARTES

L'écurie Honda, reprise par Ross Brawn l'hiver 2008-2009, se dénomme Mercedes dès 2010. Brawn, après sa victoire dans le championnat 2009, revend l'écurie à l'usine automobile allemande qui, au bout de seize ans en tant que fournisseur de moteurs pour McLaren et d'autres, souhaite avoir sa propre équipe. Le prix d'achat n'est pas publié, mais il ne fait aucun doute que Ross Brawn, ayant acquis l'écurie au prix d'une livre sterling symbolique douze mois plus tôt, a fait une très bonne affaire.

Michael Schumacher, qui s'est remis de ses blessures après son accident de moto ayant empêché son retour en 2009, fait son come-back à 41 ans chez Mercedes après trois ans de pause, avec son compatriote Nico Rosberg, comme coéquipier. *« J'ai récupéré mon énergie au bout de trois ans. Après avoir fait l'imbécile à moto, je suis à nouveau prêt pour quelque chose de plus sérieux »*, déclare le septuple champion du monde.

À l'autre bout du peloton, trois nouvelles écuries débutent en Formule 1. Dans la perspective de l'introduction d'un plafond budgétaire sur quelques années afin de limiter les dépenses de ce sport onéreux, les places pour concourir au championnat sont chères. Quinze nouvelles écuries font la demande, et la FIA attribue les places à l'écurie anglaise Virgin, l'écurie espagnole HRT, et l'écurie américaine USF1. Par la suite, l'USF1 ayant fait faillite avant même que la construction de leur première monoplace ne soit achevée, l'écurie Lotus, devenue malaisienne, entre dans la compétition.

Le barème des points est modifié en vue d'attirer de nouvelles équipes, et désormais ce sont les dix premières monoplaces franchissant la ligne d'arrivée qui obtiennent des points pour le championnat du monde. Là où le vainqueur depuis le début du championnat en 1950 obtenait 8 (1950 à 1959), 9 (1960 à 1990) ou 10 points (1991 à 2009), le premier à franchir la ligne d'arrivée à compter de 2010 obtient 25 points. Il devient incongru de comparer la récolte des points des pilotes des différentes périodes de l'histoire de la Formule 1.

Bahreïn, le premier GP de la saison 2010, marque le 60e anniversaire du championnat du monde de F1. La course est remportée par Fernando Alonso, passé chez Ferrari, et une saison palpitante et divertissante se prépare avec les victoires de Jenson Button (McLaren-Mercedes) et Sebastian Vettel (Red Bull-Renault) dans les deux prochaines épreuves. Mark Webber, le coéquipier de Vettel, remporte deux victoires d'affilée en Espagne et à Monaco dans la lutte pour le titre mondial, et l'Australien est également en tête du Grand Prix suivant, en Turquie. Il est par la suite touché lors d'une tentative de dépassement trop ambitieuse de la part de Vettel, lui faisant abandonner la course. Bien que la plupart constatent que Vettel porte la plus grande responsabilité, la direction de Red Bull choisit de soutenir l'Allemand. Dès lors Webber mène une lutte assez solitaire sans le soutien nécessaire de son écurie.

On se prépare, avant la dernière course de l'année à Abou Dhabi, à une finale passionnante. Alonso (246 points), Webber (238), Vettel (231) et Lewis Hamilton (224) sont en mesure de s'emparer du titre. Vettel, auteur de la pole position, domine la course, et lorsque Alonso et Webber franchissent la ligne d'arrivée, respectivement à la 7e et 8e place, Vettel, 23 ans, devient le plus jeune champion du monde de F1 à ce jour.

« Lorsque Lewis (Hamilton) a remporté le titre mondial l'année dernière, je ne pensais pas qu'il y ait un jour un titré plus jeune. Mais les records sont faits pour être battus », lance Vettel après la course.

MUBADALA
ABU DHABI
Red Bull
JOHNNIE WALKER
aigo
Mobil 1
BOSS
Santander
Santander
Santander
sparco
TOTAL
M. WEBBER
O+

aigo
Santander
Red Bull
S.VETTEL
LG
Pepe Jeans

KINGFISHER
ROYAL CHALLENGE
BRIDGESTONE
MEDION
Reebok
DOUBLEMINT
MEDION
WHYTE & MACKAY
SCOTCH WHISKY
AIRBUS

L'accident de Vitantonio Liuzzi (Force India) après l'accrochage avec Felipe Massa (Ferrari) juste après le départ du Grand Prix du Japon 2010.

Pages précédentes : Lewis Hamilton (McLaren), Fernando Alonso (Ferrari), Mark Webber (Red Bull), Jenson Button (McLaren) et Sebastian Vettel (Red Bull) participent tous à la bagarre pour le titre en 2010 (de gauche à droite).

2011 - LE FAISEUR DE CHAMPION

Le Grand Prix de Monaco nous rappelle que malgré d'énormes progrès en matière de sécurité, à la fois sur les véhicules et sur les pistes, la Formule 1 reste une affaire risquée. Sergio Pérez (Sauber-Ferrari), après avoir violemment heurté la barrière de protection lors des essais, ne peut s'aligner au départ de la course durant laquelle Vitaly Petrov tombe dans le coma lors d'un carambolage impliquant cinq monoplaces juste avant l'arrivée. Tandis que Pérez ne participe pas non plus à la course suivante au Canada, Petrov se remet très vite.

Vettel remporte son deuxième titre mondial avant son 25ᵉ anniversaire. Il est clair que le jeune Allemand possède la meilleure monoplace du peloton, et les nombreuses victoires de Red Bull rappellent que le chef technique de l'écurie, Adrian Newey, est l'ingénieur le plus performant du nouveau millénaire. Newey, fraîchement diplômé de l'université, n'a que 22 ans en 1980 lorsqu'il commence sa carrière en Formule 1 dans la petite écurie Fittipaldi. Au début des années 1990, il est embauché chez Williams où il conçoit les monoplaces avec lesquelles Nigel Mansell et Alain Prost remportent leurs titres mondiaux. Il coopère par la suite aux titres mondiaux de Mika Häkkinen chez McLaren, et prend la direction technique de la nouvelle écurie Red Bull en 2006.

Durant cette saison, Vettel finit seulement 4ᵉ sur le circuit à domicile de Nürburgring et abandonne à Abou Dhabi, mais termine pour le reste sur le podium dans l'ensemble des épreuves, remportant onze d'entre elles. L'une des victoires a lieu en Inde, qui débute au calendrier de la Formule 1 avec un circuit récemment construit près de New Delhi. L'Inde, un des pays les plus pauvres du monde, a dépensé des centaines de millions d'euros dans la construction du circuit Buddh, suscitant l'intérêt de la classe supérieure indienne mais seulement la première année. Le Grand Prix d'Inde disparaîtra du calendrier en 2014.

2012 - SIX CHAMPIONS DANS LE PELOTON

Cette fois-ci la compétition est serrée entre le tandem Vettel-Newey et Fernando Alonso-Ferrari. La saison est l'une des plus divertissantes depuis plusieurs années, et elle est déjà historique même avant le départ : Kimi Räikkönen, après deux ans de championnat du monde des rallyes, fait son retour en F1. Avec Sebastian Vettel, Jenson Button, Lewis Hamilton, Fernando Alonso et Michael Schumacher, le Finlandais fait en sorte qu'il y ait six titrés mondiaux au sein du peloton.

Il y a également à nouveau des femmes pilotes dans la Formule 1. Susie Wolff, l'épouse de Toto Wolff, directeur de sport automobile chez Mercedes, est nommée pilote d'essais libres chez Williams, courant très convenablement avec des moteurs Mercedes, elle effectue durant les années à venir plusieurs tests et essais pour l'écurie sans toutefois prendre le volant d'une Formule 1 en Grand Prix.

María de Villota joue un rôle identique au sein de la petite écurie Marussia, débutant dans la Formule 1 en 2010 sous le nom de Virgin. De Villota, fille de l'ancien pilote de Formule 1, Emilio de Villota, fait ses premiers essais sur l'aéroport de Duxford, en Angleterre, en juillet. Elle est juste censée collecter les données du véhicule en faisant des allers-retours sur la piste d'atterrissage lorsque, après avoir terminé le programme initial de la journée, à petite vitesse, elle perd le contrôle en heurtant la rampe de chargement de l'un des camions de l'écurie. Elle est grièvement blessée au visage, perd un œil, et arrête sa carrière active dans le sport automobile. En octobre 2013, elle décède à l'âge de 33 ans d'un arrêt cardiaque, probablement provoqué par les lésions de l'accident à Duxford.

La saison 2012 débute par sept vainqueurs différents pour les sept premières épreuves. La victoire la plus inattendue est celle en Espagne, où Williams remporte le premier Grand Prix de l'écurie depuis huit ans. Au volant, Pastor Maldonado qui, avec son surnom « Crashdonado », n'a sa place au sein du peloton de la Formule 1 que parce que son sponsor personnel, la compagnie pétrolière appartenant à l'État vénézuélien, la PDVSA, injecte annuellement quelque 25 millions d'euros dans l'écurie Williams. Maldonado commet, tant avant qu'après sa dernière victoire de Grand Prix, des erreurs en série et détruit de nombreuses voitures. Mais cet après-midi-là, sur le circuit de Catalunya près de Barcelone, les planètes s'alignent parfaitement pour le Vénézuélien, qui gagne devant Alonso, héros à domicile. L'incendie qui se déclare au stand de Williams après la course et endommage la monoplace victorieuse rappelle néanmoins que la réputation de Maldonado de « bousilleur » de voiture n'est pas usurpée…

Avant les vacances d'été, Alonso semble être en route vers le titre mondial. Il a déjà une avance de 40 points devant les pilotes Red Bull, Mark Webber et Sebastian Vettel. Mais lors de la première course après les vacances, le Grand Prix de Belgique à Spa-Francorchamps, Alonso abandonne dès le départ suite à un carambolage causé par Romain Grosjean (Lotus-Renault). Le jeune Français, après une saison offensive, devient l'un des rares pilotes à être mis en quarantaine, en se faisant exclure du prochain Grand Prix d'Italie.

Le carambolage en Belgique marque un tournant dans la lutte pour le championnat, car malgré la série de 2ᵉ et 3ᵉ places remportées par Alonso, Vettel remporte quatre épreuves d'affilée. L'avance de l'Allemand est de 13 points avant la finale au Brésil, et malgré sa 6ᵉ place à la fin de la course sur une piste détrempée – une épreuve marquée par près de 147 dépassements –, cela suffit pour qu'il remporte son troisième titre mondial de suite. Au Brésil, l'idole de jeunesse de Vettel, Michael Schumacher, franchit la ligne d'arrivée à la 7e place, quelques secondes après le champion du monde tout juste sacré.

Schumacher annonce avant la course qu'il prend sa retraite définitive de la Formule 1. L'Allemand de 43 ans a couru un total de 307 GP, remporté 91 victoires et 7 titres mondiaux, triomphes qui ont tous eu lieu dans la première partie de sa carrière.

Bien qu'il monte à la fois sur le podium (à la 3e place au Grand Prix d'Europe 2012) et réalise le meilleur tour aux essais (Grand Prix de Monaco 2012) lors de ses trois saisons chez Mercedes après son retour en 2010, il est évident que Michael Schumacher est capable de devancer tous et tout, sauf l'âge.

Mercedes a aussi sa responsabilité dans l'absence de victoires durant la deuxième partie de la carrière de Schumacher. L'écurie allemande n'est pas vraiment compétitive durant cette période. Mais en 2012, en Chine, Nico Rosberg, le coéquipier de Schumacher de seize ans plus jeune que lui, remporte toutefois la première victoire de Mercedes depuis le Grand Prix d'Italie 1955.

2013 - LE RETOUR DE MERCEDES

Le constructeur allemand était absent de la F1 de 1956 à 1993, et uniquement fournisseur de moteurs de 1994 à 2010. Mercedes, tablant dès le début sur la réglementation des moteurs hybrides qui entrera en vigueur en 2014, se prépare à dominer, à l'instar des années 1954 à 1955. Ce qui est surprenant, c'est que Lewis Hamilton signe en tant que remplaçant de Schumacher. L'Anglais a passé jusque-là toute sa carrière de F1 chez McLaren, l'écurie lui apportant son soutien depuis sa période dans le karting. Il passe chez Mercedes alors que l'écurie allemande ne peut se targuer d'une seule victoire de Grand Prix entre 2010 à 2012, quand McLaren en remporte 18. De mauvaises langues indiquent que ce changement d'écurie est lié à une hausse de salaire considérable, pouvant financer le train de vie de plus en plus extravagant du jeune Anglais. Hamilton montre cependant que Mercedes est une écurie en progression grâce à la victoire au Grand Prix de Hongrie et aux deux titres de GP remportés par son nouvel-ancien coéquipier, Nico Rosberg (adolescents, ils couraient pour la même équipe de karting). Ils sont cependant loin d'empêcher Sebastian Vettel et Red Bull de remporter encore un titre mondial. Dans la première moitié de la saison, Fernando Alonso et Ferrari font de nouveau pression, mais Vettel remporte toutes les épreuves après les vacances d'été, terminant, avec ses 9 victoires d'affilée, 155 points devant l'Espagnol.

La saison 2013 est aussi la première saison sans les nouvelles écuries entrées dans la F1 en 2010. La possibilité d'augmenter les budgets alloués à la course, ayant attiré Virgin, HRT et Lotus dans la F1, n'a jamais lieu, et les prévisions économiques des nouvelles écuries sont finalement désastreuses. HRT fait faillite avant 2013. Virgin est rachetée au nom de Marussia. Lotus, ayant le même propriétaire malaisien, est rebaptisée Caterham. Et la situation des nouvelles écuries empire en 2014, quand la nouvelle réglementation sur les moteurs fait exploser les budgets. Les V8 essence de 2,4 litres, en usage depuis 2006, n'ont plus la cote. De fait, les marques automobiles impliquées dans la F1 souhaitent désormais des moteurs plus en accord avec l'air du temps. On se met rapidement d'accord pour courir avec des moteurs V6 turbo hybrides de 1,6 litre. Tandis que Renault (fournisseur de moteurs pour Red Bull) et Ferrari se concentrent sur les titres mondiaux de 2012 à 2013, Mercedes a pour objectif la réalisation de nouveaux moteurs. Le constructeur allemand dispose d'une forte avance lorsque les nouvelles règles entrent en vigueur en 2014.

2014 - GUERRE INTERNE

Puisque l'on va de toute façon dépenser des milliards à Sotchi pour les Jeux olympiques d'hiver, le président russe Vladimir Poutine estime que l'on peut aussi bien construire un circuit de Formule 1. Celui-ci passe autour de plusieurs des grands halls et stades, et permet de créer le premier Grand Prix de Russie.

En Autriche, Red Bull rachète le circuit d'Österreichring. Transformé et modernisé, il est prêt pour signer le come-back du pays dans le calendrier du championnat en 2014, sous le nom de Red Bull Ring. En revanche, quelques-unes des épreuves ayant été incluses dans le championnat du monde quelques années auparavant, ayant fait l'objet d'investissements massifs mais d'un faible intérêt de la part des spectateurs, sont supprimées. Le Grand Prix de Corée près de Mokpo disparaît après quatre éditions, et l'Inde perd son statut d'organisateur de Grand Prix après seulement trois courses sur le circuit Buddh. Les services d'impôts locaux jouent ici un rôle, car ils estiment être en droit de taxer un vingtième des recettes des écuries participantes. Cependant, l'argument n'est pas un frein pour les chefs de la F1 et durant les années à venir, on cherchera de nouvelles opportunités au Mexique et en Azerbaïdjan.

En 2014, quand la saison débute avec le Grand Prix d'Australie, à Melbourne, il est évident que les moteurs Mercedes sont dans une classe à part. Lewis Hamilton démarre en pole position, mais abandonne dès le troisième tour. Son coéquipier chez Mercedes, Nico Rosberg, ramène par la suite une victoire sûre, tandis que McLaren (avec son moteur Mercedes), ayant en 2013 vécu la première saison de l'écurie sans monter sur le podium depuis 1980, remporte une 2e place sensationnelle grâce à Kevin Magnussen lors du premier Grand Prix d'Australie.

»

Jaime Alguersuari (Toro Rosso) s'envole à toute vitesse après avoir touché le mur lors du Grand Prix de Singapour 2010.

Photo ci-contre : Lotus Racing, ultérieurement rebaptisée Caterham, fait partie des nouvelles écuries entrées dans la F1 en 2010. Ci-dessus, Jarno Trulli sur la piste détrempée de Spa-Francorchamps en Belgique, en 2011.

RENAULT
NAZA
NAZA

PDVSA
randstad
RENAULT
Embratel
Gillette
aabar

Senna vs Schumacher version 2.0 :
Début des années 1990, Michael Schumacher et Ayrton Senna se combattent. En 2012, Michael Schumacher, désormais âgé de 43 ans (Mercedes – à droite) s'accroche avec Bruno Senna (Williams – le neveu d'Ayrton) au Grand Prix d'Espagne.

INFINITI
Red Bull
TOTAL
RENAULT
alpinestars
TOTAL

Arrêt au stand pour Daniel Ricciardo (Red Bull) lors du Grand Prix de Malaisie 2013 à Sepang.

Pages suivantes : De 2011 à 2013 a eu lieu le Grand Prix d'Inde au circuit Buddh près de New Delhi. Sebastian Vettel (Red Bull), ci-dessus en 2013, remporte toutes les courses de circuit.

INFINITI
Q100
RENAULT
RENAULT

Mercedes domine totalement le restant de l'année, le championnat devenant une affaire interne entre Hamilton et Rosberg. Durant la première moitié de la saison, l'Anglais remporte cinq courses et l'Allemand quatre, mais c'est tout de même Rosberg qui est en tête du championnat grâce à de meilleures places secondaires lorsque le peloton est rassemblé lors du Grand Prix de Belgique, fin août. Hamilton vire en tête, mais Rosberg attaque déjà au deuxième tour en heurtant la roue arrière de son coéquipier avec son aileron avant. Hamilton abandonne peu de temps après et raconte après la course que Rosberg l'a heurté exprès. *« Il a avoué qu'il aurait pu m'éviter. Qu'il l'a fait pour prouver quelque chose »*, déclare l'Anglais en rage. Rosberg, malgré sa monoplace endommagée, franchit la ligne d'arrivée sain et sauf à la 2e place et renforce encore son placement en tête du championnat. Mais la direction de Mercedes ne se laisse pas impressionner par une victoire pourtant évidente transformée en une 2e place décevante, leurs deux pilotes étant 1er (Rosberg) et 2e (Hamilton) sur la grille de départ. Mercedes convoque les pilotes à une réunion durant laquelle Rosberg est tenu pour responsable en grande partie de la collision et les tensions internes pénalisent l'écurie allemande. Hamilton remporte les cinq épreuves suivantes d'affilée et dispose d'une forte avance avant la finale à Abou Dhabi. La FIA décide, suite à la pression du grand argentier de la F1 Bernie Ecclestone dans le but de faire durer le suspense, que des points doublés seront distribués. Au Grand Prix d'Abou Dhabi 2014, un total de 50 points est attribué au vainqueur. La lutte pour le championnat est ouverte grâce à cette nouvelle règle, mais n'est guère appréciée par les fans de F1 qui la trouvent à la fois artificielle et peu sportive. Heureusement, Hamilton, avec ses 11 victoires de GP contre les 5 de Rosberg, sort vainqueur de la course à Abou Dhabi en s'emparant du titre devant son coéquipier.

Red Bull est la seule autre écurie à remporter des épreuves en 2014, mais ce n'est pas, de façon surprenante, le quadruple champion du monde Sebastian Vettel qui est crédité de ces victoires. Les nouvelles monoplaces ne conviennent pas à l'Allemand, éclipsé par son nouveau coéquipier, Daniel Ricciardo. Le jeune Australien remporte son premier Grand Prix au Canada, et plus tard dans l'année, il gagne aussi en Hongrie et en Belgique. Il termine 3e au championnat, après les pilotes plus performants de Mercedes ; 71 points devant Vettel à la 5e place. Nombreux sont ceux qui commencent à laisser entendre que les quatre titres mondiaux de Vettel de 2010 à 2013 sont plus dus à la technique performante de la monoplace Red Bull qu'à ses performances au volant. C'est peut-être pour redorer sa renommée chancelante – ou peut-être parce qu'il est remonté contre Ricciardo – que Vettel signe avec Ferrari à compter de 2015.

Au Grand Prix du Japon, sous la pluie, Adrian Sutil perd le contrôle de sa Sauber-Ferrari et fait une sortie de piste. Une grue arrive dans la zone de la sortie pour évacuer la monoplace Sauber, tandis que les officiels agitent le drapeau jaune de mise en garde pour que les autres pilotes ralentissent. Au même moment, Jules Bianchi (Marussia-Ferrari), essayant de rattraper les voitures devant lui, fait une sortie de piste. Il heurte la grue de plein fouet, se blessant grièvement à la tête. Après neuf mois de coma, il décède en juillet 2015. Jules Bianchi, pilote dans la catégorie junior chez Ferrari et choisi comme pilote de l'écurie italienne, devient le premier pilote à perdre la vie depuis Ayrton Senna en 1994.

L'accident de Bianchi ne fait que détériorer l'ambiance de crise au sein de l'équipe Marussia qui est depuis longtemps au bord de la faillite. L'écurie est en cessation de paiement et ne participe pas aux trois dernières épreuves de la saison 2014. L'économie de l'écurie Caterham se trouve dans la même situation désespérée et ne participe pas aux deux dernières épreuves de la saison, mais refait surface, grâce à un financement participatif, lors de la finale de la saison à Abou Dhabi. Ce sera cependant sa dernière apparition. Fin 2014, les écuries ayant débuté dans la F1 quatre ans auparavant, disparaissent : HRT a fait faillite après seulement trois saisons. Virgin-Marussia semble également abandonner, mais est sauvée au dernier moment par de nouveaux investisseurs, s'alignant sous le nom de Manor en 2015.

2015 - PAYER POUR PILOTER

Il s'avère lors du début de la saison en Australie que ce ne sont pas que les petites écuries qui souffrent économiquement. Sauber, la quatrième plus ancienne équipe après Ferrari, McLaren et Williams, est sous une telle pression économique qu'elle a recours à des pilotes qui paient pour pourvoir participer. La gravité de la situation est dévoilée avant la première course à Melbourne, lorsqu'il s'avère que Sauber a vendu ses deux monoplaces à trois pilotes : le Suédois Marcus Ericsson et le Brésilien Felipe Nasr décrochent les deux places de l'équipe à l'aide de leurs sponsors personnels, mais le Hollandais Giedo Van der Garde se targue lui aussi d'avoir un contrat valide. Ses sponsors ont déjà payé en 2014 pour sa saison 2015, mais Ericsson et Nasr ont visiblement fait des offres supérieures que ne pouvait refuser Sauber. Un juge de district à Melbourne doit soudainement se prononcer sur des contrats louches, et si dans un premier temps il donne raison à Van der Garde – et menace la directrice de d'équipe de Sauber, Monisha Kaltenborn, de prison – la procédure se termine par une conciliation. Van der Garde et ses sponsors récupèrent les 16 millions de dollars qu'ils auraient versés à Sauber.

En 2011, Renault a vendu son écurie de Formule 1 au fonds d'investissement Genii Capital. Les capitalistes luxembourgeois rebaptisent l'écurie, qui devient la troisième dans l'histoire de la F1 à s'aligner sous le nom de Lotus. Suite aux bonnes saisons 2012 et 2013, les temps sont difficiles, et en 2015 rien ne va plus. À plusieurs reprises, l'équipe n'arrive pas à payer ses factures chez Pirelli, qui, en réponse, refuse de leur fournir des pneumatiques, et les monoplaces restent au stand jusqu'à ce que la situation se débloque. Romain Grosjean obtient une belle 4e place pour Lotus en Belgique, mais les autorités saisissent les monoplaces de l'équipe après la course sur demande des créanciers. Les monoplaces Lotus n'étant libérées que quatre jours plus tard par l'huissier de justice belge, l'écurie avance d'un pas chancelant durant le reste de la saison. Renault, se préparant à l'un de ses come-back réguliers, rachète l'écurie, qui à compter de 2016 redevient incontestable.

En 2015, Mercedes fait de nouveau une marche triomphale sur la piste. Lewis Hamilton est victorieux lors de la course d'ouverture en Australie, mais quinze jours plus tard en Malaisie, la victoire de Sebastian Vettel et Ferrari redonne confiance à l'écurie italienne. Mais l'espoir est de courte durée : Mercedes remporte les huit épreuves suivantes, et le championnat du monde redevient une affaire entre Hamilton et Rosberg.

Tandis que l'Allemand a tiré des enseignements du différend concernant l'accrochage avec Hamilton en Belgique l'année précédente, et pour cette raison ne prend aucun risque, l'Anglais continue sa conduite agressive. Hamilton est à la fois plus rapide, plus audacieux et plus impitoyable avec son coéquipier, et peut dès la troisième épreuve de l'année décrocher le titre de champion du monde 2015. Rosberg, se retirant souvent quand Hamilton envisage une lutte interne, termine la saison avec force. Hamilton, le titre en poche, se détend, et Rosberg remporte les trois derniers GP de la saison.

2016 - UNE LUTTE SANS MERCI

Nico Rosberg commence 2016 comme il a terminé 2015. Mieux préparé que son coéquipier, il met immédiatement Hamilton sous pression avec ses quatre victoires d'affilée – sept sur l'ensemble de la saison. Rosberg montre également qu'il a tiré la leçon du style brutal de Hamilton. Alors qu'avant il laissait de la place aux manœuvres agressives de son coéquipier, Rosberg fait désormais de même. Il démarre en beauté sur le circuit de Catalunya, à Barcelone, pour le Grand Prix d'Espagne, mais son moteur est mal réglé et l'Anglais l'attaque. Lors d'une manœuvre, ultérieurement qualifiée « d'événement fortuit » par les juges, Rosberg ferme la porte à Hamilton. Hamilton continue, sans doute dans l'espoir que Rosberg lui fera de la place, et les deux monoplaces Mercedes s'accrochent et abandonnent. Lewis Hamilton réalise alors que Nico Rosberg cherche à présent à le battre avec ses propres armes.

Les bolides Mercedes éliminés, Max Verstappen remporte une victoire inattendue pour Red Bull. Le Hollandais est le fils de l'ancien pilote de F1 Jos Verstappen, l'un des meilleurs pilotes de karting en Europe au début des années 1990. Les gènes des courses automobiles sont à l'évidence transmis de père en fils, et Max n'a que 16 ans en 2014 lorsqu'il signe, pour 2015, chez l'équipe junior de Red Bull, Toro Rosso. Un mois après son 17e anniversaire, il participe aux essais du Grand Prix du Japon 2014, sur le circuit de Suzuka, sans doute le plus redouté du championnat. Et en 2015, il effectue une saison complète. Il continue chez Toro Rosso en 2016, mais lorsque le Russe Daniil Kvyat déçoit au sein de l'écurie Red Bull, le géant des boissons énergétiques déplace ses pilotes. Kvyat descend au niveau de Toro Rosso, tandis que Verstappen – déjà assez expérimenté en F1 malgré ses 18 ans – est promu à la première équipe, avec laquelle il remporte sa première épreuve en Espagne.

Plus tard dans l'année, c'est le coéquipier de Verstappen chez Red Bull, Daniel Ricciardo, qui gagne en Malaisie, mais pour le reste la plus haute marche du podium est réservée aux pilotes Mercedes.

Ferrari traverse encore une saison frustrante dépourvue de victoires en GP, et est reléguée à la troisième place au championnat du monde des constructeurs.

Rosberg démarre la saison en beauté et se crée une solide avance. Malgré les quatre titres d'affilée remportés en fin de saison par Hamilton, l'Allemand décroche le titre mondial grâce à ses quatre 2es places. Hamilton finit par remporter dix épreuves contre les neuf de Rosberg, mais ce dernier mérite tout de même son titre de champion. Nico Rosberg traverse cependant une saison très dure pour lui mentalement. La conduite agressive n'est pas dans son caractère, et devant la perspective d'une lutte encore plus impitoyable contre Hamilton en 2017, il prend une décision. Rosberg annonce, peu de jours après le sacre, qu'il se retire de la Formule 1 avec effet immédiat.

« Durant mes vingt-cinq ans dans le sport automobile, mon rêve était de devenir champion du monde en Formule 1 », explique Rosberg, dont le père, Keke, a remporté le titre mondial en 1982. *« C'était toujours mon objectif, à travers le travail acharné, les sacrifices et les douleurs. À présent, j'ai gravi ma montagne et je suis au sommet. J'estime que c'est le moment pour moi d'arrêter maintenant. »*

Manor, la dernière des nouvelles écuries ayant débuté en 2010, se retire également. Ayant survécu à la cessation de paiement durant l'hiver 2015-2016, elle est définitivement rattrapée par les créanciers, et tous les actifs ; des t-shirts d'écurie presque neufs aux monospaces F1 pratiquement complets ; sont vendus lors d'une vente forcée en mai 2017.

»

Le tonneau de Felipe Massa (Williams) après son accrochage avec Kevin Magnussen (McLaren) lors du Grand Prix d'Allemagne 2014.

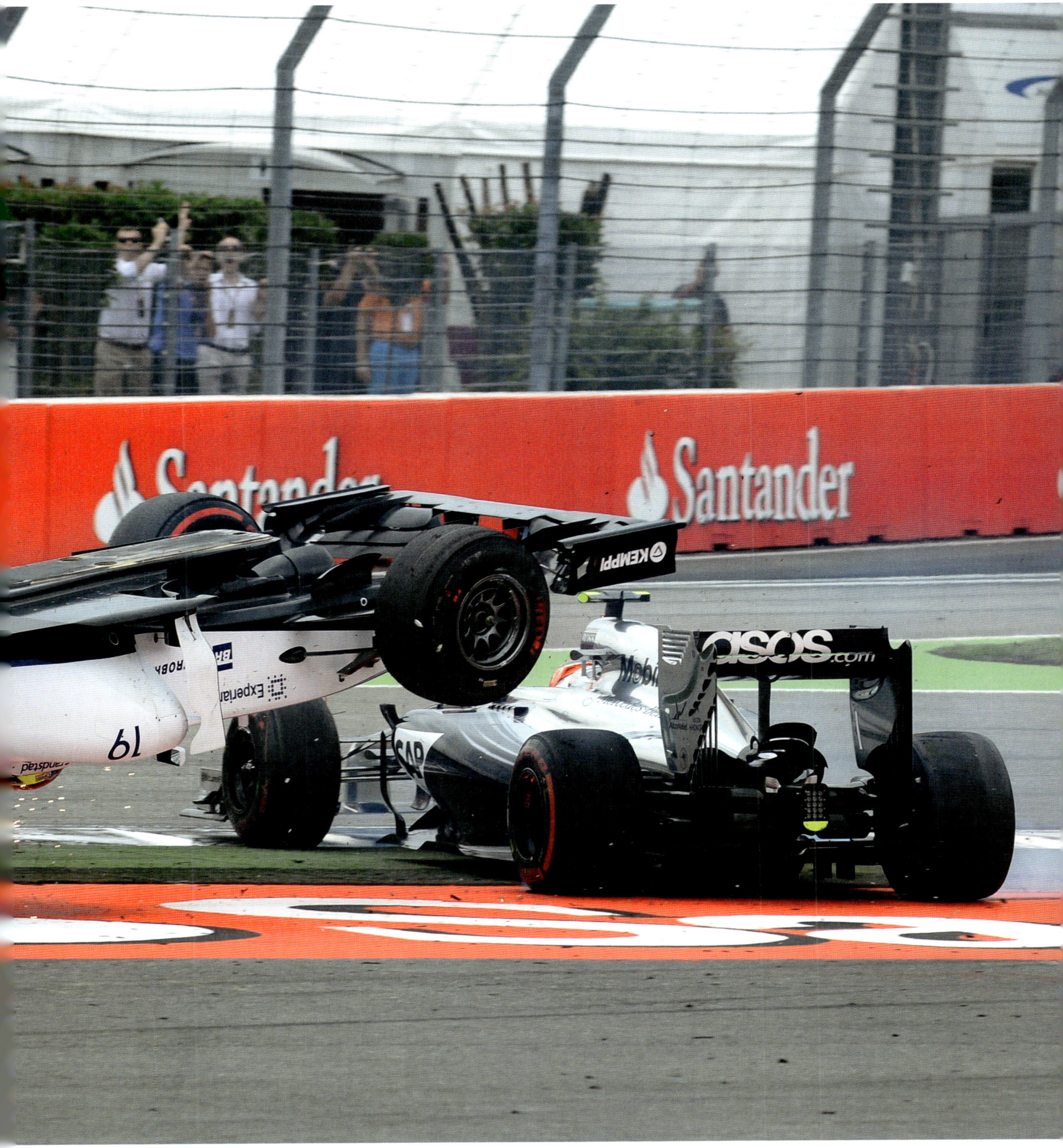
Santander
KEMPPI
asos.com
19

Lewis Hamilton (Mercedes) célébrant son sacre mondial 2014 avec le drapeau britannique, la coupe et un bain de champagne.

McLAREN HONDA
Mobil 1
JOHNNIE WALKER
sparco
BUTTON
McLAREN HONDA
JOHNNIE WALKER
Mobil 1
Esso
PIRELLI
sparco
ALONSO

Spectatrice posant devant une affiche géante des pilotes McLaren, Fernando Alonso et Jenson Button, lors du Grand Prix du Brésil 2015.

Fernando Alonso luttant contre la piste détrempée lors des qualifications du Grand Prix de Hongrie 2015.

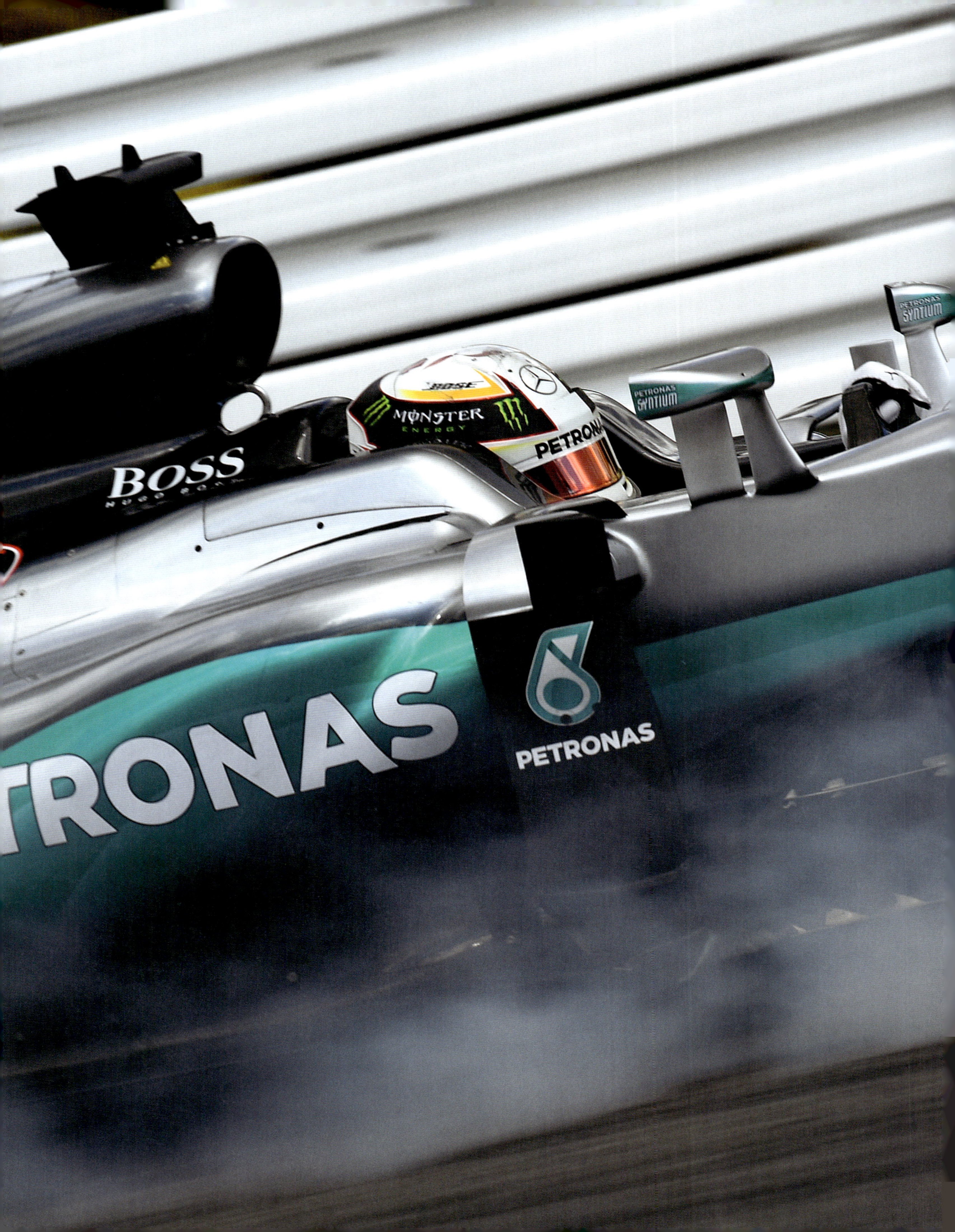
BOSS
MONSTER
ENERGY
PETRONAS
PETRONAS
SYNTIUM
TRONAS
PETRONAS

PIRELLI
P ZERO

Pages précédentes : Lewis Hamilton (Mercedes) freinant sec lors du Grand Prix d'Allemagne 2016 à Hockenheim.

Circulation dense au premier virage du Grand Prix d'Italie 2017, avec Sebastian Vettel (n° 5) et Valtteri Bottas (n° 77).

Pages suivantes : Le championnat 2017 est marqué par le duel entre Lewis Hamilton (Mercedes – à gauche) et Sebastian Vettel (Ferrari), après le Grand Prix d'Italie à Monza.

5
JCB
V-Power

PIRELLI
44 L. HAMILTON

Mais une nouvelle équipe arrive dans le peloton.

Le multimillionnaire américain Gene Haas, dirige depuis longtemps l'une des écuries les plus performantes dans le championnat américain NASCAR, et entre dans la F1 en 2016. Plutôt que de mettre en œuvre toute la conception et la construction par ses propres moyens, la nouvelle écurie Haas signe un contrat avec Ferrari, qui lui fournit ainsi le moteur, la boîte de vitesses et toute une série d'autres composants. Le constructeur italien de voitures de courses, Dallara, ayant précédemment effectué de la sous-traitance pour d'autres écuries de F1, fournit les monoplaces à Haas, qui entre ainsi dans ce sport en qualité d'assembleur et reçoit la plupart de son matériel de fournisseurs externes. Voilà une autre façon, sans doute moins chère, d'entrer en Formule 1. Tandis que les nouvelles écuries de 2010 marquent au total trois points durant les quinze saisons effectuées, Haas s'accroche dès le début de saison en 2016, avec 29 points.

2017 - NOUVEAUX RECORDS

Mercedes est le grand favori lorsque le championnat 2017 débute, même sans Nico Rosberg. Toto Wolff, le directeur de l'écurie allemande, a depuis de plusieurs années un contrat de management avec le Finlandais Valtteri Bottas, pilote chez Williams. Dans la mesure où c'est justement Mercedes qui livre le moteur à l'écurie Anglaise, les parties se mettent facilement d'accord, et Bottas remplace Rosberg rapidement en qualité de coéquipier de Lewis Hamilton. Williams doit de son côté séduire Felipe Massa, qui voulait se retirer, pour qu'il fasse son come-back, et en 2017, le Brésilien avisé court sa deuxième saison d'adieu d'affilée.

Après quelques années de stagnation – avec au mieux une hausse de temps au tour –, les bolides de Formule 1 battront de nouveaux records en 2017. De nombreux records de piste remontent au milieu de la décennie précédente, alors qu'on courait encore avec des moteurs de 3 litres. Pour des raisons de sécurité, les temps du tour de piste sont maîtrisés durant les années intermédiaires avec de nouveaux moteurs moins puissants et une réglementation plus stricte liée à l'aérodynamique des voitures. À présent, on estime que les monoplaces et les circuits sont tellement sûrs que l'on peut à nouveau baisser les temps au tour. La réglementation est sensiblement modifiée pour la saison 2017 et, avec de nouveaux pneumatiques plus larges, les temps au tour chutent jusqu'à cinq secondes. Les pilotes se félicitent de la nouvelle génération de voitures de F1 plus rapides : *« Tout va pour le mieux. La voiture freine mieux, est plus rapide dans les virages, et a une meilleure tenue de route. Une toute nouvelle sensation »*, jubile Sebastian Vettel (Ferrari) suite aux premiers essais avec le modèle 2017. Ferrari, ayant obtenu son dernier titre mondial il y a dix ans, débute la saison en beauté. Sebastian Vettel est en tête du championnat avec trois victoires et trois 2es places lors des six premières épreuves, et mène plusieurs luttes spectaculaires contre Lewis Hamilton et Mercedes. Les deux candidats au titre s'efforcent de se féliciter entre eux en racontant combien ils savourent leur lutte – jusqu'au Grand Prix d'Azerbaïdjan sur le circuit routier de Bakou. Hamilton grignote peu à peu l'avance de Vettel et l'Allemand le prend très mal. Il accuse Hamilton d'avoir voulu provoquer un accrochage, pour ensuite heurter la Mercedes de l'Anglais à une vitesse relativement faible, et les deux monoplaces franchissent la ligne d'arrivée sans encombre. Mais Vettel semble moins performant et Hamilton progresse. Il semble que Hamilton et Vettel ne sont pas d'aussi bons amis qu'ils l'avaient cru…

À l'exclusion de quelques titres remportés par Daniel Ricciardo et Max Verstappen pour Red Bull, les plus hautes marches du podium sont réservées aux pilotes Mercedes et Ferrari. Lorsque Mercedes maîtrise son modèle 2017 durant l'été, le suspense disparaît. Lewis Hamilton s'empare du titre mondial dès le troisième GP de la saison à Mexico, et Mercedes remporte le titre du constructeur pour la quatrième fois.

2017 marque aussi la fin du règne presque absolu de Bernie Ecclestone dans la Formule 1. Il évite de peu la sanction dans l'affaire de corruption ayant donné la majorité des actions de la F1 à CVC. La justice allemande ne réussit pas à mettre le petit Anglais derrière les verrous malgré la condamnation du banquier de la Deutsche Bank à huit ans de prison pour avoir reçu un pot-de-vin de la part d'Ecclestone. En 2014, juste avant l'annonce du jugement dans l'affaire, un accord à l'amiable est conclu signifiant que Ecclestone doit verser 100 millions de dollars à l'État allemand. Le montant élevé – ainsi que la volonté de Ecclestone de payer – laisse entendre qu'il est peu probable qu'il soit totalement innocent. A contrario, la volonté du parquet de conclure un accord à l'amiable témoigne de l'incertitude qui est liée à l'éventuelle condamnation de Ecclestone. L'affaire se termine en tout cas par la question du juge pour savoir si Ecclestone peut payer l'énorme somme dans un délai d'une semaine, à laquelle Ecclestone répond *« que cela est possible »*.

»

Les étincelles s'envolent de la Red Bull-Renault de Daniel Ricciardo lors du Grand Prix de Singapour 2017. Il termine en 2e position, entre les Mercedes d'Hamilton, 1er, et de Bottas, 3e.

Valtteri Bottas (Mercedes) remporte son premier Grand Prix en Russie en 2017, et célèbre sa victoire avec une douche au champagne.

Pages suivantes : Compétition serrée dans le milieu de peloton en 2018. Ci-dessus, Kevin Magnussen (Haas - n° 20) en compétition contre Carlos Sainz Jr. (Renault - n° 55) et Fernando Alonso (McLaren - n° 14), entre autres, lors du Grand Prix d'Espagne.

Bien que Ecclestone survive à nouveau à un potentiel scandale, il n'est néanmoins plus aussi aimé chez CVC. Et lorsque le fonds d'investissement cède ses actions de la Formule 1 en 2016 à la société américaine Liberty Media, les jours de Ecclestone sont comptés. En 2017, l'Anglais désormais âgé de 87 ans, est privé de son poste de directeur et nommé conseiller et « président émérite » du conseil d'administration de la Formule 1 chez Liberty Media. En réalité, l'homme qui a fait, grâce à son anticipation et son audace, de la F1 un succès mondial, dépassé dans le monde du sport uniquement par les Jeux olympiques d'été et la Coupe du monde de football, est impuissant. Le travail considérable accompli par Ecclestone est souligné par le fait que Liberty Media est obligé d'embaucher trois personnes à sa place. Chase Carey est PDG, Sean Bratches, directeur financier, et Ross Brawn est nommé directeur sportif de la F1. L'homme derrière les cinq titres mondiaux de Michael Schumacher pour Ferrari en qualité de directeur technique, avant de remporter le championnat avec sa propre écurie, est désormais en tête de toute la Formule 1. Le Français Jean Todt, directeur de l'écurie Ferrari pendant la belle époque des années 2000, est, quant à lui, depuis 2009, président du pouvoir formel de la F1, la Fédération internationale de l'automobile (FIA). Décidément, le monde de la F1 est petit.

2018 - IMPÉRIAL

Au démarrage de la saison 2018, il semble que Ferrari pourrait parvenir à détrôner Mercedes. Sebastian Vettel drive de manière efficace le Cheval Cabré vers la victoire lors des deux premières épreuves de la saison, construisant ainsi une tête de championnat semblant assez solide. Pour la première fois depuis plusieurs années, Ferrari possède la meilleure voiture du peloton. Mais durant l'été, Mercedes réplique. Les Allemands sont plus efficaces que les Italiens en ce qui concerne les améliorations techniques, le constructeur allemand réussissant mieux à adapter la monoplace au profil de chaque circuit. Tandis que la bagarre technique entre Mercedes et Ferrari enchaîne les revirements, sur le plan humain, il n'y a aucun doute sur qui est la meilleure. La pression de plus en plus forte exercée par Mercedes et Hamilton expédie Vettel dans une série de fautes personnelles, ouvrant la voie au deuxième titre mondial d'affilée pour Hamilton (et le cinquième en tout). L'Anglais fait sa saison la plus brillante et la plus stable jusqu'ici, et prouve en remportant 11 des 21 épreuves son haut niveau, tandis que son coéquipier, le Finlandais Valtteri Bottas, ne gagne aucun GP.

Mercedes décroche également le championnat des constructeurs et rafle ainsi tous les titres constructeurs depuis le lancement des moteurs turbo/hybrides en 2014. L'écurie Red Bull, dominant la F1 de 2010 à 2013 régie par l'ancienne réglementation s'appliquant aux moteurs atmosphériques V8, doit pour la deuxième année consécutive se contenter de la 3e place du championnat des constructeurs. Max Verstappen gagne quelques épreuves, ce qui ne satisfait point le jeune Hollandais. Ayant débuté dans la Formule 1 à 17 ans et remporté son premier GP à 18, il est normal de rêver de titres mondiaux à 20 ans. À une époque dominée par Mercedes et Ferrari, cela n'est simplement pas possible, et Verstappen est de plus en plus frustré. Il en est de même pour la direction de Red Bull, et la bonne coopération sur les motorisations avec Renault, qui avait garanti des titres mondiaux en série quelques années auparavant, se termine par un divorce compliqué. Très vite, Red Bull remplace Renault par un nouveau partenaire, le japonais Honda, qui gagne de la vitesse après trois années difficiles avec McLaren. En 2018, McLaren remplace les moteurs Honda avec des Renault, mais il s'avère dans le même temps que le ralentissement persistant de l'écurie n'est pas seulement dû aux moteurs.

2019 - RENOUVELLEMENT GÉNÉRAL

Lorsque le pilote titulaire, Fernando Alonso, réalise qu'il n'y a pas de victoires en vue avec McLaren, il décide dans un premier temps d'arrêter la F1 pour se consacrer à d'autres championnats. Sa décision contribue à un renouvellement générationnel général. Alonso a 37 ans en 2019 lorsqu'il cède sa place chez McLaren à son compatriote Carlos Sainz Jr., 24 ans. Ferrari remplace Kimi Räikkönen, 39 ans, par Charles Leclerc, 21 ans. Daniel Ricciardo, 30 ans, passe de Red Bull à Renault, et Verstappen, 21 ans, est le nouveau pilote titulaire chez le géant des boissons énergétiques, avec Pierre Gasly, 23 ans, comme coéquipier dans un premier temps. Mais Gasly déçoit, et se fait remplacer au cours de la saison par Alexander Albon, du même âge.

Le peloton 2019 est le plus jeune dans l'histoire de la Formule 1. Après seulement quelques mois, Leclerc devient le pilote le plus rapide de Ferrari, ce qui ne fait qu'augmenter la marge d'erreur de son coéquipier, Sebastian Vettel. Les deux resteront chez Ferrari en 2020, mais l'équilibre des pouvoirs est modifié à jamais. Au cours de l'année 2019, Leclerc et Verstappen prennent l'initiative d'un soulèvement de la jeunesse, générant une pression sans précédent sur Lewis Hamilton et Mercedes. L'Anglais expérimenté est désormais le deuxième pilote le plus âgé du peloton, et doit faire preuve de beaucoup plus de combativité qu'auparavant. Il parvient cependant, grâce à sa meilleure saison jamais accomplie – et avec l'aide de la stabilité de Mercedes et la technique de la direction d'écurie –, à décrocher encore un titre mondial.

»

BWT
14
55
20
RENAULT
Windshear

16
20
HaasCNC.com
K. Magnussen
P ZERO

Lewis Hamilton en pole position, remporte le Grand Prix de France 2018 au circuit Paul-Ricard. Il est en tête durant 52 tours, sur les 53 de la course. Max Verstappen (à gauche) arrive 2e et Kimi Räikkönen (à droite) 3e.

Formula 1
Pirelli Grand Prix de France
2018
Le Castellet 22-24 June
TM
PETRONAS
Qualcomm
Hewlett Packard Enterprise
PIRELLI
KASPERSKY
ups

Fernando Alonso (McLaren) se sort indemne de cet accident dans le premier virage du Grand Prix de Belgique 2018 à Spa-Francorchamps.
Charles Leclerc (n° 16 - Sauber) est sauvé par son halo, heurté de plein fouet par une des roues de la monoplace d'Alonso. Alonso, Leclerc et Nico Hülkenberg (Renault) sont contraints d'abandonner.

kimoa
P ZERO
NRF
Claro
RICHARD MILLE
POWER
JOHNNIE

Scène nocturne avant le Grand Prix du Japon 2018 à Suzuka. Les spectateurs regardent les voitures du parc fermé, rangées dans la voie des stands.

Sebastian Vettel (en haut) fait une sortie de piste lors du Grand Prix d'Allemagne à Hockenheim en 2019.

Daniel Ricciardo (en bas) célèbre sa victoire au Grand Prix de Monaco 2018 en sautant dans la piscine de Red Bull.

Kevin Magnussen pendant le Grand Prix des États-Unis 2019 sur le circuit des Amériques, près d'Austin au Texas. En fin de course, il fait une sortie de piste à cause de problème de freins.

2020 - LE PLUS JEUNE PELOTON

En 2020, la Formule 1 s'empresse de fêter un anniversaire important, car cela fait maintenant 70 ans que le championnat du monde de Formule 1 a débuté par le Grand Prix d'Angleterre en mai 1950. La F1, avec le peloton le plus jeune depuis toujours, où plus de la moitié des pilotes ont moins de vingt-cinq ans, rappelle qu'elle mérite sa place parmi les poids lourds absolus du monde sportif international. Elle a eu des hauts et des bas durant ces soixante-dix années marquées par des triomphes fantastiques, de merveilleuses opérations commerciales et des tragédies terribles.

2020 restera probablement la saison la plus étrange de l'histoire de la Formule 1. Les premiers signes d'une année inhabituelle apparaissent lors des essais hivernaux sur le circuit de Catalunya-Barcelone en février, lorsque l'équipe McLaren interdit à un journaliste chinois d'entrer dans son motorhome. À l'époque, le coronavirus est considéré comme un problème local chinois, et demander à un Chinois en Espagne de rester à l'écart du motorhome est considéré par la plupart des gens comme une réaction excessive de McLaren. Cela change lors du Grand Prix d'ouverture à l'Albert Park de Melbourne en mars. Il est désormais clair que ce virus est en train de devenir une pandémie mondiale. Le jeudi précédant la course, un mécanicien — ironiquement de McLaren — est testé positif, mais les organisateurs locaux insistent pour que la course ait lieu. Le vendredi matin, des milliers de spectateurs font la queue devant le circuit d'Albert Park, mais les portes ne s'ouvrent pas. La course est annulée dans les plus brefs délais, et tous repartent en Europe.

Des semaines d'incertitude suivent. Alors que le monde est paralysé, les équipes sont soumises à une énorme pression financière, car l'absence de courses signifie presque aucun revenu, les membres des équipes sont mis au chômage technique grâce à l'aide des gouvernements et les huit premières courses sont annulées.

C'est début juillet que la saison 2020 démarre enfin. Les restrictions sur les voyages internationaux signifient que le championnat est réduit des 22 manches prévues dans le monde entier à seulement 17 courses en Europe et au Moyen-Orient. Pour obtenir ces 17 manches, le Red Bull Ring à Spielberg (Autriche), Silverstone (Grande-Bretagne) et le circuit de Sakhir au Bahreïn accueillent chacun deux manches, et des circuits jamais utilisés pour la Formule 1 auparavant, comme le Mugello dans la région de Florence en Italie et Portimao, en Algarve au Portugal, organisent des courses de remplacement à court terme.

La quasi-totalité des 17 manches sont des « courses fantômes » où les spectateurs ne sont pas admis. En outre, à la fin de la saison, plus de 76 000 tests ont été effectués sur le personnel et les médias et seuls 78 cas positifs ont été détectés. Il est intéressant de noter que trois d'entre eux sont des pilotes. Sergio Perez, Lance Stroll (tous deux de Racing Point) et Lewis Hamilton (Mercedes) ont tous manqué des courses après avoir été contrôlés positifs pendant la saison. L'épisode « coronavirus » de Hamilton survient juste avant l'avant-dernier Grand Prix de 2020, à Bahreïn, début décembre. Il a déjà remporté le championnat du monde lors du Grand Prix de Turquie, à la mi-novembre, et l'édition 2020 est une nouvelle victoire de Mercedes, le constructeur allemand remportant son septième championnat du monde des constructeurs d'affilée et Hamilton son septième titre de champion du monde des pilotes depuis 2008.

Au Portugal, en octobre, Hamilton remporte sa 92ᵉ victoire en Formule 1, dépassant le record de Michael Schumacher, sept fois champion du monde, pour le nombre de victoires en Grand Prix. Mais malgré la supériorité de sa Mercedes et le soutien loyal de son coéquipier Valtteri Bottas, 2020 n'est pas une année facile pour Hamilton. Il est profondément touché par la mort de l'Afro-Américain George Floyd lors d'une arrestation brutale à Minneapolis en mai. Hamilton porte un t-shirt *Black Lives Matter* lors de la cérémonie d'ouverture de toutes les courses et convainc la plupart de ses collègues de s'agenouiller avant l'hymne national.

Depuis leurs débuts dans les années 1950, la couleur des voitures de Formule 1 de Mercedes est l'argent. Les voitures dans les stands à Albert Park pour l'ouverture annulée de la saison en Australie sont également argentées, mais lorsque la saison démarre enfin en Autriche en juillet, les voitures Mercedes sont noires. « C'est un engagement public pour améliorer la diversité de notre équipe », explique Mercedes.

« J'ai personnellement fait l'expérience du racisme dans ma vie et j'ai vu ma famille et mes amis faire l'expérience du racisme, et je parle avec mon cœur lorsque je lance un appel au changement. Lorsque j'ai parlé à Toto (Wolff, directeur d'équipe) de mes espoirs pour ce que nous pourrions réaliser en tant qu'équipe, j'ai dit qu'il était très important que nous soyons unis. Je voudrais dire un énorme merci à Toto et au conseil d'administration de Mercedes pour avoir pris le temps d'écouter, de parler, et de vraiment comprendre mes expériences et ma passion, et pour avoir fait cette déclaration importante que nous sommes prêts à changer et à nous améliorer en tant qu'entreprise », ajoute Hamilton.Max Verstappen (Red Bull-Honda) est le seul challenger régulier de l'équipe dominante Mercedes. Le jeune Néerlandais remporte quelques courses et prend une solide troisième place au championnat.

Après plusieurs années de marasme, McLaren-Renault progresse enfin et termine troisième du championnat des constructeurs tandis que Ferrari réalise sa pire saison depuis 40 ans et prend une lointaine sixième place.

Deux pilotes remportent leur première victoire en Grand Prix en 2020. Pierre Gasly (Alpha Tauri-Honda), âgé de 24 ans, devient le premier Français à remporter une course de Formule 1 depuis près de 25 ans, grâce à une victoire un peu chanceuse mais bien méritée et très populaire au Grand Prix d'Italie à Monza. Le vétéran mexicain Sergio Perez (Racing Point-Mercedes) remporte enfin un Grand Prix lorsqu'il franchit la ligne d'arrivée du Grand Prix de Sakhir à Bahreïn en première position.

Lors du Grand Prix de Bahreïn, fin novembre, Romain Grosjean a survécu au pire accident de Formule 1 depuis de nombreuses années. Le Français perd le contrôle de sa Haas-Ferrari peu après le départ et percute la glissière de sécurité à exactement 192 km/h avec un impact maximal de 67G. La voiture se casse en deux et prend feu. La cellule de survie avec Grosjean perce la barrière, le Français est piégé dans le cockpit en feu et lutte pour en sortir. « À cet instant, je ne me rends pas compte qu'il y a le feu. Puis je regarde à gauche : c'est tout orange, je trouve ça bizarre, je comprends alors que ça brûle car le plastique de mes *tear off* (les languettes amovibles sur la visière des casques) a pris feu. J'essaie de sortir sans réussir, j'ai le temps de penser que je vais finir comme Niki Lauda, méchamment brûlé. Je me dis que ce n'est pas possible, que je ne peux pas finir comme ça. Je réessaie, encore bloqué. Je me rassieds à nouveau et là, moment étrange où je vois la mort aussi proche qu'on peut le voir », dira Grosjean plus tard.

« Je me suis demandé quelle partie allait brûler en premier, et si ça allait faire mal. J'ai pris 53G dans la tête donc forcément je suis un peu sonné. Mais ensuite, je tire comme un fou car mon pied gauche est coincé sous la pédale. Je me dis que je n'ai pas encore essayé de me glisser de l'autre côté : je mets mes mains dans le feu, les gants deviennent tout noirs, je sens la douleur, je sais alors que je suis en train de me cramer les mains. Au moment où le buste passe, c'est la délivrance, je sais que je vais vivre. Je passe la barrière, je sens que le docteur tire sur ma combinaison. Il me dit "Assieds-toi". J'enlève les gants et je l'engueule car il me parle comme à un blaireau. », poursuit Grosjean.

Il passe 27 secondes dans les flammes mais s'en sort avec de graves brûlures aux mains et aux pieds. Sa survie est un véritable miracle dans une saison étrange.

2021 – L'INCERTITUDE PERSISTE

Avec 23 courses, la saison 2021 devrait être la plus chargée de tous les temps, mais la manche d'ouverture en Australie est d'abord reportée, puis annulée pour la deuxième année consécutive. Les choses ont beau s'être améliorées, et les programmes de vaccination se mettre en place, le coronavirus reste un problème majeur dans le monde entier. Pour faciliter la vie des équipes en difficulté financière, il est décidé que les budgets 2020 seront utilisés pour une autre saison, mais plusieurs pilotes ont trouvé un nouvel employeur lorsque le circus de la Formule 1 se réunit pour la première manche à Bahreïn.

Sebastian Vettel a quitté Ferrari après six ans et sa place est prise par Carlos Sainz Jr. Daniel Ricciardo quitte Renault pour prendre la place de Sainz Jr chez McLaren, et après deux ans hors de la Formule 1, Fernando Alonso revient dans le sport en remplaçant Ricciardo chez Renault. Dans le même temps, Renault devient Alpine, l'équipe prenant le nom de la marque de voitures de sport de Renault. Racing Point, qui était Force India jusqu'en 2018, change également de nom. Le milliardaire canadien Lawrence Stroll, qui a monté l'équipe en 2018 pour assurer la carrière de son fils Lance en F 1, détient désormais également une participation majoritaire dans Aston Martin. C'est ainsi que Racing Point - toujours propulsé par des moteurs Mercedes — devient Aston Martin et que l'équipe engage Vettel comme coéquipier de Lance Stroll.

Après sept titres de champion du monde des constructeurs d'affilée, Mercedes subit une pression intense en 2021. En début de saison, Lewis Hamilton remporte trois des quatre premières courses au volant des « Silver Arrows » dans leur livrée toujours noire, mais Red Bull et Max Verstappen montent en puissance. Le jeune Néerlandais est prêt à détrôner Hamilton, et il remporte quatre des cinq courses suivantes, se construisant une forte avance au championnat. Après avoir été pendant sept ans « les chassés », Hamilton et Mercedes sont devenus « les chasseurs » - rien n'est éternel en Formule 1.

Le Grand Prix d'Autriche au Red Bull Ring le 4 juillet est une étape importante. Un an exactement s'est écoulé depuis le début de la « saison Covid-19 », également en Autriche. Au cours des 52 semaines séparant les deux Grands Prix d'Autriche, la Formule 1 a organisé un nombre impressionnant de 26 courses — 17 en 2020 et 9 en 2021. Malgré les problèmes financiers de plusieurs équipes, ces nombreuses courses prouvent que la Formule 1 a bien survécu à la pandémie. À la mi-saison 2021, il n'est peut-être pas tout à fait clair comment et où la saison se terminera, car les courses au Japon, au Mexique et au Brésil sont toutes incertaines, et l'objectif ambitieux de 23 courses en 2021 pourrait ne pas être atteint.

Mais les 18 derniers mois ont montré la capacité d'adaptation de la Formule 1. Elle réagit aux changements et aux défis à 300 km/h !

ORLEN
ORLEN

Kimi Räikkönen a connu un début de saison dramatique en 2020 lorsque son Alfa Romeo a perdu une roue lors du Grand Prix d'Autriche au Red Bull Ring. Seulement onze pilotes sur vingt réussissent à franchir la ligne d'arrivée de cette première course de la saison, se déroulant à huis-clos.

2020 a été une autre année triomphale pour Lewis Hamilton. Il a remporté son septième titre de champion du monde et, dans la foulée, son 92e Grand Prix au Portugal (en haut), battant ainsi le record de Michael Schumacher pour le nombre de victoires en Formule 1.

2020 marque le septième championnat du monde des constructeurs d'affilée pour Mercedes. Mais quelque chose est nouveau : les voitures allemandes, connues sous le nom de « Silver Arrows » depuis leurs débuts en Formule 1 en 1954, sont désormais majoritairement noires.

13 TSU
14 OCO
15 GIO
16 LEC
17 RAI
18 LAT
19 SCH
20 MAZ
Emirates FLY BETTER
Emirates FLY BETTER
Emirates FLY BETTER
Emirates FLY BETTER
Emirates FLY BETTER
Red Bull
Mobil 1
17

2021 devient l'une des saisons les plus passionnantes de l'histoire de la Formule 1. Après sept saisons de domination de Mercedes, l'équipe Red Bull-Honda menée par Max Verstappen est enfin capable de défier l'équipe allemande. Ici, l'équipe Red Bull salue Verstappen lorsqu'il franchit la ligne pour remporter le Grand Prix de France.

Un nouveau roi sur le trône de la Formule 1 ? À la mi-saison 2021, Max Verstappen semblait très fort et en passe de ravir la couronne de Formule 1 à Lewis Hamilton. Un accident entre les deux prétendants au titre lors du Grand Prix de Grande-Bretagne n'a fait qu'augmenter l'excitation.

Après avoir décroché la pole position pour le Grand Prix de Monaco 2021, la monoplace de Charles Leclerc a subi une défaillance au niveau de l'arbre de transmission pendant le tour d'installation.

Photo ci-contre : La Ferrari de Charles Leclerc a été hélitreuillée sur les lieux de l'accident. La voiture a été réparée, mais quelques minutes avant le départ le lendemain, des dégâts non détectés par l'accident ont empêché Leclerc de prendre le départ de la course.

NGK
SPARK PLUGS

MISSION

PREMIER GRAND PRIX DE RUSSIE
Autodrome de Sotchi · 2014

RECORD DE POLE POSITIONS LORS D'UNE MÊME SAISON
Sebastian Vettel · 15 en 2011

RECORD D'INTERVENTIONS DE LA VOITURE DE SÉCURITÉ
Grand Prix du Canada 2011 · La voiture de sécurité est entrée 6 fois sur la piste

RECORD DE 2ES PLACES LORS D'UNE SAISON
2014 · Nico Rosberg · 10 des courses

PLUS JEUNE PILOTE D'UNE COURSE
Max Verstappen · 17 ans, 5 mois et 15 jours · Grand Prix d'Australie 2015

RECORD DE PODIUMS
172 · Lewis Hamilton · Grand Prix de Silverstone 2021

RECORDS

PLUS LONGUE SÉRIE DE POINTS
Lewis Hamilton marque des points dans 33 courses consécutives · Du Grand Prix de Japon 2016 au Grand Prix de France 2018

RECORD DE VICTOIRES D'UNE ÉCURIE LORS D'UNE SAISON
2016 · Mercedes · 19 des 21 courses

POLE POSITION LA PLUS RAPIDE
Kimi Räikkönen · Grand Prix d'Italie 2018 · Vitesse moyenne : 263,587 km/h

PLUS LONGUE PAUSE D'UNE ÉCURIE
55 ans · Mercedes · 1955 à 2010

PLUS LONGUE COURSE (INCLUANT UNE INTERRUPTION)
Grand Prix du Canada 2011 · 4 h 04 mn 39,537 s · Incluant plus de 2 heures de pause pour cause de pluie

COURSE AVEC LE PLUS DE PILOTES À L'ARRIVÉE
Grand Prix d'Europe 2011 · Les 24 monoplaces franchissent la ligne à Valence

LE PLUS JEUNE TITRÉ MONDIAL
Sebastian Vettel en 2010 · 23 ans, 4 mois et 11 jours

LE PLUS JEUNE VAINQUEUR DE GP
Max Verstappen · 18 ans, 7 mois et 15 jours · Grand Prix d'Espagne 2016

RECORD DE KILOMÈTRES PARCOURUS
Kimi Raïkkönen · 2 fois le tour de la Terre · 83 978 km au GP d'Espagne 2020. Depuis il a dépassé les 90 000 km.

VITESSE MAXIMALE OFFICIELLE LA PLUS ÉLEVÉE
372,5 km/h · Grand Prix de Mexico 2016 · Valtteri Bottas (Williams-Mercedes)

LE PLUS JEUNE PILOTE MARQUANT DES POINTS
Max Verstappen · 17 ans, 5 mois et 29 jours · 7e au Grand Prix de Malaisie 2015

2010-2021

STATISTIQUES ET FAITS MARQUANTS

PREMIER PILOTE À REMPORTER 300 GRANDS PRIX
Rubens Barrichello · Grand Prix de Belgique 2010

PREMIER GRAND PRIX D'INDE
2011, retiré du calendrier en 2014 · Circuit Buddh près de Delhi

PLUS DE KM EN TÊTE PENDANT UNE SAISON
24 148 km · Michael Schumacher 2012

1000E GP DEPUIS LE DÉBUT DU CHAMPIONNAT EN 1950
Grand Prix de Chine 2019

PREMIÈRE FOIS OÙ 3 GP SONT ORGANISÉS 3 WEEK-ENDS DE SUITE
2018 · France, Autriche et Grande-Bretagne

COURSE LA PLUS COURTE
Le Grand Prix de Belgique 2021. Un seul tour en 3 minutes et 27 secondes pour cause de pluie torrentielle.

Alfa Rom

F1 TECHNOLOGIE 2010-2021

TECHNIQUES NOUVELLES

SREC

MOTEURS TURBO/HYBRIDES DE 1,6 LITRE

AILERON DRS

AILERON DE REQUIN/T-WING

HALO

Pages précédentes : À cause de l'épidémie de Covid-19, la saison 2020 n'a commencé qu'en juillet. À partir de là, le calendrier était chargé - les 9 premières courses se sont déroulées en 11 semaines !

RÉGLEMENTATION

À COMPTER DE 2010 : Les ravitaillements en courses sont interdits
2014 : Chaque pilote ne peut utiliser que cinq moteurs par saison
2015 : Chaque pilote ne peut utiliser que quatre moteurs par saison
2016 : Chaque pilote ne peut utiliser que cinq moteurs par saison
2017 : Chaque pilote ne peut utiliser que quatre moteurs par saison
2018 : Chaque pilote ne peut utiliser que trois moteurs par saison

DE 2010 À 2013
Moteur V8 2,4 litres sans compresseur ; max. 18 000 tr/mn

POIDS MINIMUM (pilote compris)
2010 : 620 kg
DE 2011 À 2012 : 640 kg
2013 : 642 kg

PUISSANCE ET POIDS TYPES
800 ch/620 kg (pilote compris)
(Red Bull-Renault RB6 - 2010)

DE 2014 À 2019
Moteur V6 de 1,6 litre avec turbo et technologie hybride ; max. 15 000 tr/mn

POIDS MINIMUM (pilote compris)
2014 : 690 kg
DE 2015 À 2016 : 702 kg
2017 : 728 kg
2018 : 734 kg
2019 : 740 kg

PUISSANCE ET POIDS TYPES
760 ch/690 kg (pilote compris)
(Red Bull-Renault RB10 - 2014)
950 ch/728 kg (pilote compris)
(Mercedes W08 - 2017)

POINTS

DE 2010 À 2018
25-18-15-12-10-8-6-4-2-1 points aux dix premiers

2019
25-18-15-12-10-8-6-4-2-1 points aux dix premiers ;
un point pour le meilleur tour

COURSES PRISES EN COMPTE AUX CHAMPIONNATS DU MONDE DE 2010 À 2021
Toutes les courses sont prises en compte

Les systèmes SREC développés pour la saison 2009 et qui ont coûté une fortune, n'ont pas été utilisés en 2010. Les écuries conviennent dans un exceptionnel *gentlemen's agreement* de ne pas utiliser ce système coûteux. Dans le même temps, le ravitaillement pendant les épreuves est interdit. En 2011, Pirelli, absent de la F1 depuis le début des années 1990, remplace Bridgestone, devenant ainsi fournisseur exclusif de pneumatiques.

À compter de 2011, le SREC est à nouveau autorisé, mais l'aileron ajustable censé faciliter les dépassements, est à nouveau interdit. On introduit en revanche l'aileron arrière ajustable avec dispositif DRS (Système de réduction de la traînée). Les pilotes peuvent désormais ouvrir un volet de l'aileron arrière pour en réduire la traînée, et ainsi augmenter la vitesse maximale et faciliter les dépassements. L'aileron DRS est exclusivement utilisé dans les zones de DRS, et uniquement si la voiture se trouve à moins d'une seconde derrière la monoplace qui la précède. La fonction DRS s'active du cockpit, et dès que le pilote touche sa pédale de frein, l'aileron se remet en position. La réglementation devient de plus en plus restrictive, et pour les ingénieurs, les nombreuses restrictions limitent l'évolution des voitures de F1. Dans le passé, les véhicules ont traditionnellement été de plus en plus rapides d'année en année, mais dans la première moitié de 2010, la plupart des records de circuit remontent encore à 2004-2005.

Tandis que la FIA, en permanence centrée sur la sécurité des pilotes, réussit à brider les temps au tour, la gestion des finances est plus difficile. En introduisant des règles limitant le nombre de moteurs, de boîtes de vitesses et de pneumatiques par saison dans cette discipline, qualifiée par beaucoup de sport le plus cher du monde, on essaie d'en réduire les coûts. Ainsi, il est évident que les participants économisent en construisant moins de châssis. Mais le plus souvent chaque châssis coûte plus cher en recherche et développement, car il doit durer désormais plus longtemps.

2013 est la huitième saison des moteurs atmosphériques V8 de 2,4 litres, introduits en 2006. Durant cette période, les moteurs de F1 s'éloignent de plus en plus des voitures de tourisme ordinaires, où les gros moteurs V8 sont devenus progressivement des dinosaures techniques.

Lorsque la FIA les invite à présenter une proposition pour une nouvelle réglementation qui doit entrer en vigueur en 2014, les constructeurs impliqués dans la F1 se mettent d'accord pour que les nouveaux moteurs soient plus pertinents par rapport à leurs voitures de tourisme. La technologie hybride et le turbocompresseur des petits moteurs semblent alors être une bonne solution pour l'avenir, et la FIA établit pour cette raison sa réglementation de la F1 de 2014 sur des moteurs turbo de 1,6 litre recevant plus de puissance des batteries accumulant l'énergie cinétique et thermique du véhicule.

Pour la première fois depuis 1988, il faut à nouveau rouler avec un turbo, et il s'agit, grâce à la technologie hybride, d'un moteur extrêmement avancé, faisant gonfler les budgets nécessaires.

Le poids des monoplaces augmente à cause des grosses batteries, et les bolides F1 sont plus lourds que jamais. En 1961, lorsqu'on introduit un poids minimum, il est de 450 kg (hors pilote). En 2018, il passe à 734 kg (pilote compris). Mercedes qui, avec sa propre écurie remporte seulement quatre GP avec le moteur atmosphérique de 2,4 litres, commence à travailler tôt sur le nouveau moteur hybride, semblant ainsi beaucoup mieux préparé à l'entrée en vigueur de la nouvelle réglementation. Mercedes domine pratiquement la première saison 2014, avec ses nouveaux moteurs, et bien que Ferrari, Renault et Honda s'en approchent les années suivantes, les Allemands dominent. La nouvelle réglementation sur les moteurs est aussi la réponse de la F1 à l'exigence du monde extérieur d'une meilleure économie de carburant et de moins de pollution.

De nouvelles règles concernant la consommation de carburant maximale sont introduites, et la Formule 1 contribue d'une manière efficace à un avenir moins polluant.

Les voitures 2014 équipées de moteurs hybrides ne sont que légèrement plus lentes que leurs ancêtres, tout en consommant environ 30 % de carburant en moins. Les F1 sont désormais si complexes que les pilotes ont du mal à connaître d'un simple coup d'œil toutes les configurations de réglages. On entend souvent les ingénieurs informer le pilote sur la conduite grâce à la communication radio entre le stand et la monoplace. La F1 semble, encore une fois, être plus un combat entre ingénieurs informatiques qu'entre pilotes. Afin de leur redonner un rôle de premier plan, les consignes des ingénieurs seront partiellement interdites en 2015. Mais cette interdiction est noyée progressivement par des messages codés.

En 2016, la FIA débloque enfin le contrôle strict des temps au tour qui dure depuis dix ans. À présent, on estime que les circuits et les voitures sont désormais si sûrs que l'on peut à nouveau réduire les temps au tour, et ainsi la réglementation est sensiblement modifiée avant la saison 2017. Les moteurs turbo/hybrides sont maintenus, tandis que les nouvelles règles au sujet du design des monoplaces et des pneumatiques plus larges, font s'effondrer les temps au tour, remettant ainsi les records de circuit datant de 2004 sous pression. La FIA impose entre autres d'abaisser l'aileron arrière, afin de mieux diriger les flux d'air plus turbulents des roues. Ainsi, toutes les voitures de l'année 2017 sont équipées d'un « aileron de requin » sur le capot moteur, qui, avec le petit « T-wing » redresse les flux d'air turbulents, avant d'atteindre l'aileron arrière. L'aileron de requin et le T-wing sont interdits en 2018.

Tandis que la FIA autorise des temps au tour sensiblement plus rapides, des efforts sont déployés afin d'améliorer la sécurité. La tête du pilote est exposée dans les monospaces de F1 dont l'habitacle est ouvert. Suite à plusieurs accidents graves (en F1 comme dans d'autres catégories de Formule), un arceau de protection autour du cockpit est introduit à compter de 2018. L'arceau recevant le nom de « halo » (auréole), destiné à protéger la tête du pilote contre des monoplaces ou des débris pouvant se trouver dans les airs, est au début exposé aux critiques violentes à la fois des pilotes et des fans. Personne n'a de doute quant à l'amélioration de la sécurité, mais beaucoup estiment qu'il est inesthétique. Cependant, les détracteurs se taisent après quelques mois. Cette bataille, dans la guerre technologique qui a toujours marqué la Formule 1, est terminée. Les designers et les ingénieurs sont prêts pour d'autres conquêtes.

L'aileron arrière DRS (Système de réduction de la traînée) peut s'ouvrir et ainsi réduire la traînée. Il est introduit en vue d'augmenter le nombre de dépassements et ne peut être activé que dans des zones bien définies, et uniquement si la voiture se trouve à moins d'une seconde d'une monoplace devant elle.

À compter de 2018, toutes les monoplaces de F1 doivent être équipées d'arceaux, dits « halo », autour du cockpit.

Page ci-contre :
En 2011, Pirelli devient le fournisseur exclusif de pneumatiques pour toutes les écuries. Le manufacturier italien lance un code couleur montrant la composition du pneu (un mélange de caoutchouc) (en haut).

Afin d'améliorer l'efficacité de l'aileron arrière abaissé lancé en 2017, de nombreuses écuries montent un petit aileron supplémentaire appelé T-wing sur l'aileron de requin sur le capot moteur.

Les moteurs turbo hybrides lancés en 2014 sont à la fois extrêmement sophistiqués et coûteux (en bas).

P ZERO

Pepe Jeans

F

CHAM

1

PIONS

GIUSEPPE FARINA

LE PREMIER CHAMPION DU MONDE

NAISSANCE : 30 octobre 1906 à Turin (Italie)
DÉCÈS : 30 juin 1966 (accident de voiture)
DÉBUT EN FORMULE 1 : Grand Prix de Grande-Bretagne 1950
DERNIER GRAND PRIX : Grand Prix de Belgique 1955
TOTAL DES GRANDS PRIX : 33
DÉPARTS EN PREMIÈRE LIGNE : 27
POLE POSITIONS : 5
POLE POSITIONS/COURSES : 15 %
TOURS DE PISTE LE PLUS RAPIDE : 5
PODIUMS : 20
PREMIÈRE VICTOIRE DÈS SON 1ER GRAND PRIX
VICTOIRES EN GRAND PRIX : 5
VICTOIRES EN GRAND PRIX/COURSES : 15 %
PREMIER TITRE DE CHAMPION DU MONDE À 44 ANS
TITRE DE CHAMPION DU MONDE : 1 (1950)
TOTAL DE POINTS : 128,33
ÉCURIES : Alfa Romeo, Ferrari

Au sein de la famille Farina, le père de Giuseppe « Nino », dessine et fabrique ces voitures. Son oncle, Gian-Battista, alias « Pinin », crée de son côté le célèbre studio de design Pininfarina.

Durant ses jeunes années, Giuseppe Farina est un étudiant prometteur qui devient juriste et obtient un doctorat en économie. C'est aussi un sportif talentueux (football, équitation, athlétisme, cyclisme, ski...), prédestiné à une grande carrière dans l'armée italienne. Mais Farina a d'autres plans. Depuis qu'il a appris à conduire une Temporino bicylindres à 9 ans, il est fasciné par les voitures. Il laisse donc tomber sa formation d'officier au début des années 1930, et achète sa première voiture de course. Farina est suffisamment talentueux pour que Tazio Nuvolari, la superstar de l'époque, le prenne sous son aile ; et pour gagner le championnat italien de 1937 et 1938. Farina se révèle être un rude pilote, et au moins deux concurrents – Marcel Lehoux en 1936 et Hans-Hugo Hartmann en 1938 – perdent la vie en combat rapproché avec cet Italien agressif, considéré par ses pairs comme dangereux.

Farina est nommé premier pilote chez Alfa Romeo en 1939, mais la Seconde Guerre mondiale met un stop provisoire à sa carrière. Lorsque le sport automobile reprend après la guerre, Farina entre dans la quarantaine. Il se marie à l'élégante Elsa Giaretto qui dirige un empire de mode dans sa ville natale de Turin. Elsa considère la course comme un passe-temps stupide et dangereux. Trois jours seulement après son mariage, Farina laisse sa femme et s'envole pour courir en Argentine. Il gagne une série de grandes courses, entre 1946 et 1949, et lorsqu'Alfa Romeo revient à la compétition en 1950, Farina est choisi comme pilote. À 44 ans, il est prêt pour le premier championnat du monde de Formule 1, avec Juan Manuel Fangio – plus jeune (39 ans), plus impétueux et plus rapide –, comme coéquipier. Alfa Romeo domine totalement, et Farina et Fangio se partagent six Grands Prix européens. Avec trois victoires chacun, la 4e place de Farina en Belgique est décisive et l'Italien devient le premier champion du monde de l'histoire de la Formule 1. L'année suivante, la concurrence est plus rude, Farina ne gagne qu'un seul Grand Prix, et finit sur une 4e place au classement général. Puis Alfa Romeo s'arrête et Farina signe chez Ferrari. Là, Alberto Ascari est imbattable et ce n'est que lorsqu'il quitte l'équipe en 1953, après deux titres mondiaux, que Farina devient premier pilote. Enzo Ferrari qualifie Farina de « pilote complet », mais ajoute : *« J'étais souvent inquiet pour lui. Avant le*

départ, il était comme un cheval de course, prêt à briser la corde de départ par pure frénésie. Et vers la fin, il pouvait commettre les fautes les plus étonnantes. Aussi était-il un client régulier de l'hôpital... »

1954 est d'ailleurs l'occasion pour le pilote de plusieurs séjours hospitaliers notamment lorsque sa voiture s'enflamme lors d'un test à Monza... Même si Farina saute bien avant qu'elle ne s'arrête, il est gravement brûlé. L'année suivante, il tente un come-back mais doit prendre des antalgiques avant le départ de ses trois derniers GP. Ses douleurs et ses nombreux accidents l'obligent à faire ses adieux à la course après la saison 1955. Pourtant, l'Italien, alors âgé de presque 50 ans, ne peut rester à l'écart : en 1956, il tente sans succès de se qualifier pour les 500 miles d'Indianapolis aux États-Unis. Un nouveau crash lors d'une course de voitures de sport à Monza lui vaut une clavicule cassée, mais il revient encore. Ce n'est qu'après le décès du jeune Américain Keith Andrews pendant un test de la voiture de Farina à l'Indy 500 de 1957 que l'Italien arrête pour de bon.

Dans la « vie civile » aussi il prenait de gros risques. Après la mort de Farina dans un accident de voiture sur la route qui le menait au Grand Prix de France de 1966, Juan Manuel Fangio dira de lui : *« Il conduisait comme un fou, et tous sont d'accord pour dire que ce n'est que la Sainte Vierge qui le tenait en vie, et d'une façon ou d'une autre, elle s'est fatiguée de lui… »*

Giuseppe Farina (au centre en bonnet blanc) et l'Alfa Romeo 1589 qui lui assure le titre de champion du monde 1950.

JUAN MANUEL FANGIO

LA PREMIÈRE SUPERSTAR

NAISSANCE : 24 juin 1911 à Balcarce (Argentine)
DÉCÈS : 17 juillet 1995
DÉBUT EN FORMULE 1 : Grand Prix d'Angleterre 1950
DERNIER GRAND PRIX : Grand Prix de France 1958
TOTAL DES GRANDS PRIX : 51
DÉPARTS EN PREMIÈRE LIGNE : 48
POLE POSITIONS : 29
POLE POSITIONS/COURSES : 57 %
TOURS DE PISTE LE PLUS RAPIDE : 23
PODIUMS : 35
PREMIÈRE VICTOIRE DÈS SON 2e GRAND PRIX
VICTOIRES EN GRAND PRIX : 24
VICTOIRES EN GRAND PRIX/COURSES : 47 %
PREMIER TITRE DE CHAMPION DU MONDE À 40 ANS
TITRES DE CHAMPION DU MONDE : 5 (1951, 1954, 1955, 1956, 1957)
TOTAL DE POINTS : 277,5
ÉCURIES : Alfa Romeo, Maserati, Mercedes, Ferrari

Comme la plupart des gens du petit village argentin de Balcarce, la famille de Fangio vit de la culture des pommes de terre et des petits boulots du père, immigrant d'origine italienne. Quatrième enfant, il naît le jour de la Saint-Jean, le 24 juin 1911, et reçoit le nom de Juan Manuel. Il n'a que 10 ans lorsqu'il commence à travailler dans un garage automobile local. Quelques années plus tard, il échappe de peu à une pneumonie et survit grâce aux tendres soins maternels. Il entame alors une carrière de footballeur, mais sa connaissance des voitures et de la technique l'amène au sport automobile où il débute comme mécanicien.

À 23 ans, il fait sa première course au volant d'un taxi Ford retapé. Très vite, il devient un des pilotes d'Amérique du Sud les plus prometteurs et participe à de nombreuses courses de distance qui jouissent d'une énorme popularité. Ses premières victoires importantes surviennent lors de la Gran Premio Internacional del Norte, qui traverse entre autres la cordillère des Andes.

Après la Seconde Guerre mondiale, si le sport automobile ne reprend que très lentement en Europe, tout va plus vite en Argentine d'autant que le gouvernement de Juan Perón utilise politiquement le sport. Fangio a alors près de 35 ans et pense être trop âgé pour la course, mais quand le régime Perón lui offre la chance de courir en Europe, il la saisit sans hésiter. En 1949, il gagne 6 des 10 courses de la saison. L'année suivante, pour participer au premier championnat du monde, le constructeur Alfa Romeo engage tout naturellement Fangio dans son équipe. Celui-ci est près de gagner le tout premier championnat mais, au dernier moment, le titre va à son coéquipier Giuseppe Farina. L'année suivante ne laisse aucun doute : Fangio gagne son premier titre de champion du monde à 40 ans.

Dès lors, Juan Manuel Fangio consolide sa réputation de meilleur pilote du monde. Ses 48 départs en première ligne sur 51 courses en championnat du monde (dont 24 victoires) soulignent sa classe magistrale ! Fangio gagne ses cinq titres de champion du monde au volant de quatre marques de voitures différentes. Il change d'écurie à chaque saison, en fonction des performances, des connaissances techniques des constructeurs, tout en choisissant les équipes qui correspondent le mieux à son tempérament et à sa façon de piloter. *« Il semble qu'il peut toujours conduire un tout petit peu plus vite, et un tout petit peu plus longtemps »*, raconte un de ses contemporains, l'Anglais Stirling Moss.

Il remporte son dernier titre de champion du monde en 1957, à 46 ans, et réalise une saison fantastique pour l'équipe Maserati, pas particulièrement compétitive. *« Nous ne l'avons pas traité différemment parce qu'il était plus âgé que nous,* ajoute Moss, de dix-huit ans son cadet, qui a disputé avec lui le titre de 1957. *Pour nous, il était simplement un concurrent extrêmement rapide. »* Ses nombreuses victoires et sa nature effacée font de Juan Manuel Fangio une des plus grandes vedettes sportives des années 1950. Son statut de superstar lui vaut même quelques désagréments au début de l'année 1958. Alors qu'il doit conduire une voiture de sport à Cuba, il est kidnappé la veille du départ par les guérilleros de Fidel Castro qui le retiennent prisonnier jusqu'à la fin de la course. Le champion du monde de Formule 1 en titre est alors libéré, et Fangio par la suite soulignera que ses ravisseurs l'ont bien traité.

Après sa carrière active, le fils du producteur de pommes de terre de Balcarce devient un homme d'affaires talentueux et respecté en Argentine, où durant de nombreuses années il dirige entre autres l'importation de voitures Mercedes. Il est aussi un ambassadeur populaire du sport automobile faisant le tour du monde pour diverses courses. Il revient pourtant toujours chez lui, dans la modeste maison de Balcarce, héritée de ses parents.

Toute sa vie, Juan Manuel Fangio sera un « homme à femmes », qui jamais ne se mariera. *« Nous faisons tous des erreurs durant une longue vie, et c'est peut-être l'une des miennes,* commentera-il en fêtant ses 80 ans. *Mais j'avais toujours tant à faire, toujours de nouvelles courses à gagner, et j'étais amoureux de mes voitures de course... »*

Juan Manuel Fangio (Maserati 250F) au stand lors des essais du Grand Prix de France 1957 à Rouen.

ALBERTO ASCARI

LE SUPERSTITIEUX

NAISSANCE : 13 juillet 1918 à Milan (Italie)
DÉCÈS : 26 mai 1955 (accident lors d'essais privés)
DÉBUT EN FORMULE 1 : Grand Prix de Monaco 1950
DERNIER GRAND PRIX : Grand Prix de Monaco 1955
TOTAL DES GRANDS PRIX : 32
DÉPARTS EN PREMIÈRE LIGNE : 25
POLE POSITIONS : 14
POLE POSITIONS/COURSES : 44 %
TOURS DE PISTE LE PLUS RAPIDE : 12
PODIUMS : 17
PREMIÈRE VICTOIRE À SON 9^E^ GRAND PRIX
VICTOIRES EN GRAND PRIX : 13
VICTOIRES EN GRAND PRIX/COURSES : 41 %
PREMIER TITRE DE CHAMPION DU MONDE À 34 ANS
TITRES DE CHAMPION DU MONDE : 2 (1952, 1953)
TOTAL DE POINTS : 139
ÉCURIES : Ferrari, Maserati, Lancia

Alberto Ascari n'a que 7 ans lorsqu'il perd son père. Antonio Ascari est alors un des meilleurs pilotes de course des années 1920, et gagne une de ses plus grandes victoires au Grand Prix de Belgique en 1924. Il le domine tellement qu'il s'offre le temps de prendre un repas lors d'un arrêt au stand ! Il a conduit avec Enzo Ferrari, pour Alfa Romeo, et dispute le Grand Prix de France de 1925 qui se termine tragiquement. Antonio Ascari se crashe et meurt peu après laissant un orphelin portant en lui de grands rêves de course automobile.

Quatre ans plus tard, Alberto, 11 ans, emprunte une petite moto à un voisin, et bientôt, les places et les rues aux alentours de sa ville natale de Milan résonnent au rythme des pétarades de sa machine. La scolarité ne l'intéresse guère. Après plusieurs renvois d'écoles privées coûteuses, sa mère comprend qu'elle livre un combat impossible. Elle finit même par prêter de l'argent à son fils pour qu'il s'achète une moto de course correcte. Jusqu'aux années 1930, Alberto Ascari est un des meilleurs pilotes moto d'Italie. En 1940, à 22 ans, il passe de deux à quatre-roues, et obtient quelques résultats prometteurs avant que la Seconde Guerre mondiale ne stoppe tout.

Dans sa carrière civile Ascari dirige une société de transports si importante qu'il échappe à l'incorporation dans l'armée mussolinienne, mais sa carrière dans le sport automobile reste en stand-by jusqu'en 1947. Luigi Villoresi, grand pilote italien de l'époque, le prend sous son aile. *« Quand Alberto met ses lunettes de conduite, son regard chaud et amical se transforme, devient intense, fixe et d'acier »*, dira plus tard Villoresi.

Aux débuts du championnat du monde en 1950, la Ferrari d'Ascari n'est pas au même niveau que les Alfa Romeo toutes puissantes. Mais dès l'année suivante, la voiture au Cheval Cabré est compétitive et Ascari gagne son premier Grand Prix sur le circuit allemand du Nürburgring. Le pilote s'impose vite comme l'un des plus grands noms du sport. Un an durant – du Grand Prix de Belgique 1952 à celui de 1953 – Ascari reste invaincu, et gagne deux des titres les plus exceptionnels de championnats mondiaux de l'histoire. *« C'était important pour lui d'être en tête,* racontera Enzo Ferrari. *Alors il se sentait en sécurité, et il était presque impossible de le dépasser. Quand il était en 2e place, ou plus loin encore, c'était plus difficile pour lui. »* Un désaccord au niveau du salaire, après ses titres de champion du monde, l'amène à quitter Ferrari en 1954. Lancia est sur un projet ambitieux de Formule 1. Comme la nouvelle voiture est reportée, Ascari – considéré comme disponible et sans

écurie fixe – retourne chez Ferrari, en attendant que la Lancia ne soit prête pour la finale en Espagne. Là, Ascari est en pole position mais abandonne rapidement pour cause de problèmes d'embrayage. En 1955, Ascari et Lancia sont prêts. L'Italien part à la 2e place à la première épreuve du championnat du monde en Argentine qu'il réussit à mener, avant d'abandonner après une sortie de route. Le GP suivant, à Monaco, Ascari poursuit Stirling Moss qui est en tête, lorsqu'il prend des risques à la chicane du front de mer. La Lancia traverse, rugissante, les bottes de paille de protection, et termine sa course directement dans l'eau du port. Tandis que la Lancia coule, Ascari se faufile hors du cockpit et nage pour se mettre en sécurité. Bilan : un nez meurtri et quelques égratignures. Ascari est particulièrement choqué après l'accident : très superstitieux, il avait calculé avant le départ de la course qu'il avait précisément l'âge de son père à sa mort...

Son concurrent le plus sérieux durant toute sa carrière en Formule 1, le quintuple champion du monde Juan Manuel Fangio, raconte ce que Ascari lui avait dit juste avant son plongeon : *« Ça commence à tourner mal, le soleil est sur le point de tomber. »* Quatre jours plus tard, pour conjurer le sort, l'Italien reprend le volant d'une voiture de course. Il fait les quelques kilomètres allant de chez lui, à Milan, au circuit de Monza où l'on réalise des tests en prélude à la course du week-end. Après trois tours, Ascari se crashe et meurt peu après dans l'ambulance.

Il y a de nombreux parallèles avec la mort de son père, et la presse italienne se lança dans des théories quasi-démentes sur la mort d'Alberto « le superstitieux ». Le père et le fils qui périssent un 26, ont gagné 13 courses de Grands Prix et avaient 26 ans au moment de leur décès. Les accidents mortels surviennent alors que, quatre jours auparavant, chacun avait survécu à un crash. Et tous deux laissent derrière eux une femme et deux enfants... Malgré quelques tentatives pour s'établir dans la compétition, le fils d'Alberto n'a jamais piloté dans les traces de son père.

Arrêt au stand d'Alberto Ascari (Ferrari) lors du Grand Prix d'Allemagne 1951 du Nürburgring.

MIKE HAWTHORN

LE NOCTAMBULE

NAISSANCE : 10 avril 1929 à Mexborough (Angleterre)
DÉCÈS : 22 janvier 1959 (accident de voiture)
DÉBUT EN FORMULE 1 : Grand Prix de Belgique 1952
DERNIER GRAND PRIX : Grand Prix du Maroc 1958
TOTAL DES GRANDS PRIX : 45
DÉPART EN PREMIÈRE LIGNE : 16
POLE POSITIONS : 4
POLE POSITIONS/COURSES : 9 %
TOURS DE PISTE LE PLUS RAPIDE : 6
PODIUMS : 18
PREMIÈRE VICTOIRE À SON 9E GRAND PRIX
VICTOIRES EN GRAND PRIX : 3
VICTOIRES EN GRAND PRIX/COURSES : 7 %
PREMIER TITRE DE CHAMPION DU MONDE À 29 ANS
TITRE DE CHAMPION DU MONDE : 1 (1958)
TOTAL DE POINTS : 127,5
ÉCURIES : Cooper, Ferrari, Vanwall, Maserati, BRM

Mike Hawthorn a grandi dans l'atelier automobile familial de Farnham, au sud de Londres. Son père avait fait quelques courses tant en deux-roues qu'en quatre-roues. Lorsque Mike a 21 ans, Hawthorn Sr. crée une petite équipe de course familiale où les deux Hawthorn conduisent chacun leur Riley. Dès 1950, il participe à des épreuves locales sur route ouverte dont les Brighton National Speed Trials.

L'année suivante, une blessure dorsale maintient le vieil Hawthorn au stand, et Mike conduit alors les deux voitures lors de courses dans toute la Grande-Bretagne. La grande percée arrive en 1952, quand Mike Hawthorn est promu en Formule 2, suite à une série de résultats notables.

Le jeune Hawthorn débute en Formule 1 la même année. Le Britannique reste très patriote et préfère conduire des voitures anglaises, mais il accepte néanmoins une offre chez Ferrari en 1953. Il gagne là son premier Grand Prix où, lors d'un duel serré pendant le GP de France, il bat Juan Manuel Fangio.

Il est alors évident que Hawthorn a l'aura d'un grand pilote et c'est au volant qu'il s'exprime pleinement. *« Conduire une voiture de course c'est comme créer une peinture ; tout le monde peut tenir un crayon, et beaucoup peuvent dessiner, de façon à ce que cela ressemble à quelque chose. Mais les vrais artistes sont peu nombreux, et ils sont nés pour ça. C'est ainsi pour la course au top niveau : c'est aussi un art, pour lequel on est né. Rien que l'on puisse apprendre »*, disait-il.

Mais son grand talent n'est qu'un oreiller sur lequel il se repose. Quand il est d'humeur combative, il peut menacer même le grand Fangio, mais bien trop souvent, pour Hawthorn, la course n'est qu'une des nombreuses choses de la vie à savourer pleinement. Les fêtes et la bière sont souvent aussi tentantes que la Ferrari... Jusqu'au milieu des années 1950, son compatriote Stirling Moss lui fait de l'ombre, doté du même talent naturel mais l'employant beaucoup plus efficacement. *« Il y avait de grandes chances de rencontrer Mike au bar le soir précédant une course, mais moi j'allais me coucher tôt »*, raconte Moss qui envisage de manière plus professionnelle la pratique de la course automobile. Tandis que seul le résultat compte pour Moss, Hawthorn s'amuse, notamment avec la complicité de son coéquipier Peter Collins. Durant les journées précédant un Grand Prix de France, un de leurs collègues, l'Américain de Maserati Harry Schell, fut la cible des pitreries de l'Anglais. Hawthorn et compagnie enlèvent tout simplement la voiture privée de Schell, une petite Vespa. *« L'idée était de transporter la voiture dans la chambre d'hôtel de Harry. La conduire en haut de l'escalier principal, puis la porter au premier étage alla sans problème. Mais Harry logeait au 4e étage. Ne pouvant la faire entrer dans l'ascenseur, on l'a laissée dans le couloir, juste devant la porte du bureau du directeur de l'hôtel. Mais on l'a décorée en parsemant la voiture de fleurs tout autour... »*

Mais sous la façade joviale et joyeuse de Hawthorn se cache une réalité plus rude. Son père décède dans un accident de la circulation en 1954, et une maladie des reins sérieuse le conduit à être réformé de l'armée anglaise. Eu égard à sa carrière automobile, Hawthorn ne peut révéler pourquoi il ne fait pas son service militaire et, ayant frais en mémoire la Seconde Guerre mondiale, une partie de la presse anglaise le critique violemment : non seulement

il ne remplit pas ses obligations militaires, mais il se permet de piloter pour une équipe italienne !

En 1955, il est mêlé au pire accident de l'histoire du sport automobile, lorsque plus de 80 personnes perdent la vie aux 24 Heures du Mans. Plusieurs sources montrent du doigt Hawthorn comme responsable de la tragédie et, même si c'est un enchaînement de circonstances tragiques qui engendra l'accident, l'Anglais n'arrange pas son cas quand, après avoir gagné l'épreuve, il célèbre cela avec fête et champagne. *« Piloter en Formule 1, c'est s'exposer soi-même à un risque calculé. Cela ne peut jamais être totalement sûr. Et si on pouvait éliminer tous les risques, on éliminerait alors la base même du sport »*, expliquait Hawthorn au sujet des dangers du sport automobile.

1958 est une saison tragique pour la Formule 1. Les coéquipiers d'Hawthorn chez Ferrari, Luigi Musso et Peter Collins, sont tués durant l'été, et lors de la finale de Casablanca, son compatriote Stuart Lewis-Evans périt. Hawthorn se bat pour dépasser ces tragédies et s'assure le titre de champion du monde devant Moss, mais peu après il annonce l'arrêt de sa carrière active de pilote pour se concentrer sur l'atelier familial.

Quelques semaines plus tard, après avoir survécu à la pire saison de l'histoire de la Formule 1, Mike Hawthorn meurt dans un accident de la circulation tandis qu'il engageait une course improvisée avec un de ses amis sur un périphérique à Guildford au sud de Londres.

Mike Hawthorn (Ferrari) sur la grille de départ avant le Grand Prix de France 1957 à Rouen.

JACK BRABHAM

LE PILOTE CONSTRUCTEUR

NAISSANCE : 2 avril 1926 à Hurstville (Australie)
DÉCÈS : 19 mai 2014
DÉBUT EN FORMULE 1 : Grand Prix d'Angleterre 1955
DERNIER GRAND PRIX : Grand Prix de Mexico 1970
TOTAL DES GRANDS PRIX : 126
DÉPARTS EN PREMIÈRE LIGNE : 38
POLE POSITIONS : 13
POLE POSITIONS/COURSES : 10 %
TOURS DE PISTE LE PLUS RAPIDE : 10
PODIUMS : 31
PREMIÈRE VICTOIRE À SON 17E GRAND PRIX
VICTOIRES EN GRAND PRIX : 14
VICTOIRES EN GRAND PRIX/COURSES : 11 %
PREMIER TITRE DE CHAMPION DU MONDE À 33 ANS
TITRES DE CHAMPION DU MONDE : 3 (1959, 1960, 1966)
TOTAL DE POINTS : 261
ÉCURIES : Cooper, Maserati, Lotus, Brabham

Jack Brabham a grandi à Hurstville, en Australie, où son père cultive et vend des légumes. Jack hérite de la fascination de son père pour les voitures et conduit sur les marchés autour de Hurstville bien avant l'âge d'avoir son permis de conduire. Il apprend aussi tout de la mécanique automobile, notamment grâce des années passées dans l'armée de l'air australienne comme mécanicien de vol. Cette formation militaire lui permet d'acquérir un savoir-faire et d'ouvrir, en 1946, son propre atelier.

Quelques années plus tard, il commence à courir des épreuves sur piste où courage et technique de conduite sont à peu près aussi importants. Il évolue ensuite vers les grandes courses de côte, où il rencontre quelques succès, avant d'être disqualifié car la direction trouve que ses freins ne fonctionnent pas correctement. En réalité, sa voiture n'a pas du tout de freins. Il ne les monte qu'à contrecœur avant la course suivante. Ainsi la voiture satisfait-elle au moins au règlement, et Jack gagne de nouveau – sans avoir touché la moindre fois à la pédale de freins.

Brabham se marie, et déménage en famille pour l'Angleterre. Officiellement, il s'y rend pour visiter des constructeurs et remplir son carnet d'adresses de nouveaux contacts. En réalité, il s'agit surtout de s'essayer à la course en Europe. Il se tourne vers un des constructeurs leader à l'époque, Cooper, pour s'acheter une voiture de course, mais l'argent manque. John Cooper est néanmoins suffisamment impressionné par l'Australien pour lui proposer une voiture à monter. L'Australien devra la fabriquer lui-même et se voit octroyer un coin de l'usine Cooper à cet effet. D'origine, c'est une voiture de sport, mais Jack Brabham emploie ses dons de technicien pour la modifier afin qu'elle puisse s'aligner au Grand Prix de Formule 1 de Grande-Bretagne 1955. Ces débuts en F1 sont plus spectaculaires qu'impressionnants et un des meilleurs pilotes de l'époque, Stirling Moss, commente ainsi la prestation de Brabham : *« C'était comme s'il avait oublié qu'il ne courait plus sur les pistes de terre chez lui, en Australie. Il fait toujours l'extérieur. »*

Les années suivantes, Brabham est plus perçu comme un pilote endurant, bon technicien au grand talent naturel. Il s'habitue graduellement à la course européenne, et la coopération avec Cooper se consolide. Son style de conduite est toujours rude, mais il utilise à bon escient une des astuces efficaces héritée des courses de piste australiennes. Lorsque Brabham est talonné de près, il s'arrange pour mordre les virages, de sorte qu'une paire de roues sort de piste et projette de l'herbe et des gravillons sur le poursuivant. Le premier Grand prix arrive en 1959 et la même année, Jack Brabham gagne son premier championnat du monde. L'année suivante, il domine totalement et gagne pour la deuxième fois consécutive. En 1962, il quitte Cooper pour créer sa propre équipe de Formule 1. Lorsqu'un nouveau règlement entre en vigueur en 1966, Brabham a mieux appris sa leçon que tous les autres et, avec les moteurs australiens de Repco, l'équipe Brabham domine tant en 1966 qu'en 1967 : la première année avec le patron en personne comme champion du monde pour la troisième fois, et en 1967 avec son coéquipier et apprenti, Denny Hulme, à la 1re place.

Lorsque Brabham dépasse la quarantaine, l'âge n'ajoute aucune pression sur lui. *« Certains commençaient à me taquiner avec mon âge, aussi avant le départ, j'ai mis une fausse barbe et je suis allé à ma voiture tout en m'appuyant sur une canne. Après une telle prestation, j'étais obligé de gagner la course ; et c'est ce que j'ai fait ! »*, relate Brabham à propos du Grand Prix des Pays-Bas 1966.

Il conduit sa dernière saison en 1970, où il est toujours un des pilotes les plus rapides. Et s'il avait échappé à quelques accidents au cours de l'année, il aurait peut-être pu gagner un 4e titre de champion du monde. Peu après s'être retiré comme pilote actif, Brabham cède son équipe qui, avec un certain Bernie Ecclestone à sa tête, gagnera plusieurs titres de champion du monde dans les années 1980. Ecclestone vendra l'écurie au début des années 1990, mais les nouveaux propriétaires n'auront pas les mêmes talents d'entrepreneur que les précédents, et l'équipe Brabham fera faillite en 1992.

Brabham et son épouse Bette ont trois fils qui s'essayent tous à la compétition internationale. Geoff se concentre principalement à la course américaine, mais gagne aussi les 24 Heures du Mans pour Peugeot en 1993. Gary a le moins de succès parmi les frères Brabham, mais il parvient néanmoins à la Formule 1 où, en 1990, il tente sans succès de qualifier l'écurie Life Racing Engines, un atelier artisanal italien qui a vainement tenté de s'imposer dans le championnat.

David Brabham débute en Formule 1 pour l'équipe Brabham en 1990, qui à l'époque n'est que l'ombre de l'équipe dirigée par son père dans les années 1960. Après une nouvelle tentative en 1994, David se concentre sur les voitures de sport et gagne, en 2009, les 24 Heures du Mans dans une Peugeot.

En 1979, Jack Brabham devient le premier pilote de tous les temps à être anobli. En 1994, sir Jack divorce de Bette et l'année suivante il se marie avec Margaret. Le seul pilote dans l'histoire de la Formule 1 à avoir été champion du monde avec sa propre voiture décède en 2014, à 88 ans. C'est l'un des pilotes les plus complets. *« Certains ont peut-être eu plus de célébrité, mais peu sont ceux qui ont obtenu de meilleurs résultats »*, résume le champion du monde Graham Hill à propos de la carrière de Jack Brabham.

Jack Brabham dans sa Brabham-Ford aux ailes surélevées lors de l'entraînement pour le Grand Prix d'Italie 1968 à Monza.

PHIL HILL

LE PHILOSOPHE

NAISSANCE : 20 avril 1927 à Miami (États-Unis)
DÉCÈS : 28 Août 2008
DÉBUT EN FORMULE 1 : Grand Prix de France 1958
DERNIER GRAND PRIX : Grand Prix de Mexico 1964
TOTAL DES GRANDS PRIX : 48
DÉPARTS EN PREMIÈRE LIGNE : 9
POLE POSITIONS : 6
POLE POSITIONS/COURSES : 13 %
TOURS DE PISTE LE PLUS RAPIDE : 6
PODIUMS : 16
PREMIÈRE VICTOIRE À SON 19E GRAND PRIX
VICTOIRES EN GRAND PRIX : 3
VICTOIRES EN GRAND PRIX/COURSES : 6 %
PREMIER TITRE DE CHAMPION DU MONDE À 34 ANS
TITRE DE CHAMPION DU MONDE : 1 (1961)
TOTAL DE POINTS : 98
ÉCURIES : Maserati, Ferrari, Cooper, ATS, Lotus

C'est « l'homme le plus intelligent » à s'être assis dans une Formule 1. Phil Hill naît en Floride, mais grandit à Santa Monica sur la côte ouest des États-Unis. Ses deux parents meurent précocement et il vit chez sa tante qui lui offre en cadeau, pour son douzième anniversaire, une Ford T hors service. Hill la répare et la conduit avec fougue dans les montagnes de Santa Barbara. Plus tard, parallèlement à ses études à l'université de Californie du Sud, il s'implique de plus en plus sur la scène automobile locale et se focalise sur les voitures de sport. Au milieu des années 1950, il excelle tant que Ferrari lui propose un contrat d'usine et, les années suivantes, c'est un des meilleurs pilotes du monde de voitures de sport avec, entre autres, trois victoires aux 24 Heures du Mans. Il débute en Formule 1 en 1958, dans l'équipe privée Maserati du Suédois Joakim Bonnier, lorsque la chance lui sourit au Grand Prix de France. L'année suivante, Ferrari octroie de nombreux volants à des pilotes avides de notoriété, mais Enzo Ferrari a, comme d'habitude, plus de pilotes que de voitures. Aussi, c'est la lutte pour les places à Maranello, et lorsque, contrairement à ses coéquipiers, Hill survit à la saison 1958, il devient pilote permanent chez Ferrari, en 1959.

La première victoire en Grand Prix survient en 1960 sur la piste de Ferrari à Monza, et comme l'équipe italienne domine presque totalement en 1961, le championnat du monde se transforme en un duel entre Hill et son coéquipier allemand, Wolfgang von Trips. Deux pilotes totalement différents : d'un côté, l'aristocrate allemand qui ne se salit les mains qu'à contrecœur, et

de l'autre, le nouveau riche américain, presque aussi doué pour démonter les voitures que pour les conduire. *« Il savait ce qu'est une bougie, et c'est à peu près tout »*, commente Hill à propos des talents mécaniques de son bon ami von Trips.

Le duel prend fin lorsque von Trips se crashe et décède au Grand Prix d'Italie 1961, où Hill, avec sa victoire, s'assure le titre de champion du monde. Phil Hill ne gagne que deux Grands Prix lors de son ascension vers le titre de 1961 ; peut-être est-ce pour cela qu'il ne sera jamais considéré comme un des grands champions de l'histoire de la Formule 1. *« Quand il était d'humeur, c'était un pilote fantastique, spécialement en voiture de sport. Mais il était loin d'être aussi efficace en Formule 1. Je ne pense pas du tout qu'il aurait gagné le championnat du monde de 1961 si Wolfgang von Trips n'avait pas péri »*, commente un des chefs d'équipe les plus couronnés de l'époque, John Cooper.

L'année suivante, les équipes anglaises ont rattrapé l'avance technique de Ferrari de 1961, et Hill n'est que 6e du championnat du monde avec 14 points. Il pilote ensuite pour la nouvelle équipe ATS puis pour Cooper, et n'engrange qu'un seul point. Hill pilote sa dernière Formule 1 au Grand Prix de Mexico 1964. Il continue pourtant quelques années en voiture de sport, mais arrête en tant que pilote de course après la saison 1967.

Phil Hill a survécu à ce qui fut peut-être l'ère la plus dangereuse de l'histoire du sport automobile, et, pragmatique, il en avait pleinement conscience. Alors que la majorité de ses concurrents étaient fatalistes, Hill réfléchissait sérieusement aux risques de la course. *« Si l'on pense que tous les accidents sont dus à des défaillances mécaniques, alors nous jouons à la roulette russe. Nous pilotons et attendons que n'importe quoi nous tue un jour ou l'autre »*, dit-il.

« La course est une façon d'évacuer ce qui nous fait défaut ailleurs dans la vie – et en nous-mêmes. Les pilotes de course essaient de trouver un certain ordre et un certain sens en se jetant dans quelque chose de potentiellement chaotique. Un pilote croit qu'il peut rendre une machine sûre ce qui est un danger mortel. Il tente d'être Dieu, aussi la course doit être reliée avec le danger mortel. Ce n'est qu'ainsi que les capacités de survie des pilotes de course peuvent devenir mystiques », est encore une des considérations profondes de Hill sur la course.

Hill devient journaliste sportif et un analyste extrêmement respecté tout en créant une société prospère de restauration de voitures anciennes. Son fils Derek est aussi pilote, et ce n'est qu'en ce nouveau siècle qu'il arrivera à la classe précédant la Formule 1, la Formule 3000, mais s'arrête en 2003.

Presque simultanément, l'homme qui le premier cumula les titres de vainqueur du Mans et champion du monde en Formule 1 est frappé par la maladie de Parkinson. Phil Hill meurt en août 2008.

Phil Hill (Ferrari) lors du Grand Prix d'Italie 1958 à Monza.

GRAHAM HILL

LE TRAVAILLEUR ACHARNÉ

NAISSANCE : 15 février 1929 à Londres (Angleterre)
DÉCÈS : 29 novembre 1975 (accident d'avion)
DÉBUT EN GRAND PRIX : Grand Prix de Monaco 1958
DERNIER GRAND PRIX : Grand Prix du Brésil 1975
TOTAL DES GRANDS PRIX : 176
DÉPART EN PREMIÈRE LIGNE : 42
POLE POSITIONS : 13
POLE POSITIONS/COURSES : 7 %
TOURS DE PISTE LE PLUS RAPIDE : 10
PODIUMS : 36
PREMIÈRE VICTOIRE À SON 33E GRAND PRIX
VICTOIRES EN GRAND PRIX : 14
VICTOIRES EN GRAND PRIX/COURSES : 8 %
PREMIER TITRE DE CHAMPION DU MONDE À 33 ANS
TITRES DE CHAMPION DU MONDE : 2 (1962, 1968)
TOTAL DE POINTS : 289
ÉCURIES : Lotus, BRM, Brabham, Shadow, Lola (Hill)

Graham Hill est né à Hampstead dans la banlieue de Londres et, après une scolarité ordinaire, il étudie trois ans au collège technique de Hendon. Il fait son service militaire dans la Royal Navy, et en 1953, il achète sa première voiture, une Morris Eight de 1934. Lorsqu'il la récupère, il fait un tour pour la tester : c'est le premier tour au volant du futur champion du monde. Après quelques semaines, il est prêt pour passer son permis qu'il obtient haut la main. La même année, il s'offre une formation de pilote et effectue quatre tours sur le circuit de Brands Hatch au sud de Londres. Il devient accro. Mais sans argent ni voiture de course, il est obligé de trouver une solution peu conventionnelle : en travaillant gratuitement comme mécanicien à l'école de course, il a l'autorisation d'emprunter une de leurs voitures pour sa première épreuve. Là, il rencontre le chef de Lotus, Colin Chapman, et le convainc de lui donner un job de mécanicien. L'emprunt de voitures de course représente à nouveau une part du salaire, mais même si Hill obtient de meilleurs résultats, Chapman le voit d'abord comme un mécanicien doué. Aussi, est-ce un Hill frustré qui quitte Lotus quelque temps pour tenter sa chance ailleurs. En 1958, Chapman est enfin convaincu des dons de Hill au volant et lui donne sa chance dans son équipe de Formule 1. Deux saisons chez Lotus en 1958 et 1959 lui offrent de nombreux problèmes techniques et pas un seul point. En 1960, Hill part chez BRM. Là survient le premier point en championnat du monde, avec une 3e place au Grand Prix des Pays-Bas, mais ce n'est qu'en 1962 qu'arrive la grande percée. Hill remporte le Grand Prix des Pays-Bas, et avec trois victoires ultérieures, il s'assure le titre de champion du monde. *« C'est l'un des premiers pilotes à penser à la course 24 heures sur 24. Il passe beaucoup de temps à l'usine BRM »*, commente un des rivaux de Hill en Formule 1, Tony Brooks. Il est évident que Hill doit travailler plus dur pour avoir des résultats, comparé aux grands talents naturels de l'époque comme Jim Clark et Jackie Stewart. En même temps, son *background* technique est très utile : *« Il était complètement dingue, à enregistrer chaque petit ajustement. Chaque fois que nous changions le stabilisateur d'inclinaison, la pression des pneus, ou l'équilibre de la voiture, c'était écrit dans son petit carnet de poche noir »*, se souvient Jackie Stewart, coéquipier chez BRM en 1965-1966.

Hill gagne plusieurs Grands Prix les années suivantes, et de 1963 à 1965, il termine trois fois de suite à la 2e place du championnat du monde. En 1966, BRM n'est pas performante

en Formule 1, en revanche Hill gagne la plus grande course des États-Unis, les 500 miles d'Indianapolis, dans une Lola-Ford. Une partie du prix de la victoire sert à acheter un jet privé, faisant de Hill le premier pilote à investir dans les petits avions. Après sept ans chez BRM, Hill retourne chez Lotus, où il devient coéquipier de Jim Clark. Lorsque l'Écossais meurt dans un accident en Formule 2 à Hockenheim au début de 1968, Hill devient premier pilote, remplissant admirablement sa tâche. Dans une équipe presque en décomposition après la mort de Clark, il gagne les deux premières courses après la tragédie en Allemagne. Avec Hill comme capitaine, l'équipe Lotus revient sur la bonne voie, et l'Anglais gagne le championnat du monde 1968.

Un accident au Grand Prix des États-Unis 1969 lui vaut de sérieuses lésions aux jambes, et même s'il lutte héroïquement pour revenir, les six années qui suivent n'offrent que des places secondaires. *« Si on est un tant soit peu un pilote de course intelligent, on est obligé d'accepter que la voiture puisse casser, ou bien que l'on fasse soi-même une faute stupide. Alors, si tout va mal, c'est fini,* raconte Hill à propos de la course. *Si le pire doit arriver, cela signifie simplement une chose : je paie l'addition pour un tas de joies et de plaisirs. »*

Ses dernières années en Formule 1, le double champion du monde n'est plus que l'ombre de lui-même, mais le plaisir tiré du sport et la joie de la conduite font qu'il ne se retire qu'en 1975, à 46 ans, après dix-huit ans de Formule 1. Il gagne toutefois les 24 Heures du Mans en 1972. Il est toujours le seul pilote à avoir remporté à la fois le Grand Prix de Monaco, l'Indy 500 et les 24 Heures du Mans, ce qui en fait l'unique détenteur de la Triple couronne. Il monte aussi sa propre équipe de Formule 1 avec le prometteur Tony Brise.

En novembre 1975, de retour d'un essai, Hill, pilotant son jet privé, fait une erreur de jugement lors de l'approche finale de la piste d'atterrissage : Hill, Brise, et les cadres dirigeants de son équipe périssent tous dans l'accident.

« Lorsque mon père est mort, j'ai perdu tout intérêt pour la Formule 1 », raconte Damon, le fils de Hill qui avait 15 ans lors de l'accident. Plus tard, Damon retrouvera de goût de la course et deviendra, en 1996, le premier de la deuxième génération de pilotes à gagner le titre de champion du monde. Tout comme son père, il ne sera jamais reconnu comme un grand talent naturel. *« Des pilotes comme Fangio, Moss, Clark et Stewart étaient des talents naturels. Personne ne m'a jamais appelé. J'ai dû travailler pour ça... »*, disait Graham Hill qui malgré deux titres de champion du monde, cinq victoires en Grand Prix sur le circuit compliqué de Monaco, plus des triomphes tant au Mans qu'à l'Indy 500, n'a jamais été reconnu comme un des plus grands talents de l'histoire du sport automobile. Pour lui, arriver tout en haut fut le fruit d'un dur labeur.

Graham Hill (Lotus-Ford) en route pour la victoire au Grand Prix de Monaco 1969

JIM CLARK

LE TALENT NATUREL

NAISSANCE : 4 mars 1936 à Fife (Écosse)

DÉCÈS : 7 avril 1968 (accident lors d'une épreuve de Formule 2, à Hockenheim)

DÉBUT EN FORMULE 1 : Grand Prix de Hollande 1960

DERNIER GRAND PRIX : Grand Prix d'Afrique du Sud 1968

TOTAL DES GRANDS PRIX : 72

DÉPARTS EN PREMIÈRE LIGNE : 48

POLE POSITIONS : 33

POLE POSITIONS/COURSES : 46 %

TOURS DE PISTE LE PLUS RAPIDE : 28

PODIUMS : 32

PREMIÈRE VICTOIRE À SON 17E GRAND PRIX

VICTOIRES EN GRAND PRIX : 25

VICTOIRES EN GRAND PRIX/COURSES : 35 %

PREMIER TITRE DE CHAMPION DU MONDE À 27 ANS

TITRES DE CHAMPION DU MONDE : 2 (1963, 1965)

TOTAL DE POINTS : 274

ÉCURIE : Lotus

Fils unique d'un des plus grands fermiers des alentours de Duns, dans les Lowlands écossais, Jim Clark est éduqué pour prendre la relève. À 10 ans, on l'envoie en internat, et lorsqu'il revient, à l'âge de 16 ans, on lui donne un travail de berger. Très tôt, il apprend à conduire dans les champs, et à 17 ans, il reprend la vieille Sunbeam de la famille. C'est lors d'un voyage en Irlande qu'il s'intéresse à la course après avoir vu piloter Mike Hawthorn. Il commence alors à utiliser sa Sunbeam dans des courses locales. En 1958, ses progrès sont tels qu'il court dans toute la Grande-Bretagne, et sa percée survient dans la traditionnelle course du « Boxing day » (l'après-Noël) sur le circuit de Brands Hatch à la fin décembre. Il pilote une Lotus Elite pour une équipe locale écossaise et mène, jusqu'à ce qu'un concurrent le pousse hors de la piste. La victoire revient alors au chef de Lotus, Colin Chapman, qui pilote une de ses propres voitures. Plus tard, Chapman affirmera que dès la course de Brands Hatch, il avait réalisé que Clark avait un talent très particulier. Les années suivantes, il gagne une série de courses nationales en Grande-Bretagne, et fait ses débuts aux 24 Heures du Mans. Les résultats sont si convaincants qu'Aston Martin l'engage pour la nouvelle équipe de Formule 1 de l'usine ; mais Clark ne parviendra jamais à conduire la voiture. Peu après, il entame une longue et fructueuse coopération avec Lotus.

Clark débute en Formule 1 en 1960 et gagne ses premiers points pour le championnat du monde avec sa 5e place à son deuxième Grand Prix. Sa première victoire en Grand Prix survient en Belgique en 1962, et il est de la partie durant toute la saison pour disputer le championnat du monde. Étant hors course dans 2 des 3 dernières courses, le titre revient à Graham Hill. Mais l'année suivante, Lotus et Clark sont exceptionnels. Il gagne 7 des 10 courses de la saison, et devient un champion du monde incontesté.

Même s'il est désormais reconnu comme meilleur pilote de course du monde, il se sent toujours plus fils de fermier que superstar. Peu avant de s'assurer le titre, il avouait : *« Je sens toujours que mon travail se trouve chez moi à la ferme, et que la course n'est qu'un hobby ; mais un hobby que je prends très au sérieux. »*

En 1964, Clark est tout près de gagner de nouveau le championnat du monde, mais une fuite d'huile lors de la finale de Mexico lui coûte le titre. En 1965, l'Écossais est extraordinaire, et parallèlement à un autre titre de champion du monde en Formule 1, il gagne l'Indy 500, la course de Formule 2, et la Tasman series pour voitures assimilées Formule 1 en Australie et Nouvelle-Zélande.

Pourtant, il soutient toujours que la course n'est qu'un hobby. *« Jim court parce qu'il aime ça. Bien sûr, il veut aussi volontiers gagner beaucoup d'argent avec la course, mais pour lui ce n'est d'abord qu'un sport, pas une entreprise. S'il le pouvait, il disparaîtrait des feux de la rampe dès que la course est finie. Pour revenir qu'au début de la suivante. Luxe et glamour ne sont pas faits pour lui »*, relate Colin Chapman, chef de Lotus, pour qui Clark a conduit durant toute sa carrière en Formule 1. Et Clark souligne son énorme talent naturel en s'asseyant à peu près dans tous les types de voitures pour réaliser aussitôt des chronos performants. Parallèlement aux triomphes presque attendus en Formule 1, Clark est aussi exceptionnellement rapide dans des disciplines aussi différentes que la course de voitures légères, le rallye, et la série américaine NASCAR. *« Ses ongles étaient toujours rongés jusqu'à l'os. Si quelqu'un ressemblait à un ulcère ambulant, c'était bien lui. Il était toujours si nerveux. Mais quand il s'assoit derrière le volant d'une voiture de course, il est totalement détendu »*, raconte son compatriote, Jackie Stewart, triple champion du monde. En 1966, Lotus n'est pas assez performante en Formule 1, mais l'année suivante Chapman s'assure le nouveau moteur Ford Cosworth. Doté du meilleur moteur, peut-être de la meilleure voiture, et définitivement du meilleur pilote, tout est en place pour que Clark et Lotus dominent la saison. L'Écossais gagne donc la première course en Afrique du Sud. Mais dans une épreuve insignifiante de Formule 2, peu après Hockenheim, il perd la vie, et le sport automobile ne sera plus jamais le même. Sa mort a créé une onde de choc : si cela pouvait atteindre Jim Clark, alors personne ne pouvait se sentir en sécurité !

« Jimmy était au même niveau que Nuvolari, Fangio et Moss, peut-être meilleur encore. D'une certaine façon, nous le considérions comme invincible. Qu'il puisse succomber dans une course de Formule 2 est presque... inacceptable », commentait un de ses concurrents, Bruce McLaren.

Jim Clark (Lotus-Ford) en route vers la victoire au Grand Prix 1967 de Grande-Bretagne à Silverstone.

JOHN SURTEES

LE MOTARD

NAISSANCE : 11 février 1934 à Tastfield (Angleterre)
DÉCÈS : 10 mars 2017
DÉBUT EN FORMULE 1 : Grand Prix de Monaco 1960
DERNIER GRAND PRIX : Grand Prix d'Italie 1972
TOTAL DES GRANDS PRIX : 111
DÉPARTS EN PREMIÈRE LIGNE : 22
POLE POSITIONS : 8
POLE POSITIONS/COURSES : 7 %
TOURS DE PISTE LE PLUS RAPIDE : 11
PODIUMS : 24
PREMIÈRE VICTOIRE À SON 27^E GRAND PRIX
VICTOIRES EN GRAND PRIX : 6
VICTOIRES EN GRAND PRIX/COURSES : 5 %
PREMIER TITRE DE CHAMPION DU MONDE À 30 ANS
TITRE DE CHAMPION DU MONDE : 1 (1964)
TOTAL DE POINTS : 180
ÉCURIES : Lotus, Cooper, Lola Ferrari, Honda, BRM, McLaren, Surtees

Surtees est le fils d'un vendeur de motos du sud de Londres, et rapidement il commence à s'intéresser à la course. Il fait ses débuts dans le side-car de son père. Les Surtees gagnent la course, mais sont disqualifiés lorsque l'on découvre que le « singe » dans le side-car n'a que 14 ans. À 15 ans, Surtees commence à conduire seul dans des courses de motos, et débute dans la série pour le championnat du monde de 1952. En 1955, il devient professionnel. Les années suivantes, il domine, avec l'équipe italienne MV Agusta, le championnat du monde Road Racing avec sept titres mondiaux (trois dans la catégorie 350 cm^3 et quatre dans la catégorie 550 cm^3). Il remporte 38 victoires de Grand Prix en tout. En 1960, à 26 ans, Surtees vire vers les quatre-roues. *« La première fois que j'ai essayé une voiture de course, c'était si étrange, tout tremblait, et des bruits sortaient de toute part. Je n'y étais pas habitué avec ma moto. »* Immédiatement, Surtees montre un grand talent en voiture, et parallèlement à la saison de championnat du monde de Road Racing, il se met à piloter en Formule 1 : il participe à quatre compétitions de championnat du monde et déjà se classe en 2e position dès la deuxième !

« Je pouvais discerner une légère mauvaise volonté », raconte Surtees au sujet de ses débuts sensationnels en Formule 1. Une « mauvaise volonté » ne venant pas des meilleurs pilotes comme Stirling Moss, mais plutôt des pilotes comme Bonnier qui, ouvertement, ne se souciaient pas d'un nouveau gars entrant directement en Formule 1 et les devançant seulement quelques courses après ses débuts. À partir de 1961, Surtees laisse tomber les motos pour se concentrer sur les voitures, et se place 4e au championnat du monde de Formule 1 de 1962.

Cela suffit pour lui assurer une signature de contrat chez Ferrari, et la première victoire en Grand Prix survient lors du Grand Prix d'Allemagne du Nürburgring. En 1964, il devient champion du monde suite à une solide saison avec deux victoires en GP et trois 2es places. Dès l'année suivante, la coopération avec Ferrari commence à être problématique. Avec son bagage technique, Surtees pense être meilleur que les ingénieurs de l'équipe pour développer les voitures, créant l'indignation au quartier général de Maranello. La coopération s'achève brutalement, après la victoire de Surtees au Grand Prix de Belgique 1966. Surtees a ces mots sur Enzo Ferrari : *« Il était comme un marionnettiste. Il adorait avoir les ficelles assemblées en main, pouvant ainsi s'assurer que tous dansaient comme il le voulait. »* Le pilote anglais passe le reste de la saison chez Cooper où, avec une 2e place au classement général du championnat du monde, il termine loin devant le meilleur pilote de Ferrari. En 1967, Surtees a la possibilité d'utiliser son point de vue technique quand il signe le contrat chez Honda. Mais ce double rôle de premier pilote et d'ingénieur de course n'est pas du tout une solution satisfaisante, et Honda liquide son équipe de Formule 1 après la saison 1968 et une seule victoire en Grand Prix pour Surtees.

En 1968, Surtees pilote pour l'équipe BRM. *« C'est sûrement la plus grande erreur de ma carrière. Tout cela n'était que du gâchis »*, confiera-t-il plus tard sur cette saison qui n'amène qu'une 3e place. En 1970, Surtees forme sa propre équipe en Formule 1. Au début avec des voitures McLaren, mais dès la mi-saison avec ses propres

réalisations. Il parvient à gagner quelques courses en championnat du monde dans sa propre Surtees-Ford, mais il arrête en 1972 sa carrière de pilote pour se concentrer sur son job de chef d'équipe. La même année, Mike Hailwood gagne le championnat d'Europe de Formule 2 dans une Surtees, mais en Formule 1, l'équipe ne connaîtra jamais vraiment le succès, et ferme après la saison 1978.

« Il pensait toujours tout savoir sur la course. Son ego était un obstacle pour l'équipe », confie Alan Jones, le champion du monde qui pilote pour Surtees en 1976. La même année, l'équipe est le centre d'une querelle de parrainage en entamant un contrat avec le fabricant de préservatifs Durex. Une voiture de course avec des publicités pour préservatifs, à une époque où la plupart des équipes sont massivement soutenues par des marques de cigarettes, c'était extrêmement controversé. La BBC refuse même de retransmettre les courses avec le bolide effronté de Surtees. Elle révise néanmoins sa position au cours de l'année.

Après avoir fermé son écurie, Surtees se concentre sur une nouvelle carrière d'homme d'affaires. Il se marie en seconde noce avec Jane, une infirmière rencontrée lors d'une hospitalisation suite à un crash. Henry, le fils du couple, grandit et devient, avec le soutien total de Surtees, un pilote de course prometteur. Il se hisse jusqu'à la Formule 2, lorsqu'en juillet 2009 il se tue lors d'une course sur la piste de Brands Hatch en Angleterre. *« Il a eu la chance de parvenir jusqu'au sommet. Malgré son jeune âge, il avait une conduite mature, et de bonnes connaissances techniques. Mais surtout, c'était une personne délicieuse, un bon fils et un bon frère. On le regrettera beaucoup »*, confiait Surtees, après le décès tragique de son fils. John Surtees quant à lui, décède au printemps 2017, à 83 ans.

John Surtees (Honda) dans la course des champions de Brands Hatch au printemps 1967

DENNY HULME

L'APPRENTI DÉPASSE LE MAÎTRE

NAISSANCE : 18 juin 1936 à Motueka (Nouvelle-Zélande)
DÉCÈS : 4 octobre 1992 (crise cardiaque lors d'une course)
DÉBUT EN FORMULE 1 : Grand Prix de Monaco 1965
DERNIER GRAND PRIX : Grand Prix des États-Unis 1974
TOTAL DES GRANDS PRIX : 112
DÉPARTS EN PREMIÈRE LIGNE : 23
POLE POSITIONS : 1
POLE POSITIONS/COURSES : 1 %
TOURS DE PISTE LE PLUS RAPIDE : 9

PODIUMS : 33
PREMIÈRE VICTOIRE À SON 17E GRAND PRIX
VICTOIRES EN GRAND PRIX : 8
VICTOIRES EN GRAND PRIX/COURSES : 7 %
PREMIER TITRE DE CHAMPION DU MONDE À 31 ANS
TITRE DE CHAMPION DU MONDE : 1 (1967)
TOTAL DE POINTS : 248
ÉCURIES : Brabham, McLaren

Denny Hulme est second pilote dans l'équipe Brabham de 1967. Le premier pilote propriétaire d'écurie et champion du monde en titre s'appelle Jack Brabham. Pourtant, c'est bel et bien Hulme qui gagne le championnat cette année-là.

Denis Clive Hulme a grandi sur une plantation de tabac en Nouvelle-Zélande. Son père, Alfred, est considéré comme le sorcier de la région, pouvant aussi bien prédire que guérir. Il a combattu en Europe aux côtés des Alliés durant la Seconde Guerre mondiale, où grâce à ses dons mystiques, il est totalement convaincu de ne pas pouvoir être blessé et accomplit une série d'actions héroïques presque incroyables. Il revient en Nouvelle-Zélande, et crée un garage où Denny commence à travailler quand il quitte l'école. Il économise rapidement de quoi s'acheter une MG sport qu'il inscrit aussitôt dans des courses locales de côte, et il évolue ensuite vers une Cooper-Climax. Ses résultats sont si convaincants que la société de sport automobile néozélandaise l'envoie en Europe où il commence à travailler comme mécanicien pour Jack Brabham.

Un autre Néozélandais prometteur, Angus Hyslop, arrive aussi en Europe avec comme objectif les 24 Heures du Mans de 1961. Ce n'est pas un gros contrat, mais c'est un début. Les deux Néozélandais s'alignent dans une Abarth-Fiat avec un moteur de 850 cm^3 ! La petite voiture peut courir presque toute la course avec l'accélérateur au plancher, et les deux Néozélandais s'ennuient quelque peu.

Dans la nuit, tandis que Hyslop est au volant, la direction de la course demande l'arrêt au stand de la voiture. Ils l'examinent, particulièrement en dessous, sans dire pourquoi, puis la renvoient sur la piste. Cela se répète peu après, mais quand Hulme reprend la voiture et son tour, il n'y a aucun problème. Lorsque Hyslop prend de nouveau le volant, peu de temps s'écoule avant que la direction de la course ne rappelle de nouveau la voiture au stand. Hulme, irrité par ces nombreux arrêts, exige une explication. La direction des courses explique alors que des étincelles ont été observées provenant de la voiture sur la longue ligne précédant Mulsanne : on craignait un problème technique, concernant les freins peut-être.

Lorsque Hyslop entend la raison de leur arrêt, il lance : *« Peut-être est-ce parce que j'ai allumé une clope ? »* En descendant la longue ligne, Hyslop avait plusieurs fois allumé une cigarette, tandis qu'il conduisait avec ses genoux. Malgré les retards, Hulme/Hyslop gagnent dans leur catégorie. Mais les années suivantes, Hulme se plaint souvent de l'addiction au tabac de Hyslop. *« Tu peux t'estimer heureux que je les ai roulées à l'avance »*, répondit Hyslop.

En 1964, Jack Brabham et Denny Hulme dominent le championnat d'Europe en Formule 2, et l'année suivante, Hulme débute en Formule 1 pour l'équipe Brabham. En 1966, l'équipe Brabham est sans rivale et le chef d'équipe, Jack, gagne le championnat du monde avec Hulme comme loyal coéquipier. Tout est en place pour une répétition en 1967. Tandis que Hulme gagne son premier Grand Prix de Monaco, et Brabham sort pour deux des quatre premières courses de la saison, les rôles sont inversés. Hulme, qui gagne aussi le Grand Prix d'Allemagne, devient champion du monde pour l'équipe Brabham, avec Jack Brabham en 2e.

L'année suivante, Hulme part pour l'équipe de son compatriote Bruce McLaren. Il gagne quelques Grands Prix et se classe 3e au championnat du monde, mais en 1970, Bruce McLaren périt lors de tests. Sa veuve, Pat, et plusieurs cadres dirigeants continuent de diriger l'équipe, avec Hulme blessé suite à un accident à l'Indy 500. Les années suivantes, Hulme est une des pierres angulaires de l'équipe McLaren. Il obtient encore trois Grands Prix, avant de se retirer après la saison 1974. Surnommé « l'Ours » à cause de sa physionomie robuste et de son caractère renfrogné, il est de moins en moins satisfait des nombreux sponsors qui envahissent la Formule 1 dans les années 1970. *« Je connais les gens que je dois connaître : ils sont trois. Je ne supporte pas les bavardages et ces gens qui restent assis à parler et parler de n'importe quoi, en essayant d'être importants »*, raconte Hulme qui, année après année, remporte le « prix Citron » de la presse de Formule 1, décerné au plus grincheux des pilotes sur la piste.

« Comme pilote de course, Denny est de nombreuses façons sous-estimé, témoigne le triple champion du monde Jackie Stewart. *Il a vraiment du talent, il calcule toujours sa course soigneusement, jamais il ne semble pressé, et toujours, il effectue de jolies lignes droites. C'est un pilote que j'estime vraiment beaucoup. »* Presque dix ans après ses adieux à la Formule 1, Hulme revient. Il s'aligne avec succès sur des courses de camions, de voitures de tourisme... et en 1992, à 56 ans, il est de la partie pour la course de véhicules standards la plus importante : les 1 000 km de Bathurst. Lors de la course, il appelle le stand, informant qu'il se sent étrangement bien. Peu après, il a une violente attaque cardiaque et meurt tandis que sa BMW s'immobilise le long de la barrière de sécurité. Quarante-deux ans après le début de la Formule 1, Denny Hulme est le premier champion du monde à mourir de causes naturelles.

Denny Hulme (McLaren) au Grand Prix de Grande-Bretagne 1969 à Silverstone.

JACKIE STEWART

LE COMBATTANT

NAISSANCE : 11 juin 1939 à Milton (Écosse)
AUJOURD'HUI : Homme d'affaires, ambassadeur de relations publiques
DÉBUT EN FORMULE 1 : Grand Prix d'Afrique du sud 1965
DERNIER GRAND PRIX : Grand Prix du Canada 1973
TOTAL DES GRANDS PRIX : 99
DÉPARTS EN PREMIÈRE LIGNE : 42
POLE POSITIONS : 17
POLE POSITIONS/COURSES : 17 %
TOURS DE PISTE LE PLUS RAPIDE : 15
PODIUMS : 43
PREMIÈRE VICTOIRE À SON 8E GRAND PRIX
VICTOIRES EN GRAND PRIX : 27
VICTOIRES EN GRAND PRIX/COURSES : 27 %
PREMIER TITRE DE CHAMPION DU MONDE À 30 ANS
TITRES DE CHAMPION DU MONDE : 3 (1969, 1971, 1973)
TOTAL DE POINTS : 360
ÉCURIES : BRM, Matra, Tyrell

Jackie Stewart a toujours été gravement dyslexique, mais ses enseignants de l'école de Dumbarton, à l'ouest de l'Écosse, ne le réaliseront jamais, et sa scolarité sera, selon l'Écossais, *« le pire [moment] que j'aie jamais vécu »*. Il quitte rapidement l'école, et se met à l'apprentissage dans l'atelier familial. Son frère aîné Jimmy avait commencé à participer à des courses, mais après une blessure au Mans, ses parents freinent les ambitions du petit Jackie. À la place, il entame une carrière prometteuse dans le tir aux pigeons d'argile, au point de quasiment intégrer l'équipe olympique britannique aux Jeux olympiques de Rome 1960. *« Cela a été la déception de ma vie. Je participais à une épreuve pour la dernière place de l'équipe, et j'ai raté mon tir lamentablement »*, raconte-t-il. Lorsqu'un des clients de l'atelier propose à Stewart de lui emprunter une voiture, l'Écossais ne peut résister à la tentation. Il s'aligne pour ses premières courses sous le pseudonyme d'A. N. Other [« un autre »], mais quand il commence à gagner et que sa photo paraît dans les journaux locaux, il ne peut plus cacher sa carrière prometteuse à sa famille. Rapidement, Stewart progresse dans les classements, et en 1965, il débute en championnat du monde de Formule 1 dans l'équipe BRM. Avec une 7e place, il marque des points dès ses débuts. Puis il enchaîne : il est respectivement 3e, 2e et 2e lors de trois des Grands Prix suivants, et gagne le huitième. Il termine sa première saison de Formule 1 à la 3e place du championnat du monde, et reste chez BRM pour les deux années à venir.

« Juste avant une course à Monza, on a découvert une fuite d'essence. Il n'était plus temps de résoudre le problème, et je lui ai dit que cela se réglerait après quelques tours de piste, quand le niveau de carburant serait tombé. Il a haussé les épaules, s'est assis dans sa voiture et s'est dirigé vers le départ. C'est ça qui faisait de lui un pilote fantastique. Contrairement à beaucoup d'autres, il pouvait assumer, même si la voiture n'était pas en ordre à 100 % », relate le chef technique de BRM de l'époque, Tony Rudd.

Mais après un crash lors du Grand Prix de Belgique 1966, Stewart se fait toutefois moins casse-cou. Il commence à poser des questions, tant sur les voitures que sur la piste, et tout le reste de sa carrière, il luttera obstinément pour améliorer la sécurité des pilotes. En 1968, il opte pour l'équipe Matra de Ken Tyrrell, et devient 2e au championnat du monde. L'année suivante, il décroche le titre : Jackie Stewart est maintenant une superstar, et devient le premier pilote de Formule 1 à exploiter sérieusement le potentiel commercial du sport. Avec sa coupe à la Beatles et son bagou, il est une image publicitaire évidente, pour des produits aussi différents que les jeans Wrangler, les montres Rolex et les voitures Ford.

Stewart reste, tout le reste de sa carrière, dans l'équipe de Tyrrell ; qui construit ses propres voitures à partir de 1971. Il est le meilleur pilote de l'époque, et gagne deux titres de champion du monde supplémentaires en 1971 et 1973. « Éviter les erreurs », telle est sa devise. Selon Jackie, il ne faut pas surmener la voiture ni conduire trop vite. *« Les bonnes circonstances surviennent automatiquement, lorsque l'on évite les erreurs, et que la voiture est ajustée de façon optimale »*, confie alors son coéquipier et apprenti dans l'équipe Tyrrell, François Cevert.

Stewart se retire après la saison 1973 et ne parviendra jamais à piloter pour sa course d'adieux, le Grand Prix des États-Unis : l'équipe Tyrrell se retire après la mort de Cevert pendant l'entraînement. L'année suivante, Stewart travaille comme ambassadeur de relations publiques pour nombre de firmes qui l'avaient soutenu durant son active carrière. En 1996, il convainc Ford, son partenaire durant de nombreuses années, de financer une écurie de Formule 1, et le Stewart Grand Prix, avec Jackie et son fils Paul comme chefs d'équipe, fait ses débuts en 1997. *« Il voulait le meilleur pour moi, mais il n'était plus tout à fait dans le coup »*, raconte Jan Magnussen qui a été le premier pilote avec qui Stewart signa un contrat de Formule 1. *« Je me souviens qu'il m'a emmené sur une petite piste de course anglaise où nous avons tourné et tourné dans une voiture citadine avec lui au volant. Il expliquait comment conduire aussi doucement et calmement que possible. Il se peut que cela marchait lorsqu'il conduisait en Formule 1, vingt-cinq ans plus tôt, mais je ne trouvais pas que cela avait grand-chose à voir avec la F1 de la fin des années 1990… »*

Après trois saisons et une seule victoire en Grand Prix, Stewart vend l'équipe financée par Ford à… Ford (qui la rebaptisera : Jaguar Racing). Tout ça ressemble à une *success story*… Mais les problèmes ne sont jamais loin : l'alcoolisme de son frère Jimmy, la maladie de sa femme Helen et de son fils Paul notamment. Et Stewart a piloté durant l'une des périodes les plus sanglantes de l'histoire de la Formule 1, et perdu des amis proches, comme Jim Clark, Jochen Rindt, François Cevert… *« La Formule 1 peut être le sport le plus fantastique du monde, mais aussi le plus cruel… »*, avait dit une fois Stewart.

Jackie Stewart (Tyrell-Ford) en route pour la victoire au Grand Prix des Pays-Bas 1973 à Zandvoort.

JOCHEN RINDT

LE CHAMPION POSTHUME

NAISSANCE : 18 avril 1942 à Mayence (Allemagne)
DÉCÈS : 5 septembre 1970 (accident à l'entraînement lors du Grand Prix d'Italie à Monza)
DÉBUT EN FORMULE 1 : Grand Prix d'Autriche 1964
DERNIER GRAND PRIX : Grand Prix d'Autriche 1970
TOTAL DES GRANDS PRIX : 60
DÉPARTS EN PREMIÈRE LIGNE : 18
POLE POSITIONS : 10
POLE POSITIONS/COURSES : 17 %
TOURS DE PISTE LE PLUS RAPIDE : 3
PODIUMS : 13
PREMIÈRE VICTOIRE À SON 50E GRAND PRIX
VICTOIRES EN GRAND PRIX : 6
VICTOIRES EN GRAND PRIX/COURSES : 10 %
PREMIER TITRE DE CHAMPION DU MONDE À 28 ANS
TITRE DE CHAMPION DU MONDE : 1 (1970)
TOTAL DE POINTS : 109
ÉCURIES : Brabham, Cooper, Lotus

Jochen Rindt est né en 1942 à Mayence en Allemagne. Après la mort de ses parents dans le bombardement de Hambourg, il est élevé par ses grands-parents à Graz en Autriche. Lors d'une excursion en Angleterre, il assiste pour la première fois à une course internationale, et chez lui, en Autriche, il apprend à conduire la voiture familiale bien avant d'avoir le permis. Au début des années 1960, Rindt parvient à convaincre ses grands-parents aisés qu'il doit avoir une voiture de course et il entame sa carrière avec une petite Simca en courses de côte locales. Rapidement, il apparaît qu'il a de grands dons pour la compétition, et il grimpe dans les classements. À partir du milieu des années 1960, il s'établit comme un des meilleurs pilotes de Formule 2. Il débute en Formule 1 quand l'Autriche organise le premier Grand Prix du pays en 1964, sur le terrain d'aviation militaire de Zeltweg. Tandis que Rindt accumule une foule de victoires en Formule 2 et gagne les 24 Heures du Mans de 1965 dans une Ferrari, il choisit avec une sûreté infaillible les mauvaises équipes de Formule 1. Trois saisons chez Cooper de 1965 à 1967 - où il a le futur chef de McLaren, Ron Dennis, comme mécanicien -, rapportent quelques 2es places et une 3e au classement général du championnat du monde 1966. Lorsqu'il opte pour Brabham en 1968, ce ne sera pas mieux, avec deux 3es places et une 12e place au classement général. Même si les résultats ne suivent pas, il est évident que Rindt possède le courage et la vitesse pour être au top. *« Jochen c'est le genre de pilote qui mise toujours à 100 %. Ce n'est pas que j'aie peur qu'il dégage de la piste, mais il court toujours à la limite. La possibilité que quelque chose survienne est relativement grande, sans que cela soit sa faute »*, confiait son chef et coéquipier de 1968, Jack Brabham.

Après mûre réflexion, Rindt, qui a maintenant Bernie Ecclestone (futur patron de la Formule 1) comme conseiller, part pour Lotus en 1969. L'équipe anglaise a construit certaines des voitures de Formule 1 les plus rapides de l'époque, mais aussi les plus frêles, et dès le départ, Rindt sait qu'il y a un risque significatif à courir pour cette écurie. Durant la première saison, de si nombreux problèmes techniques surviennent que l'Autrichien, au beau milieu de l'année, déclare : *« Je ne sais pas pourquoi tout va de travers pour l'équipe Lotus. Quelqu'un chez nous doit avoir écrasé une bonne sœur. »* En fin d'année, la malédiction de la nonne devait sûrement être conjurée car après une 3e et une 2e place, Rindt gagne enfin son premier Grand Prix aux États-Unis.

En 1970, le chef de Lotus, Colin Chapman, présente le modèle 72 qui introduit de nouveaux standards design en Formule 1. La voiture est plus rapide, plus légère, et, en théorie, plus dangereuse que les autres sur la piste, et même si Rindt au milieu de l'année remporte quatre Grands Prix à la suite, l'Autrichien ne peut s'empêcher de critiquer son bolide. *« Que dois-je faire avec ce gars ? Il a des réflexes fantastiques, et conduit follement vite, mais il me dit tout le temps comment je dois dessiner mes voitures »*, lui reprochait Chapman au beau milieu de l'été.

Malgré la victoire, et la solide gestion du championnat du monde, il est évident que les nombreux problèmes de Lotus ont amené Rindt à réfléchir à sa propre sécurité. *« Beaucoup de gens disent que je suis plus courageux que Dick Tracy, mais je peux avoir peur comme tout le monde. Et évidemment, j'ai peur de temps en temps. Mais ce qui me fait peur c'est que quelque chose arrive à la voiture. C'est la voiture qui casse, pas le pilote »*, dira-t-il. Lors d'un entraînement pour le Grand Prix d'Italie de Monza, une panne technique expédie sa Lotus dans la glissière de sécurité. L'Autrichien décède sur la route de l'hôpital. Même s'il reste encore quatre courses pour le championnat du monde, il domine toujours le classement lorsque la saison s'achève. Sa veuve Nina reçoit le trophée, et Rindt restera dans les mémoires comme le champion du monde à titre posthume et un des plus courageux pilotes de Formule 1. *« Il conduisait toujours vite, exposant la voiture à de grosses charges. Il y avait toujours plus ou moins de risques que cela tourne mal »*, commentera son coéquipier Lotus, Graham Hill, après la tragédie de Monza.

Jochen Rindt (Lotus-Ford) au Grand Prix d'Espagne 1970 à Jarama.

EMERSON FITTIPALDI

LE ROI DU COME-BACK

NAISSANCE : 12 décembre 1946 à São Paulo (Brésil)
AUJOURD'HUI : Homme d'affaires
DÉBUT EN FORMULE 1 : Grand Prix d'Angleterre 1970
DERNIER GRAND PRIX : Grand Prix des États-Unis 1980
TOTAL DES GRANDS PRIX : 144
DÉPARTS EN PREMIÈRE LIGNE : 16
POLE POSITIONS : 6
POLE POSITIONS/COURSES : 4 %
TOURS DE PISTE LE PLUS RAPIDE : 6

PODIUMS : 35
PREMIÈRE VICTOIRE À SON 4E GRAND PRIX
VICTOIRES EN GRAND PRIX : 14
VICTOIRES EN GRAND PRIX/COURSES : 10 %
PREMIER TITRE DE CHAMPION DU MONDE À 25 ANS
TITRES DE CHAMPION DU MONDE : 2 (1972, 1974)
TOTAL DE POINTS : 281
ÉCURIES : Lotus, McLaren, Copersucar, Fittipaldi

Emerson Fittipaldi est le plus jeune fils d'un journaliste de sport automobile brésilien qui, en 1950, suit les triomphes de Juan Manuel Fangio en Europe. Son frère, Wilson, plus vieux de trois ans, commence tôt la course, et les frères Fittipaldi font rapidement partie des meilleurs pilotes de karting. Puis ils grimpent en Formule Vee avec une voiture « maison ». En 1969, à la suite de Wilson, Emerson traverse l'Atlantique. En Europe, il fait presque aussitôt sa percée. Il passe de la Formule Ford, à la F3 et la F2, et dès l'été 1970, il débute en F1 pour l'équipe Lotus.

À peine un an plus tard, le Brésilien est apprenti dans l'équipe européenne, et troisième pilote. Lorsque le premier pilote, Jochen Rindt, meurt lors de l'entraînement au Grand Prix d'Italie, et que le deuxième pilote, John Miles, déclare ne plus oser monter dans une des frêles Lotus, après seulement trois mois comme apprenti en Formule 1, Fittipaldi se retrouve soudain premier pilote dans l'équipe en 1970.

Il grandit avec cette responsabilité, et après la courte pause de Lotus suite à l'accident mortel de Rindt à Monza, Fittipaldi gagne la course de son come-back, et de celui de l'équipe, aux États-Unis. C'est son quatrième Grand Prix !

Un accident le retarde en 1971. En 1972, il devient néanmoins, à 25 ans, le meilleur champion du monde de Formule 1 de tous les temps. L'année suivante, avec Ronnie Peterson comme coéquipier chez Lotus, il devient 2e au championnat du monde derrière Jackie Stewart. Il signe ensuite un contrat en 1974 chez McLaren.

« Après la victoire d'Emerson au championnat du monde 1972, son caractère change. Il n'est plus du tout le "tigre" *qu'il était la première fois où il signa le contrat chez nous »*, se souvient Peter Warr, team manager de Lotus à propos de la saison 1973. Fittipaldi n'en gagne pas moins le championnat du monde pour la deuxième fois en 1974, et l'année suivante, il est 2e derrière Niki Lauda en Ferrari. Pendant quatre ans d'affilée, il a été soit champion du monde, soit n°2, et il n'a que 28 ans. Mais tous les espoirs d'entrer dans le livre des records restent en stand-by, quand Fittipaldi, fin 1975, annonce qu'à partir de 1976 il pilotera pour la nouvelle équipe brésilienne Copersucar-Fittipaldi, que son frère a créée. L'équipe ne connaîtra jamais le succès. Après cinq ans comme l'un des meilleurs pilotes de Formule 1, Fittipaldi occupe, les cinq années suivantes, le milieu ou la fin de peloton. *« Changer pour notre propre équipe a été la plus grande erreur de ma vie. J'avais des offres tant de Ferrari que de Williams, mais je suis resté dans l'équipe Fittipaldi. C'était extrêmement démoralisant : après avoir gagné deux titres de champion du monde, il y avait des épreuves où je ne pouvais même pas me qualifier »*, raconte Fittipaldi. Après la saison 1980, il arrête sa carrière de pilote pour se concentrer sur la direction de l'écurie. *« Il continue de faire des changements dans l'équipe, et gère des choses qu'il aurait dû laisser à des professionnels »*, commente Keke Rosberg qui a piloté pour Fittipaldi en 1981 sans gagner un seul point (et qui, l'année suivante devient champion du monde chez Williams). L'équipe Fittipaldi fait faillite après la saison 1982, et, démoralisé, Emerson rentre chez lui au Brésil.

Dès 1984, il caresse l'espoir de revenir en Formule 1. Il s'essaye avec la petite équipe Spirit, puis choisit de se concentrer sur la série américaine IndyCar. Là, il devient rapidement un des meilleurs pilotes. Douze ans en série lui assurent le championnat CART 1989, deux victoires à l'Indy 500, et il remporte au total 23 premières places. Fittipaldi approche les 50 ans quand sa carrière américaine est brusquement interrompue par des lésions dorsales suite à un accident lors de l'entraînement pour la course d'IndyCar sur l'ovale de Michigan en 1996. Les lésions s'aggravent lorsque, un an plus tard, il se crashe avec un petit avion privé sur sa plantation de pommiers au Brésil. Il survit à ces blessures et reprend même de la vigueur. Aujourd'hui, Emerson Fittipaldi, 73 ans, est un homme d'affaires à succès au Brésil et aux États-Unis avec des intérêts notamment dans le tabac, l'orange et l'industrie de la mode. Et la famille a gardé un lien à la Formule 1 : son neveu, Christian, a piloté en Formule 1 de 1992 à 1994, et deux de ses petits-enfants, Pietro et Enzo, participaient en 2019 aux programmes juniors de Haas et Ferrari.

Emerson Fittipaldi (Lotus-Ford) au Grand Prix de France 1972 à Clermont-Ferrand.

NIKI LAUDA

LE MIRACULÉ

NAISSANCE : 22 février 1949 à Vienne (Autriche)
DÉCÈS : 20 mai 2019
DÉBUT EN FORMULE 1 : Grand Prix d'Autriche 1971
DERNIER GRAND PRIX : Grand Prix d'Australie 1985
TOTAL DES GRANDS PRIX : 171
DÉPARTS EN PREMIÈRE LIGNE : 31
POLE POSITIONS : 24
POLE POSITIONS/COURSES : 14 %
TOURS DE PISTE LE PLUS RAPIDE : 24
PODIUMS : 54
PREMIÈRE VICTOIRE À SON 31E GRAND PRIX
VICTOIRES EN GRAND PRIX : 25
VICTOIRES EN GRAND PRIX/COURSES : 15 %
PREMIER TITRE DE CHAMPION DU MONDE À 26 ANS
TITRES DE CHAMPION DU MONDE : 3 (1975, 1977, 1984)
TOTAL DE POINTS : 420,5
ÉCURIES : March, BRM, Ferrari, Brabham, McLaren

Niki Lauda a grandi dans une famille aisée de Vienne (Autriche) qui ne partage absolument pas son intérêt naissant pour le sport automobile. Il doit emprunter et quémander l'argent nécessaire pour financer ses premières voitures de course, et ses résultats sont peu encourageants. Aucun sponsor ni écurie ne se pressent pour aider le jeune Autrichien.

En 1970, il court en Formule 3. Avec son visage poupon, il ressemble à tout sauf à un pilote de course. Il mène cependant un dur combat contre les lions de la course du reste de l'Europe. *« On ne doit pas se tracasser quand on pilote en Formule 3,* confiera-t-il plus tard, *ou alors on ne peut pas supporter toute la folie marquant le classement. Il y a vingt-cinq pilotes qui sont à peu près aussi rapides, et personne ne veut céder, ne serait-ce qu'un centimètre. On conduit à 200 km/h et on s'entrechoque sans cesse, comme si c'était des voitures téléguidées. On doit être dingue pour piloter en Formule 3, et je l'étais en 1970... »* Mettant son assurance-vie en gage, il emprunte de l'argent en 1971-1972 pour s'offrir son entrée dans les équipes March de Formule 1 et Formule 2. Là, il n'impressionne pas du tout par ses chronos de tours de piste. En règle générale, ils sont bien loin derrière ceux du premier pilote, Ronnie Peterson. En revanche, Lauda est bien meilleur que le Suédois pour analyser et améliorer la voiture, et il préserve ce don pour lui quand en 1973, il emprunte de l'argent pour s'offrir une nouvelle chance dans l'équipe BRM de F1. *« Il est concentré à 100 %, de la même façon que Graham Hill. Il n'a jamais douté qu'il toucherait le sommet »*, relate le manager BRM, Tim Parnell, à propos de la saison 1973 de Lauda, qui engrange seulement deux points avec une 5e place au Grand Prix de Belgique.

Mais Enzo Ferrari, dont l'équipe est plongée dans une crise sérieuse et manque désespérément d'un pilote d'essais doué, a remarqué les talents techniques de Lauda. Il loue ses services pour la saison 1974, pour un salaire mettant Lauda en capacité de rembourser petit à petit sa dette bancaire assez conséquente. Lauda exploite cette chance. Après un long hiver ponctué d'innombrables essais sur des monoplaces du Cheval Cabré, Lauda revient en force et se révèle avec style. Après une approche efficace en 1974, l'Autrichien domine le championnat du monde 1975. Il était bien parti pour un nouveau titre en 1976 quand il est victime d'un grave accident, au Grand Prix d'Allemagne du Nürburgring. La Ferrari s'enflamme et Lauda est tellement asphyxié que pendant plusieurs jours, il oscille entre la vie et la mort. Mais c'était sans compter sur la résistance de l'Autrichien. Six semaines plus tard, il est de retour dans sa Ferrari.

Très marqué par ses brûlures, il est toujours aussi rapide, et son humour caustique est intact : « *OK, je ne suis pas très beau après l'accident, mais contrairement à beaucoup d'autres, j'ai au moins une excuse.* »

Il perd le championnat du monde 1976, en refusant de conduire sous la pluie qui marque la finale au Japon. L'année suivante, l'Autrichien sans vergogne gagne son deuxième titre de champion du monde. Au même moment, il se fâche avec Ferrari, et en 1978-1979, il pilote pour l'équipe de Bernie Ecclestone : la Brabham-Alfa Romeo. Là, il engrange quelques victoires supplémentaires. Mais lors des essais du Grand Prix du Canada 1979, soudain il en a assez, retourne au stand et annonce à un Ecclestone ébahi qu'il en assez de faire des ronds en conduisant.

Il quitte le circuit pour l'Europe où, les années suivantes, il se concentre sur le lancement de la compagnie aérienne Lauda Air. Défier Austrian Airlines (qui des années plus tard reprendra Lauda Air), et les autres compagnies aériennes européennes existantes, coûte cher. Une économie en difficulté est peut-être une des raisons pour que Lauda, en 1981, retrouve le goût de « conduire et faire des ronds ». Il fait un come-back pour MacLaren, pour le tarif sportif le plus cher à ce jour, et gagne dès sa troisième course. Le troisième titre arrive en 1984, et il arrête définitivement la Formule 1 après la saison 1985.

Les années suivantes, il est à la fois consultant chez Ferrari, et chef d'équipe chez Jaguar en Formule 1. Il lance aussi une nouvelle compagnie aérienne, Niki, qui sera vendue plus tard à Air Berlin puis Etihad Airways. La compagnie connaîtra de sérieux problèmes économiques avec ses nouveaux propriétaires, et au début de 2018, Niki Lauda la rachète, cette fois sous le nom de Lauda Motion.

Niki Lauda, qui à partir de 2012 est à la direction de l'équipe Mercedes de Formule 1, s'est marié en 2008 avec une hôtesse de l'air de sa compagnie aérienne, Birgit, plus jeune que lui de trente ans. Lauda a, de nombreuses années durant, souffert de problèmes de reins. En 1997, il reçoit un rein de son frère, Florian. Quand, dix ans plus tard, il recommence à défaillir, Birgit Lauda fait aussi don d'un rein à son mari, et ils deviennent, en 2009, parents de jumeaux.

Niki Lauda meurt au printemps 2019, après de longues années de maladie.

Niki Lauda (Ferrari) pendant l'entraînement pour la course des champions de Brands Hatch (Grande-Bretagne) au printemps 1974.

JAMES HUNT

LE PLAY-BOY ANGOISSÉ

NAISSANCE : 29 août 1947 à Belmont (Angleterre)
DÉCÈS : 15 juin 1993
DÉBUT EN FORMULE 1 : Grand Prix de Monaco 1973
DERNIER GRAND PRIX : Grand Prix de Monaco 1979
TOTAL DES GRANDS PRIX : 92
DÉPARTS EN PREMIÈRE LIGNE : 24
POLE POSITIONS : 14
POLE POSITIONS/COURSES : 15 %
TOURS DE PISTE LE PLUS RAPIDE : 8
PODIUMS : 23
PREMIÈRE VICTOIRE À SON 30E GRAND PRIX
VICTOIRES EN GRAND PRIX : 10
VICTOIRES EN GRAND PRIX/COURSES : 11 %
PREMIER TITRE DE CHAMPION DU MONDE À 29 ANS
TITRE DE CHAMPION DU MONDE : 1 (1976)
TOTAL DE POINTS : 179
ÉCURIES : March, Hesketh, McLaren, Wolf

Fils d'un agent de change, Hunt est envoyé dans plusieurs internats sélects et souhaite étudier la médecine. Mais tous ses plans sont bouleversés quand, peu avant ses 18 ans, il est invité à une course automobile. Il est immédiatement happé par ce sport, et commence à participer aux courses dans sa vieille Mini. Il progresse rapidement en Formule Ford puis en Formule 3 où, avec sa conduite sauvage, il hérite du sobriquet « Hunt le crasher ».

Peu après, il rencontre l'héritier, lord Alexander Fermor-Hesketh, 22 ans, qui a trop d'argent et de temps libre. La compétition ressemble à une voie rapide loin de l'ennui, et avec une bande d'amis, Hesketh monte une équipe de course qui met Hunt en Formule 2. Les débuts ne sont guère brillants mais Hesketh a une solution : *« C'est sûrement plus amusant de connaître l'échec en Formule 1 qu'en Formule 2 ! »*

Une March-Ford est achetée pour la saison 1973. Au début, les concurrents ne prennent pas au sérieux une telle équipe : Hunt le crasher, une March et une équipe composée de fêtards ne correspondent pas vraiment aux standards. Hunt se met à conduire fort, et il termine sa première saison en Formule 1 avec une 2e place honorable au Grand Prix des États-Unis.

En 1974, Hunt dessine sa propre voiture. Avec une 3e place, elle assure à Hunt une 8e place en championnat du monde. Hesketh est vraiment mordu de compétition, et d'énormes sommes sont concédées pour la construction d'un modèle 1975 compétitif. L'argent vient directement de la fortune familiale, les sponsors étant considérés comme trop vulgaires pour le lord qui

préfère ses voitures de courses parées des couleurs officielles de l'empire britannique : bleu, blanc et rouge.

Hunt gagne le Grand Prix des Pays-Bas 1975 dans le bolide de Hesketh. Aux yeux de sa famille, le jeune Alexander a suffisamment dilapidé d'argent pour son coûteux hobby et elle lui coupe les vivres. La compétition est donc progressivement abandonnée... En 1976, Hunt rejoint l'écurie McLaren où il détrône le double champion du monde Emerson Fittipaldi. Et quand, courant 1976, il mène un combat farouche contre Niki Lauda pour le titre de champion du monde, il devient à la fois superstar et héros du peuple en Angleterre. Il s'assure le titre dans une finale éprouvante pour les nerfs au Japon, et devient ainsi un des champions du monde les plus populaires et les plus anticonformistes qui soit. En règle générale, Hunt apparaît en jeans usés et pieds nus aux fêtes de victoire et à celles des sponsors qui suivent dans le sillage du titre. Sa vie privée est aussi une pure course rock'n'roll, et lorsque sa femme, Suzy, au début de la saison 1976, file avec la star hollywoodienne Richard Burton, Hunt enchaîne les maîtresses. À ce jour, c'est le seul champion de Formule 1 à courir avec « Sexe, le petit-déjeuner des champions », brodé sur sa combinaison de pilote. *« De tous les pilotes que nous avons employés, James était de loin le plus talentueux. Il a peut-être fait plus d'erreurs que, par exemple, Emerson Fittipaldi, mais il était aussi plus rapide. Je n'ai jamais vu de pilotes plus rapides que James »*, commente le chef de McLaren, Teddy Mayer. Mais après le titre de champion du monde, il apparaît évident que Hunt paie un prix personnel bien cher pour ses incroyables chronos de tours de piste. La course l'effraie de plus en plus. Une réaction tout à fait naturelle à une époque où au moins un pilote par an décède. *« La Formule 1 est une histoire de spectateurs qui viennent sur la piste pour voir des gars comme moi périr. Ils ne veulent pas se l'imaginer, mais c'est la vérité, confie-t-il. Avec la course, je me sens vivre, pourtant ça me fiche une frousse terrible... »* Quand la voiture s'y prête – et que l'adrénaline et le désir de vaincre jaillissent –, Hunt peut oublier son angoisse. Lorsque McLaren entre en 1977-1978 dans une petite forme, Hunt perd beaucoup de sa motivation. *« Avec James, je peux parler des femmes, de backgammon, de tennis, d'impôts, de l'Espagne, de la nourriture, de l'enfance, mais je n'arrive pas à le faire parler de voitures »*, raconte Teddy Mayer, au cours de la saison 1978. Hunt, angoissé, vomit souvent avant les courses.

Il opte alors, en 1979, pour l'équipe Walter Wolf Racing. Mais à mi-saison, c'en est trop. Il se retire avec effet immédiat, et les années suivantes, il doit surmonter divers problèmes d'addiction. Il devient commentateur télé. L'ancien play-boy est en voie de devenir un des ex-pilotes de course le plus respecté, quand il meurt d'une crise cardiaque en 1993. Il a 46 ans.

James Hunt (McLaren-Ford) au Grand Prix du Japon 1976, sur la piste Fuji trempée, qui lui assure le titre de champion du monde.

MARIO ANDRETTI

LE DILETTANTE

NAISSANCE : 28 février 1940 à Montona (Italie)
AUJOURD'HUI : Retraité, exploitant viticole aux États-Unis
DÉBUT EN FORMULE 1 : Grand Prix des États-Unis 1968
DERNIER GRAND PRIX : Grand Prix de Las Vegas 1982
TOTAL DES GRANDS PRIX : 128
DÉPARTS EN PREMIÈRE LIGNE : 24
POLE POSITIONS : 18
POLE POSITIONS/COURSES : 14 %
TOURS DE PISTE LE PLUS RAPIDE : 10
PODIUMS : 19
PREMIÈRE VICTOIRE À SON 10E GRAND PRIX
VICTOIRES EN GRAND PRIX : 12
VICTOIRES EN GRAND PRIX/COURSES : 9 %
PREMIER TITRE DE CHAMPION DU MONDE À 38 ANS
TITRE DE CHAMPION DU MONDE : 1 (1978)
TOTAL DE POINTS : 180
ÉCURIES : Lotus, March, Ferrari, Parnelli, Alfa Romeo, Williams

Mario Andretti est né dans le village de Montona, dans cette région italienne, l'Istrie, qui sera incorporée à la Yougoslavie après la Seconde Guerre mondiale. Le régime communiste alors en vigueur ne convient guère à la famille. L'archi-conservateur Mario Andretti dira plus tard : *« Le communisme signifie que tous doivent posséder autant. Un vœu qui est tenu : personne ne possède rien du tout. »*

En 1948, la famille obtient l'autorisation de revenir en Italie, où ils sont placés dans un camp de réfugiés. Andretti participe à quelques grandes compétitions automobiles italiennes, avant que la famille émigre sept ans plus tard à Nazareth, en Pennsylvanie. Il se passe peu de temps avant que Mario et son frère jumeau Aldo ne découvrent une piste ovale hors de la ville. Rapidement, ils construisent une voiture qu'ils se partagent, et les résultats sont impressionnants : *« Je n'ai jamais imaginé être n°2. Nous gagnions, ou nous finissions dans le bac à graviers. C'était notre façon de conduire »*, raconte Andretti lorsqu'il évoque leurs premières tentatives. Mais les deux frères ne disent mot de leur passion à leurs parents, jusqu'à ce qu'Aldo soit sérieusement blessé en fin de saison. Malgré la réticence de ses géniteurs, Mario Andretti continue, avec une stratégie aussi simple qu'efficace : *« Si tout semble être sous contrôle, alors on conduit tout simplement trop lentement ! »* Durant les années 1960 et 1970, Andretti s'affirme comme un pilote extrêmement polyvalent, il gagne dans à peu près tous les types de voitures : les voitures de stock-car sur piste en terre, les épreuves de NASCAR sur circuit ovale, le championnat des voitures de sport avec les épreuves de Sebring, Daytona en passant par l'IndyCar... Andretti maîtrise tout et devient multimillionnaire grâce à ses dons au volant de tous les bolides du monde.

En 1968, sa réputation a franchi l'Atlantique, et le patron de Lotus, Colin Chapman, lui propose une voiture pour deux courses de la saison en Formule 1. Andretti est tout simplement étonnant : il est le plus rapide lors de son tout premier entraînement pour le Grand Prix d'Italie. Il retourne néanmoins aux États-Unis pour participer à une course d'IndyCar avant de repartir pour le Grand Prix d'Italie à Monza, où il se heurte à la bureaucratie du sport automobile : il est interdit de courir une course moins de 24 heures avant un GP. Finalement, c'est lors du Grand Prix des États-Unis de Watkins Glen qu'Andretti fait ses débuts en F1 et se place aussitôt en pole position. Les années suivantes, il prend sporadiquement le volant pour diverses écuries, dont Ferrari, avec qui il remporte en 1971 son premier Grand Prix.

Si les courses américaines lucratives sont longtemps la priorité d'Andretti, il prend conscience au milieu des années 1970, quand il passe le cap des 35 ans, que les plateaux de Formule 1 sont diablement excitants. Il entame une nouvelle collaboration avec Lotus : Colin Chapman se réjouit du talent d'Andretti mais aussi de ses connaissances techniques et, enfin, il n'a pas son pareil pour vendre les voitures Lotus de tourisme aux États-Unis. *« Je gagne de l'argent en pilotant, et j'essaie toujours d'obtenir le salaire le plus élevé ; mais je pourrais piloter gratis, simplement ne le répétez pas à Colin »*, confie Andretti couronné champion du monde 1978. Lotus a, à cette époque, développé la meilleure voiture de la saison, et Andretti l'utilise de façon optimale. Mais les années suivantes, Lotus dégringole, et en 1981, Andretti change pour Alfa Romeo. Sa dernière saison en Formule 1 n'est aucunement un succès et, à partir de 1982, il choisit de se reconcentrer sur les courses américaines d'IndyCar. Il fait néanmoins quelques apparitions en 1982 comme pilote de remplacement. C'est ainsi lui qui est derrière le volant d'une Ferrari lors du Grand Prix d'Italie. La marque au Cheval Cabré a perdu deux pilotes au cours de la saison et Andretti, 42 ans – que la presse sportive italienne a aussitôt baptisé « le sauveur de Nazareth » –, célèbre son bref come-back par une pole position sensationnelle. Sa carrière en Formule 1 s'achève, mais Andretti continue avec succès la série Indycar jusqu'en 1994. En 2000, à 60 ans, on le retrouve aux 24 Heures du Mans sur la Panoz n° 16 avec les anciens pilotes de Formule 1 Jan Magnussen et David Brabham. Andretti est présent aussi au Mans avec son fils Michael et son neveu Jeff. En 1993, Michael pilote en Formule 1 pour McLaren-Ford sans succès. Et en 2007, le fils de Michael, Marco, teste la Formule 1 pour l'équipe Honda.

Mario Andretti en superforme dans la Lotus-Ford 63 à quatre-roues motrices au Grand Prix d'Allemagne 1969.

JODY SCHECKTER

LE PRUDENT CASSE-COU

NAISSANCE : 29 janvier 1950 à East London (Afrique du Sud)
AUJOURD'HUI : Agriculteur écologique en Angleterre
DÉBUT EN FORMULE 1 : Grand Prix des États-Unis 1972
DERNIER GRAND PRIX : Grand Prix des États-Unis 1980
TOTAL DES GRANDS PRIX : 112
DÉPARTS EN PREMIÈRE LIGNE : 13
POLE POSITIONS : 3
POLE POSITIONS/COURSES : 3 %
TOURS DE PISTE LE PLUS RAPIDE : 6
PODIUMS : 33
PREMIÈRE VICTOIRE À SON 13E GRAND PRIX
VICTOIRES EN GRAND PRIX : 10
VICTOIRES EN GRAND PRIX/COURSES : 9 %
PREMIER TITRE DE CHAMPION DU MONDE À 29 ANS
TITRE DE CHAMPION DU MONDE : 1 (1979)
TOTAL DE POINTS : 255
ÉCURIES : McLaren, Tyrrell, Wolf, Ferrari

Jody Scheckter naît à East London en Afrique du Sud. Fils d'un garagiste, passionné de voitures, il fait une carrière éclair dans les courses locales avant de filer en Europe, en 1970, pour débuter en Formule Ford. Là, il révèle tout son talent et, un an et demi plus tard, il débute en Formule 1 au sein de l'équipe McLaren.

Doué et courageux, Scheckter pilote, pour la saison 1973, la troisième voiture McLaren. Ses apparitions sont autant marquées par des tours de piste rapides que de gros accidents. Le chef d'équipe expérimenté Ken Tyrrell ferme les yeux sur les sorties de piste, et engage Scheckter pour son écurie durant la saison 1974, où il remplace le triple champion du monde Jackie Stewart. Ken Tyrrell cadre son pilote et dès la mi-saison, Scheckter remporte sa première victoire en Grand Prix tout en bataillant pour le titre de champion du monde. *« Jody est peut-être le plus grand talent naturel que nous verrons dans le sport automobile »*, confie Jackie Stewart en 1974. Après deux nouvelles saisons chez Tyrrell, (et deux victoires en Grand Prix), Scheckter opte pour la toute nouvelle équipe Wolf. Là, il fait sensation en remportant la première course de l'équipe, et finissant 2e du championnat du monde. Mais après une année 1978 morose, Scheckter signe chez Ferrari en 1979. Le Sud-Africain affirme tout de go à Enzo qu'il veut gagner le championnat du monde en deux ans, ou jamais. Un an suffira.

Scheckter rencontre Gilles Villeneuve et les deux pilotes s'entendent à merveille. Le Sud-Africain a les connaissances techniques qui font parfois défaut au Canadien. Villeneuve veut être le plus rapide et à chaque tour de piste, il prend des risques. Scheckter préfère se concentrer sur le classement et accumuler assidûment les points pour le championnat du monde. Avec le soutien solide de Villeneuve, Scheckter s'assure le titre en 1979. *« Le premier grand changement après mon titre de champion du monde, survient à mon retour à Monaco : normalement, le retour de mon linge de la laverie prend quatre jours ; maintenant, ce n'est plus que deux ! »*

Scheckter, alors, préside l'association des pilotes de Grand Prix (GPDA) dont il est le « représentant en sécurité », et laisse entendre que sa carrière de Formule 1 ne sera pas longue : *« Je ne resterai pas bien longtemps. J'arrêterai quand je trouverai que ce n'est plus amusant. La Formule 1 est trop dangereuse si on ne se concentre pas à 100 %. »* Il rempile pourtant chez Ferrari en 1980, mais le châssis italien est à la peine. À la fin de la saison, Scheckter se retire définitivement du championnat de Formule 1.

Tandis que d'autres pilotes restent accros au sport et deviennent chef d'équipe, conseiller, ou commentateur télé, Scheckter commence sa nouvelle vie par une rupture nette : il retourne aux États-Unis, où il retrouve sa famille, et en quelques années, il monte une entreprise lucrative qui construit et vend des simulateurs de tir pour l'armée et la police américaine. Devenu multimillionnaire en revendant sa firme, il se consacre à l'éducation de ses deux fils qui souhaitent eux aussi devenir pilotes. Il prend l'exercice tellement au sérieux qu'il conseille à son fils aîné de trouver un autre job. Tomas Scheckter parvient, comme pilote d'essais en Formule 1, à faire une honorable carrière dans le sport automobile avant de participer régulièrement aux courses d'IndyCar. Tout comme leur père, les deux fils Scheckter ont aussi eu la réputation d'être des casseurs de voitures…

Après avoir mis tant bien que mal ses fils sur les bons rails, Scheckter s'est lancé dans l'agriculture biologique en Angleterre, où ses produits sont aujourd'hui incroyablement populaires dans les grands restaurants du pays.

Jody Scheckter remporte le championnat du monde 1979 pour Ferrari. On le voit ici pendant l'entraînement du Grand Prix de France.

ALAN JONES

L'ÉTOILE FILANTE

NAISSANCE : 2 novembre 1946 à Melbourne (Australie)
AUJOURD'HUI : Homme d'affaires en Australie
DÉBUT EN FORMULE 1 : Grand Prix d'Australie 1975
DERNIER GRAND PRIX : Grand Prix d'Espagne 1986
TOTAL DES GRANDS PRIX : 116
DÉPARTS EN PREMIÈRE LIGNE : 13
POLE POSITIONS : 6
POLE POSITIONS/COURSES : 5 %
TOURS DE PISTE LE PLUS RAPIDE : 13

PODIUMS : 24
PREMIÈRE VICTOIRE À SON 31E GRAND PRIX
VICTOIRES EN GRAND PRIX : 12
VICTOIRES EN GRAND PRIX/COURSES : 10 %
PREMIER TITRE DE CHAMPION DU MONDE À 33 ANS
TITRE DE CHAMPION DU MONDE : 1 (1980)
TOTAL DE POINTS : 206
ÉCURIES : Hesketh, Hill-Lola, Surtees, Shadow, Williams, Arrows, Team Haas Lola

Stan, le père d'Alan, faisait partie des meilleurs pilotes de course d'Australie des années 1950. Il rejette des offres appréciables tant de la part de Ferrari que de Cooper parce qu'il préfère rester avec son fils en Australie où, comme marchand de voitures, il se retrouve à la tête d'une véritable fortune.

Alan n'a que 16 ans quand il reçoit, grâce à l'argent familial, sa première voiture de course. Mais le père, Stan, accro aux jeux de hasard, dilapide une bonne partie de sa fortune. Ne voulant pas que son fils fasse l'expérience du déclin social et économique, il l'envoie en Europe.

Là, le jeune Jones finance la suite de sa carrière en faisant commerce de voitures d'occasion, essentiellement d'antiques utilitaires Bedford modifiés en camping-car pour des touristes. Avec son épouse Beverly, ils transforment leur maison en *bed & breakfast* pour arrondir des fins de mois difficiles. Ce manque perpétuel d'argent influe sur la carrière de Jones, longue à démarrer.

Il commence en Formule 3 en 1969 mais ne se hisse en Formule 1 qu'en 1975. Ses débuts sont laborieux car il n'obtient que des volants temporaires au sein d'écuries modestes comme Hesketh ou Embassy-Hill. En 1977, il prend la place de Tom Pryce, récemment disparu lors du Grand Prix d'Afrique du Sud, et commentera ainsi les risques de la course : *« Nous sommes une bande de mercenaires maudits, et cela ne sert à rien d'être hystérique chaque fois que l'un d'entre nous meurt. »* Même s'il s'impose, à la surprise générale, lors du Grand Prix d'Autriche, Jones est toujours perçu comme un pilote émérite mais de milieu de peloton. C'est alors que Frank Williams, qui jusque-là dirigeait une des équipes les plus petites et les plus mauvaises du circuit, parvient à convaincre un groupe d'hommes d'affaires d'Arabie saoudite de sponsoriser son écurie. Les Saoudiens insistent pour avoir un des meilleurs pilotes au volant, mais Williams préfère utiliser le budget alloué pour le développement de la voiture. Jones ne coûtait pas cher et Williams réussit à le « vendre » aux Saoudiens en faisant référence à sa victoire au Grand Prix d'Autriche l'année précédente. Ce mariage de raison entre Williams et Jones en étonne plus d'un, mais s'avère très fructueux.

La saison 1978 est celle des tâtonnements mais l'écurie et son nouveau pilote marquent 11 points et terminent à une belle 2e place au Grand Prix des États-Unis. *« Le meilleur chez Alan est sa capacité à booster le moral de l'équipe lorsque les choses tournent mal. Il est une source d'inspiration pour le reste de l'équipe, et c'est une qualité que peu de pilotes possèdent »*, commente Patrick Head, chef technique de l'équipe Williams. À partir de la mi-1979, la Williams s'avère une des meilleures monoplaces du plateau et Jones remporte quatre des six dernières courses de la saison. La saison 1980 est un duel entre Jones chez Williams et le jeune Nelson Piquet en Brabham-Ford. Le robuste Australien remporte le titre, bat le frêle Brésilien et le résultat n'étonne pas Frank Williams : *« Lorsque je les ai vus au stand avant le dénouement du championnat du monde au Canada, Piquet ressemblait à un garçon nerveux et Alan à un soldat américain en route pour partir combattre au Vietnam. »* Jones continue chez Williams en 1981. À l'époque, l'Australien et son coéquipier Carlos Reutemann se détestent et passent leur temps à se disputer… Et Piquet devient champion du monde. Jones remporte la dernière course de la saison à Las Vegas et retourne en Australie jouir de la vie de pilote millionnaire et de retraité avant l'heure. Deux ans plus tard, le virus de la course coule toujours dans ses veines, mais trop de barbecues et de bières Foster se traduiront par un come-back raté au sein de l'équipe Arrows, après une course seulement. En 1986, Jones retrouve la forme et la motivation et reprend le volant pour la nouvelle équipe Team Haas Lola. Mais c'est là ses dernières apparitions. L'écurie sombre à la fin de la saison après avoir terminé 12e au classement général avec 4 points.

Jones retourne en Australie où, jusqu'en 2002, il participe au championnat national de voitures légères. En 2005, il tente un retour à la série éphémère des Grands Prix Masters, destinée aux stars retraitées de la Formule 1. Il doit se retirer après l'entraînement lors de la première course, suite à des problèmes de dos.

Jones a une stature si imposante qu'un de ses concurrents, Christian Danner, le questionne sur son aptitude pour la Formule 1 moderne. L'Allemand, qui durant une longue carrière occupe une 4e place dans les meilleurs résultats de championnat du monde, est vite remis à sa place par un Jones prompt à la répartie : *« La fois où Danner a été le plus près du trône de la victoire en Formule 1, c'est quand il l'a longé en passant devant les toilettes. »*

Alan Jones s'est aussi essayé au monde des affaires, et tout comme son père a rencontré de sérieux problèmes économiques.

Alan Jones (Williams) en route pour la victoire au Grand Prix des Pays-Bas 1979.

NELSON PIQUET

L'IRRESPECTUEUX

NAISSANCE : 17 août 1952 à Rio de Janeiro (Brésil)
AUJOURD'HUI : Homme d'affaires
DÉBUT EN FORMULE 1 : Grand Prix d'Allemagne 1978
DERNIER GRAND PRIX : Grands Prix d'Australie 1991
TOTAL DES GRANDS PRIX : 204
DÉPARTS EN PREMIÈRE LIGNE : 44
POLE POSITIONS : 24
POLE POSITIONS/COURSES : 12 %
TOURS DE PISTE LE PLUS RAPIDE : 23
PODIUMS : 60
PREMIÈRE VICTOIRE À SON 24E GRAND PRIX
VICTOIRES EN GRAND PRIX : 23
VICTOIRES EN GRAND PRIX/COURSES : 11 %
PREMIER TITRE DE CHAMPION DU MONDE À 29 ANS
TITRES DE CHAMPION DU MONDE : 3 (1981, 1983, 1987)
TOTAL DE POINTS : 485,5
ÉCURIES : Ensign, McLaren, Brabham, Williams, Lotus, Benetton

Piquet est né à Rio de Janeiro. Quand son père Estácio Gonçalves Souto Maior est nommé ministre de la Santé, la famille déménage pour la capitale, Brasilia. C'est là que Nelson grandit, et à 14 ans, il commence à conduire des karts. Comme son père n'apprécie guère les ambitions de son fils dans le sport automobile, Nelson débute en Formule 1 en s'alignant sous le nom de jeune fille de sa mère, Piquet. Il le conservera quand, après sa victoire au championnat brésilien de Formule Vee de 1976, il part pour l'Europe. Là, en 1978, il domine la Formule 3 anglaise, et la même année il débute en Formule 1 dans des équipes médiocres avant de signer en fin d'année un contrat avec l'écurie Brabham-Ford de Bernie Ecclestone.

En 1979, il fait équipe avec le double champion du monde Niki Lauda, et lorsque l'Autrichien décide soudain de stopper sa carrière avec effet immédiat, Piquet devient, dès 1980, premier pilote d'une des meilleures équipes en piste. Il dispute longtemps le titre de champion du monde à Alan Jones (Williams), mais termine finalement deuxième. L'année suivante il gagne le championnat, et en 1982, Brabham change de motoriste et abandonne les blocs Ford pour des BMW turbocompressés. La mise au point est d'abord laborieuse, mais dès 1983, le trio Piquet-Brabham-BMW fonctionne à merveille et le Brésilien est champion du monde une deuxième fois. La voiture est moins compétitive en 1984 et 1985 et Piquet finit par rejoindre, l'année suivante, Williams qui est en difficulté. Il doit alors faire équipe avec Nigel Mansell et la rencontre fait des étincelles. Jusque-là, chez Brabham, Piquet était le premier pilote. Cette fois, il doit compter avec un Anglais redoutable qui ne compte pas se laisser faire. Si Piquet est incontestablement un meilleur pilote dans tous les domaines de la course, Mansell répond efficacement du tac au tac. Piquet a parfois recours à des feintes ou des blagues douteuses : lorsque Mansell, pendant les essais du Grand Prix du Mexique, est frappé par « la vengeance de Montezuma » (le nom local de la colique) et doit s'arrêter régulièrement au stand, Piquet s'empresse de cacher tout le papier hygiénique des toilettes ! Appeler publiquement Mme Mansell, « Roseanne l'affreuse » n'améliore sans doute pas le climat entre les pilotes Williams et déstabilise Mansell... *« On ne savait jamais ce qui se passait dans sa tête ; et souvent, lui-même ne le savait pas non plus »*, confiera l'Anglais plus tard.

Malgré un crash sérieux au début de 1987, Piquet gagne son troisième championnat du monde, notamment parce que Mansell en fait trop et se blessera durant l'entraînement de l'avant-dernier

Grand Prix de la saison. Presque simultanément, Ayrton Senna, plus jeune, commence à devenir la star montante du plateau de Formule 1 et fait de plus en plus d'ombre à Piquet, chez lui au Brésil. Piquet n'y va pas par quatre chemins : pour déstabiliser le nouveau prodige, il insinue dans les médias brésiliens, que Senna est homosexuel. Ce dernier qui, à ce moment-là, a déjà été marié puis divorcé, évite de commenter les propos de son compatriote, et durant les années qui suivent, il règle cette guerre civile brésilienne en Formule 1 en fuyant à chaque fois Piquet.

« Nelson avait un talent naturel incroyable, mais il manquait de respect aux gens ; et je ne m'en souciais pas », confiera plus tard un camarade de Senna dans l'équipe McLaren-Honda, Gerhard Berger.

Il s'ensuit pour Piquet deux années décevantes chez Lotus. Cela ressemble au commencement de la fin de sa carrière en Formule 1, mais, Flavio Briatore, à la tête de la dynamique écurie Benetton, lui offre un contrat que le pilote ne peut refuser. Piquet remet les gaz et gagne trois courses pour Benetton. Vers la fin 1991, il a pour coéquipier un certain Michael Schumacher. Les chronos de tours de piste et les efforts du jeune Allemand convainquent Piquet que sa carrière en Formule 1 est finie. Les années suivantes, il s'essaie tant à la série américaine IndyCar qu'aux voitures de sport, mais sans grands résultats. En 2007, il se voit ôter son permis de conduire, chez lui au Brésil, à cause d'innombrables amendes pour excès de vitesse et stationnement illégal. Il doit se soumettre à un nouveau test de conduite, que le triple champion du monde passe dans un style brillant. À l'époque, il est immensément riche après avoir créé un système de surveillance satellite pour les camions. Sa fortune lui sert à financer la carrière de son fils, Nelson Piquet Jr. Le jeune Piquet arrive à conduire un an et demi, en 2008-2009, pour l'équipe de Formule 1 Renault, avec Briatore comme chef, avant d'être renvoyé.

Nelson Piquet (Brabham-BMW)
lors du Grand Prix de Monaco 1983.

KEKE ROSBERG

LE MÉRITANT

NAISSANCE : 6 décembre 1948 à Solna (Suède)
AUJOURD'HUI : Homme d'affaires
DÉBUT EN FORMULE 1 : Grand Prix d'Afrique du Sud 1978
DERNIER GRAND PRIX : Grand Prix d'Australie 1986
TOTAL DES GRANDS PRIX : 114
DÉPARTS EN PREMIÈRE LIGNE : 10
POLE POSITIONS : 5
POLE POSITIONS/COURSES : 4 %
TOURS DE PISTE LE PLUS RAPIDE : 3
PODIUMS : 17
PREMIÈRE VICTOIRE À SON 49E GRAND PRIX
VICTOIRES EN GRAND PRIX : 5
VICTOIRES EN GRAND PRIX/COURSES : 5 %
PREMIER TITRE DE CHAMPION DU MONDE À 33 ANS
TITRE DE CHAMPION DU MONDE : 1 (1982)
TOTAL DE POINTS : 159,5
ÉCURIES : Theodore, ATS, Wolf, Fittipaldi, Williams, McLaren

Dans les années 1970, la Finlande ne fait pas vraiment forte impression dans les compétitions automobiles, excepté en rallyes. Le pays n'a pas de réelle tradition en course et il est trop petit pour attirer de gros sponsors. Aussi Keke Rosberg doit-il batailler pour atteindre le sommet et participer à toutes les courses possibles pour se faire un nom : *« J'étais jeune et rapide,* confiera-t-il plus tard. *Même si la voiture n'avait que trois roues, je continuais. Aujourd'hui, je rentre au stand si l'angle d'une seule roue est juste un peu de travers. Je ne prends plus aucun risque comme je faisais autrefois. Maintenant, je sais que cela peut faire mal de tenter la chance. »* Rosberg a 29 ans quand il débute en Formule 1 en 1978. Il pilote pour la petite équipe Theodore et remporte une victoire sensationnelle dès sa deuxième course, dans le trophée international du circuit de Silverstone, qui a lieu hors championnat du monde avec un petit peloton.

Rosberg ne ressemble vraiment pas à un futur champion du monde, pas plus qu'il n'a l'allure d'un pilote de F1 avec ses chaînes en or, sa moustache, sa montre Rolex et ses cigarettes. Le Finnois ressemble plus à un chauffeur routier au long cours, ou dans le meilleur des cas, à un de ces cow-boys de l'asphalte qui rendaient la course de camions si populaire en ce temps-là.

Mais en 1982, survient la percée. L'écurie Williams cherche un deuxième pilote et Rosberg, qui n'avait plus de volant en F1, saisit sa chance. En effet, en pleine guerre des Malouines, la présence du pilote argentin Carlos Reutemann s'avère problématique au sein de l'équipe ultra-britannique. Reutemann quitte alors Williams et comme la saison est déjà entamée, Rosberg reste le seul choix réaliste. Un semestre après avoir échoué à qualifier sa Fittipaldi-Ford au départ, Rosberg se retrouve soudain premier pilote chez Williams-Ford ; et lorsque la meilleure équipe de la saison, Ferrari, perd ses deux pilotes (Villeneuve et Pironi) et que les pilotes Renault, Alain Prost et René Arnoux bataillent entre eux, avec des problèmes techniques, la voie est libre pour le Finlandais et, grâce à sa régularité, il s'assure le titre de champion du monde en ne remportant qu'une seule course.

L'année suivante, à Monaco, sur une piste très humide, il pilote de façon magistrale sa Williams-Ford chaussée de pneus slick, remporte la victoire et prouve ainsi qu'il fait partie des plus grands. Puis, Rosberg gagne encore quelques Grands Prix, et son talent pour les affaires, qu'il a dû développer dans ses jeunes et dures années, peut s'épanouir pleinement. Il ne cache pas que, pour lui, la course c'est aussi une histoire d'argent, et il a toujours un tas de marques de sponsors sur sa combinaison de course : *« Disons les choses comme elles sont : nous sommes une bande de putes, nous faisons ce que l'on nous demande, si nous sommes payés. »*

Un concurrent essaya une fois de vanner le petit Finlandais trapu au sujet de sa chasse continuelle aux sponsors en lui lançant : *« Si tu étais aussi grand que moi, tu pourrais avoir encore plus de marques sur ta combinaison. »* Ce à quoi Keke Rosberg lui a aussitôt répliqué : *« Oui, et si j'étais aussi lent que toi, les spectateurs pourraient les lire ! »*

Il pilote sa dernière saison de F1 chez McLaren en 1986. Là, il sera coéquipier d'Alain Prost. Tout le monde s'attend à d'un duel à couteaux tirés entre les deux pilotes, mais le Français éclipse rapidement le Finlandais. Rosberg choisit donc de se retirer tout en espérant un jour retrouver un volant en Formule 1. En attendant, il entame une autre carrière dans les courses de voitures de sport et le championnat de voitures légères DTM, où les constructeurs comme Peugeot, Opel, et Mercedes sont partants pour avoir un champion du monde de F1 dans leur équipe.

Rosberg s'est aussi investi dans la formation d'une nouvelle génération finlandaise de pilotes, comme JJ Lehto et Mika Häkkinen. Il a ainsi nettement contribué à faire de la Finlande un vivier de jeunes pilotes dynamiques capables de rivaliser avec les meilleurs. Il a aussi monté une équipe de course, qui pendant des années a pris part à la Formule BMW, la Formule 3, et le DTM. Puis Rosberg s'est concentré sur son fils Nico, qui a commencé en Formule 1 en 2006 et remporté le championnat du monde 2006. La mère de Nico étant allemande, ce dernier a opté pour la double nationalité allemande et finlandaise, car il est plus facile de trouver des sponsors en Allemagne qu'en Finlande.

Keke Rosberg (Williams-Ford) en route pour la victoire au Grand Prix de Monaco 1983.

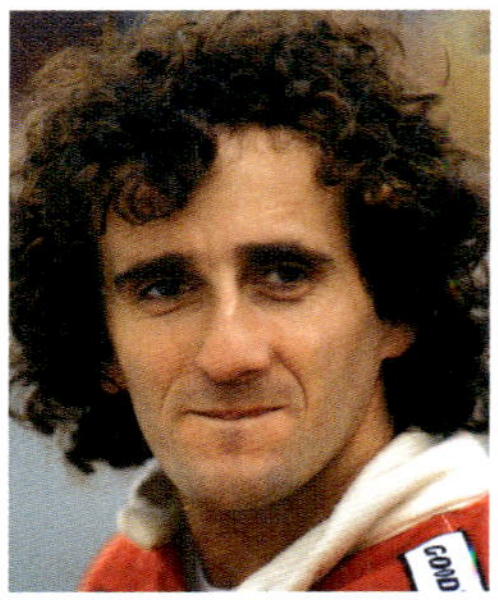

ALAIN PROST

LE PROFESSEUR

NAISSANCE : 24 février 1955 à Lorette (France)
AUJOURD'HUI : Ambassadeur pour Renault
DÉBUT EN FORMULE 1 : Grand Prix d'Argentine 1980
DERNIER GRAND PRIX : Grand Prix d'Australie 1993
TOTAL DES GRANDS PRIX : 199
DÉPARTS EN PREMIÈRE LIGNE : 86
POLE POSITIONS : 33
POLE POSITIONS/COURSES : 17 %
TOURS DE PISTE LE PLUS RAPIDE : 41
PODIUMS : 106
PREMIÈRE VICTOIRE À SON 19E GRAND PRIX
VICTOIRES EN GRAND PRIX : 51
VICTOIRES EN GRAND PRIX/COURSES : 26 %
PREMIER TITRE DE CHAMPION DU MONDE À 30 ANS
TITRES DE CHAMPION DU MONDE : 4 (1985, 1986, 1989, 1993)
TOTAL DE POINTS : 798,5
ÉCURIES : McLaren, Renault, Ferrari, Williams

Alain Prost a 14 ans quand il s'essaye au karting. Il montre aussitôt un très grand talent et finance lui-même sa carrière en vendant justement des karts. Il se hisse jusqu'en Formule 3 via la Formule Renault, et gagne en 1979 les championnats de France et d'Europe de Formule 3. Déjà auréolé de plusieurs titres, il est immédiatement courtisé par plusieurs équipes de F1. En 1980, il signe chez McLaren-Ford. Avec une 7e et 5e places pour ses deux premières courses, il montre aussitôt qu'il est une future superstar, mais la collaboration avec McLaren s'achève après une seule saison. Il opte pour Renault-Elf avec qui il remporte son premier Grand Prix, en 1981. En 1983, il est longtemps un champion du monde potentiel, mais il perd le titre au tout dernier tour en faveur de Nelson Piquet qui, dans sa Brabham-BMW, est le premier vainqueur de championnat du monde avec un moteur turbo. C'est Renault qui, six ans plus tôt, a introduit le moteur turbo en Formule 1, et la défaite contre BMW fait mal à la fierté nationale française, d'autant qu'il apparaît que Brabham-BMW a fait appel à un carburant non autorisé. Il fallait trouver un bouc émissaire : comme Prost avait une relation tendue avec son directeur Gérard Larrousse, l'écurie Renault préfère le remercier. Prost revient chez McLaren qui, entre-temps, s'est doté d'une nouvelle direction et de moteurs TAG/Porsche. Prost termine à la 2e place du championnat du monde, un demi-point derrière son coéquipier Niki Lauda. Les années suivantes, en 1985 et 1986, il gagne deux titres de champion du monde. Rarement le plus rapide lors des essais, Prost se concentre sur la recherche de la configuration optimum pour la course. Ses calculs sont souvent les bons. Avec son style serein, il ménage sa voiture et les pneumatiques, beaucoup mieux que ses concurrents. Après une 4e place au championnat du monde 1987, Prost a un nouveau moteur et un nouveau coéquipier. McLaren change le TAG/Porsche pour Honda, et Ayrton Senna devient nouveau pilote dans l'équipe. Les saisons suivantes sont peut-être les meilleures de l'histoire de la Formule 1 : alors que les autres superstars du sport comme Fangio, Clark, Stewart ou Schumacher n'ont jamais – ou rarement – eu d'opposants du même niveau, Prost et Senna luttent roue contre roue, et en 1988-1989, avec la même voiture. Il faut peu de temps pour qu'ils se détestent profondément, et si Senna est le plus agressif sur la piste, Prost emploie ses dons stratégiques et « politiques » au paddock. « *Je crois que Senna a évolué comme pilote quand il est devenu coéquipier de Prost. Il a appris un maximum rien qu'en regardant comment Prost gérait les choses, comment il travaillait avec la voiture et avec l'équipe* », se souvient le Suédois Stefan Johansson, chez McLaren avant Senna.

Même si Ayrton était le plus jeune, le plus agressif et prenait le plus de risques, en course, le Français devançait bien souvent le Brésilien. La rivalité des deux pilotes s'exacerbe lors du Grand Prix du Japon 1989 lorsque les deux McLaren de Prost et Senna s'accrochent. Prost abandonne et Senna repart mais est disqualifié ; c'est le Français qui obtient alors le titre de champion du monde.

L'année suivante, en 1990, Prost pilote pour Ferrari. Cette fois, Prost et Senna sont dans deux écuries rivales et, à la fin de la

saison, Senna percute volontairement la voiture du Français, une fois de plus lors du Grand Prix du Japon. Le Brésilien empoche le titre de champion du monde. La Ferrari de 1991 n'est pas compétitive et Prost ne manque pas de le faire remarquer. Son francparler entraîne son renvoi. Après une année sabbatique en 1992, il revient en 1993 chez Williams-Renault, et avec la meilleure voiture du peloton. La McLaren à moteur Ford est inférieure et Prost s'adjuge son quatrième titre. *« Il est impossible de voir quand il pilote à la limite de l'extrême. Plus il va vite, plus cela semble facile pour lui. Cela confirme combien il est doué »*, confie un de ses chefs d'équipe admiratif, Frank Williams.

La saison 1993 achevée, Prost s'arrête, et après avoir été consultant pour McLaren, il s'achète l'équipe Ligier, rebaptisée Prost Grand Prix. Il doit alors reconnaître, comme nombre d'autres pilotes devenu patrons d'une écurie, qu'il y a une grande différence entre conduire une Formule 1 et diriger une équipe. Prost fait faillite après la saison 2002.

En 2004, il se lance avec succès dans les courses sur glace du Trophée Andros. Aujourd'hui, il se concentre sur son job d'ambassadeur Renault où il est, entre autres, conseiller pour l'équipe Formule 1 et le programme jeunes talents de l'académie Renault Sport.

Alain Prost (Renault) en route vers la victoire au Grand Prix de Belgique 1983 à Spa-Francorchamps.

AYRTON SENNA

LA LÉGENDE BRÉSILIENNE

NAISSANCE : 21 mars 1960 à São Paulo (Brésil)
DÉCÈS : 1er mai 1994 (Grand Prix de Saint-Marin, Imola)
DÉBUT EN FORMULE 1 : Grand Prix du Brésil 1984
DERNIER GRAND PRIX : Grand Prix de Saint-Marin 1994
TOTAL DES GRANDS PRIX : 161
DÉPARTS EN PREMIÈRE LIGNE : 87
POLE POSITIONS : 65
POLE POSITIONS/COURSES : 40 %
TOURS DE PISTE LE PLUS RAPIDE : 19
PODIUMS : 80
PREMIÈRE VICTOIRE À SON 16E GRAND PRIX
VICTOIRES EN GRAND PRIX : 41
VICTOIRES EN GRAND PRIX/COURSES : 25 %
PREMIER TITRE DE CHAMPION DU MONDE À 28 ANS
TITRES DE CHAMPION DU MONDE : 3 (1988, 1990, 1991)
TOTAL DE POINTS : 614
ÉCURIES : Toleman, Lotus, McLaren, Williams.

Ayrton Senna, qui a grandi dans une famille aisée de São Paulo, n'est pas bien grand quand il récupère le petit kart destiné initialement à sa sœur Viviane. Il débute à 13 ans et termine deux fois vice-champion du monde en 1979 et 1980.

En 1981, il part pour l'Angleterre où aussitôt il domine le classement de la Formule Ford. L'année suivante, il gagne la Formule Ford 2000, et en 2003, il devient le champion en Formule 3 anglaise. Plusieurs équipes sont intéressées par le Brésilien qui fait des essais pour McLaren, Williams et Brabham, avant de signer en 1984 chez Toleman-Hart. Malgré une voiture et un moteur peu performants, Senna remporte son premier point dans ce qui n'est que sa deuxième course de Formule 1, et il n'est pas loin de remporter sa sixième course, le Grand prix de Monaco. Sous une pluie battante, il parvient à mener sa Toleman jusqu'à la 2e place, et il était prêt à attaquer Alain Prost en tête, chez McLaren, lorsque l'épreuve est interrompue. Bien vite, il est clair que la Toleman ne sera jamais assez compétitive pour les ambitions de Senna, et malgré son contrat il opte pour Lotus-Renault en 1985. Toleman réagit en le suspendant lors d'une des dernières courses, mais Senna écrit déjà lui-même les règles quand il s'agit de sa carrière.

Il remporte sa première victoire en Grand Prix pour sa deuxième course chez Lotus-Renault, mais même si, les trois années suivantes, il remporte une série de Grands Prix, il n'est pas encore vraiment dans la course pour le titre de champion du monde.

Tout change quand, en 1988, il fait équipe avec Alain Prost chez McLaren-TAG/Porsche. Les quatre années suivantes, il

gagne trois titres de champion du monde, et son combat contre Prost est entré dans l'histoire de la Formule 1 comme l'âge d'or absolu du sport automobile.

Mais sa hargne et ses affrontements avec Prost comme avec les autres pilotes sont très mal perçus. Sa conduite est souvent brutale, et le message qu'il envoie ne laisse aucun doute : « *Pousse-toi, ou il y aura un accident.* » « *Ce qui est regrettable car il est si doué qu'il n'a vraiment pas besoin de ça* », commentait le pilote Ferrari, Michele Alboreto, après que Senna eut zigzagué à grande vitesse devant lui au Grand Prix d'Allemagne 1987 à Hockenheim. « *Le temps où les pilotes se cédaient la place entre eux est passé, et c'est surtout à cause de Senna. Dès le départ, il est très agressif, et maintenant, tous le copient* », ajoute le champion du monde 1996, Damon Hill.

En 1992-1993, l'écurie McLaren est dans l'ombre de Williams-Renault, mais Senna lutte héroïquement, et particulièrement en 1993. Alors que la McLaren roule avec un moteur Ford inférieur, Senna effectue une des meilleures courses de sa carrière, et contre toute attente, il gagne cinq Grands Prix dans la saison. En 1994, il signe un contrat avec Williams-Renault, et avec les meilleurs pilotes dans les meilleures voitures du peloton, la route pour plusieurs titres de championnat du monde est tracée. Le problème est que le modèle Williams 1994 n'est pas aussi bon que prévu, et que surgit sur la scène un jeune Allemand agressif : Michael Schumacher, qui ayant vite appris les basses astuces du combat rapproché, gagne les deux premières courses de la saison, alors que Senna effectue sorties et tête-à-queue.

Aussi, le Brésilien subit une pression énorme avant la troisième étape du championnat du monde, le Grand Prix de Saint-Marin à Imola. Pour la troisième fois de suite, Senna place sa Williams-Renault en pole position, mais un défaut technique l'envoie hors piste, en plein dans le mur de sécurité dès le sixième tour. Le pilote peut-être le plus connu du monde, meurt le soir même.

Les années suivantes, les autorités italiennes tenteront d'attribuer la responsabilité de l'accident à Senna. Finalement, le pilote, l'équipe Williams et la direction du circuit d'Imola seront acquittés.

Senna était un héros au Brésil, et il a des obsèques nationales dans sa ville natale de São Paolo.

Depuis, sa sœur Viviane poursuit l'action du fonds de bienfaisance qu'il avait créé, et l'institut Ayrton Senna a aidé des centaines de milliers d'enfants pauvres brésiliens.

« *Il était un grand pilote, mais il a eu vraiment beaucoup d'accrochages ; et tous ne peuvent pas être uniquement la faute de l'adversaire...* », commente le triple champion du monde Jackie Stewart à propos de la plus grande légende peut-être de tous les temps de la Formule 1.

Ayrton Senna est l'homme qui a fait de la Formule 1 un sport de contact.

Ayrton Senna (McLaren-Honda)
au Grand Prix d'Italie 1988 à Monza.

NIGEL MANSELL

LE TÉMÉRAIRE

NAISSANCE : 8 août 1953 à Birmingham (Angleterre)
AUJOURD'HUI : Homme d'affaires
DÉBUT EN FORMULE 1 : Grand Prix d'Autriche 1980
DERNIER GRAND PRIX : Grand Prix d'Espagne 1995
TOTAL DES GRANDS PRIX : 187
DÉPARTS EN PREMIÈRE LIGNE : 56
POLE POSITIONS : 32
POLE POSITIONS/COURSES : 17 %
TOURS DE PISTE LE PLUS RAPIDE : 30
PODIUMS : 59
PREMIÈRE VICTOIRE À SON 72E GRAND PRIX
VICTOIRES EN GRAND PRIX : 31
VICTOIRES EN GRAND PRIX/COURSES : 17 %
PREMIER TITRE DE CHAMPION DU MONDE À 39 ANS
TITRE DE CHAMPION DU MONDE : 1 (1992)
TOTAL DE POINTS : 482
ÉCURIES : Lotus, Williams, Ferrari, McLaren

Dans ses jeunes années, le Britannique Nigel Mansell n'est peut-être pas le meilleur pilote mais il est animé par une volonté de fer. Pour arriver à ses fins, il n'hésite pas à vendre la maison de sa jeune famille pour financer sa carrière de pilote. Lorsqu'il est sérieusement blessé dans un accident de Formule Ford qui a failli le rendre invalide, et que le médecin lui lance : *« Six mois d'hospitalisation et plus jamais de course »*, Mansell quitte l'hôpital et reprend peu après la conduite.

Le patron de Lotus, Colin Chapman, l'engage comme pilote d'essais. Satisfait de ses prestations, il lui propose de participer à un Grand Prix. C'est ainsi que Nigel se retrouve, en 1980, sur le Grand Prix d'Autriche. Mais peu avant le départ, une fuite d'essence lui occasionne des brûlures au 1er et 2e degré sur les fesses et les cuisses. Il ne s'arrête que lorsque le moteur rend l'âme, après quarante tours de piste ! Les quatre années suivantes, Mansell pilote pour Lotus, mais se contente de monter sur la troisième marche du podium. Son attitude héroïque, et parfois théâtrale, peut aussi s'exprimer au Grand Prix de Dallas 1984, où sa Lotus tombe en panne peu avant l'arrivée. Sous la chaleur oppressante, Mansell pousse sa voiture après la ligne et s'effondre en direct devant toutes les chaînes de télévision du monde. En 1985, Mansell passe chez Williams-Honda. Il a derrière lui six saisons sans la moindre victoire. Mais son 72e GP est le bon : il remporte le Grand Prix d'Europe chez lui, sur le circuit de Brands Hatch. Quatorze jours plus tard, il gagne aussi en Afrique du Sud.

« Je n'arrivais pas à comprendre ce que cherchait Frank Williams avec Mansell : il faisait toujours des fautes et sortait de piste. Puis, il a gagné son premier Grand Prix, et c'était comme appuyer sur un bouton : soudain, il était vraiment un grand pilote », raconte le chef de l'équipe Tyrrell, Ken Tyrrell.

Désormais, Mansell vole. Il est près du titre de champion du monde, en 1986 et 1987, mais doit se contenter de la 2e place à chaque fois. En 1989, Mansell opte pour Ferrari, où il s'assure un statut de héros (et le surnom « il Leone »), en gagnant sa première course pour l'équipe. Mais deux ans plus tard, trois victoires seulement ornent son tableau de chasse et il menace de s'en aller, annonçant de façon théâtrale que tout est la faute de son coéquipier Alain Prost.

Il y avait toujours quelque chose qui allait de travers et Mansell devint vite le roi de la bourde : lors du chaotique Grand Prix d'Autriche en 1987, Mansell, 1er, effectue un tour d'honneur dans un

pick-up. Il se lève et heurte un portique qui le met KO. En 1988, il se blesse après une partie de football avec des photographes avant le Grand Prix d'Espagne. En 1989, après sa victoire au Grand Prix du Brésil, il s'entaille le doigt avec la coupe ! La même année, au Portugal, il rate son arrivée dans les stands, fait une marche arrière (ce qui est rigoureusement interdit), ignore le drapeau noir de disqualification et, trop précipité, heurte Senna. Du jamais-vu... En 1991, alors qu'il est en tête du Grand Prix du Canada, il ralentit pour saluer les spectateurs dans le dernier tour et... cale, permettant à Piquet de remporter la course ! Et que dire de sa brutalité légendaire qui lui coûte plusieurs transmissions : en sortant d'un tête-à-queue au Japon puis au Brésil en 1991, il appuie si fort sur l'accélérateur que son embrayage rend l'âme... De ces tracasseries, dont il est la plupart du temps responsable, Mansell en déduit qu'il est persécuté par les autres...

« Aucun doute : Nigel était un râleur, mais il n'abandonnait jamais. Dans les courses, c'était celui qu'il ne fallait jamais quitter des yeux », se souvient Gerhard Berger, coéquipier de Mansell chez Ferrari en 1989.

En 1991-1992, alors qu'il pilote de nouveau pour Williams, c'est l'heure de gloire de Mansell en Formule 1. Dans sa Williams-Renault, bien supérieure, il gagne, en deux ans, quatorze GP, et devient champion du monde en 1992.

Pourtant, Williams le laisse tomber, et c'est un Mansell amer qui part pour les États-Unis où le champion du monde en titre en Formule 1 domine la série IndyCar, et devient le premier de tous les temps à gagner le titre dès sa première saison. *« Il souffrait presque de trouble de la persécution : il pensait toujours que tous voulaient le "bai...", c'était extrêmement fatigant de travailler avec lui jour après jour »*, confie Patrick Head, directeur technique chez Williams.

Quand Ayrton Senna périt précocement en 1994, Williams, suite aux pressions des sponsors, doit donner une nouvelle chance à Mansell, et l'Anglais finit ses quatre courses comme remplaçant en gagnant la finale de la saison d'Australie.

Si Mansell avait arrêté là, il aurait eu une belle renommée de pilote courageux, rapide, et héroïque (quoiqu'un peu hystérique). Il signe alors un contrat avec McLaren-Mercedes, où il s'avère que ses deux ans passés aux États-Unis l'ont tellement enrobé qu'il ne peut plus entrer dans la voiture. On lui construit une McLaren-Mercedes XL, mais après deux courses, il est évident que c'est la fin. La coopération est annulée, et une des carrières les plus colorées de la Formule 1 s'achève.

Nigel Mansell (Williams-Renault) en route pour la victoire au Grand Prix d'Afrique du Sud 1992 à Kyalami.

MICHAEL SCHUMACHER

L E   P L U S   G R A N D   D E   T O U S   ?

NAISSANCE : 3 janvier 1969 à Hürth-Hermülheim (Allemagne)
AUJOURD'HUI : Retraité
DÉBUT EN FORMULE 1 : Grand Prix de Belgique 1991
DERNIER GRAND PRIX : Grand Prix du Brésil 2012
TOTAL DES GRANDS PRIX : 307
DÉPARTS EN PREMIÈRE LIGNE : 116
POLE POSITIONS : 68
POLE POSITIONS/COURSES : 22 %
TOURS DE PISTE LE PLUS RAPIDE : 77

PODIUMS : 155
PREMIÈRE VICTOIRE À SON 18E GRAND PRIX
VICTOIRES EN GRAND PRIX : 91
VICTOIRES EN GRAND PRIX/COURSES : 30 %
PREMIER TITRE DE CHAMPION DU MONDE À 25 ANS
TITRES DE CHAMPION DU MONDE : 7 (1994, 1995, 2000, 2001, 2002, 2003, 2004)
TOTAL DE POINTS : 1566
ÉCURIES : Jordan, Benetton, Ferrari, Mercedes

Michael Schumacher a grandi près de Cologne, en Allemagne. Il n'a que 4 ans lorsque son père lui installe un petit moteur sur un kart à pédales, et à 6 ans, il gagne son premier championnat de club. L'argent manque et le père, Rolf, doit construire le premier vrai kart à partir de pièces jetées par d'autres concurrents plus fortunés. Pourtant, en règle générale, c'est Michael qui gagne, et s'il faut avoir 14 ans pour participer à une course officielle en Allemagne, Schumacher trouve un biais : il pilote ses deux premières saisons au Luxembourg, où l'âge minimum est de 12 ans. C'est la première fois qu'il contourne les règles, mais sûrement pas la dernière.

En 1987, il devient à la fois champion allemand et européen, et la même année, il laisse tomber l'école pour travailler comme mécanicien. Il grimpe rapidement dans le classement des débutants allemand, dont la Formule König qu'il gagne en 1988. À partir de là, il enchaîne avec la Formule 3 (championnat allemand 1990), et un contrat junior chez Mercedes, un marchepied vers le championnat de voitures de sport chez Mercedes-AMG (1990) puis Sauber-Mercedes (1991). Cette même année 1991, lors du Grand Prix de Belgique, l'équipe Jordan manque de pilote : Schumacher obtient sa chance. Il impressionne tant que l'équipe Benetton le recrute, et quatorze jours plus tard, il remporte ses premiers points pour le championnat du monde dans une Benetton-Ford en se hissant à la 5e place du Grand Prix d'Italie. Sa première victoire en GP arrive l'année suivante, et quand Senna périt en 1994, Schumacher semble le prétendant à sa succession. L'Allemand admirait Senna et appréciait son style fougueux et agressif. En repoussant les limites encore plus loin, Schumacher devient rapidement un champion du monde efficace, rapide, et sans scrupules. Il gagne de nouveau le titre en 1995, et fait de Benetton le champion du monde des constructeurs. Il cherche alors de nouveaux défis, et de plus gros revenus, chez Ferrari. L'équipe italienne traverse une crise depuis plusieurs années, mais Schumacher va incontestablement redonner un coup de fouet au Cheval Cabré. Avec ce pilote émérite, l'écurie redevient l'équipe dominante de la Formule 1.

Schumacher est néanmoins disqualifié du championnat du monde 1997 après avoir tenté de sortir Jacques Villeneuve de la piste en finale, et il se fracture une jambe dans un accident au Grand Prix de Grande-Bretagne 1999, ce qui lui coûte aussi le titre de champion du monde. Mais, de 2000 à 2004, Schumacher et Ferrari gagnent cinq fois de suite le championnat du monde. Si cette démonstration de force finit par lasser et passe presque inaperçue, et même si l'écurie italienne dispose peut-être des plus grandes ressources du peloton, la moisson de victoires récoltée par Schumacher est pour le moins impressionnante. Le duo Ferrari-Schumacher est alors tel que le pilote allemand est surnommé « le Baron rouge ».

« Michael remporte des victoires qu'il n'aurait pas dû remporter ; mais plus important encore, il ne perd pas les courses qu'il aurait dû gagner », relate Ross Brawn, chef technique de Ferrari, pour expliquer sa collaboration réussie avec Schumacher.

Chez Ferrari, Schumacher reste le pilote n°1, éclipsant ses coéquipiers comme Eddie Irvine, Rubens Barrichello ou Felipe Massa qui ne sont que des seconds couteaux. Pourtant, l'Allemand n'a jamais obtenu la reconnaissance que ses résultats justifient. Pour beaucoup, il n'a jamais combattu sur un pied d'égalité avec ses équipiers. De là à dire qu'il avait un traitement de faveur… Schumacher est aussi souvent critiqué pour sa conduite brutale, mais il ne s'est jamais posé la question. Tant que les juges n'interviennent pas (et ils ne le font qu'en de rares occasions), Schumacher l'interprète, à juste titre, comme le signe qu'il n'enfreint aucune règle.

Les nombreuses sorties de route et les accidents qui marquent sa carrière sont souvent cités comme la preuve qu'il n'est pas un champion du monde méritant. En réalité, il conduit jusqu'à ses extrêmes limites physiques et, dans cette zone grise entre le possible et l'impossible, des fautes se produiront toujours. Après une saison 2006 où Ferrari est sur le déclin, Schumacher arrête la Formule 1. Il tente un come-back en 2009, quand Ferrari manque d'un remplaçant pour Felipe Massa, blessé, mais il doit abandonner quand son cou, suite à un accident de moto, ne peut plus supporter de charges. Pourtant, l'année suivante il est prêt lorsque Mercedes revient en Formule 1 avec sa propre équipe après une pause de cinquante-cinq ans. Schumacher est alors le pilote le plus âgé (40 ans) et il a bien du mal à tenir le rythme de son coéquipier Nico Rosberg. À la fin de la saison, il a presque deux fois moins de points que ce dernier. Pointsant à la 9e place du championnat, c'est son pire classement depuis 1999.

Toutefois, à Monaco en 2012, il boucle le meilleur tour de qualification et se paye même le luxe de distancer Nico Rosberg pendant les épreuves. Michael Schumacher arrête pourtant la Formule 1 après la saison 2012. Un an plus tard, lors de vacances de ski avec ses enfants, il est sérieusement blessé. Dès lors, le pilote de Formule 1 le plus couronné n'est plus vu en public. Son fils, Mick, pilote d'essais en 2019 pour l'équipe Formule 1 Ferrari, tente de piloter sur les traces paternelles.

Michael Schumacher, meilleur pilote en termes de scores de la F1, n'a jamais atteint la reconnaissance que ses résultats fantastiques laissaient entendre…

Michael Schumacher (Mercedes)
au Grand Prix de Monaco 2012.

DAMON HILL

SUR LES TRACES DE SON PÈRE

NAISSANCE : 17 septembre 1960 à Londres (Angleterre)
AUJOURD'HUI : Expert Formule 1 pour la télévision
DÉBUT EN FORMULE 1 : Grand Prix d'Angleterre 1992
DERNIER GRAND PRIX : Grand Prix du Japon 1999
TOTAL DES GRANDS PRIX : 115
DÉPARTS EN PREMIÈRE LIGNE : 47
POLE POSITIONS : 20
POLE POSITIONS/COURSES : 17 %
TOURS DE PISTE LE PLUS RAPIDE : 19
PODIUMS : 42
PREMIÈRE VICTOIRE À SON 13E GRAND PRIX
VICTOIRES EN GRAND PRIX : 22
VICTOIRES EN GRAND PRIX/COURSES : 19 %
PREMIER TITRE DE CHAMPION DU MONDE À 36 ANS
TITRE DE CHAMPION DU MONDE : 1 (1996)
TOTAL DE POINTS : 360
ÉCURIES : Brabham, Williams, Arrows, Jordan

Damon Hill est le premier champion du monde issu d'une deuxième génération de pilote de Formule 1, devant Nico Rosberg.

Jusqu'à ses 15 ans, Damon vit sans soucis dans une riche villa d'une des banlieues londoniennes les plus aisées. Mais, en novembre 1975, son père Graham, double champion du monde de F1, et cinq autres personnes disparaissent dans un accident d'avion : Graham pilotait, et la famille Hill se retrouve sur la sellette. Les familles des disparus arguent du fait que Graham Hill n'a pas respecté les consignes ; et les assurances refusent d'indemniser qui que ce soit. La mère de Damon est obligée de vendre tous les biens et l'adolescent doit désormais travailler. Il est maçon et, le soir, coursier à moto. À cette époque, la musique est son hobby, et avec une bande d'amis il monte un groupe punk : Sex, Hitler and the Hormones.

À 20 ans, Hill s'intéresse aux courses de motos, mais sa mère désapprouve les deux-roues et l'amène à s'inscrire dans une école de course automobile (le Volant Elf à Magny-Cours, en France). Sans expérience en karting, Hill rencontre des difficultés à se faire une place. Il pilote bien mais ne présente pas une aptitude au-dessus de la moyenne et sa carrière débute très lentement. Après trois ans passés en Formule 3 et trois ans en Formule 3000, son palmarès est désespérément vide et rien ne laisse penser qu'il suivra les traces de son père. Mais Damon s'accroche, et en 1991, Williams l'engage comme pilote d'essais pour l'équipe Formule 1, mais il ne semble pas pouvoir devenir un jour titulaire.

En 1992, il est pourtant intégré chez Brabham. L'écurie n'est pas au mieux de sa forme et passe de mains en mains. Damon Hill ne se qualifie que pour deux des huit courses, avant que l'équipe ne cesse toute activité en pleine saison. Pour Hill, devenir pilote de F1 à 31 ans n'est pas le signe d'une grande carrière. Mais en 1993, il a une chance inattendue. Le champion du monde en titre, Nigel Mansell, quitte Williams, et son coéquipier Riccardo Patrese part chez Benetton. Alain Prost prend la place de Mansell comme premier pilote, et comme il n'a pas d'autre choix pour la seconde voiture, Hill obtient le volant. Le modèle Williams 1993 domine totalement, et lorsque Prost s'est assuré le titre, Hill a l'occasion de faire parler de lui. En fin d'année, il remporte trois victoires d'affilée en Grand Prix. L'année suivante, Prost est remplacé par Ayrton Senna, mais lorsque le Brésilien périt lors de sa troisième course pour Williams, Hill se retrouve soudain premier pilote dans la meilleure écurie du peloton. Aussitôt, il est défié par Michael Schumacher (Benetton-Ford), qui ne rate jamais une occasion de faire remarquer le manque de talent et de stature chez Hill.

Damon n'a quasiment aucune chance quand il se retrouve au corps-à-corps avec la conduite agressive de Schumacher, et une collision en finale du championnat du monde – provoquée par l'Allemand – assure le titre à Schumacher.

« Je ne gagne pas beaucoup de crédit en étant amical et diplomate, alors j'oublie tout ça. Ça ne mène à rien... », dira Hill après la saison 1994. Mais même s'il pilote un peu plus sèchement en 1995, c'est encore Schumacher qui remporte le championnat du monde. Toutefois, Hill conduit si vite que même Schumacher l'a remarqué : *« J'ai confié avoir moins de respect pour Damon que pour les autres pilotes, mais maintenant, je dois avouer que j'ai eu tort : les dernières semaines, il a piloté de façon fantastique. Il a été un adversaire valeureux, et je ne peux que m'excuser pour ce que j'ai dit sur lui »*, avoue Schumacher après avoir été battu par Hill au Grand Prix du Japon sur le circuit trempé de Suzuka.

En 1996, l'Allemand part chez Ferrari, et c'est la grande chance de Hill. Même si, pendant toute l'année, il a été durement mis sous pression par son nouveau coéquipier, le jeune débutant Jacques Villeneuve, Hill s'assure le titre de champion du monde. Ce n'est pourtant pas suffisant pour conserver sa place dans l'équipe Williams, où l'on n'estimait l'Anglais ni suffisamment agressif et ni assez rapide. En 1997, Hill opte pour Arrows-Yamaha. Le résultat ne sera que 7 petits points en championnat du monde et une 12e place au classement général. En 1998-1999, Hill pilote pour Jordan-Mugen/Honda. C'est là qu'il remporte sa dernière victoire en GP, lors du Grand Prix de Belgique 1998, sur le circuit trempé de Spa-Francorchamps, devant son équipier, Ralf Schumacher. Après la saison 1999, Hill se retire et se concentre sur son poste d'ambassadeur pour l'association nationale anglaise Down's Syndrome (qui œuvre pour les enfants victimes de trisomie, dont son fils aîné Oliver souffre) et son travail d'expert sur les chaînes de télévision britanniques.

Damon Hill (Arrows) au Grand Prix d'Italie 1997.

JACQUES VILLENEUVE

LE REBELLE

NAISSANCE : 9 avril 1971 à Saint-Jean-sur-Richelieu (Canada)
AUJOURD'HUI : Expert Formule 1 pour la télévision
DÉBUT EN FORMULE 1 : Grand Prix d'Australie 1996
DERNIER GRAND PRIX : Grand Prix d'Allemagne 2006
TOTAL DES GRANDS PRIX : 163
DÉPARTS EN PREMIÈRE LIGNE : 23
POLE POSITIONS : 13
POLE POSITIONS/COURSES : 8 %
TOURS DE PISTE LE PLUS RAPIDE : 9
PODIUMS : 23
PREMIÈRE VICTOIRE À SON 4E GRAND PRIX
VICTOIRES EN GRAND PRIX : 11
VICTOIRES EN GRAND PRIX/COURSES : 7 %
PREMIER TITRE DE CHAMPION DU MONDE À 26 ANS
TITRE DE CHAMPION DU MONDE : 1 (1997)
TOTAL DE POINTS : 235
ÉCURIES : Williams, BAR, Renault, BMW Sauber

C'est le fils d'un des pilotes peut-être les plus aimés dans l'histoire de la Formule 1 : Gilles Villeneuve. Jacques n'a que 11 ans quand son père périt dans sa Ferrari lors de l'entraînement du Grand Prix de Belgique 1982. La photo de Jacques près du cercueil de son père fait le tour du monde.

Quelques années plus tard, Villeneuve est de retour dans les gros titres des journaux : en 1988, à 17 ans, il commence à conduire dans le championnat des voitures de sport italien. L'année suivante, il surgit en Formule 3, et en 1992, il devient n°2 dans le championnat japonais. *« Quand la plupart des pilotes débutent dans la course, personne ne les connaît. Mais quand on commence avec le nom que je porte, on attend des résultats immédiats »*, confiera-t-il au sujet de ses premières années dans la course. En 1994, via la Formule Atlantic, Villeneuve est prêt pour la série américaine d'IndyCar, où il remporte sa première course et termine 2e dans la plus grande course de la série Indy 500. L'année suivante, il gagne le championnat américain et l'Indy 500.

Après un programme intensif d'essais, Jacques Villeneuve débute au Grand Prix d'Australie 1996. Il place sa Williams-Renault en pole position, et semble gagner, lorsqu'un problème technique le rétrograde en 2e place derrière son coéquipier Damon Hill. La première victoire arrive dès son quatrième Grand Prix. Il est dès lors aux prises avec Hill pour le titre de champion du monde, jusqu'à sa sortie de piste qui permet à Hill de l'emporter. Villeneuve est toutefois vice-champion du monde dès sa première saison.

L'année suivante, lorsque Hill opte pour Arrows, Villeneuve remporte le championnat du monde après un dur combat contre Michael Schumacher (Ferrari). L'Allemand tente de régler la finale à Jerez (Espagne) en accrochant de côté la Williams-Renault de Villeneuve, mais sa tentative échoue, et c'est le Canadien qui peut continuer, tandis que l'Allemand sort (et est disqualifié plus tard pour tout le championnat du monde 1997). En gagnant le titre dès sa deuxième saison, Villeneuve fait très forte impression. Mais si 1997 est l'année du sacre, les années suivantes sont marquées par un lent déclin. Villeneuve ne gagnera plus jamais de Grand Prix.

En 1998, lorsque Renault ne livre plus de moteurs à Williams, il ne gagne que quelques 3es places, et en 1999, avec son manager Craig Pollock, ils créent l'équipe BAR (British American Racing) financée par British American Tobacco. Malgré les moyens mis en œuvre, et les promesses de Pollock d'offrir une victoire à Villeneuve dès la première course, les résultats sont très décevants. La BAR n'est pas fiable et Villeneuve ne peut faire mieux qu'une 8e place. Il entame une traversée du désert et le pilote canadien, déjà connu pour ses frasques vestimentaires et capillaires, semble désorienté, tenant parfois des propos étonnants : *« La Formule 1 ne doit jamais devenir trop sécurisée. » « Si je péris dans un Grand Prix, il ne faudrait pas arrêter la course. Je sais qu'il y a un risque en Formule 1, et je savoure ce risque »*, et son classique : *« C'est le meilleur crash que j'aie jamais eu »*, après une série de tête-à-queue à Spa-Francorchamps en 1998. De tels propos sont peut-être une façon d'exorciser le décès de son père.

Quand Pollock est remercié par BAR en 2002, les jours de Villeneuve dans l'équipe sont aussi comptés, et il part avant la finale 2003. Il passe une année sabbatique forcée en 2004, avant de courir trois saisons pour Renault en fin d'année, mais sans succès. Un an et demi sans résultats réels chez BMW-Sauber s'achève par un renvoi en 2006. Depuis, Villeneuve s'est essayé sans grand succès tant au Mans qu'à la série américaine NASCAR (stock-car) et la Formule E. Aujourd'hui, il est de retour en paddock de Formule 1, comme commentateur pour la télévision italienne.

Le Canadien utilise une partie de son temps libre de plus en plus conséquent à écrire des chansons, et en 2007, il sort son premier album, qui comporte un duo avec sa sœur Mélanie. La chanson intitulée *Father* est un hommage à son père Gilles qui, même s'il n'a jamais eu le titre de champion du monde, reste le Villeneuve le plus populaire dans l'histoire de la Formule 1.

Jacques Villeneuve (BMW à ailes verticales) au Grand Prix de France 2006 à Magny-Cours.

MIKA HÄKKINEN

LE FINLANDAIS VOLANT

NAISSANCE : 28 septembre 1968 à Vantaa (Finlande)
AUJOURD'HUI : Ambassadeur de relations publiques
DÉBUT EN FORMULE 1 : Grand Prix des États-Unis 1991
DERNIER GRAND PRIX : Grand Prix du Japon 2001
TOTAL DES GRANDS PRIX : 161
DÉPARTS EN PREMIÈRE LIGNE : 39
POLE POSITIONS : 26
POLE POSITIONS/COURSES : 16 %
TOURS DE PISTE LE PLUS RAPIDE : 25
PODIUMS : 51
PREMIÈRE VICTOIRE À SON 96ᴱ GRAND PRIX
VICTOIRES EN GRAND PRIX : 20
VICTOIRES EN GRAND PRIX/COURSES : 12 %
PREMIER TITRE DE CHAMPION DU MONDE À 30 ANS
TITRES DE CHAMPION DU MONDE : 2 (1998, 1999)
TOTAL DE POINTS : 420
ÉCURIES : Lotus, McLaren

Häkkinen qui, enfant, rêve de devenir artiste de cirque (il pratique le monocycle), n'a que 5 ans quand ses parents lui offrent un kart. Il sort de piste dès le premier tour mais une passion vient de naître. Quelques années plus tard, après avoir racheté le kart du regretté pilote de rallye Henri Toivonen, Häkkinen participe à cinq championnats finlandais avant de passer en Formule Ford, aidé du champion du monde 1982 Keke Rosberg, et gagne en 1987 le championnat nordique. L'année suivante, Häkkinen remporte l'Euro Serie, dans la nouvelle Formule Opel-Lotus, et deux ans en Formule 3 lui assurent entre autres le championnat anglais 1990. À Macao, il fait la connaissance d'un certain Michael Schumacher qui le pousse hors de la piste. Avec l'appui de Rosberg et de plusieurs sponsors finlandais, Häkkinen s'assure le seul siège dans l'équipe Lotus de Formule 1 pour la saison 1991. Il se révèle rapidement comme un des plus grands jeunes talents, mais après avoir fini à une 8ᵉ place au classement général en 1992, il choisit d'être pilote d'essais et de réserve pour McLaren en 1993. C'est alors que le second pilote Michael Andretti (avec trois courses encore à courir pour la saison) est remercié et Häkkinen prend sa place. Lors des qualifications du Grand Prix du Portugal, Mika Häkkinen se fait remarquer en distançant Ayrton Senna. Les années suivantes, Häkkinen est un pilote McLaren loyal et rapide, mais la monoplace n'est pas assez performante et il ne se bat que pour des places d'honneur.

Lors des essais du Grand Prix d'Australie 1995, le pilote finlandais se crashe violemment, et seule une intervention rapide d'un médecin qui pratique une incision de sa trachée lui sauve la vie. L'incertitude quant à son état de santé durera longtemps, mais lors d'un test au printemps 1996, Häkkinen reprend le volant : *« Quand j'ai accéléré en quittant le stand la première fois, c'était une sensation fantastique. Je me souviens avoir pensé : "C'est marrant ce truc" ; et alors, je n'avais plus peur »*, racontera-t-il.

Au cours de l'année 1997, McLaren et les nouveaux moteurs Mercedes de l'équipe sont de plus en plus compétitifs. Häkkinen termine la saison en gagnant la finale du championnat du monde à Jerez. Après avoir patienté 96 courses et 8 saisons, cette victoire n'est que la première d'une longue série. Il gagne la moitié des 16 Grands Prix de la saison 1996, et s'assure le championnat du monde devant Michael Schumacher (Ferrari). Un nouveau duel avec l'Allemand a lieu en 1999, quand, en milieu de saison, Schumacher se brise une jambe dans un accident. Häkkinen est

alors en lutte avec le second pilote de Ferrari, Eddie Irvine, pour le championnat du monde. Le Finlandais est en passe de gagner le Grand Prix d'Italie lorsqu'il sort de piste. D'habitude si froid et décontracté, le pilote finlandais éclate en sanglots devant toutes les caméras de télévision du monde. *« Je ne l'aurais sûrement pas fait,* commente le Nord-Irlandais Irvine*, j'aurais essayé de cacher ces larmes. Là d'où je viens, un gars qui pleure ne tient pas très longtemps… »*

Häkkinen retrouve le sourire avec une victoire en finale au Grand Prix du Japon qui lui assure son deuxième titre de champion du monde d'affilée. L'année suivante, lorsque Schumacher et Ferrari accélèrent leur marche triomphale, Häkkinen se bat comme un beau diable mais il ne peut déboulonner l'Allemand. L'écurie McLaren a toujours eu la réputation d'être dure avec ses pilotes et après huit ans de service, il est évident que Häkkinen est usé. En 2001, malgré quelques victoires en GP, il n'est plus que 5e au championnat du monde. En accord avec l'équipe, il prend une année sabbatique en 2002, mais tous ses plans de retour en 2003 sont vite abandonnés. Ce n'est qu'en 2005 que Mika Häkkinen fait son come-back dans le championnat allemand DTM, un championnat beaucoup moins stressant, où les trois années suivantes, il gagne trois courses, et occupe une 5e place au classement général de 2005. Häkkinen arrête définitivement de piloter après 2007. Depuis, il officie comme ambassadeur de relations publiques pour la marque de whisky Johnnie Walker notamment. Nombre de ses coupes de Formule 1 ont disparu lorsque sa maison du sud de la France a brûlé en 2008. Un incendie qui a aussi eu raison de son mariage avec Erja, le couple ayant divorcé en 2008.

« Mika a toujours été le pilote que je redoutais le plus », confiait Michael Schumacher lorsqu'il eut à résumer sa carrière. Personne ne peut recevoir de plus grand compliment.

Mika Häkkinen (McLaren-Mercedes) au Grand Prix du Portugal 1995 à Estoril.

FERNANDO ALONSO

LE MEILLEUR PILOTE AUX PIRES CHOIX

NAISSANCE : 29 juillet 1981 à Oviedo (Espagne)
AUJOURD'HUI : Pilote de course et de rallye
DÉBUT EN FORMULE 1 : Grand Prix d'Australie 2001
DERNIER GRAND PRIX : Toujours en activité
TOTAL DES GRANDS PRIX : 322
DÉPARTS EN PREMIÈRE LIGNE : 37
POLE POSITIONS : 22
POLE POSITIONS/COURSES : 7 %
TOURS DE PISTE LE PLUS RAPIDE : 23
PODIUMS : 97
PREMIÈRE VICTOIRE À SON 30^E^ GRAND PRIX
VICTOIRES EN GRAND PRIX : 32
VICTOIRES EN GRAND PRIX/COURSES : 10 %
PREMIER TITRE DE CHAMPION DU MONDE À 24 ANS
TITRES DE CHAMPION DU MONDE : 2 (2005, 2006)
TOTAL DE POINTS : 1925
ÉCURIES : Minardi, Renault, McLaren, Ferrari
(Toutes les données au 31.07.2021)

Alonso est né à Oviedo, dans le nord de l'Espagne. Fan de sport automobile, son père assemble un kart pour sa fille Lorena, 8 ans. La fillette, guère intéressée, le laisse à son cadet, Fernando, plus jeune de trois ans. C'est ainsi que commence la carrière éclair du pilote qui, durant les années 1990, remporte de nombreux championnats de karting espagnols et internationaux. Les finances limitées de la famille forcent Alonso à trouver un travail dans ce monde du karting qui le passionne tant : *« Au début, je rêvais seulement de devenir un bon mécanicien, je ne pensais pas du tout être pilote de Formule 1... »* L'ancien pilote espagnol de F1, Adrien Campos, épaule Alonso en karting, et finance sa progression jusqu'à l'Euro Opel MoviStar by Nissan qu'Alonso gagne dès sa première tentative en 1999. L'année suivante, à seulement 19 ans, il participe au championnat international de Formule 3000, une catégorie importante qui permet l'accès ensuite à la Formule 1. Il se distingue en remportant la course sur le circuit le plus difficile de la série, Spa-Francorchamps en Belgique, et le directeur de l'équipe Benetton-Renault Formule 1, Flavio Briatore, conclut rapidement un contrat avec lui.

En 2001, Briatore commence par placer Alonso dans la petite équipe Formule 1 de Minardi, où l'Espagnol accomplit des petits miracles dans une monoplace pourtant dépassée. Après cet apprentissage, Briatore rapatrie son poulain en 2002 qui devient pilote d'essais. L'année suivante, il pousse vers la sortie l'Anglais Jenson Button, et Alonso, lors du Grand Prix de Malaisie (sa deuxième course pour Renault), monte sur le podium après avoir été le plus jeune poleman. Plus tard, au Grand Prix de Hongrie, il devient, à 22 ans, le plus jeune vainqueur de GP de l'époque. Une poignée de 3es places en 2004 lui assure une 4e place au classement général du championnat du monde, et en 2005, lorsque Ferrari et Schumacher sont gênés par des problèmes de pneumatiques, l'Espagnol devient le plus jeune champion du monde de l'histoire de la Formule 1 du moment.

Après le titre, il signe un contrat pour 2007 avec McLaren-Mercedes. Chez Renault, c'est la déception. Briatore avait beaucoup investi dans le jeune prodige espagnol, mais visiblement la proposition financière de McLaren-Mercedes a été la plus forte. Même si l'équipe Renault sait qu'Alonso les quittera à la fin 2006, il est soutenu tout au long de l'année, marquée par le retour de Schumacher et de Ferrari. La saison devient un duel acéré entre l'Allemand et Alonso, mais c'est l'Espagnol qui sort vainqueur et empoche son second titre mondial.

Chez McLaren-Mercedes, Alonso a pour coéquipier le jeune débutant Lewis Hamilton. La voiture paraît performante et tout semble prêt pour que l'Espagnol soit en route pour un troisième titre mondial. Mais Hamilton n'a aucunement envie de jouer le second couteau. Il est plus rapide que ce à quoi s'attendait Alonso et le jeune Anglais défie presque aussitôt le double champion du monde. L'ambiance dans l'équipe devient vite détestable, et la « guerre civile » culmine lors de l'entraînement du Grand Prix de Hongrie, où Alonso bloque tout simplement le passage à Hamilton. Lors de la réunion houleuse qui suit, Alonso pose un ultimatum au directeur Ron Dennis : il veut être le seul pilote n°1, ou il dévoilera les détails gênants de l'affaire d'espionnage

chez Ferrari, selon laquelle McLaren aurait récupéré des informations sur la monoplace italienne. Dennis finit par avouer devant la Fédération internationale de l'automobile (FIA), mais perd toute confiance en Alonso. Considéré comme un traître, l'Espagnol a bien du mal à refaire surface et le combat avec Hamilton reprend de plus belle. Pas un des pilotes McLaren-Mercedes ne ressort vainqueur de ce petit jeu : le titre de champion du monde revient à Kimi Räikkönen et sa Ferrari. Malgré un contrat de trois ans, la coopération Alonso/McLaren est abrogée. En 2008, il retourne chez Renault et remporte deux victoires en Grand Prix dans une voiture moyennement performante. Mais l'écurie Renault n'est qu'une étape pour l'ambitieux Espagnol qui, dès 2010, rejoint la Scuderia Ferrari. Après presque dix-huit mois sans victoire, Fernando Alonso remporte la première course de la saison 2010 lors du Grand Prix de Bahreïn. Mais les courses suivantes sont moins couronnées de succès. Si le pilote est plusieurs fois tout près du titre mondial et marque des points, il ne finit jamais tout en haut du classement. La saison 2012 n'est guère meilleure, même s'il est vice-champion du monde derrière Vettel à seulement 3 petits points… En 2013, il est à nouveau vice-champion du monde toujours derrière Vettel et 2014 est catastrophique : aucune victoire.

En 2015, Alonso revient chez McLaren. Que lui et Ron Dennis puissent retravailler ensemble souligne combien ils avaient besoin l'un de l'autre. Mais si Ferrari a été un choix malheureux, la décision de passer chez McLaren sera presque fatale. Les moteurs Honda sont dépassés par la concurrence et Alonso ne remportera que quelques 5es places. Étant proche de la quarantaine, Alonso décide de rester chez McLaren. Il sait qu'il n'approchera jamais les sept titres de champion du monde de Michael Schumacher et arrête la Formule 1 après la saison 2018. Il continue néanmoins à arpenter les pistes, notamment lors des 24 Heures du Mans qu'il remporte en 2018 (il court alors toujours en Formule 1) et en 2019. Il s'offre aussi une belle victoire aux 24 Heures de Daytona (2019), est sacré champion du monde d'endurance (2019) et participe à des épreuves de rallye (il fit 13e au rallye Paris-Dakar 2020). En 2021, Alonso revient en Formule 1 chez Renault.

Fernando Alonso a quitté la Formule 1 après la saison 2017 chez McLaren (photo), mais en 2020, il a annoncé qu'il ferait un retour avec Renault en 2021.

KIMI RÄIKKÖNEN

LE MEILLEUR DU MONDE

NAISSANCE : 17 octobre 1979 à Espoo (Finlande)
AUJOURD'HUI : Pilote de Formule 1
DÉBUT EN FORMULE 1 : Grand Prix d'Australie 2001
DERNIER GRAND PRIX : Toujours en activité
TOTAL DES GRANDS PRIX : 340
DÉPARTS EN PREMIÈRE LIGNE : 44
POLE POSITIONS : 18
POLE POSITIONS/COURSES : 5,57 %
TOURS DE PISTE LE PLUS RAPIDE : 46
PODIUMS : 103
PREMIÈRE VICTOIRE À SON 36ᴱ GRAND PRIX
VICTOIRES EN GRAND PRIX : 21
VICTOIRES EN GRAND PRIX/COURSES : 6,5 %
PREMIER TITRE DE CHAMPION DU MONDE À 28 ANS
TITRE DE CHAMPION DU MONDE : 1 (2007)
TOTAL DE POINTS : 1864
ÉCURIES : Sauber, McLaren, Ferrari, Alfa Romeo
(Toutes les données au 31.07.2021)

Räikkönen a grandi dans de pauvres conditions à Espoo, en Finlande, lorsqu'à 10 ans, il commence une carrière en karting. Immédiatement, il est évident que le jeune garçon adepte du hockey sur glace a des prédispositions pour la course. Quelques écuries signent un contrat avec lui et consentent à financer sa première saison en classe junior, Formule Ford et Renault, contre un pourcentage de ses futurs revenus. Cet accord va se révéler être une bonne affaire, car dès l'an 2000, deux ans seulement après avoir quitté le karting, Räikkönen est prêt pour la Formule 1.

Le bond, de la Formule Renault à la Formule 1, est énorme et la FIA hésite à émettre la super-licence nécessaire. Mais après une série de tests prometteurs, Räikkönen a l'autorisation de débuter la saison 2001 au sein de l'écurie Sauber pour un galop d'essai. Avec une 6ᵉ place, et un point en championnat du monde, à son premier Grand Prix, Räikkönen obtient rapidement sa super-licence permanente, et très tôt en début de saison, un contrat est signé en 2002 avec McLaren-Mercedes.

La première victoire en Grand Prix a lieu en 2003, où il conserve ses chances d'être titré jusqu'à la finale du Japon. En 2005, il affronte Fernando Alonso (Renault) pour le championnat du monde, mais doit de nouveau se contenter de la 2ᵉ place. En 2006, il n'est que 5ᵉ en championnat du monde, sans victoire en Grand Prix. Räikkönen ne s'est certes jamais senti chez lui dans l'équipe McLaren-Mercedes, une écurie très à cheval sur les règles. Entre chaque course, il divulgue de nombreuses photos et des vidéos sur YouTube. Même si Räikkönen est un excellent pilote,

la direction de McLaren est de plus en plus sceptique pour son image, et son chef Ron Dennis raconte : *« Parfois, il est un peu bizarre. Il veut tout savoir. »* Et Räikkönen n'est pas du tout à l'aise lors des conférences de presse que les pilotes McLaren doivent toujours tenir en grand nombre. Alors qu'un journaliste devait un jour faire un article sur les casques de protection des pilotes de F1, que tous les autres pilotes décorent de divers motifs, symboles et couleurs préférés, le Finlandais confie sa relation personnelle à son casque : *« Il protège ma tête. »* Quand le journaliste, de plus en plus désespéré, lui demande s'il a des rituels particuliers avec son casque avant le départ, Räikkönen répond gravement : *« Je nettoie la visière, comme ça, je vois mieux. »*

Une visite dans un club de strip-tease londonien en 2005, n'accroît guère la popularité du Finlandais au sein de la direction de McLaren, et en 2007, Räikkönen opte pour Ferrari où il devient le pilote le mieux payé de l'histoire de la Formule 1.

Ferrari ne se soucie guère de tous ces scandales tant que Räikkönen met les gaz sur la piste. Le Finlandais, quant à lui, se fiche complètement de son image – ou peut-être bien qu'il savoure ce rôle d'outsider de la Formule 1 à la réputation de sale gosse effronté ? Quand on lui demande comment est-ce d'habiter en Finlande ? Il répond : *« En été nous pêchons, et avons des rapports sexuels. En hiver, il fait trop froid pour pêcher... »*

Chez Ferrari, Räikkönen a une nouvelle voiture compétitive, et une nouvelle motivation. Il gagne le championnat du monde 2007 après s'être expliqué avec les pilotes de McLaren, Lewis Hamilton et Fernando Alonso. Mais il semble alors que ses ambitions en Formule 1 soient satisfaites. En 2008, il perd son titre et en 2009, il réalise une saison sans grand relief. Après cette date, il se retire de la Formule 1 et passe les deux années suivantes dans le championnat du monde des rallyes. S'il est rapide, il termine rarement les épreuves. En 2012, il revient à la Formule 1, cette fois chez Lotus F1 Team. Pendant deux ans, il remporte quelques GP et en 2014, Ferrari lui propose étonnamment un nouveau contrat. Il divorce de sa Miss Jenny et se marie en 2016 avec Minna Mari.

Chez Ferrari, Kimi Räikkönen est maintenant second pilote, le premier pilote n'étant autre que Fernando Alonso (2014) puis Sebastian Vettel. Lorsque Ferrari veut opérer un changement de génération en 2019, il n'y a plus de place pour Räikkönen qui rejoint finalement Alfa Romeo Racing. Ses prestations au sein de cette nouvelle écurie sont plutôt bonnes mais la crise du Covid-19 perturbe fortement le calendrier. Lors du Grand Prix d'Autriche, Räikkönen abandonne, même s'il confie que : *« La seule chose que j'aime en Formule 1, c'est de conduire les voitures ».*

Kimi Räikkönen dans son Alfa Romeo lors des essais de pré-saison 2020 sur le circuit de Catalunya.

LEWIS HAMILTON

LE PRODIGE

NAISSANCE : 7 juin 1985 à Stevenage (Angleterre)
AUJOURD'HUI : Pilote de Formule 1
DÉBUT EN FORMULE 1 : Grand Prix d'Australie 2007
DERNIER GRAND PRIX : Toujours en activité
TOTAL DES GRANDS PRIX : 276
DÉPARTS EN PREMIÈRE LIGNE : 154
POLE POSITIONS : 96
POLE POSITIONS/COURSES : 36,92 %
TOURS DE PISTE LE PLUS RAPIDE : 51
PODIUMS : 162
PREMIÈRE VICTOIRE À SON 6E GRAND PRIX
VICTOIRES EN GRAND PRIX : 99
VICTOIRES EN GRAND PRIX/COURSES : 34,62 %
PREMIER TITRE DE CHAMPION DU MONDE À 23 ANS
TITRES DE CHAMPION DU MONDE 7 (2008, 2014, 2015, 2017, 2018, 2019, 2020)
TOTAL DE POINTS : 3955
ÉCURIES : McLaren, Mercedes
(Toutes les données au 31.07.2021)

Lewis Hamilton est né en 1985 en Grande-Bretagne. Ses parents divorcent quand il a 2 ans, et jusqu'à ses 12 ans, il habite chez sa mère avant de rejoindre son père, Anthony. Très vite, il s'intéresse au sport automobile. Il commence par étudier les trajectoires en participant à des courses de voitures radiocommandées. Il termine même deuxième du championnat anglais dans cette catégorie. Il transite ensuite par l'inévitable karting et a l'occasion de rencontrer Ron Dennis de McLaren qui l'encourage à poursuivre dans cette voie. L'accord passé avec son père est simple : la famille le soutient tant que les résultats scolaires sont bons. Finalement, le père, qui crée sa propre firme informatique, doit assurer trois jobs différents pour financer la carrière du fils. À 13 ans, le talent de Hamilton est si évident que l'équipe de Formule 1 McLaren signe un contrat longue durée avec lui. McLaren et leur partenaire Mercedes se chargent du financement de sa carrière, et son père peut se concentrer sur le management de son fils.

Après avoir remporté la coupe mondiale 2000 en karting, il grimpe en Formule Renault (champion d'Angleterre 2003), en Formule 3 (vainqueur de l'Euro Series 2005), et GP2 (champion international 2006), avant que McLaren-Mercedes ne lui offre sa chance en Formule 1. Ni sa modeste expérience, ni son prestigieux équipier – le champion du monde en titre Fernando Alonso – ne l'impressionnent. Hamilton commence en Formule 1 lorsque Michael Schumacher se retire, et le débutant de 22 ans commente ainsi la chose : *« Au moment où j'entre en Formule 1, il disparaît. Je ne sais pas s'il y a là une relation de cause à effet ? »*

Peu de mois s'écoulent avant que Hamilton ne reprenne le rôle de Schumacher comme superstar absolue. Il est rapide : il termine 3e dès sa première course, 2e lors des quatre épreuves suivantes et remporte la sixième. Passer une décennie auprès de McLaren lui a incontestablement permis de mûrir et d'acquérir de l'expérience.

Mais ces débuts ruinent sa relation avec son équipier Fernando Alonso. Le champion du monde en titre avait pensé que la saison serait une promenade d'agrément, avec la meilleure voiture, et un jeune débutant en guise de faire-valoir. Hamilton se montre aussi rapide que l'Espagnol et la tension monte entre eux. Quand la guerre est déclarée, elle profite à l'outsider Kimi Räikkönen (Ferrari) qui tire son épingle du jeu et s'offre le titre au grand dam de l'écurie McLaren. Cette lutte fratricide a toutefois révélé une autre facette d'Hamilton : l'attitude courtoise et polie du pilote cache une ambition démesurée. Si c'est Alonso – désigné comme étant le fauteur de troubles – qui quitte McLaren après seulement une unique saison, Hamilton a aussi su déceler les failles de son équipier pour le faire monter en pression. *« Je n'ai jamais rencontré quelqu'un qui soit aussi compétitif que moi. Mais Alonso en est très près »* commente-t-il lorsque Alonso retourne chez Renault. Hamilton, pour sa première participation au championnat, est alors vice-champion du monde (à seulement 1 point de Räikkönen).

La saison 2008 est un long combat contre la Ferrari de Felipe Massa : le style de conduite rapide mais agressif de Hamilton lui vaut quelques pénalités. Lors de la dernière course au Brésil, qui se déroule sur une piste passant du sec au mouillé, c'est un dépassement au dernier virage qui lui assure, à 23 ans, le titre de plus jeune champion du monde à ce jour dans l'histoire de la Formule 1. Au début de 2009, McLaren-Mercedes n'est pas aussi compétitive, et par frustration, Hamilton tente de ruser pour l'homologation d'une 3e place lors du premier GP de la saison, celui d'Australie.

De connivence avec son directeur sportif Dave Ryan, il ment sciemment aux juges sur un dépassement qui aurait eu lieu alors que le drapeau jaune était abaissé. L'écoute des communications radio entre le stand McLaren et Hamilton dévoile les mensonges, l'équipe est disqualifiée, Ryan renvoyé, et Hamilton ne peut participer à la prochaine épreuve. Hamilton, plus tard, les larmes aux yeux, s'excusera lors d'une conférence de presse, mais le mal est fait. Les années suivantes, la McLaren n'est pas vraiment compétitive. Certes, quelques victoires sont engrangées en Grand Prix, mais plus aucun titre de champion du monde, et cela frustre manifestement Hamilton. Quand il signe un nouveau contrat chez Mercedes en 2013, nombreux sont ceux qui pensent qu'il est fini. L'équipe allemande n'a en effet remporté qu'une seule course depuis son come-back en 2010. Mais il s'avère rapidement qu'Hamilton a très bien analysé la situation : tandis que McLaren dégringole au fin fond du classement, Mercedes refait surface avec sa W05 et enchaîne les victoires à partir de 2014. Hamilton doit désormais batailler ferme avec son ancien camarade de karting Nico Rosberg, pour remporter les championnats du monde 2014 et 2015. Quand l'Allemand se retire, Hamilton continue sa moisson de titres en 2017, 2018 et 2019 et 2020 et vient égaler le record des titres de Michael Schumacher. La saison 2021, toujours frappée par la pandémie, est également synonyme pour Hamilton de la concurrence féroce d'un autre pilote. Le jeune Néerlandais Max Verstappen est prêt à détrôner le champion du monde en titre. Il remporte quatre des cinq courses de la première moitié de l'année, se construisant une forte avance au championnat. Hamilton a un nouvel adversaire de taille. Mais, comme il le dit lui-même : *« Je suis né pour faire des courses, et pour gagner ! »*

Lewis Hamilton dans sa Mercedes lors des essais de pré-saison 2020 sur le circuit de Catalunya.

JENSON BUTTON

LE JEUNE SCHTROUMPF

NAISSANCE : 19 janvier à Frome (Angleterre)
AUJOURD'HUI : Pilote de course loisirs
DÉBUT EN FORMULE 1 : Grand Prix d'Australie 2000
DERNIER GRAND PRIX : Grand Prix d'Abou Dhabi 2016
TOTAL DES GRANDS PRIX : 305
DÉPARTS EN PREMIÈRE LIGNE : 22
POLE POSITIONS : 8
POLE POSITIONS/COURSES : 3 %
TOURS DE PISTE LE PLUS RAPIDE : 8
PODIUMS : 50
PREMIÈRE VICTOIRE AU 113E GRAND PRIX
VICTOIRES EN GRAND PRIX : 15
VICTOIRES EN GRAND PRIX/COURSES : 5 %
PREMIER TITRE DE CHAMPION DU MONDE À 29 ANS
TITRE DE CHAMPION DU MONDE : 1 (2009)
TOTAL DE POINTS : 1235
ÉCURIES : Williams, Benetton, Renault, BAR, Honda, Brawn, McLaren

Le père de Jenson Button était un des meilleurs pilotes de rallycross d'Europe, dans les années 1970. Après que Mme Button ait choisi les prénoms de leurs deux filles, John a le droit de choisir celui du fils. Il voulait l'appeler d'après le prénom d'un de ses collègues de rallye, Erling Jensen. Mais « Erling » était un peu trop exotique. « Jensen » était le nom d'une voiture de sport anglaise, aussi Button Jr. reçut comme prénom Jenson.

Avec un père passionné de course, il n'a pas fallu pas bien longtemps avant que Jenson Button reçoive son premier kart. Il débute à 8 ans, et l'école devient alors secondaire. *« Dans mes carnets de notes, il y avait toujours écrit que je manquais d'attention. Je n'entendais jamais ce que disait l'instituteur car j'étais assis rêvant toujours de faire des courses »* racontera-t-il plus tard. Durant de nombreuses années, sa carrière file à toute vitesse. Il devient champion britannique en Formule Ford en 1998 et termine l'année suivante en 3e place dans le championnat de Formule 3 britannique. Quand l'équipe de Formule 1 Williams cherche un pilote pour la saison 2000, on organise des essais pour jeunes talents : Jason Watt (Danemark), Bruno Junqueira (Brésil) et Jenson Button sont sélectionnés au printemps 1999. Le Danois est le grand favori. Il a quatre ans d'expérience dans la catégorie juste avant la Formule 1, la Formule 3000, où en règle générale, il est plus rapide que Junqueira. Button, 19 ans, contrairement à ses adversaires n'a pas conduit en Formule 3000. C'est l'outsider qui n'a pas beaucoup de chances face à des concurrents plus expérimentés et plus âgés. Mais Watt ne viendra jamais aux essais. Il chute à moto et sera paralysé. Et lors du duel entre Junqueira et Button, le jeune Anglais se révèle supérieur. C'est lui qui obtient le volant tant convoité.

Pourtant, la carrière de Button reste au point mort. Il finit certes à la 6e place dès sa deuxième course de Formule 1, mais le reste de la saison n'est pas très impressionnant. Il est encore jeune (un peu plus de 20 ans) et pas franchement préparé à affronter si vite un championnat de Formule 1. Il n'est pas reconduit chez Williams et rejoint l'écurie Benetton récemment acquise par Renault. Avec seulement 2 points marqués, les résultats sont médiocres. Il conserve son volant pour 2002 mais doit céder sa place en 2003 à Fernando Alonso. Jenson Button continue dans l'équipe BAR-Honda où il commence une carrière plus stable. Il n'est pas le plus rapide, mais il conduit « proprement » et il est fiable. Peu à peu, il engrange des points. En 2004, lors du Grand Prix de Malaisie, après 68 courses, il obtient enfin un podium.

2006 est la septième saison de Button en Formule 1 et il approche les 100 Grands Prix sans en avoir remporté un seul. Pourtant, en Hongrie, parti loin derrière, sa patience et son expérience sont récompensées. Après 113 GP, il peut enfin monter sur la plus haute marche du podium.

Beaucoup d'autres pilotes Formule 1 ont raconté que la première victoire en Grand Prix est la plus difficile et que les suivantes arrivent assez facilement lorsque l'on a brisé le code. Mais cela ne se passe pas ainsi pour Jenson Button : les deux années suivantes n'offrent encore que des places secondaires, et la décision de Honda de mettre un terme à sa participation à la F1 après la saison 2008, laisse entrevoir une fin de carrière pour Button. Honda cède alors tout le département F1 au directeur technique Ross Brawn pour une livre sterling symbolique. Brawn conclut rapidement un accord avec les moteurs Mercedes et tient à conserver Button pour la simple raison qu'il n'y a pas d'autres pilotes disponibles au niveau équivalent. De son côté, Button a besoin de Brawn car tous les volants sont depuis longtemps occupés.

Brawn exploite habilement une zone grise du règlement pour construire une voiture qui, dotée du puissant moteur Mercedes, se montre tout de suite sans rivale. Button gagne six des sept premières courses de la saison dans le bolide de Brawn, et le seul concurrent sérieux dans ce combat pour le championnat du monde est son équipier Rubens Barrichello. Avec son solide début de saison, Button a une longueur d'avance pour pouvoir, sans gagner de courses au second semestre, prétendre au titre de champion du monde. En octobre 2009, c'est la consécration pour le patient Button.

Pour 2010, Jenson Button signe chez McLaren avec Lewis Hamilton comme équipier. Hamilton est certes le pilote le plus rapide du peloton, mais Button est loin de ne faire que de la figuration. Son style coulé, préservant la machine et ses pneumatiques, fait merveille. Lorsque les conditions météo changent rapidement, il sait tirer parti de son expérience et plusieurs de ses plus belles victoires en Grand Prix ont été acquises dans des conditions où beaucoup d'autres pilotes sortent de piste ou roulent extrêmement prudemment. Sur piste mouillée, il anticipe, même s'il sait que personne n'est à l'abri d'une erreur. *« Il faut être un peu dingue pour être pilote de Formule 1. La veille d'une course, on a un mélange étrange d'attentes et de craintes. Spécialement s'il pleut : sur piste mouillée, on ne contrôle pas toujours la voiture ; et c'est ce que l'on craint en tant que pilote... »* raconte-t-il.

Son père John, « le vieux schtroumpf », qui fidèlement a suivi toutes ses courses, meurt soudainement au début de l'année 2014. Plus tard la même année, Button se marie avec Jessica Michibata, mais le mariage ne dure que quelques mois. À l'automne de sa carrière chez McLaren, il parvient à tenir tête aux jeunes loups affamés comme Sergio Pérez (2013) et Kevin Magnussen (2014). Toujours chez McLaren entre 2015 et 2016, il a alors Alonso comme équipier et les deux hommes font à peu près jeu égal. La motivation commence néanmoins à faire défaut. Quand il s'arrête en 2016, il a piloté pas moins de 305 courses de Formule 1.

Jenson Button (McLaren/Honda) lors de la qualification (trempée) du Grand Prix de Hongrie 2016.

SEBASTIAN VETTEL

LE JOYEUX DRILLE

NAISSANCE : 3 juillet 1987 à Heppenheim (Allemagne)
AUJOURD'HUI : Pilote de Formule 1
DÉBUT EN FORMULE 1 : Grand Prix des États-Unis 2007
DERNIER GRAND PRIX : Toujours en activité
TOTAL DES GRANDS PRIX : 267
DÉPARTS EN PREMIÈRE LIGNE : 101
POLE POSITIONS : 57
POLE POSITIONS/COURSES : 22,80 %
TOURS DE PISTE LE PLUS RAPIDE : 38

PODIUMS : 122
PREMIÈRE VICTOIRE À SON 22^{E} GRAND PRIX
VICTOIRES EN GRAND PRIX : 53
VICTOIRES EN GRAND PRIX/COURSES : 21,20 %
PREMIER TITRE DE CHAMPION DU MONDE À 23 ANS
TITRES DE CHAMPION DU MONDE : 4 (2010, 2011, 2012, 1013)
TOTAL DE POINTS : 3048
ÉCURIES : Toro Rosso, Red Bull, Ferrari
(Toutes les données au 31.07.2021)

Enfant, Sebastian Vettel avait trois idoles, les trois Michael : Schumacher, Jordan et Jackson. Il rêvait de devenir chanteur comme Michael Jackson, mais il réalise vite que sa voix n'est pas, disons, harmonieuse. Comme sa taille de basketteur ne correspond pas à celle d'un Michael Jordan, il choisit finalement de suivre les traces de Michael Schumacher. Dès qu'il est en âge de monter sur un kart, il montre immédiatement un talent exceptionnel. Il n'a que 11 ans quand il est sélectionné dans le programme junior Red Bull, et cinq ans plus tard, il se hisse en Formule BMW, où, en 2014 il remporte le championnat allemand.

À cette époque, le roi incontesté est encore Schumacher. Mais lorsqu'il devient évident que celui-ci ne va pas tarder à raccrocher, les écuries se mettent en quête d'un nouveau « Schumi » et le jeune allemand Vettel s'impose de lui-même. Repéré et soutenu par BMW, il effectue un galop d'essai chez Williams-BMW en septembre 2005. Il n'a que 18 ans mais impressionne tellement qu'il est titularisé pilote d'essais en 2006, toujours chez BMW (alors associé à Sauber). Lors du Grand Prix de Turquie, il passe troisième pilote officiel et, même s'il a droit à une pénalité pour être sorti des stands trop vite, il signe le meilleur temps lors des essais libres, du jamais-vu. Parallèlement, n'étant pas titularisé pilote de Formule 1, Vettel poursuit sa carrière en Formule 3 Euro Series où il termine 2e, derrière Paul di Resta. En 2007, il accède à la Formule Renault World Series et prend la tête du classement quand, au milieu de l'été, il est enfin titulaire d'un volant en Formule 1. Le premier pilote de BMW-Sauber, Robert Kubica, se blesse lors du Grand Prix du Canada, et Vettel est appelé en réserve pour l'épreuve suivante aux États-Unis. Il finit à la 8e place et marque ainsi son premier point dans le championnat. Âgé d'un peu plus de 19 ans, il est alors le plus jeune pilote de Formule 1 à marquer des points. Kubica s'étant rétabli, Vettel redevient un pilote de réserve. Mais la Scuderia Toro Rosso, créée en 2006 suite au rachat de l'écurie Minardi par le groupe Red Bull, est alors en plein essor. Via sa Junior Team, elle sert d'incubateur de jeunes talents pour la Red Bull Racing. BMW finit par consentir à se séparer de Vettel qui rejoint donc Toro Rosso pour le reste de la saison 2007, où il impressionne par une 4e place au GP de Chine.

Vettel continue chez Toro Rosso en 2008. La petite écurie n'a jamais été sérieusement compétitive mais avec Vettel au volant, elle fait un grand pas en avant, et en Italie, il remporte une des victoires les plus étonnantes. Sur le circuit de Monza battu par la pluie, ses talents de pilote se révèlent : il signe le meilleur temps aux essais, part en pole position le lendemain et, toujours sous la pluie, mène du début jusqu'à la fin avant de remporter l'épreuve.

L'Allemand est dès lors appelé par Red Bull Racing en 2009 chez qui il gagne quatre épreuves et finit 2e au championnat. L'année suivante, Vettel et Red Bull entament une marche triomphale. Le directeur technique Adrian Newey dispose de la meilleure monoplace du plateau et Vettel l'utilise de façon optimale, remportant quatre titres d'affilée. Celui que l'on surnomme alors « Baby Schumi » fait souffler un vent frais dans les paddocks. Moins ténébreux que son mentor, Vettel fait figure d'adolescent joyeux. Mais derrière cette façade se dissimule un pilote de la même trempe que son compatriote Schumacher : ambitieux,

implacable et ne supportant pas d'être dépassé. Tout comme Schumacher a, pendant des années, dirigé en sous-main Ferrari, Vettel organise l'écurie Red Bull autour de lui. Pendant les saisons du championnat, son équipier l'Australien Mark Webber a rarement son mot à dire. Lorsque les tensions apparaissaient entre les deux pilotes, la direction de Red Bull choisissait toujours le camp de Vettel. Une attitude pas très fair-play mais diablement efficace. Vettel domine la Formule 1 de 2010 à 2013, et durant cette période accomplit des courses fantastiques. Et Red Bull en profite pleinement. Avec une voiture parfaitement au point, des victoires en Grands Prix à la chaîne et un second pilote qui fait le job, l'écurie engrange d'incroyables bénéfices. Après une décennie de championnats du monde un peu « ennuyeux » et souvent dominés par un Schumacher, un Alonso et un Räikkönen, Vettel fait un peu figure d'électron libre : il connaît par cœur le répertoire des Beatles, sait parodier Kimi Räikkönen et les sketchs des Monty Python et donne des petits noms à ses monoplaces : « Kate » est le nom de sa première voiture victorieuse chez Red Bull, et son évolution est baptisée « Kate's Dirty Sister » (« la sale sœur de Kate »). Plus tard, d'autres surnoms seront attribués au fil des championnats du monde, comme « Randy Mandy » (« Mandy la lascive »), « Kinky Kylie » (« Kylie la fantasque ») ou encore « Hungry Heidi » (« Heidi l'affamée »).

Avec ses quatre titres d'affilée, Sebastian Vettel est un des pilotes les plus couronnés de tous les temps. Mais en 2014, son invincibilité vacille. Un nouveau règlement modifie le comportement de la monoplace Red Bull qui n'est plus désormais la meilleure du plateau et simultanément Vettel est remplacé par son compatriote Daniel Ricciardo. Moins soumis que Mark Webber, Ricciardo ne compte pas se laisser faire. De son côté, Vettel semble saturer. En 2014, il n'est donc plus que le second pilote Red Bull.

Il en tire les conséquences et opte pour Ferrari en 2015, chez qui il rêve de façonner autour de lui une écurie « à la Schumacher » et de s'assurer une domination totale dans le championnat. En 2015, le départ est prometteur, mais rapidement il apparaît que Mercedes est la meilleure équipe de la période. Vettel est vice-champion du monde en 2017 et 2018 mais il commence à prendre de l'âge. Il n'est plus le joyeux drille des paddocks. Il remporte certes des victoires mais c'en est fini des coupes raflées par séries entières. Il commet, de plus, de nombreuses fautes. Lors de la première épreuve de 2020, sur sa Ferrari SF 1000 V6 turbo hybride, il n'a terminé qu'à la 10e place. Vettel reste néanmoins un pilote hors pair qui a marqué la dernière décennie.

En 2020, il est annoncé que Vettel quittera Ferrari. Il devient pilote chez Racing Point (qui prendra le nom d'Aston Martin) pour la saison 2021.

Sebastian Vettel a connu un début de saison 2020 décevant et Ferrari a annoncé que ce serait sa dernière année avec l'écurie italienne.

NICO ROSBERG

TROP GENTIL POUR LA FORMULE 1

NAISSANCE : 27 juin 1985 à Wiesbaden (Allemagne)
AUJOURD'HUI : Ambassadeur de relations publiques
DÉBUT EN FORMULE 1 : Grand Prix de Bahreïn 2006
DERNIER GRAND PRIX : Grand Prix d'Abou Dhabi 2016
TOTAL DES GRANDS PRIX : 206
DÉPARTS EN PREMIÈRE LIGNE : 60
POLE POSITIONS : 30
POLE POSITIONS/COURSES : 15 %
TOURS DE PISTE LE PLUS RAPIDE : 20
PODIUMS : 57
PREMIÈRE VICTOIRE À SON 1ER GRAND PRIX
VICTOIRES EN GRAND PRIX : 23
VICTOIRES EN GRAND PRIX/COURSES : 11 %
PREMIER TITRE DE CHAMPION DU MONDE À 31 ANS
TITRE DE CHAMPION DU MONDE : 1 (2016)
TOTAL DE POINTS : 1594,5
ÉCURIES : Williams, Mercedes

Fils du champion du monde 1982, Keke, Nico Rosberg grandit dans un milieu aisé à Monaco. Il fréquente l'école américaine de la Principauté, et le premier jour d'école, il a comme camarade de banc un autre fils de champion du monde, Nelson Piquet Jr. « *Mais je n'ai pas causé avec lui, il avait de si longs cheveux, je croyais que c'était une fille* », racontera plus tard Rosberg. Il commence tôt la conduite du kart et, bénéficiant du soutien total et financier de son père, sa carrière semble toute tracée. À 14 ans, il a un concurrent anglais qui, de nombreuses façons, lui est diamétralement opposé. Rosberg a la peau claire, est bien élevé par une famille aisée, Lewis Hamilton n'a rien de tout ça mais les deux garçons deviennent amis lors des épreuves de karting. Plus tard, lorsqu'ils se disputeront le championnat du monde, Hamilton aimera à rappeler à qui veut l'entendre combien Rosberg, enfant unique, fut un gosse de riche gâté. Fin 2002, Nico Rosberg, qui n'est pour l'instant pas particulièrement brillant au volant, effectue sur le circuit de Catalogne un essai à bord d'une Williams. À 17 ans, il est alors le plus jeune pilote à avoir pris le volant d'une Formule 1. Fin 2003, il conduit à nouveau une Williams à Jerez où il tourne avec son ancien camarade d'école, Nelson Piquet Jr. Les deux « fils de » font à peu près les mêmes temps de tour de piste, mais leurs pères, qui tous deux ont gagné le championnat du monde pour Williams, se comportent tout à fait différemment. Tandis que Piquet Sr. passe la journée d'essais au stand et prodigue des conseils aux deux fistons, aux mécaniciens et aux ingénieurs, Keke se tient discrètement en retrait. Depuis longtemps, il a réalisé que son rôle de guide spirituel était terminé et que c'est désormais à son fils de se lancer seul dans l'aventure de la F1. En attendant, Nico poursuit sa formation en Formule 3 Euro Series (2003-2004) et en GP2 Series (2005), cette catégorie remplaçant la Formule 3, où il finit par s'imposer au sein de l'écurie ART Grand Prix.

Prêt pour intégrer la Formule 1, il obtient un contrat chez Williams avec qui il passe les quatre saisons suivantes. Les résultats sont convenables sans être très brillants, mais en 2008, il termine 3ᵉ à Bahreïn et 2ᵉ à Singapour. Exception faite du début de saison où il a Mark Webber comme équipier, Nico Rosberg est ensuite le meilleur pilote de l'écurie. Il faut dire que ses équipiers successifs ; Alexander Wurz en 2007 et Kazuki Nakajima en 2008 et 2009 ; ont moins d'expérience que lui.

En 2010, Mercedes fait un come-back en Formule 1, après une pause de cinquante-cinq ans. Depuis 1955, le constructeur allemand n'avait pas eu sa propre équipe Formule 1 et tente de convaincre Schumacher, qui a mis fin à sa carrière après la saison 2006, de faire son retour. Rosberg devient le second pilote de l'écurie, et durant ses trois saisons comme coéquipier du pilote le plus couronné de l'histoire de la Formule 1, il termine chaque année devant Schumacher dans le classement général. Pourtant, Nico Rosberg, qui remporte sa première victoire au Grand Prix de Chine 2012, n'est pas reconnu comme grand pilote de Formule 1. Sa conduite n'est pas aussi agressive que celle de « Schumi », ce qui le dessert.

Quand en 2013, Schumacher est remplacé par Lewis Hamilton, Rosberg a enfin un « adversaire » à sa mesure. Son vieux copain de karting se hisse presque instantanément comme pilote le plus rapide de l'équipe, et quand, en 2014, Mercedes a la meilleure voiture du peloton, Hamilton remporte le championnat et Rosberg la 2ᵉ place. Le résultat est identique en 2015 mais cette fois, Nico Rosberg, plus sûr de lui, commence à montrer les dents. La longue amitié entre les deux équipiers laisse place à une lutte acharnée pour le titre : « *Il est quasiment impossible d'être amis* », confie Rosberg quant à ce combat interne chez Mercedes.

La guerre est rarement fair-play et Hamilton exploite sans pitié la gentillesse innée de Rosberg. Sa conduite est « virile », d'aucuns diront brutale, et c'est souvent l'Anglais qui sort vainqueur. Régulièrement, les deux Mercedes sont au coude-à-coude dans un virage, et Hamilton, dans une manœuvre intrépide, intimide Rosberg pour qu'il cède la place. C'est la tactique du « pousse-toi ou il y aura un accident » qui permet à des pilotes comme Schumacher et Ayrton Senna de s'assurer bon nombre de victoires. À ce petit jeu, le gentil Rosberg a rarement une réponse efficace. Du moins jusqu'en 2016.

Après deux défaites d'affilée en championnat, Rosberg réalise qu'Hamilton doit être combattu avec les mêmes armes. En 2016, il ne cède pas quand Hamilton tente de passer en force et cela change l'équilibre des forces dans l'équipe Mercedes. La tension monte entre les deux hommes. Rosberg passe des heures autour de la monoplace avec les ingénieurs alors qu'Hamilton préfère prendre du bon temps avec ses amis de la jet-set. Finalement, Rosberg remporte les deux premières épreuves de la saison et lors de la cinquième, c'est lui qui entre en collision avec Hamilton peu après le départ. Avec une avance solide bâtie en début de saison, Rosberg peut mettre le cap sur le titre de champion du monde, devant un Hamilton déconcerté et frustré. Peu de jours après s'être assuré le titre, Nico Rosberg annonce se retirer de la Formule 1, avec effet immédiat. Le gentil Allemand a peut-être réalisé que, s'il devait continuer le combat contre Hamilton, cela risquait de mal se terminer...

Nico Rosberg (Mercedes) au Grand Prix d'Abou Dhabi 2016 sur le circuit de Yas Marina où il s'assure le titre de champion du monde.

F

EVOLU

1

TIONS

VOLANT

1954 Mercedes

1958 Ferrari

1958 Vanwall

1962 BRM

1962 Ferrari

1964 Ferrar

1967 Ferrari

1971 Lotus

1977 Ferrari

1978 Brabham

1978 Lotus

1979 Renault

1981 Ferrari

1985 McLaren

1990 McLaren

1995 Jordan

1996 Sauber

1997 Williams

2002 McLaren

2005 Jordan

2006 Williams

2007 Spyker

2008 Ferrari

2009 Renault

2010 Red Bull

2010 Toro Rosso

2014 Mercedes

2015 Mercedes

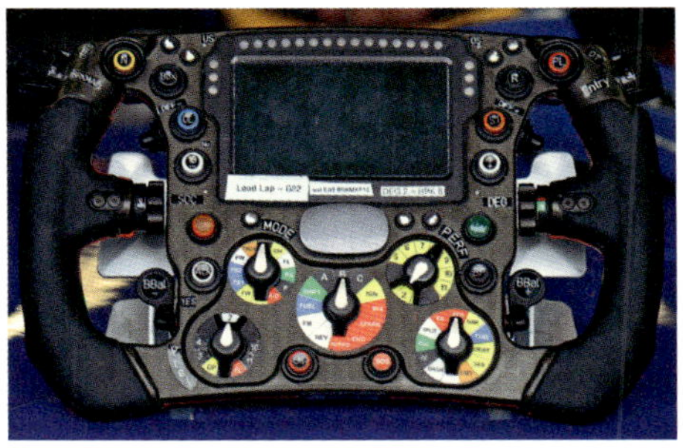

2016 Sauber

2019 Renault

CASQUE

1951 Giuseppe Farina

1954 Fred Wacker

1956 Juan Manuel Fangio

1957 Luigi Musso

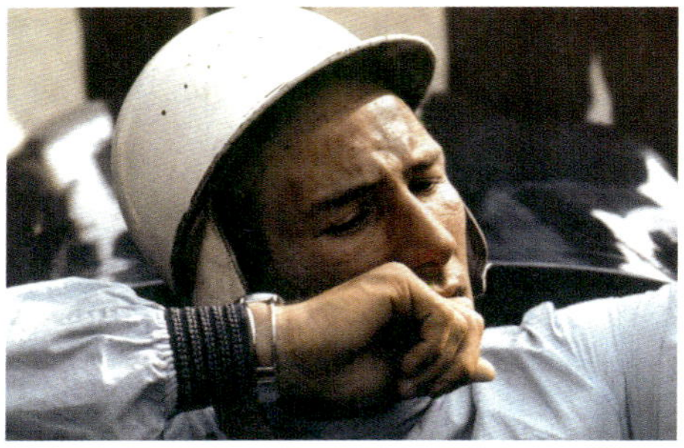
1960 Stirling Moss

1961 Giancarlo Baghetti

1963 Jack Brabham

1967 Jacky Ickx

1968 Bruce McLaren

1971 Emerson Fittipaldi

1974 Denny Hulme

1976 Harald Ertl

1976 Niki Lauda

1979 John Watson

1980 Nigel Mansell

1983 Elio de Angelis

1986 Gerhard Berger

1986 Alain Prost

1987 Franco Forini

1988 Ayrton Senna

1993 Michael Andretti

2007 Adrian Sutil

2008 Fernando Alonso

2009 Sebastian Vettel

2009 Lewis Hamilton

2010 Bruno Senna

2011 Michael Schumacher

2014 Susie Wolff

2017 Fernando Alonso

2020 Sebastian Vettel

SORTIE DE ROUTE

1952 Alberto Crespo, Monza, Italie

1965 Graham Hill, Monaco, Monaco

1967 Jim Clark, Monaco, Monaco

1977 Rupert Keegan, Monaco, Monaco

1978 Patrick Tambay, Kyalami, Afrique du Sud

1987 Philippe Alliot, Hungaroring, Hongrie

1987 Satoru Nakajima, Suzuka, Japon

1988 Alain Prost, Estoril, Portugal

1988 René Arnoux, Estoril, Portugal

1991 Pierluigi Martini, Hungaroring, Hongrie

1992 Jean Alesi, Hungaroring, Hongrie

1993 Derek Warwick, Hockenheim, Allemagne

1993 Thierry Boutsen, Spa-Francorchamps, Belgique

1995 Mark Blundell, Monza, Italie

1995 Taki Inoue, Monza, Italie

1996 Andrea Montermini, Albert Park, Australie

1997 Johnny Herbert, Albert Park, Australie

1997 Mika Salo, Monza, Italie

1999 Damon Hill, Hungaroring, Hongrie

2001 Eddie Irvine, Nürburgring, Allemagne

2001 Jos Verstappen, A1-Ring, Autriche

2002 Ralf Schumacher, Hungaroring, Hongrie

2003 David Coulthard, circuit de Catalunya, Espagne

2003 Ralph Firman, Montréal, Canada

2013 Nico Rosberg, Albert Park, Australie

2013 Pastor Maldonado, Albert Park, Australie

2018 Marcus Ericsson, Hockenheim, Allemagne

2018 Sebastian Vettel, Hockenheim, Allemagne

2019 Antonio Giovinazzi, Montréal, Canada

2020 Kevin Magnussen, Monza, Italie

F

PODI

1

UMS

1950

Le championnat du monde de Formule 1 débute à Silverstone le samedi 13 mai – Le championnat comprend six épreuves de Grand Prix en Europe plus l'Indy 500 aux États-Unis – Aucun pilote de F1 participe à l'Indy 500 – Alfa Romeo fait son retour dans la course automobile internationale après une année de pause – Alfa Romeo domine avec son modèle 158 d'avant-guerre à 8 cylindres, 1,5 litre et remporte tous les six GP – Giuseppe Farina (trois victoires) s'empare du titre en remportant la finale en Italie – Juan Manuel Fangio (trois victoires) termine 2e devant le troisième pilote d'Alfa Romeo, Luigi Fagioli – Ferrari lance le moteur atmosphérique V12, 4,5 litres, mais ne remporte que deux 2es places grâce à Alberto Ascari.

FORMULE 1 – CM 1950 – PILOTES

1. **GIUSEPPE FARINA** (ITA), Alfa Romeo – 30 points
2. **JUAN-MANUEL FANGIO** (ARG), Alfa Romeo – 27
3. **LUIGI FAGIOLI** (ARG), Alfa Romeo – 24
4. **LOUIS ROSIER** (FRA), Talbot – 13
5. **ALBERTO ASCARI** (ITA), Ferrari – 11
6. **PRINS BHANUTEJ BIRA** (THAI), Maserati – 5
7. **REG PARNELL** (GB), Alfa Romeo – 4
8. **LOUIS CHIRON** (FRA), Maserati – 4
9. **PETER WHITEHEAD** (GB), Ferrari – 4
10. **DORINO SERAFINI** (ITA), Ferrari – 3

1951

Alfa Romeo domine la première moitié de la saison avec le modèle 159 amélioré et Juan Manuel Fangio (trois victoires) remporte à son bord le championnat – La Ferrari 375 est compétitive et vainc pour la première fois l'Alfa Romeo lors du Grand Prix de Grande-Bretagne avec le pilote José Froilán González – Le moteur V12 atmosphérique de 4,5 litres de Ferrari est aussi rapide que le moteur 8 cylindres suralimenté 1,5 litre d'Alfa Romeo – L'économie de carburant du moteur Ferrari est meilleure que celle de l'Alfa Romeo – Alberto Ascari termine 2e du Championnat avec ses deux victoires – Alfa Romeo se retire de la Formule 1.

FORMULE 1 – CM 1951 – PILOTES

1. **JUAN-MANUEL FANGIO** (ARG), Alfa Romeo – 31 points
2. **ALBERTO ASCARI** (ITA), Ferrari – 25
3. **JOSÉ FROILÁN GONZÁLEZ** (ARG), Ferrari – 24
4. **GIUSEPPE FARINA** (ITA), Alfa Romeo – 19
5. **LUIGI VILLORESI** (ITA), Ferrari – 15
6. **PIERO TARUFFI** (ITA), Ferrari – 10
7. **FELICE BONETTO** (ITA), Alfa Romeo – 7
8. **REG PARNELL** (GB), Ferrari – 5
9. **LUIGI FAGIOLI** (ITA), Alfa Romeo – 4
10. **LOUIS ROSIER** (FRA), Talbot – 3

1952

Le manque d'intérêt pour la F1 nécessite d'ouvrir le championnat aux Formule 2 – Ferrari domine et remporte tous les GP – Alberto Ascari décroche le titre après six victoires d'affilée – Giuseppe Farina (aucune victoire) termine 2e derrière Piero Taruffi (une victoire) – Juan Manuel Fangio ne participe pas au championnat à cause d'un accident avant le début de saison – Mike Hawthorn (Cooper-Bristol) est le meilleur pilote non-Ferrari et termine 4e – Les pilotes Gordini Jean Behra et Robert Manzon remportent deux 3es places pendant la saison.

FORMULE 1 – CM 1952 – PILOTES

1. **ALBERTO ASCARI** (ITA), Ferrari – 36 points
2. **GIUSEPPE FARINA** (ITA), Ferrari – 24
3. **PIERO TARUFFI** (ITA), Ferrari – 22
4. **RUDOLF FISCHER** (CH), Ferrari – 10
5. **MIKE HAWTHORN** (GB), Cooper – 10
6. **ROBERT MANZON** (FRA), Gordini – 9
7. **LUIGI VILLORESI** (ITA), Ferrari – 8
8. **JOSÉ FROILÁN GONZÁLEZ** (ARG), Maserati – 6,5
9. **JEAN BEHRA** (FRA), Gordini – 6
10. **KEN WHARTON** (GB), Frazer Nash – 3

1953

Ferrari est confronté à une plus forte opposition dans la deuxième et dernière saison de voitures F2 – Le premier Grand Prix hors d'Europe est disputé en Argentine – Alberto Ascari (Ferrari) remporte encore un titre mondial après cinq victoires – Juan Manuel Fangio fait son retour pour Maserati et termine 2e au championnat suite à une victoire – Giuseppe Farina et Mike Hawthorn (les deux chez Ferrari) remportent une épreuve chacun – Neuf spectateurs meurent et environ 40 sont blessés par la Ferrari de Farina au Grand Prix d'Argentine.

FORMULE 1 – CM 1953 – PILOTES

1. **ALBERTO ASCARI** (ITA), Ferrari – 34,5 points
2. **JUAN-MANUEL FANGIO** (ARG), Maserati – 28
3. **GIUSEPPE FARINA** (ITA), Ferrari – 26
4. **MIKE HAWTHORN** (GB), Ferrari – 19
5. **LUIGI VILLORESI** (ITA), Ferrari – 17
6. **JOSÉ FROILÁN GONZÁLEZ** (ARG), Maserati – 13,5
7. **EMANUEL DE GRAFFENRIED** (CH), Maserati – 7
8. **FELICE BONETTO** (ITA), Maserati – 6,5
9. **ONOFRE MARIMÓN** (ARG), Marimon – 4
10. **MAURICE TRINTIGNANT** (FRA), Gordini – 4

1954

Le championnat est de nouveau organisé pour les voitures de Formule 1, avec des moteurs 2,5 litres sans compresseur – Juan Manuel Fangio débute la saison chez Maserati, mais passe au milieu de l'année chez la nouvelle écurie Mercedes – Fangio remporte son 2e titre mondial après six victoires – Mercedes domine avec son nouveau modèle W196 – José Froilán González et Mike Hawthorn (les deux chez Ferrari) remportent une épreuve chacun – Décès du premier pilote dans le Championnat, Onofre Marimón (Maserati) se tue lors des essais du Grand Prix d'Allemagne.

FORMULE 1 – CM 1954 – PILOTES

1. **JUAN-MANUEL FANGIO** (ARG), Maserati Mercedes – 42 points
2. **JOSÉ FROILÁN GONZÁLEZ** (ARG), Ferrari – 25
3. **MIKE HAWTHORN** (GB), Ferrari – 24,5
4. **MAURICE TRINTIGNANT** (FRA), Ferrari – 17
5. **KARL KLING** (GER), Mercedes – 12
6. **HANS HERRMANN** (GER), Mercedes – 8
7. **GIUSEPPE FARINA** (ITA), Ferrari – 6
7. **LUIGI MUSSO** (ITA), Maserati – 6
9. **ROBERTO MIERES** (ARG), Maserati – 6
10. **STIRLING MOSS** (GB), Maserati – 4

1955

Mercedes est de nouveau l'écurie la plus performante – Juan Manuel Fangio remporte son 3e titre mondial avec quatre victoires – Stirling Moss (Mercedes) remporte son premier Grand Prix et termine 2e au championnat – Lancia est compétitive, mais se retire de la Formule 1 quand son pilote titulaire, Alberto Ascari, se tue lors d'un essai de voiture sport – Lancia cède ses voitures de F1 ainsi que son équipement à Ferrari – Les épreuves de Grand Prix en France, Allemagne, Espagne et Suisse sont annulées après l'accident des 24 Heures du Mans provoquant la mort de 80 spectateurs – Mercedes se retire des courses automobiles à la fin de la saison.

FORMULE 1 – CM 1955 – PILOTES

1. **JUAN-MANUEL FANGIO** (ARG), Mercedes – 40 points
2. **STIRLING MOSS** (GB), Mercedes – 23
3. **EUGENIO CASTELLOTTI** (ITA), Ferrari og Lancia – 12
4. **MAURICE TRINTIGNANT** (FRA), Ferrari – 11,3
5. **GIUSEPPE FARINA** (ITA), Ferrari – 10,3
6. **PIERO TARUFFI** (ITA), Mercedes – 9
7. **ROBERTO MIERES** (ARG), Maserati – 7
8. **JEAN BEHRA** (FRA), Maserati – 6
9. **LUIGI MUSSO** (ITA), Maserati – 7
10. **KARL KLING** (GER), Mercedes – 5

1956

Juan Manuel Fangio passe chez Ferrari et remporte le titre et trois épreuves dans son modèle D50 basé sur Lancia – Fangio décroche le titre lorsque son seul rival et coéquipier Peter Collins lui passe sa monoplace lors de la finale en Italie – Moss termine 2e au Championnat chez Maserati – Collins termine 3e après deux victoires – Le journaliste et « pilote de course amateur », Paul Frère, arrive au Grand Prix de Belgique en qualité de spectateur et se voit proposer le volant d'une Ferrari – Il termine 2e.

FORMULE 1 – CM 1956 – PILOTES

1. **JUAN-MANUEL FANGIO** (ARG), Ferrari – 31,5 points
2. **STIRLING MOSS** (GB), Maserati – 27
3. **PETER COLLINS** (GB), Ferrari – 25
4. **JEAN BEHRA** (FRA), Maserati – 22
5. **EUGENIO CASTELLOTTI** (ITA), Ferrari – 7,5
6. **PAUL FRERE** (BEL), Ferrari – 6
7. **FRANCESCO GODIA-SALES** (ESP), Maserati – 6
8. **JACK FAIRMAN** (GB), Connaught – 5
9. **LUIGI MUSSO** (ITA) Ferrari – 4
9. **MIKE HAWTHORN** (GB), Maserati – 4
9. **RON FLOCKHART** (GB), Connaught – 4

1957

Fangio retourne chez Maserati et remporte son 5e titre mondial avec quatre titres de Grand Prix – Moss termine 2e avec trois victoires – Fangio fait peut-être sa meilleure course lorsqu'il remporte le Grand Prix d'Allemagne après un arrêt au stand désastreux – Le meilleur tour de Fangio au Grand Prix d'Allemagne est 24,2 secondes en dessous du record de circuit – Une manche du championnat du monde est organisée pour la première et seule fois sur la piste routière de Pescara en Italie, longue de 25,838 km.

FORMULE 1 – CM 1957 – PILOTES

1. **JUAN-MANUEL FANGIO** (ARG), Maserati – 40 points
2. **STIRLING MOSS** (GB), Vanwall – 25
3. **LUIGI MUSSO** (ITA), Ferrari – 16
4. **MIKE HAWTHORN** (GB), Ferrari – 13
5. **TONY BROOKS** (GB), Vanwall – 11
6. **MASTEN GREGORY** (USA), Maserati – 10
7. **JEAN BEHRA** (FRA), Maserati – 8
8. **PETER COLLINS** (GB), Ferrari – 8
9. **HARRY SCHELL** (USA), Maserati – 8
10. **MAURICE TRINTIGNANT** (FRA), Ferrari – 5
10. **STUART LEWIS-EVANS** (GB), Vanwall – 5

1958

Le championnat du monde des constructeurs est lancé parallèlement au championnat des pilotes – Mike Hawthorn (Ferrari) remporte le titre mondial avec une seule victoire de GP – Moss (Cooper et Vanwall) termine 2e avec quatre victoires – Première victoire emportée par une monoplace à moteur central arrière lorsque Moss est titré en Argentine dans sa Cooper – Fangio se retire au milieu de la saison – Saison tragique avec la mort de Luigi Musso, Peter Collins et Stuart Lewis-Evans – Hawthorn se retire après la saison, mais décède peu de temps après dans un accident de la circulation – Premier Grand Prix d'Afrique (Maroc) – Vanwall se retire officiellement de la Formule 1.

FORMULE 1 – CM 1958 – PILOTES

1. **MIKE HAWTHORN** (GB), Ferrari – 42 points
2. **STIRLING MOSS** (GB), Cooper, Vanwall – 41
3. **TONY BROOKS** (GB), Vanwall – 24
4. **ROY SALVADORI** (GB), Cooper-Climax – 15
5. **PETER COLLINS** (GB), Ferrari – 14
6. **HARRY SCHELL** (USA), BRM – 14
7. **MAURICE TRINTIGNANT** (FRA), Ferrari – 12
8. **LUIGI MUSSO** (ITA), Ferrari – 12
9. **STUART LEWIS-EVANS** (GB), Vanwall – 11
10. **PHIL HILL** (USA), Ferrari – 9

ÉCURIES

1. **VANWALL** – 51
2. **FERRARI** – 45
3. **COOPER-CLIMAX** – 32
4. **BRM** – 18
5. **MASERATI** – 7

1959

Les monoplaces à moteur central arrière dominent – Jack Brabham (Cooper) est titré avec deux victoires de GP – Brabham est victime d'une panne d'essence, mais décroche le titre en poussant sa monoplace sur 500 mètres jusqu'à la ligne d'arrivée au Grand Prix des États-Unis – Tony Brooks termine 2e du championnat avec son moteur avant Ferrari, après deux victoires – Joakim Bonnier et BRM remportent leur première victoire au Grand Prix des Pays-Bas – Premier Grand Prix aux États-Unis.

FORMULE 1 – CM 1959 – PILOTES

1. **JACK BRABHAM** (AUS), Cooper-Climax – 31 points
2. **TONY BROOKS** (GB), Ferrari – 27
3. **STIRLING MOSS** (GB), BRM, Cooper-Climax – 25,5
4. **PHIL HILL** (USA), Ferrari – 20
5. **MAURICE TRINTIGNANT** (FRA), Cooper-Climax – 19
6. **BRUCE MCLAREN** (NZ), Cooper-Climax – 16,5
7. **DAN GURNEY** (USA), Ferrari – 13
8. **JOAKIM BONNIER** (SWE), BRM – 10
9. **MASTEN GREGORY** (GB), Cooper-Climax – 10
10. **HARRY SCHELL** (USA), BRM – 5

ÉCURIES

1. **COOPER-CLIMAX** – 40
2. **FERRARI** – 32
3. **BRM** – 19
4. **LOTUS-CLIMAX** – 5
5. **ASTON MARTIN** – 0

1960

Nouveau titre de Jack Brabham (Cooper) après cinq victoires de suite au milieu de la saison – Bruce McLaren (Cooper) termine 2e avec une victoire – Stirling Moss (Lotus) termine 3e avec deux victoires – Les virages relevés de Monza sont utilisés au Grand Prix d'Italie, et l'épreuve est boycottée par les écuries anglaises – Phil Hill (Ferrari) remporte la dernière victoire de moteur avant du championnat à Monza – Un spectateur meurt heurté par la BRM de Dan Gurney au Grand Prix des Pays-Bas – Chris Bristow et Alan Stacey se tuent lors du Grand Prix de Belgique.

FORMULE 1 – CM 1960 – PILOTES

1. **JACK BRABHAM** (AUS), Cooper-Climax – 43 points
2. **BRUCE MCLAREN** (NZ), Cooper-Climax – 34
3. **STIRLING MOSS** (GB), Cooper-Climax, Lotus-Climax – 19
4. **INNES IRELAND** (GB), Lotus-Climax – 18
5. **PHIL HILL** (USA), Ferrari – 16
6. **OLIVIER GENDEBIEN** (BEL), Cooper-Climax – 10
7. **WOLFGANG VON TRIPS** (GER), Ferrari – 10
8. **RICHIE GINTHER** (USA), Ferrari – 8
9. **JIM CLARK** (GB), Lotus-Climax – 8
10. **TONY BROOKS** (GB), Cooper-Climax – 7

ÉCURIES

1. **COOPER-CLIMAX** – 48
2. **LOTUS-CLIMAX** – 37
3. **FERRARI** – 26
4. **BRM** – 8
5. **COOPER-MASERATI** – 3

1961

Première saison avec une nouvelle réglementation 1,5 litre – Les écuries anglaises s'opposent aux nouvelles règles et démarrent tardivement la construction de moteurs 1,5 litre – L'épreuve américaine Indy 500 ne fait plus partie du championnat – Wolfgang von Trips (Ferrari), en tête du championnat, perd la vie ainsi que 14 spectateurs lors du Grand Prix d'Italie – Phil Hill (Ferrari) remporte le Grand Prix d'Italie et donc le championnat avec deux victoires au total – Von Trips termine 2e du championnat – Stirling Moss (Lotus) termine 3e avec deux victoires – Porsche débute officiellement en Formule 1.

FORMULE 1 – CM 1961 – PILOTES

1. **PHIL HILL** (USA), Ferrari – 34 points
2. **WOLFGANG VON TRIPS** (GER), Ferrari – 33
3. **STIRLING MOSS** (GB), Lotus-Climax – 21
4. **DAN GURNEY** (USA), Porsche – 21
5. **RICHIE GINTHER** (USA), Ferrari – 16
6. **INNES IRELAND** (GB), Lotus-Climax – 12
7. **JIM CLARK** (GB), Lotus-Climax – 11
8. **BRUCE MCLAREN** (NZ), Cooper-Climax – 11
9. **GIANCARLO BAGHETTI** (ITA), Ferrari – 9
10. **TONY BROOKS** (GB), BRM – 6

ÉCURIES

1. **FERRARI** – 45
2. **LOTUS-CLIMAX** – 34
3. **PORSCHE** – 22
4. **COOPER-CLIMAX** – 14
5. **BRM** – 7

1962

Graham Hill (BRM) remporte le championnat avec quatre victoires de GP – Jim Clark (Lotus) avec trois victoires est 2e avec la première voiture monocoque – Hill décroche le titre lorsque Clark abandonne lors de la finale en Afrique du Sud – Moss se blesse grièvement dans une épreuve hors championnat et doit mettre fin à sa carrière – Un commissaire de course est heurté par une roue détachée lors du Grand Prix de Monaco et meurt – Clark dépasse 17 voitures en un tour au Grand Prix d'Allemagne – Dan Gurney remporte le premier et unique Grand Prix de Porsche en France – Mauvaise saison pour Ferrari qui abandonne dans les deux dernières épreuves de la saison du championnat.

FORMULE 1 – CM 1962 – PILOTES

1. **GRAHAM HILL** (GB), BRM – 42 points
2. **JIM CLARK** (GB), Lotus-Climax – 30
3. **BRUCE MCLAREN** (NZ), Cooper-Climax – 27
4. **JOHN SURTEES** (GB), Lola-Climax – 19
5. **DAN GURNEY** (USA), Porsche – 15
6. **PHIL HILL** (USA), Ferrari – 14
7. **TONY MAGGS** (ZA), Cooper-Climax – 13
8. **RICHIE GINTHER** (USA), BRM – 10
9. **JACK BRABHAM** (AUS), Lotus-Climax Brabham-Climax – 9
10. **TREVOR TAYLOR** (GB), Lotus-Climax – 5

ÉCURIES

1. **BRM** – 42
2. **LOTUS-CLIMAX** – 36
3. **COOPER-CLIMAX** – 29
4. **LOLA-CLIMAX** – 19
5. **PORSCHE** – 18
6. **FERRARI** – 18

1963

Jim Clark (Lotus) domine au championnat et décroche le titre mondial avec sept victoires de GP – Graham Hill (BRM) termine 2e avec deux victoires – Graham Hill arrive en 3e position au Grand Prix de France, mais est disqualifié car on a dû le pousser au départ – John Surtees (Ferrari) remporte son premier GP en Allemagne – Premier Grand Prix du Mexique – Porsche se retire de la Formule 1.

FORMULE 1 – CM 1963 – PILOTES

1. **JIM CLARK** (GB), Lotus-Climax – 54 points
2. **GRAHAM HILL** (GB), BRM – 33
3. **RICHIE GINTHER** (USA), BRM – 29
4. **JOHN SURTEES** (GB), Ferrari – 22
5. **DAN GURNEY** (USA), Brabham-Climax – 19
6. **BRUCE MCLAREN** (NZ), Cooper-Climax – 17
7. **JACK BRABHAM** (AUS), Brabham-Climax – 14
8. **TONY MAGGS** (ZA), Cooper-Climax – 9
9. **INNES IRELAND** (GB), BRP-Climax – 6
10. **LORENZO BANDINI** (ITA), Ferrari – 6

ÉCURIES

1. **LOTUS** – 54
2. **BRM** – 36
3. **BRABHAM-CLIMAX** – 28
4. **FERRARI** – 26
5. **COOPER-CLIMAX** – 25

1964

L'ex-champion du monde de moto John Surtees (Ferrari), remporte le championnat avec deux victoires de GP – Graham Hill (BRM) et Jim Clark (Lotus) participent aussi dans la lutte pour le titre mondial au Mexique – Le championnat est déjà terminé lorsque le coéquipier de Surtees, Lorenzo Bandini, heurte Hill tandis que Clark abandonne deux tours avant l'arrivée – Carel de Beaufort (Porsche privée) se tue lors des essais au Grand Prix d'Allemagne – Honda débute dans la Formule 1.

FORMULE 1 – CM 1964 – PILOTES

1. **JOHN SURTEES** (GB), Ferrari – 40 points
2. **GRAHAM HILL** (GB), BRM – 39
3. **JIM CLARK** (GB), Lotus-Climax – 32
4. **LORENZO BANDINI** (ITA), Ferrari – 23
5. **RICHIE GINTHER** (USA), BRM – 23
6. **DAN GURNEY** (USA), Brabham-Climax – 19
7. **BRUCE MCLAREN** (NZ), Cooper-Climax – 13
8. **PETER ARUNDELL** (GB), Lotus-Climax – 11
9. **JACK BRABHAM** (AUS), Brabham-Climax – 11
10. **JO SIFFERT** (CH), Brabham-BRM – 7

ÉCURIES

1. **FERRARI** – 45
2. **BRM** – 42
3. **LOTUS-CLIMAX** – 37
4. **BRABHAM-CLIMAX** – 33
5. **COOPER-CLIMAX** – 16

1965

Jim Clark (Lotus) remporte son deuxième titre mondial avec six victoires de GP (cinq de suite) – Graham Hill (BRM) termine 2e avec deux victoires – Jackie Stewart débute pour BRM et remporte le Grand Prix d'Italie – Richie Ginther remporte le premier GP de Honda au Mexique – Paul Hawkins (Lotus privée) plonge avec sa monoplace dans le port de Monaco, mais s'en sort indemne.

FORMULE 1 – CM 1965 – PILOTES

1. **JIM CLARK** (GB), Lotus-Climax – 54 points
2. **GRAHAM HILL** (GB), BRM – 40
3. **JACKIE STEWART** (GB), BRM – 33
4. **DAN GURNEY** (USA), Brabham-Climax – 25
5. **JOHN SURTEES** (GB), Ferrari – 17
6. **LORENZO BANDINI** (ITA), Ferrari – 13
7. **RICHIE GINTHER** (USA), Honda – 11
8. **MIKE SPENCE** (GB), Lotus-Climax – 10
9. **BRUCE MCLAREN** (NZ), Cooper-Climax – 10
10. **JACK BRABHAM** (AUS), Brabham-Climax – 9

ÉCURIES

1. **LOTUS-CLIMAX** – 54
2. **BRM** – 45
3. **BRABHAM-CLIMAX** – 27
4. **FERRARI** – 26
5. **COOPER-CLIMAX** – 14

1966

La nouvelle réglementation 3 litres est lancée – Beaucoup d'écuries ne sont pas bien préparées aux nouvelles règles – Jack Brabham remporte le championnat dans sa propre Brabham avec moteur Repco – John Surtees quitte Ferrari peu de temps après avoir remporté le Grand Prix de Belgique – Surtees passe chez Cooper et termine 2e du championnat après avoir remporté la finale au Mexique – Lodovico Scarfiotti (Ferrari) remporte le GP d'Italie à Monza – BRM tente le moteur H16 – John Taylor meurt lors du Grand Prix d'Allemagne – Le champion du monde 1950, Giuseppe Farina, se tue dans un accident de la circulation.

FORMULE 1 – CM 1966 – PILOTES

1. **JACK BRABHAM** (AUS), Brabham-Repco – 42 points
2. **JOHN SURTEES** (GB), Ferrari Cooper-Maserati – 28
3. **JOCHEN RINDT** (AUT), Cooper-Maserati – 22
4. **DENNY HULME** (NZ), Brabham-Repco – 18
5. **GRAHAM HILL** (GB), BRM – 17
6. **JIM CLARK** (GB), Lotus-Climax, Lotus-BRM – 16
7. **JACKIE STEWART** (GB), BRM – 14
8. **MIKE PARKES** (GB), Ferrari – 12
9. **LORENZO BANDINI** (ITA), Ferrari – 12
10. **LODOVICO SCARFIOTTI** (ITA), Ferrari – 9

ÉCURIES

1. **BRABHAM-REPCO** – 42
2. **FERRARI** – 31
3. **COOPER-MASERATI** – 30
4. **BRM** – 22
5. **LOTUS-CLIMAX, LOTUS-BRM** – 18

1967

Denny Hulme (Brabham-Repco) remporte le championnat avec deux victoires de GP – Son coéquipier, Jack Brabham, termine 2e avec deux victoires – Lancement du nouveau moteur V8 Ford Cosworth – Jim Clark (Lotus-Ford) termine 3e avec quatre victoires – Dan Gurney remporte le Grand Prix de Belgique dans sa propre Eagle-Weslake – John Surtees remporte le Grand Prix d'Italie dans une Honda – Lorenzo Bandini (Ferrari) se tue à Monaco.

FORMULE 1 – CM 1967 – PILOTES

1. **DENNY HULME** (NZ), Brabham-Repco – 51 points
2. **JACK BRABHAM** (AUS), Brabham-Repco – 46
3. **JIM CLARK** (GB), Lotus-BRM, Lotus Climax, Lotus Ford – 41
4. **JOHN SURTEES** (GB), Honda – 20
5. **CHRIS AMON** (NZ), Ferrari – 20
6. **PEDRO RODRIGUEZ** (MEX), Cooper-Maserati – 15
7. **GRAHAM HILL** (GB), Lotus-BRM, Lotus Ford – 15
8. **DAN GURNEY** (USA), Eagle-Weslake – 13
9. **JACKIE STEWART** (GB), BRM – 10
10. **MIKE SPENCE** (GB), BRM – 9

ÉCURIES

1. **BRABHAM-REPCO** – 67
2. **LOTUS-FORD** – 44
3. **COOPER-MASERATI** – 28
4. **HONDA** – 20
5. **FERRARI** – 20

1968

Jim Clark (Lotus-Ford) remporte la première manche du championnat, mais se tue dans une épreuve de Formule 2 – Lotus lance le premier véritable sponsor avec la marque de cigarettes, Gold Leaf – Graham Hill (Lotus-Ford) remporte le championnat avec trois victoires – Jackie Stewart (Matra-Ford) termine 2e avec trois victoires – Denny Hulme (McLaren-Ford) 3e avec deux victoires – Bruce McLaren remporte le Grand Prix dans la McLaren-Ford – Jacky Ickx (Ferrari) remporte son premier Grand Prix de France – Jo Siffert remporte le Grand Prix d'Angleterre dans la Lotus privée de Rob Walker – Jo Schlesser (Honda) se tue dans le Grand Prix de France – Honda se retire de la Formule 1.

FORMULE 1 – CM 1968 – PILOTES

1. **GRAHAM HILL** (GB), Lotus-Ford – 48 points
2. **JACKIE STEWART** (GB), Matra-Ford – 36
3. **DENNY HULME** (NZ), McLaren-Ford – 33
4. **JACKY ICKX** (BEL), Ferrari – 27
5. **BRUCE MCLAREN** (NZ), McLaren-Ford – 22
6. **PEDRO RODRÍGUEZ** (MEX), BRM – 18
7. **JO SIFFERT** (CH), Lotus-Ford – 12
8. **JOHN SURTEES** (GB), Honda – 12
9. **JEAN-PIERRE BELTOISE** (FRA), Matra – 11
10. **CHRIS AMON** (NZ), Ferrari – 10

ÉCURIES

1. **LOTUS-FORD** – 64
2. **MCLAREN-FORD** – 48
3. **MATRA-FORD** – 47
4. **FERRARI** – 35
5. **BRM** – 28

1969

Jackie Stewart remporte le championnat dans la Matra-Ford de Tyrrell avec six victoires de GP – Jacky Ickx (Brabham-Ford) termine 2e avec deux victoires – Graham Hill (Lotus-Ford) remporte le Grand Prix de Monaco pour la cinquième fois – Le moteur Ford Cosworth remporte la totalité des GP – Lotus, Matra et McLaren essaient la traction 4x4 sans succès – Ferrari abandonne la dernière épreuve de la saison pour se concentrer sur des travaux de développement – Gerhard Mitter (Formule 2-BMW) se tue lors des essais du Grand Prix d'Allemagne.

FORMULE 1 – CM 1969 – PILOTES

1. **JACKIE STEWART** (GB), Matra-Ford – 63 points
2. **JACKY ICKX** (BEL), Brabham-Ford – 37
3. **BRUCE MCLAREN** (NZ), McLaren-Ford – 26
4. **JOCHEN RINDT** (AUT), Lotus-Ford – 22
5. **JEAN-PIERRE BELTOISE** (FRA), Matra-Ford – 21
6. **DENNY HULME** (NZ), McLaren-Ford – 20
7. **GRAHAM HILL** (GB), Lotus-Ford – 19
8. **PIERS COURAGE** (GB), Brabham-Ford – 16
9. **JO SIFFERT** (CH), Lotus-Ford – 15
10. **JACK BRABHAM** (AUS), Brabham-Ford – 14

ÉCURIES

1. **MATRA-FORD** – 66
2. **LOTUS-FORD** – 56
3. **BRABHAM-FORD** – 49
4. **MCLAREN-FORD** – 31
5. **FERRARI** – 7
5. **BRM** – 7

1970

Ferrari fait son retour – Jochen Rindt (Lotus-Ford) se tue lors des essais du Grand Prix d'Italie, mais il a déjà assez de points pour décrocher le titre mondial posthume avec cinq victoires – Emerson Fittipaldi (Lotus-Ford) remporte son quatrième GP d'Amérique et décroche ainsi le titre pour Rindt – Jacky Ickx (Ferrari) termine 2e avec trois victoires – Bruce McLaren se tue lors d'un essai de voiture sport – Clay Regazzoni (Ferrari) débute au milieu de saison et termine 3e après avoir remporté le Grand Prix d'Italie – La nouvelle écurie March débute, et Jackie Stewart remporte le Grand Prix en Espagne avec la March de Tyrrell – Piers Courage (Williams-De Tomaso) se tue au Grand Prix des Pays-Bas – Tyrrell est prêt avec sa propre monoplace vers la fin de l'année.

FORMULE 1 – CM 1970 – PILOTES

1. **JOCHEN RINDT** (AUT), Lotus-Ford – 45 points
2. **JACKY ICKX** (BEL), Ferrari – 40
3. **CLAY REGAZZONI** (CH), Ferrari – 33
4. **DENNY HULME** (NZ), McLaren-Ford – 27
5. **JACK BRABHAM** (AUS), Brabham-Ford – 25
6. **JACKIE STEWART** (GB), March.Ford – 25
7. **PEDRO RODRÍGUEZ** (MEX), BRM – 23
8. **CHRIS AMON** (NZ), March-Ford – 23
9. **JEAN-PIERRE BELTOISE** (FRA), Matra – 16
10. **EMERSON FITTIPALDI** (BRA), Lotus-Ford – 12

ÉCURIES

1. **LOTUS-FORD** – 59
2. **FERRARI** – 52
3. **MARCH-FORD** – 48
4. **BRABHAM-FORD** – 35
5. **MCLAREN-FORD** – 35

1971

Jackie Stewart remporte le championnat dans la Tyrrell-Ford avec six victoires de GP – Ronnie Peterson (March-Ford) termine 2e sans victoires – François Cevert (Tyrrell-Ford) termine 3e avec une victoire – Les pilotes BRM Pedro Rodríguez et Jo Siffert se tuent, le premier dans une épreuve de voiture sport, le second dans une épreuve de F1 hors Championnat – Peter Gethin (BRM) remporte le Grand Prix d'Italie après l'arrivée la plus serrée de l'histoire de la F1 : 0, 01 secondes devant Peterson – Lotus abandonne le moteur à turbine à gaz.

FORMULE 1 – CM 1971 – PILOTES

1. **JACKIE STEWART** (GB), Tyrrell-Ford – 62 points
2. **RONNIE PETERSON** (SWE), March-Ford – 33
3. **FRANCOIS CEVERT** (FRA), Tyrrell-Ford – 26
4. **JACKY ICKX** (BEL), Ferrari – 19
5. **JO SIFFERT** (CH), BRM – 19
6. **EMERSON FITTIPALDI** (BRA), Lotus-Ford – 16
7. **CLAY REGAZZONI** (CH), Ferrari – 13
8. **MARIO ANDRETTI** (USA), Ferrari – 12
9. **PETER GETHIN** (GB), BRM – 9
10. **PEDRO RODRIGUEZ** (MEX), BRM – 9

ÉCURIES

1. **TYRRELL-FORD** – 73
2. **BRM** – 36
3. **MARCH-FORD** – 34
4. **FERRARI** – 33
5. **LOTUS-FORD** - 21

1972

À 25 ans, Emerson Fittipaldi (Lotus-Ford) devient le champion du monde le plus jeune du moment avec cinq victoires de GP – Jackie Stewart (Tyrrell-Ford) termine 2e avec quatre victoires – Stewart ne s'aligne pas au départ en Belgique à cause d'un ulcère de l'estomac – Joakim Bonnier se tue aux 24 Heures du Mans – Denny Hulme (McLaren-Ford) termine 3e au championnat avec une victoire – Jacky Ickx (Ferrari) termine 4e avec une victoire – Bernie Ecclestone rachète l'écurie Brabham.

FORMULE 1 – CM 1972 – PILOTES

1. **EMERSON FITTIPALDI** (BRA), Lotus-Ford – 61 points
2. **JACKIE STEWART** (GB), Tyrrell-Ford – 45
3. **DENNY HULME** (NZ), McLaren-Ford – 39
4. **JACKY ICKX** (BEL), Ferrari – 27
5. **PETER REVSON** (USA), McLaren-Ford – 23
6. **CLAY REGAZZONI** (CH), Ferrari – 16
7. **FRANCOIS CEVERT** (FRA), Tyrrel-Ford – 15
8. **MIKE HAILWOOD** (GB), Surtees-Ford – 13
9. **RONNIE PETERSON** (SWE), March-Ford – 12
10. **CHRIS AMON** (NZ), Matra – 12

ÉCURIES

1. **LOTUS-FORD** – 61
2. **TYRRELL-FORD** – 51
3. **MCLAREN-FORD** – 47
4. **FERRARI** – 33
5. **SURTEES-FORD** – 18

1973

Jackie Stewart (Tyrrell-Ford) remporte le championnat avec cinq victoires de GP mais se retire avant la finale aux États-Unis, après la mort de son coéquipier François Cevert pendant les essais – Emerson Fittipaldi (trois victoires) et Ronnie Peterson (quatre victoires) terminent 2e et 3e au championnat (Lotus-Ford) – Peter Revson (McLaren-Ford) remporte deux GP – Roger Williamson (March-Ford privée) se tue lors du Grand Prix des Pays-Bas – La Formula One Constructors Association (FOCA) devient une puissance sportive sous la présidence de Bernie Ecclestone.

FORMULE 1 – CM 1973 – PILOTES

1. **JACKIE STEWART** (GB), Tyrrell-Ford – 71 points
2. **EMERSON FITTIPALDI** (BRA), Lotus-Ford – 55
3. **RONNIE PETERSON** (SWE), Lotus-Ford – 52
4. **FRANCOIS CEVERT** (FRA), Tyrrell-Ford – 47
5. **PETER REVSON** (USA), McLaren-Ford – 38
6. **DENNY HULME** (NZ), McLaren-Ford – 26
7. **CARLOS REUTEMANN** (ARG), Brabham-Ford – 16
8. **JAMES HUNT** (GB), March-Ford – 14
9. **JACKY ICKX** (BEL), Ferrari, McLaren-Ford – 12
10. **JEAN-PIERRE BELTOISE** (FRA), BRM – 9

ÉCURIES

1. **LOTUS-FORD** – 92
2. **TYRRELL-FORD** – 82
3. **MCLAREN-FORD** – 58
4. **BRABHAM-FORD** – 22
5. **MARCH-FORD** – 14

1974

Emerson Fittipaldi (McLaren-Ford) remporte le championnat avec trois victoires de GP – Clay Regazzoni (Ferrari – une victoire) et Jody Scheckter (Tyrrell-Ford –deux victoires) participent aussi à la lutte pour le titre mondial jusqu'à la finale aux États-Unis – Niki Lauda termine 4e au championnat avec deux victoires – Ronnie Peterson (Lotus-Ford – trois victoires) et Carlos Reutemann (Brabham-Ford – trois victoires) terminent 5e et 6e au championnat – Peter Revson (Shadow-Ford) se tue lors d'un accident d'essai – Helmuth Koinigg (Surtees-Ford) se tue au Grand Prix des États-Unis – Les écuries américaines Parnelli-Jones et Penske débutent dans le championnat.

FORMULE 1 – CM 1974 – PILOTES

1. **EMERSON FITTIPALDI** (BRA), McLaren-Ford – 55 points
2. **CLAY REGAZZONI** (CH), Ferrari – 52
3. **JODY SCHECKTER** (ZA), Tyrrell-Ford – 45
4. **NIKI LAUDA** (AUT), Ferrari – 38
5. **RONNIE PETERSON** (SWE), Lotus-Ford – 35
6. **CARLOS REUTEMANN** (ARG), Brabham-Ford – 32
7. **DENNY HULME** (NZ), McLaren-Ford – 20
8. **JAMES HUNT** (GB), Hesketh-Ford – 15
9. **PATRICK DEPAILLER** (FRA), Tyrrell-Ford – 14
10. **MIKE HAILWOOD** (GB), McLaren-Ford – 12

ÉCURIES

1. **MCLAREN-FORD** – 73
2. **FERRARI** – 65
3. **TYRRELL-FORD** – 52
4. **LOTUS-FORD** – 42
5. **BRABHAM-FORD** – 35

1975

Niki Lauda (Ferrari) remporte le championnat après cinq victoires de GP – Emerson Fittipaldi (McLaren-Ford) termine 2e avec deux victoires – James Hunt remporte la première et unique victoire de Hesketh-Ford aux Pays-Bas – Carlos Pace (Brabham-Ford) remporte le GP du Brésil – Cinq spectateurs sont tués par la Hill-Ford de Rolf Stommelen au Grand Prix d'Espagne – Mark Donohue (Penske-Ford) est victime d'un accident mortel lors du tour de chauffe avant le Grand Prix d'Autriche – Vittorio Brambilla (March-Ford), qui remporte l'épreuve sous la pluie en Autriche, est victime d'un accident juste après la ligne d'arrivée – Graham Hill se retire au milieu de la saison – Hill et cinq personnes de l'écurie Hill perdent la vie dans un crash d'avion.

FORMULE 1 – CM 1975 – PILOTES

1. **NIKI LAUDA** (AUT), Ferrari – 64,5 points
2. **EMERSON FITTIPALDI** (BRA), McLaren-Ford – 45
3. **CARLOS REUTEMANN** (ARG), Brabham-Ford – 37
4. **JAMES HUNT** (GB), Hesketh-Ford – 33
5. **CLAY REGAZZONI** (CH), Ferrari – 25
6. **CARLOS PACE** (BRA), Brabham-Ford – 24
7. **JODY SCHECKTER** (ZA), Tyrrell-Ford – 20
8. **JOCHEN MASS** (GER), McLaren-Ford – 20
9. **PATRICK DEPAILLER** (FRA), Tyrrell-Ford – 12
10. **TOM PRYCE** (GB), Shadow-Ford – 8

ÉCURIES

1. **FERRARI** – 72,5
2. **BRABHAM-FORD** – 54
3. **MCLAREN-FORD** – 53
4. **HESKETH-FORD** – 33
5. **TYRRELL-FORD** – 25

1976

Niki Lauda (Ferrari) reçoit l'extrême-onction suite à un accident au Grand Prix d'Allemagne – Lauda fait son retour six semaines après l'accident et reste en tête du championnat jusqu'à la finale au Japon – James Hunt (McLaren-Ford) remporte le championnat avec une 3e place au Japon lorsque Lauda refuse de courir pendant la mousson – Saison controversée : Hunt est disqualifié au Grand Prix d'Espagne et au Grand Prix d'Angleterre (la disqualification en Espagne est annulée ultérieurement) – Jody Scheckter remporte le Grand Prix de Suède dans une Tyrrell-Ford à six roues - John Watson remporte le Grand Prix d'Autriche dans une Penske-Ford – Penske et Parnelli-Jones arrêtent la Formule 1.

FORMULE 1 – CM 1976 – PILOTES

1. **JAMES HUNT** (GB), McLaren-Ford – 69 points
2. **NIKI LAUDA** (AUT), Ferrari – 68
3. **JODY SCHECKTER** (ZA), Tyrrell-Ford – 49
4. **PATRICK DEPAILLER** (FRA), Tyrrell-Ford – 39
5. **CLAY REGAZZONI** (CH), Ferrari – 31
6. **MARIO ANDRETTI** (USA), Lotus-Ford – 22
7. **JOHN WATSON** (GB), Penske-Ford – 20
8. **JACQUES LAFFITE** (FRA), Ligier-Matra – 20
9. **JOCHEN MASS** (GER), McLaren-Ford – 19
10. **GUNNAR NILSSON** (SWE), Lotus-Ford – 11

ÉCURIES

1. **FERRARI** – 83
2. **MCLAREN-FORD** – 74
3. **TYRRELL-FORD** – 71
4. **LOTUS-FORD** – 29
5. **PENSKE-FORD** – 20

1977

Niki Lauda (Ferrari) remporte le championnat avec trois victoires de GP et signe pour 1978 avec Brabham – Lauda quitte Ferrari avant les deux dernières épreuves de la saison – Jody Scheckter termine 2e au championnat avec trois victoires pour la nouvelle écurie Wolf-Ford – Mario Andretti est 3e après quatre victoires dans la première voiture Lotus avec un effet de sol – Ferrari court pour la première fois avec un logo de la marque Fiat – Gunnar Nilsson remporte le Grand Prix de Belgique dans une Lotus-Ford – Jacques Laffite remporte le Grand Prix de Suède dans une Ligier-Ford – Renault débute dans la Formule 1 avec un moteur turbo et des pneumatiques à structure radiale – Tom Pryce (Shadow-Ford) trouve la mort après avoir heurté un pompier au Grand Prix d'Afrique du Sud – Deux spectateurs sont heurtés par la Ferrari de Gilles Villeneuve au Japon et perdent la vie – Carlos Pace meurt dans un crash d'avion – BRM se retire.

FORMULE 1 – CM 1977 – PILOTES

1. **NIKI LAUDA** (AUT), Ferrari – 72 points
2. **JODY SCHECKTER** (ZA), Wolf-Ford – 55
3. **MARIO ANDRETTI** (USA), Lotus-Ford – 47
4. **CAROS REUTEMANN** (ARG), Ferrari – 42
5. **JAMES HUNT** (GB), McLaren-Ford – 40
6. **JOCHEN MASS** (GER), McLaren-Ford – 25
7. **ALAN JONES** (AUS), Shadow-Ford – 22
8. **GUNNAR NILSSON** (SWE), Lotus-Ford – 20
9. **PATRICK DEPAILLER** (FRA), Tyrrell-Ford – 20
10. **JACQUES LAFFITE** (FRA), Ligier-Matra – 18

ÉCURIES

1. **FERRARI** – 95
2. **LOTUS-FORD** – 62
3. **MCLAREN-FORD** – 60
4. **WOLF-FORD** – 55
5. **TYRRELL-FORD** – 27

1978

Mario Andretti (Lotus-Ford) domine et remporte le championnat avec six victoires de GP – Son fidèle coéquipier Ronnie Peterson termine 2ᵉ avec deux victoires – Peterson trouve la mort après un accident au Grand Prix d'Italie – Ricardo Patrese (Arrows-Ford) est accusé d'homicide en lien avec l'accident de Peterson, mais il est acquitté – Carlos Reutemann (Ferrari) termine 3ᵉ au championnat avec quatre victoires sur des pneumatiques à structure radiale de Michelin – Patrick Depailler (Tyrrell-Ford) remporte l'épreuve à Monaco – Niki Lauda remporte le Grand Prix de Suède dans la voiture aspirateur de Brabham-Alfa Romeo, interdite peu de temps après – Gilles Villeneuve (Ferrari) remporte son premier Grand Prix au Canada – Gunnar Nilsson meurt d'un cancer.

FORMULE 1 – CM 1978 – PILOTES

1. **MARIO ANDRETTI** (USA), Lotus-Ford – 64 points
2. **RONNIE PETERSON** (SWE), Lotus-Ford – 51
3. **CARLOS REUTEMANN** (ARG), Ferrari – 48
4. **NIKI LAUDA** (AUT), Brabham-Alfa Romeo – 44
5. **PATRICK DEPAILLER** (FRA), Tyrrell-Ford – 34
6. **JOHN WATSON** (GB), Brabham-Alfa Romeo – 25
7. **JODY SCHECKTER** (ZA), Wolf-Ford – 24
8. **JACQUES LAFFITE** (FRA), Ligier-Matra – 19
9. **GILLES VILLENEUVE** (CDN), Ferrari – 17
10. **EMERSON FITTIPALDI** (BRA), Fittipaldi-Ford – 17

ÉCURIES

1. **LOTUS-FORD** – 86
2. **FERRARI** – 58
3. **BRABHAM-ALFA ROMEO** – 53
4. **TYRRELL-FORD** – 38
5. **WOLF-FORD** – 24

1979

Jody Scheckter (Ferrari) remporte le championnat après trois victoires – Son fidèle coéquipier Gilles Villeneuve termine 2ᵉ avec trois victoires – Clay Regazzoni remporte le premier GP de Williams – Alan Jones (Williams-Ford) termine 3ᵉ au championnat avec quatre victoires – Jean-Pierre Jabouille (Renault) remporte la première victoire avec moteur turbo au Grand Prix de France – Duel exceptionnel remporté avec 20 centième d'avance par Gilles Villeneuve (Ferrari) face à René Arnoux (Renault) pour la 2ᵉ place en France – Alfa Romeo fait son come-back avec sa propre écurie – Ligier-Ford avec Jacques Laffite et Patrick Depailler remportent trois des cinq premières épreuves de la saison – Depailler se blesse dans un accident de deltaplane – Niki Lauda abandonne lors des essais du Grand Prix de Canada.

FORMULE 1 – CM 1979 – PILOTES

1. **JODY SCHECKTER** (ZA), Ferrari – 51 points
2. **GILLES VILLENEUVE** (CDN), Ferrari – 47
3. **ALAN JONES** (AUS), Williams-Ford – 40
4. **JACQUES LAFFITE** (FRA), Ligier-Ford – 36
5. **CLAY REGAZZONI** (CH), Williams-Ford – 29
6. **PATRICK DEPAILLER** (FRA), Ligier-Ford – 20
7. **CARLOS REUTEMANN** (ARG), Lotus-Ford – 20
8. **RENÉ ARNOUX** (FRA), Renault – 17
9. **JOHN WATSON** (GB), McLaren-Ford – 15
10. **DIDIER PIRONI** (FRA), Ligier-Ford – 14

ÉCURIES

1. **FERRARI** – 113
2. **WILLIAMS-FORD** – 75
3. **LIGIER-FORD** – 61
4. **LOTUS-FORD** – 39
5. **TYRRELL-FORD** – 28

1980

Alan Jones (Williams-Ford) remporte le championnat avec cinq victoires en GP – Nelson Piquet (Brabham-Ford) termine 2ᵉ avec trois victoires – McLaren fusionne avec le Project Four Racing de Ron Dennis – Lutte pour le pouvoir entre la FIA et la FOCA – Aucun points distribué au Grand Prix d'Espagne, lorsque la FIA le retire de la série du championnat après les premiers essais – Uniquement des écuries FOCA sur la grille du départ dans le Grand Prix d'Espagne non-officiel – Ferrari est la deuxième écurie après Renault à utiliser des moteurs turbo – Clay Regazzoni (Ensign-Ford) et paralysé de la poitrine aux pieds suite à un accident au Grand Prix des États-Unis.

FORMULE 1 – CM 1980 – PILOTES

1. **ALAN JONES** (AUS), Williams-Ford – 67 points
2. **NELSON PIQUET** (BRA), Brabham-Ford – 54
3. **CARLOS REUTEMANN** (ARG), Williams-Ford – 42
4. **JACQUES LAFFITE** (FRA), Ligier-Ford – 34
5. **DIDIER PIRONI** (FRA), Ligier-Ford – 32
6. **RENÉ ARNOUX** (FRA), Renault – 29
7. **ELIO DE ANGELIS** (ITA), Lotus-Ford – 13
8. **JEAN-PIERRE JABOUILLE** (FRA), Renault – 9
9. **RICARDO PATRESE** (ITA), Arrows-Ford – 7
10. **GILLES VILLENEUVE** (CDN), Ferrari – 6

ÉCURIES

1. **WILLIAMS-FORD** – 120
2. **LIGIER-FORD** – 66
3. **BRABHAM-FORD** – 55
4. **RENAULT** – 38
5. **LOTUS-FORD** – 14

1981

Deux séries de Formule 1 sont prévues à la fin de l'année – Ce sont uniquement les grandes écuries d'usine qui s'alignent sur la grille de départ pour le championnat de la FIA – Toutes les autres écuries veulent s'aligner dans le World Professional Drivers' Championship (WFMS), organisé par Bernie Ecclestone et Max Mosley de la FOCA – Carlos Reutemann (Williams-Ford) remporte la première manche du WFMS – L'accord de paix entre la FIA et la FOCA signifie que désormais toutes les écuries participent au championnat traditionnel de la FIA – Le WFMS est discrètement mis aux oubliettes – Nelson Piquet (Brabham-Ford) remporte le championnat avec trois victoires – Carlos Reutemann (Williams-Ford) est en tête du championnat avant la finale, mais perd le titre suite à une performance décevante.

FORMULE 1 – CM 1981 – PILOTES

1. **NELSON PIQUET** (BRA), Brabham-Ford – 50 points
2. **CARLOS REUTEMANN** (ARG), Williams-Ford – 49
3. **ALAN JONES** (AUS), Williams-Ford – 46
4. **JACQUES LAFFITE** (FRA), Ligier-Talbot – 44
5. **ALAIN PROST** (FRA), Renault – 43
6. **JOHN WATSON** (GB), McLaren-Ford – 27
7. **GILLES VILLENEUVE** (CDN), Ferrari – 25
8. **ELIO DE ANGELIS** (ITA), Lotus-Ford – 14
9. **RENÉ ARNOUX** (FRA), Renault – 11
10. **HECTOR REBAQUE** (MEX), Brabham-Ford – 11

ÉCURIES

1. **WILLIAMS-FORD** – 95
2. **BRABHAM-FORD** – 61
3. **RENAULT** – 54
4. **LIGIER-FORD** – 44
5. **FERRARI** – 34

1982

Les pilotes font grève avant le premier GP de la saison en Afrique du Sud – BMW débute dans la Formule 1 – Keke Rosberg (Williams avec un moteur atmosphérique Ford) remporte le championnat avec un seul titre de GP – Didier Pironi (Ferrari) termine 2e, bien qu'il soit grièvement blessé lors des essais du Grand Prix d'Allemagne et qu'il ne court plus le restant de la saison – John Watson (McLaren-Ford) dispute le championnat jusqu'à la finale, mais doit se contenter de la 3e place – Niki Lauda fait son retour et remporte deux épreuves pour McLaren – Brabham réintroduit l'arrêt de ravitaillement et de changement de pneumatiques pendant les épreuves – Gilles Villeneuve (Ferrari) trouve la mort après un accident lors des essais du Grand Prix de Belgique – Riccardo Paletti (Osella-Ford) perd la vie au Grand Prix du Canada – Le directeur de Lotus, Colin Chapman, meurt d'un arrêt cardiaque.

FORMULE 1 – CM 1982 – PILOTES

1. **KEKE ROSBERG** (FIN), Williams-Ford – 44 points
2. **DIDIER PIRONI** (FRA), Ferrari – 39
3. **JOHN WATSON** (GB), McLaren-Ford – 39
4. **ALAIN PROST** (FRA), Renault – 34
5. **NIKI LAUDA** (AUT), McLaren – 30
6. **RENÉ ARNOUX** (FRA), Renault – 28
7. **PATRICK TAMBAY** (FRA), Ferrari – 25
8. **MICHELE ALBORETO** (ITA), Tyrrell-Ford – 25
9. **ELIO DE ANGELIS** (ITA), Lotus-Ford – 23
10. **RICARDO PATRESE** (ITA), Brabham-Ford, Brabham-BMW – 21

ÉCURIES

1. **FERRARI** – 74
2. **MCLAREN-FORD** – 69
3. **RENAULT** – 62
4. **WILLIAMS-FORD** – 58
5. **BRABHAM-FORD, BRABHAM-BMW** – 41

1983

Nouvelle réglementation imposant l'installation d'un fond plat et interdisant les jupes – Nelson Piquet, après ses trois victoires dans la Brabham-BMW, est le premier champion du monde équipé d'un moteur turbo – Alain Prost (Renault) dispute le Championnat jusqu'en finale, mais doit se contenter de la 2e place – Toutes les écuries font désormais des arrêts aux stands durant les épreuves – Porsche fait son retour en collaboration avec TAG et McLaren – Honda fait revient avec des moteurs Spirit et Williams.

FORMULE 1 – CM 1983 – PILOTES

1. **NELSON PIQUET** (BRA), Brabham-BMW – 59 points
2. **ALAIN PROST** (FRA), Renault – 57
3. **RENE ARNOUX** (FRA), Ferrari – 49
4. **PATRICK TAMBAY** (FRA), Ferrari – 40
5. **KEKE ROSBERG** (FIN), Williams-Ford, Williams-Honda – 27
6. **JOHN WATSON** (GB), McLaren-Ford, McLaren-TAG – 22
7. **EDDIE CHEEVER** (USA), Renault – 22
8. **ANDREA DE CESARIS** (ITA), Alfa Romeo – 15
9. **RICARDO PATRESE** (ITA), Brabham-BMW – 13
10. **NIKI LAUDA** (AUT), McLaren-Ford, McLaren-TAG – 12

ÉCURIES

1. **FERRARI** – 89
2. **RENAULT** – 79
3. **BRABHAM-BMW** – 72
4. **WILLIAMS-FORD, WILLIAMS-HONDA** – 38
5. **MCLAREN-FORD, MCLAREN-TAG** – 34

1984

McLaren domine avec des moteurs TAG-Porsche – Niki Lauda remporte le Championnat avec 0,5 points d'avance sur son coéquipier Alain Prost – Interdiction de ravitaillement pendant les épreuves – Keke Rosberg décroche la première victoire de Williams avec le moteur turbo de Honda à Dallas – Tyrrell est la seule écurie équipée de moteur atmosphérique (Ford Cosworth V8) – Tyrrell est disqualifiée à cause d'une violation de la réglementation technique – Ayrton Senna débute chez Toleman-Hart et termine 2e à Monaco.

FORMULE 1 – CM 1984 – PILOTES

1. **NIKI LAUDA** (AUT), McLaren-TAG – 72 points
2. **ALAIN PROST** (FRA), McLaren-TAG – 71,5
3. **ELIO DE ANGELIS** (ITA), Lotus-Renault – 34
4. **MICHELE ALBORETO** (ITA), Ferrari – 30,5
5. **NELSON PIQUET** (BRA), Brabham-BMW – 29
6. **RENÉ ARNOUX** (FRA), Ferrari – 27
7. **DEREK WARWICK** (GB), Renault – 23
8. **KEKE ROSBERG** (FIN), Williams-Honda – 20,5
9. **AYRTON SENNA** (BRA), Toleman-Hart – 13
10. **NIGEL MANSELL** (GB), Lotus-Renault – 13

ÉCURIES

1. **MCLAREN-TAG** – 143,5
2. **FERRARI** – 57,5
3. **LOTUS-RENAULT** – 47
4. **BRABHAM-BMW** – 38
5. **RENAULT** – 34

1985

Alain Prost (McLaren TAG-Porsche) remporte le Championnat avec cinq victoires de GP – Michele Alboreto (Ferrari) termine 2e avec deux victoires – Les pilotes allemands de la Formule 1, Manfred Winkelhock et Stefan Bellof, perdent la vie dans des accidents de voitures de course – Renault et Alfa Roméo se retirent de la Formule 1 – Le Grand Prix d'Australie est disputé pour la première fois.

FORMULE 1 – CM 1985 – PILOTES

1. **ALAIN PROST** (FRA), McLaren-TAG – 73 points
2. **MICHELE ALBORETO** (ITA), Ferrari – 53
3. **KEKE ROSBERG** (FIN), Williams-Honda – 40
4. **AYRTON SENNA** (BRA), Lotus-Renault – 38
5. **ELIO DE ANGELIS** (ITA), Lotus-Renault – 33
6. **NIGEL MANSELL** (GB), Williams-Honda – 31
7. **STEFAN JOHANSSON** (SWE), Tyrrell-Ford Ferrari – 26
8. **NELSON PIQUET** (BRA), Brabham-BMW – 21
9. **JACQUES LAFFITE** (FRA), Ligier-Renault – 16
10. **NIKI LAUDA** (AUT), McLaren-TAG – 14

ÉCURIES

1. **MCLAREN-TAG** – 90
2. **FERRARI** – 82
3. **WILLIAMS-HONDA** – 71
4. **LOTUS-RENAULT** – 71
5. **BRABHAM-BMW** – 26

1986

Seuls les moteurs turbo sont autorisés – Alain Prost (McLaren TAG-Porsche) remporte encore un titre après quatre victoires – Williams-Honda domine, mais Nigel Mansell perd le titre mondial à cause d'une crevaison lors de la finale – Le directeur d'écurie, Frank Williams, est victime d'un accident de la circulation et reste paralysé de la nuque aux pieds – Gerhard Berger remporte la première victoire de Benetton au Mexique.

FORMULE 1 – CM 1986 – PILOTES

1. **ALAIN PROST** (FRA), McLaren-TAG – 72 points
2. **NIGEL MANSELL** (GB), Williams-Honda – 70
3. **NELSON PIQUET** (BRA), Williams-Honda – 69
4. **AYRTON SENNA** (BRA), Lotus-Renault – 55
5. **STEFAN JOHANSSON** (SWE), Ferrari – 23
6. **KEKE ROSBERG** (FIN), McLaren-TAG – 22
7. **GERHARD BERGER** (AUT), Benetton-BMW – 17
8. **JACQUES LAFITTE** (FRA), Ligier-Renault – 14
9. **MICHELE ALBORETO** (ITA), Ferrari – 14
10. **RENE ARNOUX** (FRA), Ligier-Renault – 14

ÉCURIES

1. **WILLIAMS-HONDA** – 141
2. **MCLAREN-TAG** – 96
3. **LOTUS-RENAULT** – 58
4. **FERRARI** – 37
5. **LIGIER-RENAULT** – 29

1987

Lancement d'une nouvelle sous-catégorie de moteurs atmosphériques 3,5 litres – Toutes les meilleures écuries continuent d'utiliser les moteurs turbocompressés, roulant désormais avec un limitateur de pression de suralimentation de 4,0 bars – Nelson Piquet (Williams-Honda) remporte le championnat avec trois victoires – Son coéquipier, Nigel Mansell, termine 2e avec six victoires – Mansell se blesse lors des essais de l'avant-dernière épreuve de la saison – Jonathan Palmer (Tyrrell-Ford) remporte la catégorie des moteurs 3,5 litres – Alfa Romeo annule un projet moteur pour l'écurie Ligier peu de temps avant le début de la saison – Porsche arrête la coopération Formule 1 avec TAG et McLaren.

FORMULE 1 – CM 1987 – PILOTES

1. **NELSON PIQUET** (BRA), Williams-Honda – 73 points
2. **NIGEL MANSELL** (GB), Williams-Honda – 61
3. **AYRTON SENNA** (BRA), Lotus-Honda – 57
4. **ALAIN PROST** (FRA), McLaren-TAG – 46
5. **GERHARD BERGER** (AUT), Ferrari – 36
6. **STEFAN JOHANSSON** (SWE), McLaren-TAG – 30
7. **MICHELE ALBORETO** (ITA), Ferrari – 17
8. **THIERRY BOUTSEN** (BEL), Benetton-Ford – 16
9. **TEO FABI** (ITA), Benetton-Ford – 12
10. **EDDIE CHEEVER** (USA), Arrows-Megatron – 8

ÉCURIES

1. **WILLIAMS-HONDA** – 137
2. **MCLAREN-TAG** – 76
3. **LOTUS-RENAULT** – 64
4. **FERRARI** – 53
5. **BENETTON-FORD** – 28

1988

La sous-catégorie des moteurs atmosphériques 3,5 litres est supprimée – Les moteurs turbocompressés sont réduits à 2,5 bars – McLaren-Honda domine et remporte 15 des 16 épreuves de l'année – Ayrton Senna (huit victoires) remporte le championnat devant son coéquipier Alain Prost (sept victoires) – Gerhard Berger (Ferrari) termine 3e avec une victoire – Le Japon revient dans le calendrier de la Formule 1 – Enzo Ferrari meurt.

FORMULE 1 – CM 1988 – PILOTES

1. **AYRTON SENNA** (BRA), McLaren-Honda – 90 points
2. **ALAIN PROST** (FRA), McLaren-Honda – 87
3. **GERHARD BERGER** (AUT), Ferrari – 41
4. **THIERRY BOUTSEN** (BEL), Benetton-Ford – 27
5. **MICHELE ALBORETO** (ITA), Ferrari – 24
6. **NELSON PIQUET** (BRA), Lotus-Honda – 22
7. **IVAN CAPELLI** (ITA), March-Judd – 17
8. **DEREK WARWICK** (GB), Arrows-Megatron – 17
9. **NIGEL MANSELL** (GB), Williams-Judd – 12
10. **ALESSANDRO NANNINI** (ITA), Benetton-Ford – 12

ÉCURIES

1. **MCLAREN-HONDA** – 199
2. **FERRARI** – 65
3. **BENETTON-FORD** – 39
4. **LOTUS-HONDA** – 23
5. **ARROWS-MEGATRON** – 23

1989

Les moteurs atmosphériques 3,5 litres sont les seuls autorisés – Alain Prost (McLaren-Honda) remporte le championnat avec quatre victoires – Son coéquipier, Ayrton Senna, termine 2e avec six victoires – Prost et Senna s'accrochent dans l'avant-dernière épreuve de la saison, et Senna est disqualifié – Alessandro Nannini (Benetton-Ford) remporte la victoire au Japon – Nigel Mansell remporte deux épreuves pour Ferrari – Renault fait son come-back en qualité de fournisseur de moteur pour Williams – Thierry Boutsen remporte deux épreuves pour Williams-Renault – Yamaha débute en Formule 1 en qualité de fournisseur moteur pour Zakspeed.

FORMULE 1 – CM 1989 – PILOTES

1. **ALAIN PROST** (FRA), McLaren-Honda – 76 points
2. **AYRTON SENNA** (BRA), McLaren-Honda – 60
3. **RICARDO PATRESE** (ITA), Williams-Renault – 40
4. **NIGEL MANSELL** (GB), Ferrari – 38
5. **THIERRY BOUTSEN** (BEL), Williams-Renault – 37
6. **ALESSANDRO NANNINI** (ITA), Benetton-Ford – 32
7. **GERHARD BERGER** (AUT), Ferrari – 21
8. **NELSON PIQUET** (BRA), Lotus-Judd – 12
9. **JEAN ALESI** (FRA), Tyrrell-Ford – 8
10. **DEREK WARWICK** (GB), Arrows-Ford – 7

ÉCURIES

1. **MCLAREN-HONDA** – 141
2. **WILLIAMS-RENAULT** – 77
3. **FERRARI** – 59
4. **BENETTON-FORD** – 39
5. **TYRRELL-FORD** – 16

1990

Philippe Streiff (AGS-Ford) est paralysé à cause d'un accident lors des essais avant le début de la saison – Ayrton Senna (McLaren-Honda – six victoires) remporte le championnat en faisant sortir Alain Prost (Ferrari – cinq victoires) de la piste au Grand Prix de Japon – Nelson Piquet (Benetton-Ford) remporte les deux dernières épreuves de la saison et termine 3e au championnat – Martin Donelly (Lotus- Lamborghini) se blesse grièvement lors des essais du Grand Prix d'Espagne.

FORMULE 1 – CM 1990 – PILOTES

1. **AYRTON SENNA** (BRA), McLaren-Honda – 78 points
2. **ALAIN PROST** (FRA), Ferrari – 71
3. **NELSON PIQUET** (BRA), Benetton-Ford – 43
4. **GERHARD BERGER** (AUT), McLaren-Honda – 43
5. **NIGEL MANSELL** (GB), Ferrari – 37
6. **THIERRY BOUTSEN** (BEL), Williams-Renault – 34
7. **RICARDO PATRESE** (ITA), Williams-Renault – 23
8. **ALESSANDRO NANNINI** (ITA), Benetton-Ford – 21
9. **JEAN ALESI** (FRA), Tyrrell-Ford – 13
10. **IVAN CAPELLI** (ITA), Leyton House-Judd – 6

ÉCURIES

1. **MCLAREN-HONDA** – 121
2. **FERRARI** – 110
3. **BENETTON-FORD** – 71
4. **WILLIAMS-RENAULT** – 57
5. **TYRRELL-FORD** – 16

1991

Ayrton Senna (McLaren-Honda) remporte le championnat avec sept victoires – Nigel Mansell (Williams-Renault) termine 2e avec cinq victoires – Les possibilités de Mansell de remporter le championnat disparaissent avec sa disqualification au Grand Prix du Portugal – Jordan débute avec une monoplace prometteuse équipée d'un moteur Ford – Provisoirement le dernier Grand Prix des États-Unis – Le pilote Jordan, Bertrand Gachot, est emprisonné à cause d'une agression brutale peu avant le Grand Prix de Belgique – Michael Schumacher remplace Gachot – Schumacher passe chez Benetton après une course pour Jordan – Nelson Piquet se retire de la Formule 1 – Alain Prost est licencié par Ferrari et annonce qu'il fera une année sabbatique en 1992.

FORMULE 1 – CM 1991 – PILOTES

1. **AYRTON SENNA** (BRA), McLaren-Honda – 96 points
2. **NIGEL MANSELL** (GB), Williams-Renault – 72
3. **RICARDO PATRESE** (ITA), Williams-Renault – 53
4. **GERHARD BERGER** (AUT), McLaren-Honda – 43
5. **ALAIN PROST** (FRA), Ferrari – 34
6. **NELSON PIQUET** (BRA), Benetton-Ford – 26,5
7. **JEAN ALESI** (FRA), Ferrari – 21
8. **STEFANO MODENA** (ITA), Tyrrell-Honda – 10
9. **ANDREA DE CESARIS** (ITA), Jordan-Ford – 9
10. **ROBERTO MORENO** (BRA), Benetton-Ford, Jordan-Ford Minardi-Ferrari – 8

ÉCURIES

1. **MCLAREN-HONDA** – 139
2. **WILLIAMS-RENAULT** – 125
3. **FERRARI** – 55,5
4. **BENETTON-FORD** – 38,5
5. **JORDAN-FORD** – 13

1992

Williams-Renault surclasse les autres écuries avec le FW14B – Nigel Mansell (sept victoires) remporte le championnat devant son coéquipier Ricardo Patrese (une victoire) – Michael Schumacher (Benetton-Ford) remporte sa première victoire de GP et termine 3e au championnat – Ayrton Senna (McLaren-Honda) termine 4e avec trois victoires – Honda arrête officiellement la Formule 1 – Damon Hill (Brabham-Judd) débute, mais n'arrive à se qualifier que pour deux épreuves sur huit – Max Mosley est élu nouveau président de la FIA – Denny Hulme est le premier champion du monde de Formule 1 à mourir de causes naturelles (un arrêt cardiaque lors d'une course de voitures de tourisme) – Mansell arrête la Formule 1 et passe à la série américaine Indycar.

FORMULE 1 – CM 1992 – PILOTES

1. **NIGEL MANSELL** (GB), Williams-Renault – 108 points
2. **RICARDO PATRESE** (ITA), Williams-Renault – 56
3. **MICHAEL SCHUMACHER** (GER), Benetton-Ford – 53
4. **AYRTON SENNA** (BRA), McLaren-Honda – 50
5. **GERHARD BERGER** (AUT), McLaren-Honda – 49
6. **MARTIN BRUNDLE** (GB), Benetton-Ford – 38
7. **JEAN ALESI** (FRA), Ferrari – 18
8. **MIKA HAKKINEN** (FIN), Lotus-Ford – 11
9. **ANDREA DE CESARIS** (ITA), Tyrrell-Ilmor – 8
10. **MICHELE ALBORETO** (ITA), Footwork/Arrows-Mugen – 6

ÉCURIES

1. **WILLIAMS-RENAULT** – 164
2. **MCLAREN-HONDA** – 99
3. **BENETTON-FORD** – 91
4. **FERRARI** – 21
5. **LOTUS-FORD** – 13

1993

Nouvelle réglementation avec des pneumatiques moins larges et des ailerons plus petits – Alain Prost fait son retour et remporte le championnat pour Williams-Renault avec sept victoires – Ayrton Senna termine 2e au championnat avec sa McLaren-Ford sous-motorisée après cinq victoires – Damon Hill (Williams-Renault) termine 3e avec trois victoires – Michael Schumacher (Benetton-Ford) termine 4e avec une victoire – L'écurie Sauber commence la Formule 1 avec le soutien de Mercedes – James Hunt est le deuxième champion du monde de F1 à mourir de causes naturelles (arrêt cardiaque pendant son sommeil) – Prost se retire.

FORMULE 1 – CM 1993 – PILOTES

1. **ALAIN PROST** (FRA), Williams-Renault – 99 points
2. **AYRTON SENNA** (BRA), McLaren-Ford – 73
3. **DAMON HILL** (GB), Williams-Renault – 69
4. **MICHAEL SCHUMACHER** (GER), Benetton-Ford – 52
5. **RICARDO PATRESE** (ITA), Benetton-Ford – 20
6. **JEAN ALESI** (FRA), Ferrari – 16
7. **MARTIN BRUNDLE** (GB), Ligier-Renault – 13
8. **GERHARD BERGER** (AUT), Ferrari – 12
9. **JOHNNY HERBERT** (GB), Lotus-Ford – 11
10. **MARK BLUNDELL** (GB), Ligier-Renault – 10

ÉCURIES

1. **WILLIAMS-RENAULT** – 168
2. **MCLAREN-FORD** – 84
3. **BENETTON-FORD** – 72
4. **FERRARI** – 28
5. **LIGIER-RENAULT** – 23

1994

Les moyens techniques tels que l'anti-patinage, le système antiblocage des roues et la boîte de vitesses automatique sont interdits – Le ravitaillement en courses est à nouveau autorisé – Peugeot débute dans la Formule 1 en qualité de fournisseur de moteur pour McLaren – Le novice Roland Ratzenberger, trouve la mort suite à un accident lors des essais du Grand Prix de Saint-Marin – Ayrton Senna signe avec Williams-Renault, mais perd la vie suite à un accident au Grand Prix de Saint-Marin – Karl Wendlinger se blesse grièvement lors des essais du Grand Prix de Monaco – JJ Lehto, Jean Alesi, Pedro Lamy et Andrea Montermini se blessent au cours du printemps – Michael Schumacher remporte le championnat en s'accrochant avec le rival en titre, Damon Hill, lors de la finale – Nigel Mansell fait son retour en tant que remplaçant de Senna et remporte le GP d'Australie.

FORMULE 1 – CM 1994 – PILOTES

1. **MICHAEL SCHUMACHER** (GER), Benetton-Ford – 92 points
2. **DAMON HILL** (GB), Williams-Renault – 91
3. **GERHARD BERGER** (AUT), Ferrari – 41
4. **MIKA HAKKINEN** (FIN), McLaren-Peugeot – 26
5. **JEAN ALESI** (FRA), Ferrari – 24
6. **RUBENS BARRICHELLO** (BRA), Jordan-Hart – 19
7. **MARTIN BRUNDLE** (GB), McLaren-Peugeot – 16
8. **DAVID COULTHARD** (GB), Williams-Renault – 14
9. **NIGEL MANSELL** (GB), Williams-Renault – 13
10. **JOS VERSTAPPEN** (HOL), Benetton-Ford – 10

ÉCURIES

1. **WILLIAMS-RENAULT** – 118
2. **BENETTON-FORD** – 103
3. **FERRARI** – 71
4. **MCLAREN-PEUGEOT** – 42
5. **JORDAN-HART** – 28

1995

La cylindrée est réduite de 3,5 à 3 litres – Schumacher (Benetton-Renault) remporte le Championnat après neuf victoires – Damon Hill termine 2e avec quatre victoires devant son coéquipier Williams-Renault, David Coulthard (une victoire) – McLaren unit ses forces avec Mercedes – Nigel Mansell signe avec McLaren-Mercedes, mais il est trop gros pour la voiture – Mansell arrête après deux épreuves dans une nouvelle XL-McLaren – Jordan instaure une coopération avec Peugeot – Schumacher signe pour 1996 avec Ferrari – Juan Manuel Fangio meurt.

FORMULE 1 – CM 1995 – PILOTES

1. **MICHAEL SCHUMACHER** (GER), Benetton-Renault – 102 points
2. **DAMON HILL** (GB), Williams-Renault – 69
3. **DAVID COULTHARD** (GB), Williams-Renault – 49
4. **JOHNNY HERBERT** (GB), Benetton-Renault – 45
5. **JEAN ALESI** (FRA), Ferrari – 42
6. **GERHARD BERGER** (AUT), Ferrari – 31
7. **MIKA HAKKINEN** (FIN), McLaren-Mercedes – 17
8. **OLIVIER PANIS** (FRA), Ligier-Mugen/Honda – 16
9. **HEINZ-HARALD FRENTZEN** (GER), Sauber-Ford – 15
10. **MARK BLUNDELL** (GB), McLaren-Mercedes – 13

ÉCURIES

1. **BENETTON-RENAULT** – 137
2. **WILLIAMS-RENAULT** – 112
3. **FERRARI** – 73
4. **MCLAREN-MERCEDES** – 30
5. **LIGIER-MUGEN /HONDA** – 24

1996

Williams-Renault domine et Damon Hill remporte le championnat avec huit victoires – Jacques Villeneuve (Williams-Renault) débute dans la Formule 1 et termine 2e du championnat avec quatre victoires – Michael Schumacher (Ferrari) termine 3e avec trois victoires – Aucune victoire pour Benetton-Renault, mais Jean Alesi termine 4e – Hill signe pour 1997 avec Arrows-Yamaha.

FORMULE 1 – CM 1996 – PILOTES

1. **DAMON HILL** (GB), Williams-Renault – 97 points
2. **JACQUES VILLENEUVE** (CDN), Williams-Renault – 78
3. **MICHAEL SCHUMACHER** (GER), Ferrari – 59
4. **JEAN ALESI** (FRA), Benetton-Renault – 47
5. **MIKA HAKKINEN** (FIN), McLaren-Mercedes – 31
6. **GERHARD BERGER** (AUT), Benetton-Renault – 21
7. **DAVID COULTHARD** (GB), McLaren-Mercedes – 18
8. **RUBENS BARRICHELLO** (BRA), Jordan-Peugeot – 14
9. **OLIVIER PANIS** (FRA), Ligier-Mugen/Honda – 13
10. **EDDIE IRVINE** (GB), Ferrari – 11

ÉCURIES

1. **WILLIAMS-RENAULT** – 175
2. **FERRARI** – 70
3. **BENETTON-RENAULT** – 68
4. **MCLAREN-MERCEDES** – 49
5. **JORDAN-PEUGEOT** – 22

1997

Jacques Villeneuve (Williams-Renault) remporte le championnat avec sept victoires – Michael Schumacher (Ferrari) dispute le championnat jusqu'en finale, où il s'accroche avec Villeneuve – Schumacher est disqualifié du championnat – Heinz-Harald Frentzen (Williams-Renault) termine 2e du championnat avec une victoire – David Coulthard termine 3e (McLaren-Mercedes) après deux victoires – Première victoire pour Mercedes depuis 1955 – Jackie et Paul Stewart créent l'écurie Stewart Grand Prix en collaboration avec Ford – Alain Prost reprend Ligier, qui devient Prost Grand Prix – Renault arrête la Formule 1.

FORMULE 1 – CM 1997 – PILOTES

1. **JACQUES VILLENEUVE** (CDN), Williams-Renault – 81 points
2. **HEINZ-HARALD FRENTZEN** (GER), Williams-Renault – 42
3. **DAVID COULTHARD** (GB), McLaren-Mercedes – 36
4. **JEAN ALESI** (FRA), Benetton-Renault – 36
5. **GERHARD BERGER** (AUT), Benetton-Renault – 27
6. **MIKA HAKKINEN** (FIN), McLaren-Mercedes – 27
7. **EDDIE IRVINE** (GB), Ferrari – 24
8. **GIANCARLO FISICHELLA** (ITA), Jordan-Peugeot – 20
9. **OLIVIER PANIS** (FRA), Prost-Mugen/Honda – 16
10. **JOHNNY HERBERT** (GB), Sauber-Petronas – 16

DISQUALIFIÉ :
MICHAEL SCHUMACHER (GER), Ferrari

ÉCURIES

1. **WILLIAMS-RENAULT** – 123
2. **FERRARI** – 102
3. **BENETTON-RENAULT** – 67
4. **MCLAREN-MERCEDES** – 63
5. **JORDAN-PEUGEOT** – 33

1998

Les pneus rainurés par temps sec sont lancés – Mika Häkkinen (McLaren-Mercedes) remporte le championnat après huit victoires – Michael Schumacher (Ferrari – six victoires) dispute le titre mondial jusqu'en finale où il perd de la vitesse au démarrage et est victime d'une crevaison plus tard – Damon Hill remporte la première victoire de GP pour Jordan-Mugen/Honda – British American Racing (BAR) rachète Tyrrell.

FORMULE 1 – CM 1998 – PILOTES

1. **MIKA HÄKKINEN** (FIN), McLaren-Mercedes – 100 points
2. **MICHAEL SCHUMACHER** (GER), Ferrari – 86
3. **DAVID COULTHARD** (GB), McLaren-Mercedes – 56
4. **EDDIE IRVINE** (GB), Ferrari – 47
5. **JACQUES VILLENEUVE** (CDN), Williams-Mecachrome – 21
6. **DAMON HILL** (GB), Jordan-Mugen/Honda – 20
7. **HEINZ-HARALD FRENTZEN** (GER), Williams-Mecachrome – 17
8. **ALEXANDER WÜRZ** (AUT), Benetton-Playlife – 17
9. **GIANCARLO FISICHELLA** (ITA), Benetton-Playlife – 16
10. **RALF SCHUMACHER** (GER), Jordan-Mugen/Honda – 14

ÉCURIES

1. **MCLAREN-MERCEDES** – 156
2. **FERRARI** – 133
3. **WILLIAMS-MECACHROME** – 38
4. **JORDAN-MUGEN/ HONDA** – 34
5. **BENETTON-PLAYLIFE** – 33

1999

Michael Schumacher (Ferrari) se casse les jambes au Grand Prix d'Angleterre – Mika Häkkinen (McLaren-Mercedes – cinq victoires), Eddie Irvine (Ferrari – quatre victoires) et Heinz-Harald Frentzen (Jordan-Mugen/Honda – deux victoires) disputent le titre mondial – Häkkinen décroche le titre en remportant la finale – Honda fait des essais avec sa nouvelle écurie d'usine, mais les projets tombent à l'eau lorsque le directeur de l'écurie, Harvey Postlethwaite, meurt subitement – À la place, Honda annonce un contrat moteur avec BAR pour l'année 2000 – Ford rachète Stewart Grand Prix, rebaptisé Jaguar – Damon Hill se retire – Premier GP en Malaisie.

FORMULE 1 – CM 1999 – PILOTES

1. **MIKA HÄKKINEN** (FIN), McLaren-Mercedes – 76 points
2. **EDDIE IRVINE** (GB), Ferrari – 74
3. **HEINZ-HARALD FRENTZEN** (GER), Jordan-Mugen/ Honda – 54
4. **DAVID COULTHARD** (GB), McLaren-Mercedes – 48
5. **MICHAEL SCHUMACHER** (GER), Ferrari – 44
6. **RALF SCHUMACHER** (GER), Williams-Supertec – 35
7. **RUBENS BARRICHELLO** (BRA), Stewart-Ford – 21
8. **JOHNNY HERBERT** (GB), Stewart-Ford – 15
9. **GIANCARLO FISICHELLA** (ITA), Benetton-Playlife – 13
10. **MIKA SALO** (FIN), Ferrari, BAR-Supertec – 10

ÉCURIES

1. **FERRARI** – 128
2. **MCLAREN-MERCEDES** – 124
3. **JORDAN-MUGEN/ HONDA** – 61
4. **STEWART-FORD** – 36
5. **WILLIAMS-SUPERTEC** – 35

2000

Seuls les moteurs V10 sont autorisés – Michael Schumacher (Ferrari) remporte le championnat avec neuf victoires – Mika Häkkinen (McLaren- Mercedes) termine 2e avec quatre victoires – Retour du Grand Prix aux États-Unis après neuf ans d'absence à Indianapolis – BMW fait son retour en collaboration avec Williams – Peugeot se retire de la Formule 1 – Un pompier perd la vie lorsqu'il est heurté par une roue qui se détache lors du Grand Prix d'Italie.

FORMULE 1 – CM 2000 – PILOTES

1. **MICHAEL SCHUMACHER** (GER), Ferrari – 108 points
2. **MIKA HÄKKINEN** (FIN), McLaren-Mercedes – 89
3. **DAVID COULTHARD** (GB), McLaren-Mercedes – 73
4. **RUBENS BARRICHELLO** (BRA), Ferrari – 62
5. **RALF SCHUMACHER** (GER), Williams-BMW – 24
6. **GIANCARLO FISICHELLA** (ITA), Benetton-Playlife – 18
7. **JACQUES VILLENEUVE** (CDN), BAR-Honda – 17
8. **JENSON BUTTON** (GB), Williams-BMW – 12
9. **HEINZ-HARALD FRENTZEN** (GER), Jordan-Mugen/ Honda – 11
10. **JARNO TRULLI** (ITA), Jordan-Mugen/Honda – 6

ÉCURIES

1. **FERRARI** – 170
2. **MCLAREN-MERCEDES** – 152
3. **WILLIAMS-BMW** – 36
4. **BENETTON-PLAYLIFE** – 20
5. **BAR-HONDA** – 20

2001

Michael Schumacher (Ferrari) remporte le championnat avec neuf victoires – David Coulthard (McLaren-Mercedes) termine 2e avec deux victoires – Mika Häkkinen annonce qu'il fera une année sabbatique en 2002 – Renault fait son come-back en collaboration avec Benetton – Kimi Räikkönen débute dans la Formule 1 pour Sauber-Petronas – Juan Pablo Montoya débute en Formule 1 pour Williams-BMW et remporte sa première victoire – Un commissaire de piste trouve la mort lorsqu'il est heurté par une roue détachée au Grand Prix d'Australie – Prost Grand Prix fait faillite – John Cooper meurt.

FORMULE 1 – CM 2001 – PILOTES

1. **MICHAEL SCHUMACHER** (GER), Ferrari – 123 points
2. **DAVID COULTHARD** (GB), McLaren-Mercedes – 65
3. **RUBENS BARRICHELLO** (BRA), Ferrari – 56
4. **RALF SCHUMACHER** (GER), Williams-BMW – 49
5. **MIKA HÄKKINEN** (FIN), McLaren-Mercedes – 37
6. **JUAN-PABLO MONTOYA** (COL), Williams-BMW – 31
7. **JACQUES VILLENEUVE** (CDN), BAR-Honda – 12
8. **NICK HEIDFELD** (GER), Sauber-Petronas – 12
9. **JARNO TRULLI** (ITA), Jordan-Honda – 12
10. **KIMI RÄIKKÖNEN** (FIN), Sauber-Petronas – 9

ÉCURIES

1. **FERRARI** – 179
2. **MCLAREN-MERCEDES** – 102
3. **WILLIAMS-BMW** – 80
4. **SAUBER-PETRONAS** – 21
5. **JORDAN-HONDA** – 19

2002

Michael Schumacher (Ferrari – 11 victoires) remporte le championnat après la saison peut-être la plus éminente de l'histoire de la Formule 1 – Domination totale de Ferrari – FIA interdit les ordres des écuries lorsque Ferrari demande à Rubens Barrichello de laisser passer Schumacher au Grand Prix d'Autriche – Mika Häkkinen décide d'arrêter la Formule 1 – Toyota débute dans la Formule 1 – Arrows fait faillite au milieu de la saison.

FORMULE 1 – CM 2002 – PILOTES

1. **MICHAEL SCHUMACHER** (GER), Ferrari – 144 points
2. **RUBENS BARRICHELLO** (BRA), Ferrari – 77
3. **JUAN-PABLO MONTOYA** (COL), Williams-BMW – 50
4. **RALF SCHUMACHER** (GER), Williams-BMW – 42
5. **DAVID COULTHARD** (GB), McLaren-Mercedes – 41
6. **KIMI RÄIKKÖNEN** (FIN), McLaren-Mercedes – 24
7. **JENSON BUTTON** (GB), Renault – 14
8. **JARNO TRULLI** (ITA), Renault – 9
9. **EDDIE IRVINE** (GB), Jaguar – 8
10. **NICK HEIDFELD** (GER), Sauber-Petronas – 7

ÉCURIES

1. **FERRARI** – 221
2. **WILLIAMS-BMW** – 92
3. **MCLAREN-MERCEDES** – 65
4. **RENAULT** – 23
5. **SAUBER-PETRONAS** – 11

2003

Michael Schumacher (Ferrari) remporte encore une fois le championnat – La saison la plus palpitante depuis plusieurs années – Lutte serrée pour le titre entre Schumacher, Kimi Räikkönen (McLaren-Mercedes) et Juan Pablo Montoya (Williams-BMW) – Fernando Alonso remporte son premier Grand Prix pour Renault – Un fou entre sur la piste au Grand Prix d'Angleterre.

FORMULE 1 – CM 2003 – PILOTES

1. **MICHAEL SCHUMACHER** (GER), Ferrari – 93 points
2. **KIMI RÄIKKÖNEN** (FIN), McLaren-Mercedes – 91
3. **JUAN-PABLO MONTOYA** (COL), Williams-BMW – 82
4. **RUBENS BARRICHELLO** (BRA), Ferrari – 65
5. **RALF SCHUMACHER** (GER), Williams-BMW – 58
6. **FERNANDO ALONSO** (ESP), Renault – 55
7. **DAVID COULTHARD** (GB), McLaren-Mercedes – 51
8. **JARNO TRULLI** (ITA), Renault – 33
9. **JENSON BUTTON** (GB), BAR-Honda – 17
10. **MARK WEBBER** (AUS), Jaguar – 17

ÉCURIES

1. **FERRARI** – 158
2. **WILLIAMS-BMW** – 144
3. **MCLAREN-MERCEDES** – 142
4. **RENAULT** – 88
5. **BAR-HONDA** – 26

2004

Encore un titre mondial pour Michael Schumacher (Ferrari), qui domine totalement – Le coéquipier de Schumacher, Rubens Barrichello, termine 2e – Jenson Button termine 3e dans sa BAR-Honda – Jarno Trulli (Renault) est titré à Monaco – Williams-BMW et McLaren-Mercedes remportent une victoire chacun – Premiers GP à Bahreïn et en Chine – Ford se retire de la Formule 1 et vend l'écurie Jaguar à Red Bull – Toutes les écuries marquent des points au championnat des constructeurs.

FORMULE 1 – CM 2004 – PILOTES

1. **MICHAEL SCHUMACHER** (GER), Ferrari – 148 points
2. **RUBENS BARRICHELLO** (BRA), Ferrari – 114
3. **JENSON BUTTON** (GB), BAR-Honda – 85
4. **FERNANDO ALONSO** (ESP), Renault – 59
5. **JUAN-PABLO MONTOYA** (COL), Williams-BMW – 58
6. **JARNO TRULLI** (ITA), Renault og Toyota – 46
7. **KIMI RÄIKKÖNEN** (FIN), McLaren-Mercedes – 45
8. **TAKUMA SATO** (JAP), BAR-Honda – 34
9. **RALF SCHUMACHER** (GER), Williams-BMW – 24
10. **DAVID COULTHARD** (GB), McLaren-Mercedes – 24

ÉCURIES

1. **FERRARI** – 262
2. **BAR-HONDA** – 119
3. **RENAULT** – 105
4. **WILLIAMS-BMW** – 88
5. **MCLAREN-MERCEDES** – 69

2005

À 24 ans, Fernando Alonso (Renault) devient le plus jeune champion du monde de l'époque – Kimi Räikkönen termine 2e dans une McLaren-Mercedes rapide mais non fiable – La plus longue saison depuis toujours avec ses 19 épreuves – Premier Grand Prix en Turquie – Seulement six monoplaces au Grand Prix des États-Unis à cause de problèmes de pneus – Ferrari est rarement compétitive à cause de problèmes de pneumatiques – L'écurie Jordan est vendue au groupe russe, Midland – Sauber vendue à BMW – BAR vendue à Honda – Minardi vendue à Red Bull et change de nom pour Toro Rosso.

FORMULE 1 – CM 2005 – PILOTES

1. **FERNANDO ALONSO** (ESP), Renault – 133 points
2. **KIMI RÄIKKÖNEN** (FIN), McLaren-Mercedes – 112
3. **MICHAEL SCHUMACHER** (GER), Ferrari – 62
4. **JUAN-PABLO MONTOYA** (COL), McLaren-Mercedes – 60
5. **GIANCARLO FISICHELLA** (ITA), Renault – 58
6. **RALF SCHUMACHER** (GER), Toyota – 45
7. **JARNO TRULLI** (ITA), Toyota – 43
8. **RUBENS BARRICHELLO** (BRA), Ferrari – 38
9. **JENSON BUTTON** (GB), BAR-Honda – 37
10. **MARK WEBBER** (AUS), Williams-BMW – 36

ÉCURIES

1. **RENAULT** – 191
2. **MCLAREN-MERCEDES** – 182
3. **FERRARI** – 100
4. **TOYOTA** – 88
5. **WILLIAMS-BMW** – 66

2006

Première saison avec des moteurs V8 de 2,4 litres – Fernando Alonso (Renault) remporte encore un titre mondial suite à une lutte serrée avec Michael Schumacher (Ferrari) – Schumacher se retire – Les coéquipiers McLaren-Mercedes Kimi Räikkönen et Juan Pablo Montoya s'accrochent au Grand Prix des États-Unis – McLaren-Mercedes et Juan Pablo Montoya cessent leur coopération après le Grand Prix des États-Unis – BMW licencie Jacques Villeneuve – Premières victoires de GP remportées par Jenson Button (Honda) et Felipe Massa (Ferrari) – Première victoire remportée par l'écurie Honda depuis 1967.

FORMULE 1 – CM 2006 – PILOTES

1. **FERNANDO ALONSO** (ESP), Renault – 134 points
2. **MICHAEL SCHUMACHER** (GER), Ferrari – 121
3. **FELIPE MASSA** (BRA), Ferrari – 80
4. **GIANCARLO FISICHELLA** (ITA), Renault – 72
5. **KIMI RÄIKKÖNEN** (FIN), McLaren-Mercedes – 65
6. **JENSON BUTTON** (GB), Honda – 56
7. **RUBENS BARRICHELLO** (BRA), Honda – 30
8. **JUAN-PABLO MONTOYA** (COL), McLaren-Mercedes – 26
9. **NICK HEIDFELD** (GER), BMW – 23
10. **RALF SCHUMACHER** (GER), Toyota – 20

ÉCURIES

1. **RENAULT** – 206
2. **FERRARI** – 201
3. **MCLAREN-MERCEDES** – 110
4. **HONDA** – 86
5. **BMW** – 36

2007

Première saison où il y a plus d'épreuves disputées en dehors de l'Europe qu'à l'intérieur – Lutte serrée pour le titre mondial entre Ferrari et McLaren-Mercedes – Bridgestone fournisseur exclusif de pneumatiques - Kimi Räikkönen (Ferrari) remporte le championnat avec un point d'avance par rapport aux deux pilotes McLaren-Mercedes Lewis Hamilton et Fernando Alonso – Hamilton près du titre mondial dans sa première saison de F1 et remporte quatre épreuves – Lutte interne entre les pilotes McLaren-Mercedes – Alonso quitte McLaren-Mercedes après seulement une saison – McLaren-Mercedes est disqualifiée du championnat des constructeurs et condamnée à une amende d'environ 80 millions de dollars pour avoir reçu et exploité des documents secrets de Ferrari – Robert Kubica (BMW) s'en sort à peu près indemne d'un accident dramatique au Canada.

FORMULE 1 – CM 2007 – PILOTES

1. **KIMI RÄIKKÖNEN** (FIN), Ferrari – 110 points
2. **LEWIS HAMILTON** (GB), McLaren-Mercedes – 109
3. **FERNANDO ALONSO** (ESP), McLaren-Mercedes – 109
4. **FELIPE MASSA** (BRA), Ferrari – 94
5. **NICK HEIDFELD** (GER), BMW – 61
6. **ROBERT KUBICA** (POL), BMW – 39
7. **HEIKKI KOVALAINEN** (FIN), Renault – 30
8. **GIANCARLO FISICHELLA** (ITA), Renault – 21
9. **NICO ROSBERG** (FIN), Williams-Toyota – 20
10. **DAVID COULTHARD** (GB), Red Bull-Renault – 14

ÉCURIES

1. **FERRARI** – 204
2. **BMW** – 101
3. **RENAULT** – 51
4. **WILLIAMS-TOYOTA** – 33
5. **RED BULL-RENAULT** – 24

2008

La bagarre pour le titre mondial est la plus serrée depuis toujours – Le résultat du championnat se joue au dernier virage au dernier tour lors de la finale au Brésil – Lewis Hamilton (McLaren-Mercedes) remporte le championnat avec un point devant Felipe Massa (Ferrari) – À 21 ans, Sebastian Vettel (Toro Rosso) devient le titré le plus jeune d'un GP à Monza (Italie) – Robert Kubica et BMW remportent leur premier Grand Prix – Premier GP dans les rues de Valence – Premier GP nocturne dans les rues de Singapour – Fernando Alonso remporte deux épreuves lors d'un retour en beauté de Renault – Pour la première fois de l'histoire de la Formule 1 aucun pilote est remplacé au cours de la saison – Honda quitte la Formule 1.

FORMULE 1 – CM 2008 – PILOTES

1. **LEWIS HAMILTON** (GB), McLaren-Mercedes – 98
2. **FELIPE MASSA** (BRA), Ferrari – 97
3. **KIMI RÄIKKÖNEN** (FIN), Ferrari – 75
4. **ROBERT KUBICA** (POL), BMW – 75
5. **FERNANDO ALONSO** (ESP), Renault – 61
6. **NICK HEIDFELD** (GER), BMW – 60
7. **HEIKKI KOVALAINEN** (FIN), McLaren-Mercedes – 53
8. **SEBASTIAN VETTEL** (GER), Toro Rosso-Ferrari – 36
9. **JARNO TRULLI** (ITA), Toyota – 31
10. **TIMO GLOCK** (GER), Toyota – 25

ÉCURIES

1. **FERRARI** – 172
2. **MCLAREN** – 151
3. **BMW** – 135
4. **RENAULT** – 80
5. **TOYOTA** – 56

2009

La nouvelle réglementation crée de nouveaux vainqueurs – Le directeur d'écurie Ross Brawn, reprend l'ancienne écurie Honda et remporte le championnat avec Jenson Button (cinq victoires) – Première victoire de GP remportée par Red Bull et Mark Webber – Aucune manche du championnat en Amérique du Nord pour la première fois dans l'histoire de la Formule 1 – Premier Grand Prix à Abou Dhabi – Felipe Massa (Ferrari) se blesse lors des essais du Grand Prix de Hongrie – Michael Schumacher doit renoncer à son retour à cause d'un traumatisme du rachis cervical suite à un accident de moto – BMW et Toyota quittent la Formule 1 – Max Mosley démissionne du poste de président de la FIA – Renault admet avoir truqué l'accident au GP de Singapour en 2008 et licencie le directeur d'écurie, Flavio Briatore.

FORMULE 1 – CM 2009 – PILOTES

1. **JENSON BUTTON** (GB), Brawn-Mercedes – 95
2. **SEBASTIAN VETTEL** (GER), Red Bull-Renault – 84
3. **RUBENS BARRICHELLO** (BRA), Brawn-Mercedes – 77
4. **MARK WEBBER** (AUS), Red Bull-Renault – 69,5
5. **LEWIS HAMILTON** (GB), McLaren-Mercedes – 49
6. **KIMI RÄIKKÖNEN** (FIN), Ferrari – 48
7. **NICO ROSBERG** (GER), Williams-Toyota – 34,5
8. **JARNO TRULLI** (ITA), Toyota – 32,5
9. **FERNANDO ALONSO** (ESP), Renault - 26
10. **TIMO GLOCK** (GER), Toyota – 24

ÉCURIES

1. **BRAWN-MERCEDES** – 172
2. **RED BULL-RENAULT** – 13,5
3. **MCLAREN-MERCEDES** – 71
4. **FERRARI** – 70
5. **TOYOTA** – 59,5

2010

Nouveau barème de points – Ross Brawn vend son écurie à Mercedes, qui fait son retour dans la Formule 1 après 55 ans – Michael Schumacher fait son come-back dans la nouvelle écurie Mercedes – Peter Sauber rachète son écurie de BMW – Lotus (ultérieurement Caterham), Virgin (ultérieurement Marussia et Manor) et Hispania (ultérieurement HRT) débutent dans la Formule 1 – Premier Grand Prix en Corée – À 23 ans, Sebastian Vettel (Red Bull-Renault) devient le champion du monde le plus jeune à ce jour après cinq victoires – Fernando Alonso (Ferrari), Mark Webber (Red Bull-Renault) et Lewis Hamilton (McLaren-Mercedes) ont aussi des chances de remporter le titre avant la finale à Abou Dhabi – Bridgestone annonce qu'il se retire de la Formule 1.

FORMULE 1 – CM 2010 – PILOTES

1. **SEBASTIAN VETTEL** (GER), Red Bull-Renault – 256
2. **FERNANDO ALONSO** (ESP), Ferrari – 252
3. **MARK WEBBER** (AUS), Red Bull-Renault – 242
4. **LEWIS HAMILTON** (GB), McLaren-Mercedes – 240
5. **JENSON BUTTON** (GB), McLaren-Mercedes – 214
6. **FELIPE MASSA** (BRA), Ferrari – 144
7. **NICO ROSBERG** (GER), Mercedes – 142
8. **ROBERT KUBICA** (POL), Renault – 136
9. **MICHAEL SCHUMACHER** (GER), Mercedes – 72
10. **RUBENS BARRICHELLO** (BRA), Williams-Cosworth – 47

ÉCURIES

1. **RED BULL-RENAULT** – 498
2. **MCLAREN-MERCEDES** – 454
3. **FERRARI** – 396
4. **RENAULT** – 163
5. **WILLIAMS-COSWORTH** – 69

2011

Pirelli remplace Bridgestone en tant que fournisseur de pneumatiques – Le Grand Prix de Bahreïn est annulé à cause de troubles politiques – Premier Grand Prix d'Inde – Robert Kubica se blesse grièvement lors d'un accident de rallye avant le début de saison – Le fonds d'investissement Genii rachète l'écurie Renault et la rebaptise Lotus Grand Prix – Sebastian Vettel (Red Bull-Renault) remporte le championnat haut la main avec 11 victoires – Jenson Button (McLaren-Mercedes) 2e (trois victoires) devant Mark Webber (Red Bull-Renault – Une victoire).

FORMULE 1 – CM 2011 – PILOTES

1. **SEBASTIAN VETTEL** (GER), Red Bull-Renault – 392
2. **JENSON BUTTON** (GB), McLaren-Mercedes – 270
3. **MARK WEBBER** (AUS), Red Bull-Renault – 258
4. **FERNANDO ALONSO** (ESP), Ferrari – 257
5. **LEWIS HAMILTON** (GB), McLaren-Mercedes – 227
6. **FELIPE MASSA** (BRA), Ferrari – 118
7. **NICO ROSBERG** (GER), Mercedes – 89
8. **MICHAEL SCHUMACHER** (GER), Mercedes – 76
9. **ADRIAN SUTIL** (GER), Force India-Mercedes – 42
10. **VITALY PETROV** (RUS), Lotus-Renault – 37

ÉCURIES

1. **RED BULL-RENAULT** – 650
2. **MCLAREN-MERCEDES** – 497
3. **FERRARI** – 375
4. **MERCEDES** – 165
5. **LOTUS** – 73

2012

Kimi Räikkönen fait son retour dans la Formule 1 chez Lotus-Renault après deux années de championnat du monde des rallyes – Le Bahreïn et les États-Unis sont de retour sur le calendrier du championnat – Première saison avec six champions du monde dans le peloton – Sept différents pilotes remportent les sept premières épreuves – Romain Grosjean est exclu du Grand Prix d'Italie après avoir causé un carambolage en Belgique – Sebastian Vettel (Red Bull-Renault – cinq victoires) remporte le championnat pour la troisième année de suite – Fernando Alonso (Ferrari) est 2e avec trois victoires – Maria de Villota, pilote d'essai chez Marussia, se blesse grièvement au visage lors d'un essai sur la piste de Duxford – Michael Schumacher (meilleur temps des qualifications à Monaco) se retire – Lewis Hamilton signe pour 2013 avec Mercedes.

FORMULE 1 – CM 2012 – PILOTES

1. **SEBASTIAN VETTEL** (GER), Red Bull-Renault – 281
2. **FERNANDO ALONSO** (ESP), Ferrari – 278
3. **KIMI RÄIKKÖNEN** (FIN), Lotus-Renault – 207
4. **LEWIS HAMILTON** (GB), McLaren-Mercedes – 190
5. **JENSON BUTTON** (GB), McLaren-Mercedes – 188
6. **MARK WEBBER** (AUS), Red Bull-Renault – 179
7. **FELIPE MASSA** (BRA), Ferrari – 122
8. **ROMAIN GROSJEAN** (FRA), Lotus-Renault – 96
9. **NICO ROSBERG** (GER), Mercedes – 93
10. **SERGIO PEREZ** (MEX), Sauber-Ferrari – 66

ÉCURIES

1. **RED BULL-RENAULT** – 460
2. **FERRARI** – 400
3. **MCLAREN MERCEDES** – 378
4. **LOTUS-RENAULT** – 303
5. **MERCEDES** – 142

2013

HRT fait faillite avant la saison après seulement trois années en Formule 1 – Le Grand Prix du New Jersey (États-Unis) est annulé – Le Grand Prix de Valence est supprimé du calendrier du championnat – Sebastian Vettel (Red Bull-Renault), largement supérieur, remporte le championnat après 13 victoires, dont 9 d'affilée – Fernando Alonso (Ferrari) est 2e après deux victoires – Nico Rosberg (Mercedes – deux victoires), Lewis Hamilton (Mercedes) et Kimi Räikkönen (Lotus-Renault) remportent les épreuves restantes – Des problèmes de dos empêchent Räikkönen de courir les deux dernières épreuves de la saison – L'ancienne pilote d'essais chez Marussia, Maria de Villota, meurt d'un arrêt cardiaque probablement causé par un accident lors d'un essai en 2012 – Première saison depuis 1987 sans pluie lors des épreuves.

FORMULE 1 – CM 2013 – PILOTES

1. **SEBASTIAN VETTEL** (GER), Red Bull-Renault – 397
2. **FERNANDO ALONSO** (ESP), Ferrari – 242
3. **MARK WEBBER** (AUS), Red Bull-Renault – 199
4. **LEWIS HAMILTON** (GB), Mercedes – 189
5. **KIMI RÄIKKÖNEN** (FIN), Lotus-Renault – 183
6. **NICO ROSBERG** (GER), Mercedes – 171
7. **ROMAIN GROSJEAN** (FRA), Lotus-Renault – 132
8. **FELIPE MASSA** (BRA), Ferrari – 112
9. **JENSON BUTTON** (GB), McLaren-Mercedes – 73
10. **NICO HÜLKENBERG** (GER), Sauber-Ferrari – 51

ÉCURIES

1. **RED BULL-RENAULT** – 596
2. **MERCEDES** – 360
3. **FERRARI** – 354
4. **LOTUS-RENAULT** – 315
5. **MCLAREN- MERCEDES** – 122

2014

Nouvelle réglementation des moteurs : les moteurs turbo hybrides 1,6 litre (V6) remplacent les moteurs atmosphériques 2,4 litres (V8) utilisés depuis 2006 – La Corée du Sud et l'Inde sont supprimées du calendrier du championnat – Premier Grand Prix de Russie – L'Autriche est de retour dans le calendrier du championnat – Mercedes est l'écurie la mieux préparée à la nouvelle réglementation et domine – Lewis Hamilton (11 victoires) remporte le championnat devant son coéquipier Nico Rosberg (cinq victoires) – Daniel Ricciardo, ayant remplacé Mark Webber chez Red Bull-Renault, remporte les épreuves restantes – Kevin Magnussen (McLaren-Mercedes) débute dans la Formule 1 avec une 2e place en Australie – Jules Bianchi (Marussia-Ferrari) en coma profond à cause de graves lésions au cerveau après un accident au Grand Prix du Japon – Caterham-Renault fait faillite et Marussia est en cessation de paiement après cinq années en Formule 1.

FORMULE 1 – CM 2014 – PILOTES

1. **LEWIS HAMILTON** (GB), Mercedes – 384
2. **NICO ROSBERG** (GER), Mercedes – 317
3. **DANIEL RICCIARDO** (AUS), Red Bull-Renault – 238
4. **VALTTERI BOTTAS** (FIN), Williams-Mercedes – 186
5. **SEBASTIAN VETTEL** (GER), Red Bull-Renault – 167
6. **FERNANDO ALONSO** (ESP), Ferrari – 161
7. **FELIPE MASSA** (BRA), Williams-Mercedes – 134
8. **JENSON BUTTON** (GB), McLaren-Mercedes – 126
9. **NICO HÜLKENBERG** (GER), Force India-Mercedes – 96
10. **SERGIO PÉREZ** (MEX), Force India-Mercedes – 59

ÉCURIES

1. **MERCEDES** – 701
2. **RED BULL-RENAULT** – 405
3. **WILLIAMS-MERCEDES** – 320
4. **FERRARI** – 216
5. **MCLAREN-MERCEDES** – 181

2015

De nouveaux investisseurs sauvent Marussia, rebaptisée Manor juste avant le début de saison – Sebastian Vettel passe de Red Bull à Ferrari – Honda fait son come-back en Formule 1 en qualité de fournisseur moteur de McLaren – Mexico est de retour sur le calendrier du championnat pour la première fois depuis 1992 – L'Allemagne est supprimée du calendrier du championnat – Mercedes est toujours supérieure, et Lewis Hamilton (dix victoires) remporte son deuxième titre mondial devant son coéquipier Nico Rosberg (six victoires) – Un huissier saisit les monoplaces de l'écurie Lotus après le Grand Prix de Belgique à cause de factures impayées – Au cours du printemps, les propriétaires de Lotus trouvent un accord avec les créanciers et revendent l'écurie aux propriétaires initiaux, Renault – Jules Bianchi meurt après dix mois dans le coma.

FORMULE 1 – CM 2015 – PILOTES

1. **LEWIS HAMILTON** (GB), Mercedes – 381
2. **NICO ROSBERG** (GER), Mercedes – 322
3. **SEBASTIAN VETTEL** (GER), Ferrari – 278
4. **KIMI RÄIKKÖNEN** (FIN), Ferrari – 150
5. **VALTTERI BOTTAS** (FIN), Williams-Mercedes – 136
6. **FELIPE MASSA** (BRA), Williams-Mercedes – 121
7. **DANIIL KVYAT** (RUS), Red Bull-Renault – 95
8. **DANIEL RICCIARDO** (AUS), Red Bull-Renault – 92
9. **SERGIO PÉREZ** (MEX), Force India-Mercedes – 78
10. **NICO HÜLKENBERG** (GER), Force India-Mercedes – 58

ÉCURIES

1. **MERCEDES** – 703
2. **FERRARI** – 428
3. **WILLIAMS-MERCEDES** – 257
4. **RED BULL-RENAULT** – 187
5. **FORCE INDIA-MERCEDES** – 136

2016

L'écurie américaine Haas-Ferrari débute en Formule 1 – Renault fait son retour après avoir acheté Lotus – Premier Grand Prix dans la capitale d'Azerbaïjan, Bakou – L'Allemagne de retour sur le calendrier du championnat – Mercedes domine toujours, mais c'est désormais Nico Rosberg (neuf victoires) qui remporte le championnat devant son coéquipier Lewis Hamilton (dix victoires) –À 18 ans, Max Verstappen (Red Bull-Renault) devient le plus jeune vainqueur de Grand Prix depuis toujours lorsqu'il remporte celui d'Espagne – L'écurie Sauber en difficulté est cédée au milieu de l'été à un fonds d'investissement suisse sous le contrôle de la famille suédoise Rausing – Rosberg se retire de manière surprenante à la fin de la saison.

FORMULE 1 – CM 2016 – PILOTES

1. **NICO ROSBERG** (GER), Mercedes – 385
2. **LEWIS HAMILTON** (GB), Mercedes – 380
3. **DANIEL RICCIARDO** (AUS), Red Bull-Renault – 256
4. **SEBASTIAN VETTEL** (GER), Ferrari – 212
5. **MAX VERSTAPPEN** (HOL), Red Bull-Renault – 204
6. **KIMI RÄIKKÖNEN** (FIN), Ferrari – 186
7. **SERGIO PÉREZ** (MEX), Force India-Mercedes – 101
8. **VALTTERI BOTTAS** (FIN), Williams-Mercedes – 85
9. **NICO HÜLKENBERG** (GER), Force India-Mercedes – 72
10. **FERNANDO ALONSO** (ESP), McLaren-Honda – 54

ÉCURIES

1. **MERCEDES** – 765
2. **RED BULL-RENAULT** – 468
3. **FERRARI** – 398
4. **FORCE INDIA-MERCEDES** – 173
5. **WILLIAMS-MERCEDES** – 138

2017

Les nouveaux détenteurs des droits commerciaux de la F1, via la société américaine Liberty Media, licencient Bernie Ecclestone en tant que directeur – Chase Carey est le nouveau directeur – Marussia fait faillite avant le début de saison – L'Allemagne est à nouveau supprimée du calendrier du championnat – Nouvelle réglementation avec des monoplaces et des pneus plus larges pour la première fois depuis de nombreuses années, pour limiter vitesse et accélération – Valtteri Bottas remplace Nico Rosberg chez Mercedes – Lewis Hamilton (Mercedes) et Sebastian Vettel (Ferrari) disputent le titre mondial – Hamilton remporte le championnat avec neuf victoires contre les cinq de Vettel – Des projets concrets sur de nouvelles épreuves à Miami et à Copenhague sont présentés.

FORMULE 1 – CM 2017 – PILOTES

1. **LEWIS HAMILTON** (GB), Mercedes – 363
2. **SEBASTIAN VETTEL** (GER), Ferrari – 317
3. **VALTTERI BOTTAS** (FIN), Mercedes – 305
4. **KIMI RÄIKKÖNEN** (FIN), Ferrari – 205
5. **DANIEL RICCIARDO** (AUS), Red Bull-Renault – 200
6. **MAX VERSTAPPEN** (HOL), Red Bull-Renault – 168
7. **SERGIO PÉREZ** (MEX), Force India-Mercedes – 100
8. **ESTEBAN OCON** (FRA), Force India-Mercedes – 87
9. **CARLOS SAINZ JR.** (ESP), Toro Rosso-Renault, Renault – 54
10. **NICO HÜLKENBERG** (GER), Renault – 43

ÉCURIES

1. **MERCEDES** – 668
2. **FERRARI** – 522
3. **RED BULL-RENAULT** – 368
4. **FORCE INDIA-MERCEDES** – 187
5. **WILLIAMS-MERCEDES** – 83

2018

Les monoplaces sont équipées de « halo » ; un arceau de sécurité autour du cockpit – Le Grand Prix de France est disputé pour la première fois depuis 2008 – La Malaisie est supprimée du calendrier du championnat – McLaren change de fournisseur moteur de Honda à Renault – Honda commence une nouvelle coopération avec Toro Rosso – Nouvelle bagarre pour le titre mondial entre Lewis Hamilton (Mercedes) et Sebastian Vettel (Ferrari) – Hamilton remporte le championnat avec 11 victoires – Vettel (Ferrari) n° 2 après cinq victoires et une série de fautes personnelles – Le projet d'un GP à Copenhague est abandonné suite à la pression du bourgmestre Frank Jensen.

FORMULE 1 - CM 2018 - PILOTES

1. **LEWIS HAMILTON** (GB), Mercedes – 408
2. **SEBASTIAN VETTEL** (GER), Ferrari – 320
3. **KIMI RÄIKKÖNEN** (FIN), Ferrari – 251
4. **MAX VERSTAPPEN** (HOL), Red Bull-Renault – 249
5. **VALTTERI BOTTAS** (FIN), Mercedes – 247
6. **DANIEL RICCIARDO** (AUS), Red Bull-Renault – 170
7. **NICO HÜLKENBERG** (GER), Renault – 69
8. **SERGIO PÉREZ** (MEX), Force India-Mercedes – 62
9. **KEVIN MAGNUSSEN** (DEN), Haas-Ferrari – 56
10. **CARLOS SAINZ JR.** (ESP), Renault – 53

ÉCURIES

1. **MERCEDES** - 655
2. **FERRARI** - 571
3. **RED BULL-RENAULT** - 419
4. **RENAULT** - 122
5. **HAAS-FERRARI** - 93

2019

Avec ses nouveaux propriétaires, Force India devient Racing Point – Red Bull passe des moteurs Renault à des moteurs Honda – Daniel Ricciardo passe de Red Bull à Renault – Charles Leclerc remplace Kimi Räikkönen chez Ferrari – Leclerc défie immédiatement son coéquipier Sebastian Vettel et remporte deux épreuves – Max Verstappen remporte trois épreuves avec le nouveau moteur Honda – Lewis Hamilton (Mercedes) résiste à la pression de la jeune génération et remporte le championnat avec 11 victoires – De nouvelles épreuves sont annoncées aux Pays-Bas et au Vietnam en 2020 – Nouvelle réglementation 2021 comportant des budgets plafonnés pour toutes les écuries – Annonce un plan en matière de climat pour la F1 avec l'objectif d'obtenir le label CO2-neutral d'ici à 2030.

FORMULE 1 - CM 2019 - PILOTES

1. **LEWIS HAMILTON** (GB), Mercedes – 413
2. **VALTTERI BOTTAS** (FIN), Mercedes – 326
3. **MAX VERSTAPPEN** (HOL), Red Bull-Honda – 278
4. **CHARLES LECLERC** (MON), Ferrari – 264
5. **SEBASTIAN VETTEL** (GER), Ferrari – 240
6. **CARLOS SAINZ JR.** (ESP), McLaren-Renault – 96
7. **PIERRE GASLY** (FRA), Red Bull-Honda Toro Rosso-Honda – 95
8. **ALEXANDER ALBON** (THA), Toro Rosso-Honda Red Bull-Honda – 92
9. **DANIEL RICCIARDO** (AUS), Renault – 54
10. **SERGIO PÉREZ** (MEX), Racing Point-Mercedes – 52

ÉCURIES

1. **MERCEDES** - 739
2. **FERRARI** - 504
3. **RED BULL-HONDA** - 417
4. **MCLAREN-RENAULT** - 145
5. **RENAULT** - 91

2020

70e anniversaire du championnat du monde de Formule 1 de la FIA – Les 10 premières manches sont annulées à cause du Covid-19 – Le championnat du monde débute en juillet et comprend 17 manches – La plupart des courses se déroulent à huis clos – Le Red Bull Ring (Autriche), Silverstone (Grande-Bretagne) et le circuit de Bahreïn (Bahreïn) accueillent deux courses chacun – 3 courses en Italie à Monza, Imola et Mugello – La famille Williams vend l'équipe à Dorilton Capital – Sergio Perez, Lance Stroll et Lewis Hamilton testés positifs au virus Covid-19 – Ferrari célèbre son 1000e Grand Prix – Pierre Gasly (AlphaTauri) et Sergio Perez (Racing Point) remportent tous les deux leur première victoire – Romain Grosjean survit à un énorme accident à Bahreïn – Hamilton remporte son septième titre et bat le record de victoires de Michael Schumacher – Stirling Moss meurt.

FORMULE 1 - CM 2020 - PILOTES

1. **LEWIS HAMILTON** (GB), Mercedes – 347
2. **VALTERRI BOTTAS** (FIN), Mercedes – 223
3. MAX VERSTAPPEN (HOL), Red-Bull-Honda – 214
4. **SERGIO PEREZ** (MEX), Racing Point-Mercedes – 125
5. **DANIEL RICCIARDO** (AUS), Renault – 119
6. **CARLOS SAINZ JR.** (ESP), McLaren-Renault – 105
7. **ALEXANDER ALBON** (THA), Red-Bull-Honda – 105
8. **CHARLES LECLERC** (MON), Ferrari - 98
9. **LANDO NORRIS** (GB), McLaren-Renault – 97
10. **PIERRE GASLY** (FRA), Alpha Tauri-Honda – 75

ÉCURIES

1. **MERCEDES** – 573
2. **RED BULL-HONDA** – 319
3. **MCLAREN-RENAULT** – 202
4. **RACING POINT-MERCEDES** – 195
5. **RENAULT** – 181

2021

Vettel quitte Ferrari et est remplacé par Carlos Sainz Jr – Daniel Ricciardo quitte Renault – Renault devient Alpine – Racing Point change de nom et devient Aston Martin et engage Vettel comme coéquipier de Lance Stroll - Annulation pour la 2e fois consécutive du GP d'Australie – Les « Silver Arrows » Mercedes portent toujours la livrée noire – Red Bull et Max Verstappen montent en puissance.

Peter Nygaard en pleine discussion avec Fernando Alonso.

REMERCIEMENTS

Un livre de cette ampleur demande évidemment beaucoup d'aide !

Je voudrais tout d'abord mentionner les pilotes de F1, les membres des écuries et des paddocks qui ont fait de mon périple dans le sport automobile un voyage à la fois amusant et instructif. Un grand merci particulièrement à mes amis du F1 Grand Prix Drivers Club - vous faites un excellent travail en préservant l'histoire de ce grand sport !

La première édition de ce livre fut publiée au Danemark ; Lars Boesgaard, Trine Ravn et Jeanette Holm ont joué des rôles très importants dans le projet initial. Pour cette édition française, ce fut un plaisir de travailler avec David Kings et Céline Adida.

Et enfin, je tiens à remercier ma famille. Ma femme Tina a toujours soutenu mes rêves fous et s'est occupée des affaires familiales et de nos trois grands enfants Lotte, Lise et Lucas pendant les nombreux week-ends passés près des pistes. En dépit de mon absence, ils ont su grandir et me rendre fier d'eux.
Recevez tous mes remerciements et mon amour !

Peter Nygaard
Septembre 2020
Circuit du Mugello, Italie

BIOGRAPHIE DE L'AUTEUR

PETER NYGAARD est un auteur d'origine danoise, historien et spécialiste de la F1, de réputation internationale. Ses ouvrages ont été traduits en plusieurs langues et constituent des références pour les passionnés de ce sport. Depuis plus de 35 ans, en tant que photographe et collectionneur, il parcourt le monde, les pistes et les paddocks, à la recherche d'archives, de témoignages et de documents iconographiques et d'images pour rendre compte de la beauté de ce sport exceptionnel.